Kohlhammer

Psychologie in der Sozialen Arbeit

Herausgegeben von Franz J. Schermer

Der Vermittlung psychosozialer Kenntnisse kommt im Studium der Sozialpädagogik und Sozialarbeit/Soziale Arbeit eine grundlegende Bedeutung zu. Es werden erstmals die dabei relevanten Inhalte der verschiedenen psychologischen Teildisziplinen dargestellt.

Die Auswahl der Theorien und Befunde orientiert sich systematisch an den Zielsetzungen des Fachhochschulstudiums. Wissenschaftliche Fundierung, Praxistauglichkeit und Praxisbewährung bilden die entscheidenden inhaltlichen Auswahlkriterien.

Die einzelnen Bände behandeln die Themen:
Band 1 Grundlagen der Psychologie
Band 2 Klinische Psychologie
Band 3 Sozialpsychologie
Band 4 Entwicklungspsychologie
Band 5 Methoden der Verhaltensänderung: Basisstrategien
Band 6 Methoden der Verhaltensänderung: Komplexe Interventionsprogramme

Sie führen systematisch und voraussetzungsfrei in die verschiedenen Teildisziplinen ein. Der Studierende erhält eine klare Orientierung über Begrifflichkeiten, Theorien und deren Anwendungsmöglichkeiten. Neben dem notwendigen Grund- und Anwendungswissen erwirbt er ein Verständnis für die Rolle und Bedeutung der Psychologie im Praxisfeld der Sozialen Arbeit. Die Bände sind hervorragend zur Einarbeitung und zur Prüfungsvorbereitung geeignet.

Die **Autoren** lehren Psychologie in den Fachbereichen Sozialwesen und Sozialpädagogik verschiedener Fachhochschulen und sind in Lehre, Forschung und Praxis ausgewiesen. Der **Herausgeber** lehrt Allgemeine Psychologie und Klinische Psychologie im Studiengang Soziale Arbeit der Fachhochschule Würzburg-Schweinfurt (Fachbereich Sozialwesen/Pflegemanagement).

Georg Jungnitsch

Klinische Psychologie

2., überarbeitete Auflage

Verlag W. Kohlhammer

Dieses Werk einschließlich aller seiner Teile ist urheberrechtlich geschützt. Jede Verwendung außerhalb der engen Grenzen des Urheberrechts ist ohne Zustimmung des Verlags unzulässig und strafbar. Das gilt insbesondere für Vervielfältigungen, Übersetzungen, Mikroverfilmungen und für die Einspeicherung und Verarbeitung in elektronischen Systemen.

Die Wiedergabe von Warenbezeichnungen, Handelsnamen und sonstigen Kennzeichen in diesem Buch berechtigt nicht zu der Annahme, dass diese von jedermann frei benutzt werden dürfen. Vielmehr kann es sich auch dann um eingetragene Warenzeichen oder sonstige geschützte Kennzeichen handeln, wenn sie nicht eignes als solche gekennzeichnet sind.

2., überarbeitete Auflage 2009

Alle Rechte vorbehalten
© 2000/2009 W. Kohlhammer GmbH Stuttgart
Gesamtherstellung:
W. Kohlhammer Druckerei GmbH + Co. KG, Stuttgart
Printed in Germany

ISBN 978-3-17-020054-8

Inhalt

Vorwort zur 1. Auflage 9

Vorwort zur 2. Auflage 11

1 Definition und historischer Hintergrund 13
  1.1 Definitionen zur Klinischen Psychologie 13
  1.2 Abgrenzung zu angrenzenden Gegenstandsbereichen 15
    1.2.1 Verhaltensmedizin 15
    1.2.2 Gesundheitspsychologie 16
    1.2.3 Rehabilitationspsychologie 17
    1.2.4 Psychiatrie 18
  1.3 Historischer Aspekt 19
  1.4 Krankheitsmodelle in der Klinischen Psychologie 27
    1.4.1 Biomedizinisches Krankheitsmodell 28
    1.4.2 Psychosoziales Krankheitsmodell 31
    1.4.3 Biopsychosoziales Modell 33
  1.5 Klinisch-psychologische Störungstheorien 38
    1.5.1 Das lerntheoretische Modell 38
      1.5.1.1 Klassische Konditionierung als Erklärungsmodell gestörten Verhaltens 39
      1.5.1.2 Operante Konditionierung als Modell für gestörtes Verhalten 42
      1.5.1.3 Modelllernen als Erklärungsmodell 46
    1.5.2 Das kognitive Modell 48
      1.5.2.1 Das rational-emotive Störungsmodell 48
      1.5.2.2 Kognitive Schemata 50
      1.5.2.3 Attribution und Kontrollüberzeugung 52
    1.5.3 Integrierendes Modell zur Beschreibung und Erklärung gestörten Verhaltens: Das System-Modell psychischer Störungen 55
  1.6 Definition psychischer Störungen 58
  1.7 Klassifikation psychischer Störungen 64
    1.7.1 Grundbegriffe der Klassifikation 64
    1.7.2 Das Klassifikationssystem der WHO: Das ICD-10 69
    1.7.3 Die Klassifikation der amerikanischen Psychiatrie – das DSM-IV 72
  1.8 Verhaltensdiagnostik 74
    1.8.1 Die funktionale Analyse 74
    1.8.2 Die Bedingungsanalyse 78

2 Intervention 87

2.1 Grundlagen der Verhaltenstherapie 94
  2.1.1 Allgemeine Grundlagen 94
  2.1.2 Grundlagen der Durchführung 101
  2.1.3 Grundlagen auf Seiten des Therapeuten 106
2.2 Grundlegende Verfahren der Verhaltenstherapie 108
  2.2.1 Selbstmanagement 109
    2.2.1.1 Grundlagen 109
    2.2.1.2 Durchführungsprinzipien 110
  2.2.2 Desensibilisierung und Reizkonfrontation 122
  2.2.3 Training sozialer Kompetenz 129
  2.2.4 Operante Methoden 132
  2.2.5 Kognitive Verfahren 138
    2.2.5.1 Rational-emotive Therapie (RET) nach Ellis 139
    2.2.5.2 Die kognitive Therapie nach Beck 140
    2.2.5.3 Das Stressimpfungstraining nach Meichenbaum 141
    2.2.5.4 Training in Problemlösen 143

3 Störungsspezifische Betrachtungsweise 145

3.1 Alkoholismus 145
  3.1.1 Falldarstellung 146
  3.1.2 Diagnostische Leitlinien – Symptomatik 147
  3.1.3 Erklärungsmodell 148
  3.1.4 Interventionen 149
3.2 Schizophrenie 150
  3.2.1 Falldarstellung 150
  3.2.2 Diagnostische Leitlinien – Symptomatik 151
  3.2.3 Erklärungsmodell 153
  3.2.4 Interventionen 154
3.3 Affektive Störungen 155
  3.3.1 Falldarstellung 157
  3.3.2 Diagnostische Leitlinien – Symptomatik 162
  3.3.3 Erklärungsmodell 163
  3.3.4 Interventionen 166
3.4 Neurotische, Belastungs- und somatoforme Störungen 167
  3.4.1 Falldarstellung 169
  3.4.2 Diagnostische Leitlinien – Symptomatik 173
  3.4.3 Erklärungsmodell 174
  3.4.4 Interventionen 177

3.5 Essstörungen 179
   3.5.1 Falldarstellung 179
   3.5.2 Diagnostische Leitlinien – Symptomatik 185
   3.5.3 Erklärungsmodell 186
   3.5.4 Interventionen 190
3.6 Persönlichkeitsstörungen 191
   3.6.1 Falldarstellung 195
   3.6.2 Diagnostische Leitlinien – Symptomatik 198
   3.6.3 Erklärungsmodell 200
   3.6.4 Interventionen 201
3.7 Resümee 203

4 Klinische Psychologie in der Rehabilitation 205

   4.1 Grundlagen klinisch-psychologischen Vorgehens
      in der Rehabilitation 205
      4.1.1 Der Begriff der Behinderung 205
      4.1.2 Ziele der Rehabilitation 209
      4.1.3 Klinisch-psychologische Methoden 210
   4.2 Klinisch-psychologische Interventionen am Beispiel
      rheumatischer Erkrankungen 214
      4.2.1 Rheumatische Erkrankungen: Begriffsklärung und
            Krankheitsbilder 214
      4.2.2 Interventionen auf den präventiv-rehabilitativen Ebenen 216
            4.2.2.1 Primärprävention 218
            4.2.2.2 Sekundärprävention 221
            4.2.2.3 Tertiärprävention 222
            4.2.2.4 Rehabilitation im engeren Sinn:
                  Berufliche Wiedereingliederung 223
   4.3 Das interdisziplinäre Konzept in der Rehabilitation 223

Literaturverzeichnis 227

Stichwortverzeichnis 246

Vorwort zur 1. Auflage

Diese Einführung in die Klinische Psychologie ist aus verhaltenstherapeutischer Sicht verfasst. Vielleicht mag es ungewöhnlich klingen, wenn eine Therapierichtung als Leitschnur genannt wird. Dies entspricht aber einem wohl sich mittlerweile etablierten Verständnis des Begriffes „Verhaltenstherapie", in welchem sich nicht nur der therapeutische Ansatz im engeren Sinn wiederfindet, sondern damit der gesamte verhaltenstheoretische Ansatz mitbezeichnet ist. In diesem Zusammenhang stellt dann die Bezugnahme auf die Verhaltenstherapie eine programmatische Aussage dar: In dieser Richtung sind genau die bedeutsamen Aspekte integriert, die mir als unbedingte Voraussetzungen praktischen Handelns im Bereich der psychosozialen Versorgung erscheinen. Zuallererst ist dies der Bezug zur gesamten empirischen Psychologie, der als Grundlage der Verhaltenstherapie anzusehen ist. Dieser ist eine unabdingbare Voraussetzung für wissenschaftlich fundierte Praxis im angesprochenen Gegenstandsbereich psychosozialer Arbeit, unabhängig davon, welche Berufsgruppe diese vertritt. Zum anderen bietet dieser Ansatz ein durchgängiges Modell zur Erklärung und zur Veränderung psychischer Störungen, in das spezifische Sichtweisen und Modelle integrierbar sind. Vor allem die Betonung auf die Überprüfbarkeit und die Notwendigkeit der Überprüfung von Handlungen, die mit dem Ziel der Veränderung menschlicher Verhaltensweisen durchgeführt werden, erscheint mir für den Personenkreis wichtig, der hier angesprochen wird und sich mit Inhalten der Klinischen Psychologie auseinandersetzt. Insofern entspricht dieser Blickwinkel auch neueren Ansätzen in der Psychotherapie, die besondere Betonung auf die allgemeinen Gesetzmäßigkeiten therapeutischen Handelns und dessen Wirksamkeit legen (Grawe, 1998). Gleichzeitig beinhaltet ist damit der Gesichtspunkt, dass nicht nur Therapie, sondern auch andere Formen psychologischer Interventionen zum Tragen kommen können (Perrez & Baumann, 1998).

Das Buch ist gleichzeitig als Einführung zu sehen, die in ihren Themenbereichen nach den subjektiven Gewichtungen des Autors ausgewählt wurde. Als Auswahlkriterien dienten die mit diesem Buch verfolgten Ziele: Es sollte eine Hilfestellung geben, den Rahmen der Klinischen Psychologie zu verstehen und damit speziellere Beiträge zu einzelnen Gebieten einordnen zu können. Außerdem sollten die aus der Sicht des Psychologen wichtigsten Themenbereiche für die an erster Stelle angesprochene Berufsgruppe der Sozialpädagogen angeschnitten und hierzu ein Überblick gegeben werden, der den Praxisbezug auf wissenschaftlicher Grundlage deutlich macht. Daher ist, wie in dem Band zur Einführung in die Psychologie (Schermer, 1999) bereits angemerkt, nicht das enzyklopädische Zusammentragen des Wissens zu den einzelnen Spezialthemen wesentlich, sondern das Schaffen von Verbindungen zwischen Theorie und Praxis.

Die Verhaltenstherapie bietet in diesem Zusammenhang ein solides Handwerkszeug, das sich für die Nutzung durch die verschiedensten Disziplinen anbietet. Dies ist für den Bereich der Klinischen Psychologie in dem Aspekt „Anbieter von Psychotherapie" ein berufspolitisch heikles Thema. Der vorliegende Text soll einen Beitrag dazu leisten, dass gerade dieser Aspekt, verhaltenstherapeutische Ansätze im Sinne des Gebrauchs von Techniken zu verwenden, die von fast jedermann eingesetzt werden können, sobald man sie kennengelernt hat, nicht zum Tragen kommt. Es soll vielmehr die Komplexität verhaltenstherapeutischen Handelns zumindest erkennbar werden und damit sowie durch die grundlegenden Aspekte des Bedingungs- und auch Veränderungswissens eine Basis geschaffen werden, auf der sich die in der psychosozialen Versorgung tätigen, verschiedenen Berufsgruppen verständigen und gemeinsame Zielsetzungen entsprechend dem jeweiligen Kenntnisschwerpunkt verfolgen können.

Die praktische Umsetzung wird dann jeweils individuell angepasst zu gestalten sein. Dies betrifft vor allem die berufsgruppendifferenzierende Teilung von Beratungs- und Therapieaufgaben, für die hier keine inhaltlich begründeten Regeln vorgegeben werden können. Die gegenseitige Abgrenzung und Verteilung von Aufgaben in einem Team ist eben gerade eine Teamaufgabe, die von Außen nicht vorgegeben werden kann, aber, sollte sie zum Wohle des in der jeweiligen Institution sich befindlichen Menschen vorgenommen werden, doch auch die besten Bedingungen für das Wohlergehen des Behandlers mit beinhaltet. Dies bedeutet, dass Letzterer entsprechend seiner Kompetenzen und Fähigkeiten eingesetzt wird.

Eine das gesamte Spektrum umfassende Auseinandersetzung und Vertiefung der Themenbereiche der Klinischen Psychologie können nur die vorliegenden umfangreichen Monographien zu speziellen Einzelthemen sowie die Lehr- und Handbücher, auf die im Text auch Bezug genommen wird und die entsprechend im Literaturverzeichnis aufgefunden werden können, gewährleisten.

Zur Realisierung eines Buchprojekts wie diesem tragen immer eine ganze Reihe von Personen bei. An erster Stelle möchte ich meine Kolleginnen und Kollegen nennen, die mir erlaubt haben, Bestandteile aus von mir supervidierten Therapien zur Illustration und damit zur Verbesserung des Praxisbezuges zu verwenden. Ohne die Mithilfe von Herrn Dr. Manfred Bauer, Herrn Dipl.-Psych. Christian Hartl, Frau Dipl.-Psych. Jeannette Henkens, Frau Dr. Monika Weiderer sowie Frau Dipl.-Psych. Cornelia Zinnbauer-Wittmann wäre eine praxisorientierte Darstellung in diesem Umfang nicht möglich gewesen. Frau E. Lange danke ich für die Überlassung des Selbstmanagementprotokolls. Zu danken ist auch dem Herausgeber der Reihe, Herrn Prof. Dr. Franz Schermer, für die stetige wohlwollende Begleitung sowie Herrn Dr. Beyer vom Kohlhammer-Verlag für die Geduld und jederzeit tatkräftige Unterstützung, wenn es darum ging, aktuelle Literatur zu erhalten. Ein besonderer Dank gilt Frau E. Schmaus, die in fast stoischer Ruhe alle Probleme, die entweder durch Verzögerungen seitens des Autors oder durch nicht funktionsfähige Disketten entstanden sind, ertragen hat und zuverlässig und schnell für das Erstellen sämtlicher Tabellen und Abbildungen sowie die druckfähige Fassung in Rechtschreibung und Formatierung des Textes gesorgt hat.

Nicht zuletzt auch meiner Familie Dank für die Geduld und Rücksichtnahme, die wohl oft sehr strapaziert, aber trotzdem entgegengebracht wurde.

Murnau, Juni 1999   Georg Jungnitsch

Vorwort zur 2. Auflage

Das Konzept, eine Darstellung der Klinischen Psychologie aus einem spezifischen, eigentlich therapietheoretischen Blickwinkel heraus zu schreiben, kann als bewährt bezeichnet werden. Inzwischen findet sich eine solche Zugangsweise auch in so umfassenden Herausgeberwerken wie dem von Wittchen und Hoyos (2006). Deshalb wird an dieser Konzeption festgehalten. Eine deutliche Veränderung hat die verhaltenstherapeutische Grundorientierung allerdings dadurch erfahren, dass in die Modellbetrachtungen zunehmend die neurobiologischen Grundlagen und Effekte einbezogen werden (Reske & Schneider, 2007). Da diese jedoch für den hier angesprochenen Leserkreis nicht von grundlegender Bedeutung sind, wird darauf verzichtet, sie hier neu aufzunehmen. Eine wesentliche, gerade auch die Sozialpädagoginnen und Sozialpädagogen betreffende Neuerung hat sich jedoch im Bereich der Rehabilitation ergeben. Durch die Einführung des ICF (WHO; 2001) ist der Behinderungsbegriff neu konzipiert und damit gleichzeitig sehr viel näher an einen psychologischen Begriff der Behinderung herangeführt worden (Witte, 1988). Dem musste in der vorliegenden Neuauflage entsprechend Rechnung getragen werden. Ursprünglich für die Studierenden in einem Diplomstudiengang *Soziale Arbeit* geschrieben, entsprechen die Inhalte nach dem gegenwärtigen Stand ebenfalls den Anforderungen der neu konzipierten Bachelor-Studiengänge.

Da in den letzten Jahren das Konzept der Persönlichkeitsstörungen aufgrund einer differenzierteren diagnostischen Betrachtungsweise zunehmend an Bedeutung gewonnen hat, wurde hierzu ein neues Kapitel eingefügt. Mein besonderer Dank gilt dabei Frau Dipl.-Psych. Anna Middendorf, die wesentliches Material für die Praxisdarstellung lieferte und mit ihrer Fachkompetenz insgesamt sehr fruchtbare Anregungen lieferte. Ebenfalls danken möchte ich Herrn Dr. Poensgen vom Kohlhammer Verlag für seine Geduld und ganz besonders Frau Ulrike Merkel vom Verlag, ohne deren tatkräftige Unterstützung das Werk nicht gelungen wäre, sowie dem Herausgeber Herrn Prof. Dr. Franz Schermer für seine freundschaftliche Unterstützung.

Murnau, April 2009   Georg Jungnitsch

1 Definition und historischer Hintergrund

Für eine erste Orientierung über den zu behandelnden Gegenstandsbereich ist dessen Bestimmung in Form einer Definition hilfreich. Darüber hinaus lässt die historische Einordnung von für diesen Bereich relevanten Themen auch aktuelle Trends besser verstehen und integrieren sowie mögliche Weiterentwicklungen vorherahnen. Vielleicht trägt sie sogar dazu bei, ungünstigen Entwicklungstendenzen, die sich aus der historischen Betrachtung erkennen lassen, rechtzeitig zu begegnen.

1.1 Definitionen zur Klinischen Psychologie

Um einen Eindruck darüber zu bekommen, was denn Klinische Psychologie überhaupt ist, sollen einige Definitionsversuche vorangestellt werden. In diesen Definitionen drückt sich aus, dass die Klinische Psychologie viele Aspekte umfasst und letztlich in ihren Themenbereichen und Schwerpunkten einem ständigen Wandel unterworfen ist. Dies mag bisweilen zu einem gänzlichen Verzicht auf explizite Definitionsversuche führen, wie z.B. bei Davison und Neale (1998). Bei Reinecker (1998) ist die Definition implizit beinhaltet, indem er sich darauf beschränkt, die Klinische Psychologie anhand einer umfassenden Beschreibung psychischer Störungen, ihrer Ätiologie und Behandlungsmöglichkeiten darzustellen.

Werden solche Definitionen zur Klinischen Psychologie explizit gegeben, beziehen sie sich meist auf bestimmte inhaltliche Schwerpunkte. So betont Schraml (1970) besonders den Anwendungsaspekt, wenn er Klinische Psychologie als „die Anwendung der Erkenntnisse, Techniken und Methoden der psychologischen Grundlagenfächer und ihrer Nachbardisziplinen der Tiefenpsychologie, der Soziologie und Sozialpädagogik im breiten klinischen Felde von der Beratungsstelle über Heilerziehungsheime bis zu Krankenhäusern" (S. 21) sieht.

Die Klinische Psychologie ist in dieser Definition ein integrierender Ansatz. Sie nimmt Anregungen aus einer Reihe umschriebener Disziplinen auf, um sie in eigener Anwendung weiterzuentwickeln und umzusetzen. Sie stellt weniger ihre eigenen Methoden und Vorgehensweisen anderen Disziplinen in deren Anwendungsfeldern zur Verfügung, sondern integriert diese vielmehr mit ihrer methodischen Kompetenz. In weiteren Definitionen wird gleichfalls der Anwendungsaspekt unterstrichen (Schmidt, 1982), der Begriff der psychischen Störung gewinnt eine zentrale Bedeutung: „Klinische Psychologie ist diejenige Teildisziplin der Psychologie, die sich mit psychischen Störungen und den psychischen Aspekten somatischer Störungen befaßt" (Baumann & Perez, 1990, S. 19). Den

Aspekt, Ursachen sowie Möglichkeiten der Linderung oder Verhinderung psychischer Störung als Inhalt der Klinischen Psychologie zu sehen, unterstreichen auch Davison, Neal und Hautzinger (2007).

Bastine (1998) hebt in seiner Definition hervor, dass für die Klinische Psychologie ein allgemeiner und damit grundlagenwissenschaftlicher Aspekt zu gelten habe: „Die Klinische Psychologie beschäftigt sich mit psychischen Störungen oder Krankheiten sowie psychischen Krisen, die durch besondere Lebensumstände ausgelöst werden. Als psychologische Disziplin stützt sie sich vorwiegend auf die Erkenntnisse, Theorien, Methodologien und Methoden der Psychologie und ihrer Teildisziplinen. (...). Damit stellen sich der klinisch-psychologischen Forschung sowohl Grundlagen- wie auch anwendungswissenschaftliche Fragestellungen" (S. 17).

Dem Aspekt der Anwendungsorientierung folgend und die genannten Gegenstandsbestimmungen zusammenfassend, lässt sich folgender Definitionsversuch formulieren, der besonders die Zuordnung der Klinischen Psychologie zur angewandten Wissenschaft betont:

> Klinische Psychologie ist ein eigenständiges Teilgebiet der Angewandten Psychologie. Ihr Aufgabenbereich liegt in der Beschreibung, Erklärung und Veränderung psychischer Störungen sowie der psychischen Aspekte somatischer Störungen. Für die Beschreibung sind entsprechende Diagnosemöglichkeiten und Systeme zu entwickeln. Zur Veränderung sind psychologische Methoden vor dem Hintergrund allgemeiner, empirisch gestützter psychologischer Erkenntnisse zu entwickeln und in ihrer Anwendung vor dem Hintergrund eines natur- und sozialwissenschaftlichen Verständnisses empirisch zu überprüfen. Klinisch-psychologische Methoden werden in allen Feldern psychosozialer Tätigkeit angewendet und unterliegen dort den gleichen Kriterien.

Die Klinische Psychologie ist demnach ein Teilbereich wissenschaftlicher Psychologie, der mit verschiedenen benachbarten Disziplinen Berührungspunkte hat und für diese auch ein gewisses Anwendungsinventar zur Verfügung stellt. Dies darf aber aus der bereits eingangs erwähnten verhaltenstherapeutischen Sicht nicht dazu führen, dass gerade für den Aufgabenbereich der Veränderung selektiv bestimmte „Therapietechniken" übernommen werden, ohne deren Hintergrund und Rahmen zu kennen. Vor allem auch nicht, ohne ihre jeweilige Wirkung im gegebenen Arbeitsfeld empirisch zu überprüfen, das ja sehr von dem abweichen kann, aus dem es ursprünglich entwickelt wurde.

Als Beispiel sei der Einsatz einer verhaltenstherapeutischen Technik, der sogenannten *Token-economy* genannt. Es handelt sich hierbei um ein System, in dem durch das Sammeln von definierten Wertgegenständen, wie z.B. Gutscheinen, Murmeln, Fleißbildchen u.ä. mit einer bestimmten Anzahl dieser Gegenstände eine Belohnung erhalten werden kann. Diese Vorgehensweise ist als eine der wohl traditionellsten in der Geschichte der Verhaltenstherapie zu bezeichnen. Sie ist bei verschiedenen Personen mit verschiedenen Problemstellungen angewendet worden (Ayllon & Cole, 1993). In einem konkreten Fall konnte z. B ein überaus aggressiver fünfjähriger Junge in einem Kindergarten mit Hilfe von Spielsteinen – den bei allen Kindern beliebten „Muggelsteinen" – binnen kurzer Zeit zu einem sozialverträglichen Verhalten angeleitet werden. Die Muggelsteine erhielt er für jedes Verhalten ohne körperliche Gewalt gegenüber anderen Kindern und konnte diese für eine Rolle als „Gruppenkönig" in einem Gruppenspiel eintauschen. Wird nun dieses Verfahren als Technik gleichsam auf andere Personen und Altersgruppen übertragen, so ist eine sorgsame Prüfung der Voraussetzungen und schließlich der Effektivität erforderlich. Ist diese nicht gegeben, so ist zunächst nicht davon auszugehen, dass das Veränderungsmittel untauglich oder der infrage stehende Klient ungeeignet ist. Vielmehr können mit dem Wissen über den lerntheoretischen Hintergrund des Verfahrens und der Einbettung des infrage stehenden Verhaltens in eine individuelle Verhaltensanalyse Modifikationen erarbeitet werden. Beispielsweise kann eine altersgemäß andere Wahl der *Tokens* oder auch der damit einzutauschenden Belohnungen erfolgen, die dann wiederum hinsichtlich ihrer Wirkung bei der entsprechenden Person überprüft werden. Solche Systeme werden beispielsweise regelmäßig in der forensischen Psychiatrie eingesetzt. Hier können mit bestimmten Verhaltensweisen Punkte verdient werden, die dann letztendlich zum Erreichen einer höheren „Stufe" und damit verbundenen Lockerungen und Privilegien führen. Ein Scheitern in diesem System wird aber häufig frühzeitig der betreffenden Person angelastet, ohne dass, sicherlich aus verschiedenen, nachvollziehbaren Gründen, zunächst eine systematische Variation der Einflussbedingungen und eine Prüfung der daraus resultierenden Effekte im Sinne des Vorgehens einer empirischen Überprüfung durchgeführt worden wäre.

In jüngerer Zeit haben sich neben der Klinischen Psychologie weitere psychologische Teildisziplinen etabliert, die ebenfalls für die in der psychosozialen Versorgung Tätigen von Bedeutung sind. Die fraglichen Gegenstandsbereiche sind dabei hinsichtlich der für ihre Abgrenzung wesentlichen Aspekte zwar durchaus von der Klinischen Psychologie unterscheidbar, zeigen aber andererseits große Überschneidungen. Sie stellen, pointiert ausgedrückt, nämlich in der Regel die Ausarbeitung von Teilgebieten der Klinischen Psychologie dar.

1.2 Abgrenzung zu angrenzenden Gegenstandsbereichen

1.2.1 Verhaltensmedizin

Zu nennen ist an erster Stelle die Verhaltensmedizin. Sie ist, wie Siegrist (1996) den Ausführungen von Schneiderman und Orth-Gomer (1996) folgend ausführt, gekennzeichnet durch ihren interdisziplinären Charakter. In ihr sollen Entwicklung und Integration der biomedizinischen, verhaltensorientierten, psychosozial und soziokulturell ausgerichteten Wissenschaftsgebiete betrieben werden. Ein wichtiger Gesichtspunkt ist dabei auch die Anwendung des Wissens und der Techniken, die für das Verständnis und die Modifikation von Krankheit und Gesundheit relevant sind. „Verhaltensmedizin ist das interdisziplinäre Gebiet, das die Entwicklung und Integration der biomedizinischen, verhaltensorientierten, psychosozialen und soziokulturellen Wissenschaften zum Gegenstand hat sowie das Wissen und die Verfahren, die für das Verständnis von Gesundheit und Krankheit relevant sind" (Schneiderman & Orth-Gomer, 1996, S. 280; Übersetzung durch den Verfasser).

Dies beinhaltet, dass auch hier klinisch-psychologische Verfahren angewandt werden, wobei der Schwerpunkt bei einer spezifischen Personengruppe liegt. Es handelt sich um Menschen, die von einer chronischen körperlichen Krankheit betroffen oder bedroht sind (Ehlert, 2003). Eine Veranschaulichung dieses Arbeitsbereiches sei anhand einiger Beispiele kurz gegeben, die später an verschiedenen Stellen noch einmal aufgegriffen werden. So stellen Verfahren des Biofeedbacks eine solche verhaltensmedizinische Intervention dar. Biofeedback bedeutet, dass körperliche Signale, die normalerweise vom Menschen nicht bewusst registriert werden oder werden können, mit Hilfe entsprechender Messinstrumente wahrnehmbar gemacht werden und dadurch einer Veränderung mit Hilfe der permanenten Rückmeldung dieser Signale zugänglich gemacht werden (Rief & Birbaumer, 2000). So lässt sich konkret die Hauttemperatur über einem entzündeten Gelenk messen und diese Messung dazu verwenden, dass die betroffene Person erlernt, ihre Hauttemperatur zu senken und damit ebenfalls den durch die Entzündung hervorgerufenen Schmerz abzuschwächen und den Entzündungsprozess abzumildern (Appelbaum, Blanchard, Hickling & Alfonso, 1988). Neuere Ansätze zielen darauf ab, Biofeedback in der Behandlung von Parkinsonkranken (Strehl & Birbaumer, 1996) und zur Eindämmung von Anfällen bei Epilepsiekranken (Strehl, Kotchoubey & Birbaumer, 2000) einzusetzen. Des Weiteren zählen kognitiv-behaviorale Verfahren, die den Umgang mit Krankheit und die konkrete Beherrschung verschiedenster Erkrankungen zum Inhalt haben (Petermann, 1997), zum Bestandteil des verhaltensmedizinischen Methodeninventars. Besondere Beachtung findet auch die Umsetzung psychoimmunologischer Modellvorstellungen (Schulz & Schulz, 1996) in Verfahren, die mit der Methode der Visualisierung arbeiten (Kopp, 1998). Eine empirische Ausrichtung ist für den verhaltensmedizinischen Ansatz selbstverständlich.

1.2.2 Gesundheitspsychologie

Für Gesundheitspsychologie wird zumeist auf die Definition von Matarazzo (1980) zurückgegriffen: „Gesundheitspsychologie ist die Zusammenfassung der spezifischen pädagogischen, wissenschaftlichen und anwendungsbezogenen Beiträge der Psychologie zur Prävention und Behandlung von Krankheit sowie zur Erforschung der ätiologischen und diagnostischen Korrelate von Gesundheit, Krankheit und damit verbundenen Dysfunktionen" (S. 815; Übersetzung durch Schwenkmezger & Schmidt, 1994, S. 2). Diese Definition lässt breite Überschneidungen mit der Klinischen Psychologie erkennen, dennoch lässt sich nach Schwenkmetzger und Schmidt (1994) aber eine klare Trennungslinie zwischen diesen Disziplinen ziehen. Hierfür ist es hilfreich, zwischen einem Begriff der Gesundheitspsychologie im *engeren* und im *weiteren* Sinn zu unterscheiden. Für den ersteren steht vor allem die Förderung und Aufrechterhaltung der Gesundheit, und zwar sowohl auf individueller als auch auf gesellschaftlicher Ebene mit Berücksichtigung ökologischer Aspekte. Die Überschneidungen ergeben sich mit dem Begriff im weiteren Sinne (Schwenkmezger & Schmidt, 1994). Hier liegt die Abgrenzung vor allem darin, dass die Klientel, deren sich die Klinische Psychologie annimmt, im Wesentlichen durch bestehende Gesundheits- und Sozialsysteme vorgegeben ist. Inhaltlich besteht die Trennungslinie darin, dass der Betrachtung durch die Gesundheitspsychologie Individuen mit allen Gesundheitszuständen, im Extremfall auch mit Krankheiten, zuzuordnen sind. Dies spiegelt sich in den Modellvorstellungen wider, die in der Gesundheitspsychologie eher Modelle der Gesundheit, der Prävention und der Gesundheitsförderung (Dlugosch, 1994) und weniger Krankheitsmodelle darstellen. Damit versteht sich die Gesundheitspsychologie als eine Disziplin, die sich in erster Linie der Erhaltung und Genese von Gesundheit widmet (Schwenkmezger & Schmidt, 1994). Hierzu werden Faktoren untersucht, die der Aufrechterhaltung und Förderung von Gesundheit dienen. Wie dies in der praktischen Umsetzung aussieht, kann in dem Ansatz von Viehhauser (1999) demonstriert werden. Er greift die Variablen der Gesundheitsförderung systematisch auf und integriert sie in ein kognitiv-behavioral ausgerichtetes Konzept. Damit wird die Nähe zur Klinischen Psychologie noch einmal deutlich.

1.2.3 Rehabilitationspsychologie

„Die Aufgabe der Rehabilitationspsychologie stellt sich (...) in einer weitestgehend möglichen Eingrenzung oder sogar Beseitigung einer Behinderung durch geeignete Anpassungshilfen, die letztlich einer Ent-störung der Wechselbeziehungen zwischen Individuum und Umwelt dienen und im besten Falle eine Ent-hinderung (Witte, 1979) zur Folge haben" (Brackhane, 1988, S. 31). Insofern greift die Rehabilitationspsychologie den Aspekt psychischer Einflüsse bei somatischen Störungen auf, den sowohl Baumann und Perrez (1998) als auch Bastine (1998) als zentralen Themenbereich der Klinischen Psychologie dargestellt haben. Daher ist es nicht verwunderlich, dass dieses Gebiet als eigenständiger Ansatz in Deutschland bislang noch wenig Fuß fassen konnte. Die Situation dieses Anwendungsgebietes ist jedoch von der der Gesundheitspsychologie nicht zu unterscheiden: In beiden Fällen gibt es große Überschneidungen mit der Klinischen Psychologie. Dennoch ist dieser Ansatz als ein eigenständiger, die Erkenntnisse der Klinischen Psychologie nutzender zu verstehen, weil er zwei wesentliche Schwerpunkte in den Vordergrund stellt, die ebenso für die praktische Arbeit wie für die wissenschaftliche Herangehensweise von Bedeutung sind und die im Kontext der Klinischen Psychologie in dieser Weise nicht thematisiert werden: Dies ist zum einen der gesamte Bereich der Bewältigung von traumatischen Ereignissen, die zu bleibenden körperlichen Schäden geführt haben. Für diesen wurden ganz unterschiedliche Modellvorstellungen entwickelt (Lindenmeyer, 1983). Dazu gehören neben den psychologischen Ebenen gleichzeitig die Berücksichtigung der sozialen Bedingungen, das Einbeziehen beruflicher Interessenbereiche sowie das In-Augenschein-Nehmen von institutionellen Bedingungen beruflicher Rehabilitationsmaßnahmen. Wie sehr ein solches Verständnis entweder klinisch-psychologischer Herangehensweise oder rehabilitationspsychologischen Denkens den Umgang im konkreten beruflichen Alltag prägen kann, sei an einem Beispiel verdeutlicht: Bei einem 41-jährigen Patienten einer neurologischen Rehabilitationsstation wurde der Auftrag an den psychologischen Therapeuten formuliert, dessen depressive Erkrankung zu behandeln, obwohl der Patient kognitiv und körperlich als optimal wiederhergestellt eingestuft wurde. Die Depression zeigte sich jedoch in den angewendeten diagnostischen Verfahren. Dennoch war hier aus einem rehabilitationspsychologischen Blickwinkel von einer antidepressiven Behandlung, und zwar sowohl medikamentöser als auch psychologischer Art, abzusehen, da die pathologisch erscheinende Stimmungsveränderung des Patienten als Phase seiner Bewältigungsbemühungen zu interpretieren war. Die Thematisierung seiner Einstellung gegenüber Behinderung, seine Ängste vor bevorstehenden Umschulungsmaßnahmen und der Rolle als Mann in der Familie usw. sind hier als typisch rehabilitationspsychologische Aufgabenstellungen zu werten, die sich aber natürlich sehr wohl der der Klinischen Psychologie stammenden Methoden bedienen. Allein dieser spezifische Blickwinkel, ausgedrückt in Form einer differenzierten Zugehensweise auf betroffene Menschen, berechtigt schon eine eigenständige Forschungs- und Anwendungsrichtung. Hinzu kommt die Ausweitung der Rehabilitationspsychologie zur Rehabilitations- und Behindertenpsychologie, wie sie Witte (1988) konzipiert hat. Im letztgenannten Ansatz ist die Betonung darauf gelegt, wie die besonderen Bedingungen, in denen Behinderte ihre Umwelt erfassen, erleben und in ihr handeln, für die Konzepte der Allgemeinen Psychologie nutzbar gemacht werden können. Das aus diesem Ansatz entstandene Forschungsprogramm ist bei Witte (1988) aufgeführt. Innerhalb der Rehabilitationspsychologie werden nach diesem Verständnis vor allem die psychischen Bedingungen und Folgen körperlicher Beeinträchtigungen thematisiert und auf dem Hintergrund entsprechender Modelle der Bewältigung (Shontz, 1975) entsprechende Interventionskonzepte zum Umgang mit bleibenden Behinderungen und chronischen Krankheiten ausgearbeitet (Schöler, Lindenmeyer & Schöler, 1981; Jungnitsch, 1992).

1.2.4 Psychiatrie

„Psychiatrie, ein Gebiet der Medizin, befasst sich mit der Diagnostik, Therapie und Prävention der seelischen Krankheiten des Menschen einschließlich deren Erforschung und Lehre" (Tölle, 1996, S. 2). Aus dieser Definition geht hervor, dass dieser Fachbereich deutlich abgrenzbar ist. Schon rein formal hat er mit der Klinischen Psychologie nichts gemein, da es sich hierbei nicht um ein psychologisches, sondern ein medizinisches Fachgebiet handelt. Psychiatrie als Fach wird daher ausschließlich von Medizinern betrieben, ihr Gegenstandsbereich überschneidet sich, geht man von den Störungsbildern aus, gänzlich mit dem der Klinischen Psychologie. Vergleicht man jedoch den Ansatz der ätiologischen Betrachtung und die jeweils gewählten Interventionen, so werden die Unterschiede besonders deutlich. In der Psychiatrie wird ein medizinisches Krankheitsbild favorisiert, das in der Betonung der großen Bedeutung der biologisch-psychiatrischen Sichtweise sowie letztendlich auch in der Bevorzugung medizinisch-pharmakologischer Methoden der Behandlung seinen Niederschlag findet (Tölle, 1996). Letztere kann für die klinisch-psychologische Vorgehensweise zwar ebenfalls bedeutsam sein, wird aber nur in ausgewählten Fällen eine vorgeordnete Präferenz besitzen. Wesentlich ist in diesem Zusammenhang eine vorurteilsfreie Zusammenarbeit zwischen Psychiater und Klinischem Psychologen und auf Seiten des letzteren eine ebenso unideologische, empirisch orientierte Sichtweise bezüglich des Einsatzes psychotroper Medikation.

Für die Sozialpädagogin und den Sozialpädagogen stellt sich in der Praxis häufig die Frage, an wen sie einen von ihnen als psychotherapiebedürftig erkannten oder Psychotherapie nachfragenden Klienten weiterverweisen sollen. Auch das im Januar 1999 in Kraft getretene Psychotherapeutengesetz kann hier nur in einem Punkt Klarheit schaffen: Psychotherapeut ist nur der, der diesen Titel führen darf! So kann grundsätzlich festgehalten werden, dass der Psychotherapietitel eine Richtschnur für die Weiterverweisung sein kann. Personen mit Facharzttiteln wie Neurologe oder Psychiater ohne diesen Zusatz können bzw. dürfen auch keine Psychotherapie zu Lasten der Krankenkassen durchführen. Auch Diplompsychologen ohne diesen Zusatz können bzw. dürfen dies nicht. Dennoch bleibt die Unsicherheit, auf welche Form der Psychotherapie die Berufsgruppen zurückgreifen, die sich mit der Behandlung von Menschen mit psychischen Störungen befassen. Beim Zusatz „Psychoanalyse" zum Titel „Psychotherapeut" ist dies eindeutig. Die Bezeichnung „Facharzt für Psychotherapeutische Medizin" bedeutet, dass der entsprechende Mediziner die psychotherapeutische Versorgung insgesamt gewährleisten soll, eine spezielle Angabe zur von ihm verwendeten Therapierichtung ist damit nicht zwingend verbunden. Als grobe Richtschnur kann davon ausgegangen werden, dass in ihrer Mehrzahl die psychologischen Psychotherapeuten auf die Verhaltenstherapie als zentrales Verfahren zurückgreifen, während die ärztlichen Psychotherapeuten, die ja nicht psychologisch ausgebildet sind, zumeist tiefenpsychologische Verfahren zur Anwendung bringen. Letztlich kann hinsichtlich der Frage nach dem eingesetzten Therapieprinzip aber meist nur der persönliche Kontakt eine Klärung bringen.

1.3 Historischer Aspekt

Auch für die Klinische Psychologie könnte man fast die Ebbinghaus zugeschriebene Aussage, die sich auf den Gesamtbereich der Psychologie bezieht, formulieren, nämlich dass sie eine lange Vergangenheit, aber eine kurze Geschichte habe (Langfeldt, 1993). Denn hier ist einerseits die Geschichte eines der in der

Klinischen Psychologie beheimateten Themenfeldes, nämlich die Erklärung und Behandlung psychischer Erkrankungen, andererseits die eher kurze Geschichte des psychologischen Faches der Klinischen Psychologie zu betrachten. Natürlich überschneiden sich beide, erstere umfasst jedoch einen bedeutend längeren Zeitraum.

So mussten sich alle Gesellschaften, ob vergangene oder gegenwärtige, mit dem Problem psychischer Störungen auseinandersetzen (Comer, 1995). Es bleibt zu vermuten, dass solche Störungen in vielen Kulturen und nur in Ausnahmefällen auf Stammes- oder Volksgruppen begrenzt auftraten, wobei uns erst die Austauschmöglichkeiten modernerer Zeiten genauen Aufschluss über solche Gleichartigkeiten oder Unterschiedlichkeiten geben können. Ein Ausdruck dieses zunehmenden Austausches ist sicherlich die ständige Veränderung der die psychischen Störungen betreffenden Klassifikationsschemata wie z.B. der ICD (Internationale Klassifikation psychischer Störungen), die mittlerweile in der zehnten Auflage herausgegeben wird (Dilling, Mombour & Schmidt, 1993).

Um nun einerseits zu einem besseren Verständnis psychischer Störungen zu gelangen und andererseits den vielfältigen Inhalten und Aufgabenbereichen Klinischer Psychologie gerecht zu werden, sollen die beiden angesprochenen historischen Entwicklungslinien kurz nachgezeichnet werden. Für das Thema der historischen Erklärungsversuche und der daraus entwickelten „Therapien" psychischer Störungen schließe ich mich im Folgenden den Zusammenfassungen von Davison und Neale (1998) sowie Comer (1995) an.

Ein möglicher Ausgangspunkt menschlicher Überlegungen zu gestörtem Verhalten war schon in prähistorischen Zeiten vermutlich die Vorstellung, dass dieses durch äußere Kräfte hervorgerufen wird. Dabei sollte es sich um die Auswirkungen von Kämpfen unterschiedlicher Geister, positiver oder negativer Dämonen handeln. Diese Vorstellung galt dem menschlichen Verhalten allgemein. Wurde sie jedoch auf Störungen bezogen, sollte dies in der Regel auf das Überwiegen destruktiver, schlechter Kräfte oder böser Geister zurückzuführen sein. So gab es in der Religion der alten Babylonier einen eigenen Dämon für jede Krankheit, auch für solche des Geistes. In alten Schriften der Ägypter, Chinesen und Griechen findet sich ebenfalls die Auffassung, dass psychische Störungen auf die *Einflüsse böser Geister und Dämonen* zurückzuführen sind. Dies ist gleich bedeutend mit der Vorstellung der Besessenheit, die sich bei den Hebräern findet und die dann auftritt, wenn Gott seine schützende Hand von einem Menschen abgezogen hat. Beispiele hierfür finden sich öfter in der Bibel. So wird im Alten Testament etwa berichtet, dass ein böser Geist König Saul befiel. Auch im Neuen Testament finden sich entsprechende Stellen, etwa der Bericht der Heilung eines Mannes durch Christus. Dieser Mann, der „unreinen Geistes" war, wurde durch die Austreibung des Teufels, der von ihm Besitz ergriffen hatte, geheilt. Dieser Teufel wurde in eine Herde Schweine gejagt, die daraufhin von der Besessenheit ergriffen wurden und sich ins Meer stürzten und ertranken (Mk 5, 8–13).

Damit ist bereits die aus dieser Auffassung abgeleitete *Behandlungsmethode* beschrieben, nämlich der *Exorzismus*. Durch diesen sollte der böse Geist oder Dämon entweder direkt aus dem Körper des Befallenen getrieben werden oder dieser Körper zu einem für den Dämon unerträglichen Ort gemacht werden. Daher wurden unterschiedliche Rituale verwendet, wie beispielsweise bestimmte Gebete, Beschwörungen, Lärm, Tänze usw., aber auch das Verabreichen von Tränken gegen den Dämon und extremes Fasten oder Auspeitschen.

Einen Wechsel in der Betrachtung psychischer Störungen stellt die Epoche der griechisch-römischen Hochkultur dar (ca. 500 v. Chr.–500 n. Chr.). Diese ist verbunden mit einer Reihe bedeutender Personen, deren Gedankengut sich, wenn auch in abgewandelter Form, in zeitgenössischen Auffassungen wiederfindet. Zunächst ist Hippokrates (ca. 460–377 v. Chr.) zu nennen. Bei ihm ist eine Abgrenzung medizinischer Probleme, die aus körperlichen Bedingungen heraus zu verstehen sind, von religiös-philosophischen, die alle menschlichen Erscheinungen unter ihr Gedankengebäude einordnen, zu finden. Er lehnte es ab, körperliche oder geistige Krankheiten als Strafe der Götter oder Auswirkungen des Konfliktes zwischen Göttern und Geistern zu verstehen und führte sie stattdessen auf natürliche Ursachen zurück. Für gestörtes Verhalten sei demnach eine Störung des Gehirns anzunehmen, da dieses Intellekt, Gefühl und Verhalten bestimme. Die Störung des Gehirns wiederum sei auf eine für alle Krankheiten grundlegende Ursache zurückzuführen, nämlich auf ein Ungleichgewicht von vier grundlegenden Säften bzw. Körperflüssigkeiten: Blut, schwarze Galle, gelbe Galle und Schleim. Diese Auffassung, die sogenannte *Humoralpathologie*, wird, obwohl in ihren Aussagen nicht haltbar, allgemein als Beginn moderner Medizin angesehen und damit Hippokrates als Vater eben dieser Medizin.

Im Einzelnen war er der Auffassung, dass das Überwiegen eines der genannten Säfte zu spezifischen Störungen führe: Ein Zuviel an gelber Galle verursache Manie, an schwarzer Galle Melancholie, an Blut ein launisches Temperament und an Schleim Trägheit und Dummheit. Die daraus abzuleitende Behandlung bestand darin, eben diese Störung des Gleichgewichtes der Körperflüssigkeiten wieder in Ordnung zu bringen. Nicht Exorzismus, sondern eine auf den Körper sich auswirkende Lebensführung wurde in den Vordergrund gestellt, gepaart mit direkten körperlichen Eingriffen wie z.B. Aderlass. So sollte eine Lebensweise, die frei von Belastungen ist, bei der Abstinenz und vegetarische Ernährung, körperliche Bewegung und sexuelle Enthaltsamkeit im Vordergrund stehen, über eine Wirkung auf Körper und Geist zur Heilung der Melancholie beitragen. Insbesondere den Gedanken der natürlichen Ursache psychischer Erkrankungen griffen die großen griechischen Philosophen Platon (427–347 v. Chr.) und Aristoteles (384–322 v. Chr.) sowie nach Christus beispielsweise der einflussreiche griechische Arzt Galen (130–200 n. Chr.) auf. Letzterer vertrat bereits die Auffassung, dass emotionale Probleme, wie z.B. Sorgen um die existentielle Sicherung oder bezüglich der Qualität der intimen Beziehungen ebenso zu psychischen Störungen führen können wie medizinische Probleme, wie z.B. Kopfverletzungen oder Alkoholmissbrauch. Diese wohl von der Allgemeinheit der Behandler dieses Zeitalters geteilte Auffassung mündete dann auch in Behandlungsmethoden, die psychologische und medizinische Elemente enthielten. So wurde sowohl die Notwendigkeit des persönlichen Zuspruchs betont als auch das Schaffen heilsamer Umgebungsbedingungen, die Anwendungen wie Bäder, Massagen und Entspannungstherapien beinhalteten (Comer, 1995). Die Parallele zu gegenwärtigen Ansätzen in der rehabilitativen Medizin ist hier unschwer zu übersehen.

Bis hierher ist bereits erkennbar, dass Erklärungsmodelle und der Umgang mit psychisch Kranken vorherrschende gesellschaftliche Bedingungen und Anschauungen in deutlicher Weise wiedergeben. Dies ist in der Folgezeit noch prägnanter zu beobachten. So zeigt sich nach dem Untergang des Römischen Reiches und der darauf folgenden Machtzunahme des Klerus ein *Wiederaufleben der Dämonologie*. Sowohl an den bestehenden sozialen Verhältnissen als auch an der persönlichen Erkrankung wurde dem Betroffenen die Hauptschuld aufgebürdet, insbesondere dann, wenn die Erkrankung psychischer Natur war. In diesem Fall griff wieder das Erklärungsmuster der Besessenheit. Daraus war als Behandlung entsprechend die Teufelsaustreibung abzuleiten. Der psychisch Kranke war deshalb nicht in die Obhut des Arztes, sondern in die des meist priesterlichen Exorzisten zu geben. Die Vorstellung, psychisch Kranke seien in der Regel als Hexen angesehen worden, lässt sich nach der Analyse von Davison und Neale (1998) dagegen nicht aufrechterhalten. Einige der im *Malleus Maleficarum* (Der Hexenhammer) genannten untrüglichen Hexenzeichen, wie beispielsweise eine Unempfindlichkeit der Haut an manchen Stellen, sind zwar auch mit Symptomen psychischer Erkrankung vereinbar, die bei Hexen berichteten Wahnvorstellungen und Halluzinationen traten jedoch meist erst auf, nachdem die Betreffenden als Hexen „erkannt" und der Folter unterzogen wurden. So berichten Davison und Neale (1998), dass weit mehr Gesunde als psychisch Kranke als Hexen abgeurteilt wurden. Wie deutlich sich die Einordnung psychisch Kranker in das jeweilige Gesellschafts- und Glaubenssystem zeigte, lässt sich an einem Vergleich mit dem Vorgehen in England während dieser Zeit ablesen. Dort war es die staatliche Gerichtsbarkeit, die die psychische Gesundheit eines infrage stehenden Menschen zu prüfen hatte. Daraus resultierte eine überwiegend auf körperliche Erkrankungen, Verletzungen, emotionale Schockerlebnisse oder Angst vor dem Vater zielende Begründung auffälligen Verhaltens. So ist auch nicht verwunderlich, dass bereits Mitte des 14. Jahrhunderts in England ein Krankenhaus entstand, das *Holy Trinity Hospital*, das in seinem Aufgabenbereich auch die Behandlung des Wahnsinns und die Verwahrung der Irren hatte, bis diese wieder bei Verstand waren (Comer, 1995; Davison & Neale, 1998). Ein Punkt, der bei Comer (1995) erwähnt ist, soll hier unter dem Aspekt der sozialen Beeinflussung psychischen Geschehens noch hervorgehoben werden: Während des beschriebenen Zeitalters, das sich ja durch eine Vielzahl sozialer Wirren, Kriege und verheerender Krankheitsepidemien auszeichnete, war ein dramatischer Anstieg gestörten Verhaltens zu verzeichnen. Außerdem kam es zum Auftreten sogenannter Massenpsychosen, wie dem Veitstanz oder der *Lykanthropie*, d.h. dem Glauben, von einem Tier, meist einem Wolf, besessen zu sein. Dies würde bedeuten, dass zumindest für den genannten Zeitabschnitt als Bedingung für abweichendes Verhalten ökonomische und gesellschaftliche Umstände sowie die Beobachtung eines solchen Verhaltens bei anderen Menschen benannt werden können.

Ein weiterer Abschnitt in der Geschichte der psychischen Krankheiten ist durch ein *Wiederkehren einer eher wissenschaftsorientierten Betrachtung* sowie durch *neue Formen der Betreuung* gekennzeichnet. Mitte des 16. Jahrhunderts wurde durch den deutschen Arzt Weyer (1515–1588) die Auffassung propagiert, dass der Geist genauso erkranken könne wie der Körper. Damit wurde Weyer zum Vater der modernen Psychopathologie (Comer, 1995). Ein solches Krankheitsverständnis zeigt gleichzeitig eine veränderte Einstellung gegenüber psychisch Kranken, die nicht mehr ausgegrenzt und besonderer magischer Behandlung unterzogen werden sollen, sondern denen Aufmerksamkeit, liebevolle Behandlung und Respekt entgegenzubringen sei. Diese Auffassung realisierte sich in besonderem Maße im belgischen Gheel, das wohl den Anfangspunkt für den *Gedanken gemeindepsychiatrischer Betreuung* bildet. Dort wurden Menschen mit psychischen Störungen in die Familien integriert, liebevoll und respektvoll behandelt und ihnen so die Möglichkeit gegeben, ein Leben ohne Ausgrenzung zu führen (Aring, 1975). Dieser Ansatz sowie die Formen der Betreuung in der Familie mit gemeindlicher Unterstützung waren jedoch im Allgemeinen nicht von Dauer. Vielmehr führte die wachsende Anzahl der zu betreuenden Menschen zu einer auf diese Weise nicht mehr möglichen Versorgung. Dem wurde etwa Mitte des 16. Jahrhunderts mit der Gründung eigener „Irrenhäuser" begegnet. Die bekanntesten waren das *Bethlem Hospital* in London, der *Narrenturm* in Wien und *La Bicêtre* in Paris. Diese wurden jedoch zu Orten der Verwahrlosung, in denen die Insassen zudem als Attraktion zur Schau gestellt wurden, in London sogar gegen Eintrittsgeld (Davison & Neale, 1998). Darin kommt zum Ausdruck, dass psychisch Kranke immer noch als besonders geheimnisvoll und fern der Normalität betrachtet wurden. Dies lag sicherlich auch an der Unwissenheit über psychische Erkrankungen. Theorien zur Krankheitsentstehung, wie diejenige von Benjamin Rush (1745–1813) – der nach Comer (1995) oft als Vater der amerikanischen Psychiatrie bezeichnet wird – nach dessen Auffassung psychische Erkrankungen durch übermäßigen Blutandrang im Gehirn entstünden, führten zu absurden und lebensgefährlichen „Therapien". Im gegebenen Fall bestand diese darin, dass den Kranken bis zu fünf Liter Blut und mehr innerhalb weniger Monate abgenommen wurden. Diese führte natürlich zu einem entsprechenden „Behandlungserfolg", da die Patienten in ihrer Vitalität extrem eingeschränkt wurden (Farina, 1976). Comer (1995) resümiert: „Auf diese Weise arbeiteten Argwohn, Unwissenheit und falsche medizinische Theorien Hand in Hand, so dass die Irrenhäuser bis ins späte 18. Jahrhundert die beschämende Form der ‚Betreuung' blieben" (S. 16).

Auch für die nächste Phase in der Geschichte der psychischen Krankheiten und deren Behandlung scheint das gesellschaftliche Klima eine gewisse Rolle gespielt zu haben. Der Ausgangspunkt für die sogenannte „moralische Behandlung" liegt nach allgemeiner Übereinkunft (Davison & Neale, 1998; Comer, 1995) bei dem Franzosen *Pinel*, der während der Zeit der Französischen Revolution als Chefarzt das Krankenhaus Bicêtre übernahm. Ausgehend von dem Gleichheitsgebot der durch die Revolution begründeten Gesellschaftsordnung war er der Ansicht, dass die dort vegetierenden Kreaturen, die bislang mehr oder weniger auf die Stufe von Tieren gestellt worden waren, als kranke Menschen, denen man mit Respekt und

Achtung gegenüberzutreten habe, zu behandeln seien. Daher befreite er sie von ihren Ketten, schaffte menschenwürdige Wohnverhältnisse und stellte vor allem den Behandlungsansatz des Eingehens auf die Probleme des Betroffenen, das Spenden von Zuspruch und das Finden einer sinnvollen Beschäftigung in den Vordergrund. Dieser Ansatz breitete sich, möglicherweise aufgrund seiner belegbaren Erfolge, rasch in Europa und auch in Amerika aus. Eine Bedingung seiner Verbreitung in Europa war sicher auch die Förderung durch einen Kaufmann namens William Tuke (1732–1822) in England, dem es gelang, in York eine modellhafte Einrichtung zu schaffen, in der Patienten in kleinen Einheiten unter intensiver persönlicher Betreuung durch besonders ausgebildete Pfleger therapiert wurden. Dieses Beispiel machte auch in Amerika Schule, dort war es vor allem der bereits erwähnte Benjamin Rush, der diesen Ansatz nach seiner Kenntnisnahme voll übernahm und in Fachkreisen über Literatur und persönlich abgehaltene Seminare schnell verbreitete. Unterstützt wurde dies durch eine Reihe gesetzgeberischer Maßnahmen, die den Behandlungsrahmen für psychisch kranke Menschen festschrieben. All dies fand jedoch ein Ende, als die finanziellen Mittel für diese Form der Behandlung nicht mehr bereitgestellt werden konnten. Dies war nicht zuletzt dadurch der Fall, dass einer gleichbleibenden oder steigenden Anzahl an Aufnahmen eine eher stagnierende Entlassungsziffer entgegenstand. Hier zeigten sich die Grenzen dieses Ansatzes, der in erster Linie über die „Normalität des Umgangs" eine therapeutische Wirkung auszuüben beabsichtigte, wiewohl auch medikamentöse Behandlungen mit Alkohol, Cannabis, Opium und Chloralhydrat (K.O.-Tropfen) versucht wurden (Renvoize & Beveridge, 1989), die medizinisch zumindest fragwürdig erscheinen. Doch nicht nur dieser Kostendruck, sondern auch eine wieder veränderte Einstellung der Gesellschaft zu psychisch Kranken (Comer, 1995) und ein zweiter, wohl wesentlicher Faktor führten zum Ende der moralischen Behandlung. Dieser Faktor war die fast ausschließliche Hinwendung der ärztlichen Leitungen zur biologischen Seite der psychischen Erkrankungen (Davison & Neale, 1998).

An dieser Stelle berühren sich nun die Geschichte der Betrachtung und Behandlung psychischer Erkrankungen und die der Klinischen Psychologie. Da die Klinische Psychologie natürlich nicht älter sein kann als die Psychologie als Fachdisziplin selbst, liegen ihre konzeptionellen Anfänge am Ende des 19. Jahrhunderts. Indirekt stand auch hier, wie für die gesamte Etablierung der Psychologie als Fachdisziplin, Wilhelm Wundt Pate, denn es waren zwei seiner Schüler, die einen wesentlichen Beitrag für die Formulierung dieser Disziplin geleistet hatten: In Amerika Lightner Witmer (1867–1956) und in Deutschland Emil Kraepelin (1856–1926). Zu diesen trat als dritte wesentliche Person, die den Blickwinkel für psychologische Behandlung und psychologische Modelle psychischer Erkrankungen öffnete und mit Nachdruck vertrat, Sigmund Freud (1856–1939). In Verbindung mit diesen drei Personen gebracht, lassen sich drei Wurzeln der Klinischen Psychologie benennen:
- eine psychodiagnostische und pädagogische,
- eine medizinische und
- eine psychologische und psychotherapeutische Wurzel.

Der ersten dieser drei „Wurzeln" ist Lightner Witmer zuzuordnen. Ganz im Sinne seines Vorgängers J. McKeen Cattell (1866–1944) an der Pennsylvania University widmete er sich den Anwendungsmöglichkeiten der Psychologie (Pongratz, 1973). Er begründete im Sinne McKeen Cattells, der neben den diagnostischen auch die therapeutischen Möglichkeiten sah, die aus der Psychologie entwickelt werden konnten, eine psychologische Klinik an der Universität von Pennsylvania. Dabei ist heutzutage der Begriff der „Klinik" sicher irreführend. Es handelte sich dabei nicht um ein Krankenhaus, sondern um eine Einrichtung, in der Entwicklungsdefizite und Verhaltensprobleme von Kindern diagnostiziert und behandelt wurden. Diese Behandlung, die als *orthogenic school* bezeichnet wurde, war dabei eher pädagogisch ausgerichtet und entsprach damit dem heute in der Heilpädagogik realisierten Vorgehen (Pongratz, 1973). Dennoch prägte Witmer als erster den Begriff der Klinischen Psychologie, benannte als eine mögliche Anwendungsinstitution eine psychologische Klinik und gründete eine entsprechende Fachzeitschrift, *The Psychological Clinic*, in deren Erstausgabe von 1907 er auch die genannten Begriffe einführte (Bastine, 1998). Nicht nur am Rande ist zu bemerken, dass Witmer einen Hauptansatzpunkt der Klinischen Psychologie in einer multidisziplinären Ausgestaltung sah. So konnten sich Vertreter verschiedener Fachdisziplinen in einer einheitlichen, umfassenden, postgraduierten Ausbildung zum *psychological expert* qualifizieren, wobei der Ansatz darin lag, die Teilnehmer, die den medizinischen ebenso wie den pädagogischen und psychologischen Berufsgruppen entstammten, im diagnostischen Vorgehen auszubilden und ihnen konkrete Techniken des Trainings der infrage stehenden Klientel zu vermitteln (Pongratz, 1973). Damit wurde die Psychologie als übergreifende Disziplin zu den einzelnen Fachrichtungen etabliert, ohne eine „‚feindliche' Abgrenzung zu anderen Fachgebieten" (Pongratz, 1973, S. 24) zu benötigen.

Die zweite der genannten Wurzeln, nämlich die medizinische, ist mit dem Namen *Kraepelins* verknüpft. Auch er war ein Schüler Wundts, von dem er die experimentelle Methode übernahm. In seiner Auffassung, dass psychische Erkrankungen durch eine feststellbare Ursache eindeutig zu diagnostizieren sind, weist er sich voll und ganz als Psychiater aus, der die mit Hippokrates grundgelegte Auffassung vertritt, dass psychische Störungen genauso wie körperliche Erkrankungen auf eine eindeutige physiologische Ursache zurückzuführen sind. Diese mündete schließlich in sein Klassifikationssystem psychischer Erkrankungen, das durch die Bündelung von bestimmten Symptomen zu einem einheitlichen Syndrom die Auffassung von der organischen Natur psychischer Erkrankungen besonders förderte (Davison & Neale, 1998). Während in der amerikanischen Literatur gerade dieser Aspekt besondere Beachtung findet (Davison & Neale, 1998; Comer, 1995), sollte Kraepelins Beitrag zur Verankerung der Klinischen Psychologie in der Experimentellen Psychologie nicht vergessen werden. Er begründete nämlich die experimentelle Methodik in der Psychiatrie, dargestellt in seiner Schrift *Der psychologische Versuch in der Psychiatrie* (1896), mit der er vehement die psychologische Verankerung der Psychiatrie und die Betrachtung der psychischen Erkrankungen unter einer empirischen Perspektive einforderte. Daher bezeichnet Pongratz (1973) das Erscheinungsjahr dieser Schrift auch als das Gründungsjahr der Klinischen Psychologie in Deutschland. Der wesentliche Einfluss Kraepelins geht jedoch von seinem medizinisch geprägten Ursachendenken aus, das gerade zu dieser Zeit durch den Nachweis, dass die progressive Paralyse organisch verursacht wird, besonders gefördert wurde. Bei dieser Erkrankung, die auch durch Symptome wie Größenwahn gekennzeichnet ist, konnten die Syphilis und deren Erreger als Ursache isoliert werden. Dies ließ zusammen mit der Ansicht Kraepelins, dass psychische Krankheiten jeweils aus einer organischen Ursache entstehen, die sogenannte somatische Betrachtungsweise ein sehr starkes Gewicht gewinnen (Comer, 1995).

Dieser Betrachtungsweise stand ein anderer Psychiater und Neurologe entgegen, nämlich *Sigmund Freud*. Er steht für die psychologische und psychotherapeutische Wurzel der Klinischen Psychologie. Er griff die zu seiner Zeit besonders populären und umstrittenen Ansätze aus den Erfahrungen mit Hypnose auf, die von Mesmer (1734–1815) grundgelegt, von Charcot (1825–1893) weitergeführt und von Bernheim (1840–1919) sowie Liébault (1823–1904) zum Nachweis für durch psychische Prozesse hervorgerufene Ausnahmezustände des Erlebens und Verhaltens herangezogen wurden. Insbesondere die gemeinsame Arbeit mit dem Arzt Josef Breuer (1842–1925) und die Behandlung ihrer gemeinsamen Patientin Anna O. waren der Ausgangspunkt für die Entwicklung des psychoanalytischen Gedankengebäudes. Trotz der aus einer empirisch orientierten Sichtweise der Psychologie zu formulierenden Kritik (Schermer, 2005) hat der Ansatz der Psychoanalyse für die Klinische Psychologie einen bedeutenden Wert. In ihm wurde als Gegengewicht zur somatischen Sichtweise der Entstehung psychischer Störungen eine psychologische entworfen und darauf aufbauend auch eine entsprechende psychologische Therapie (Bastine, 1998). Dabei wirkt der von Freud vertretene biographische Ansatz ebenfalls in die Verhaltenstherapie hinein und konnte in verschiedenen Anwendungsfeldern psychosozialer Arbeit, wie in der Arbeit mit kriminellen Jugendlichen (Pongratz, 1973), nutzbar gemacht werden. Die Grenzen dieses Ansatzes gerade in diesem Arbeitsbereich führten letztendlich zu Konzepten aus der kognitiv-verhaltensorientierten Therapie (Petermann & Petermann, 1987) und sind somit auch als positive Ergebnisse der Auseinandersetzung mit Freud'schen Konzepten zu interpretieren.

Die weitere Entwicklung der Klinischen Psychologie war zunächst durch eine Betonung der Psychodiagnostik gekennzeichnet, die jedoch spätestens in den fünfziger Jahren des 20. Jahrhunderts hinter dem Interesse an psychologischen Behandlungsmethoden zurücktrat und daher zunehmend aus der Klinischen Psychologie ausgegliedert und zu einem eigenen Spezialthema wurde. In der Klinischen Psychologie stehen meiner Auffassung nach zumindest im deutschsprachigen Raum derzeit folgende Themen im Vordergrund:
- Begründung und Verankerung sowie Ableitung psychophysiologischer Methoden in der Verbindung physiologischer und biologischer Erkenntnisse mit psychologischen Phänomenen (Birbaumer & Schmidt, 1991),
- Weiterentwicklung von und kritische Auseinandersetzung mit unterschiedlichen Therapieansätzen mit dem Ziel einer integrierenden Allgemeinen Psychotherapie (Grawe, 1998),

- Anbindung der Klinischen Psychologie an die allgemeinpsychologischen Grundlagen und damit Einordnung psychischer Störungen in allgemeinpsychologische Gesetzmäßigkeiten (Baumann & Perrez, 1998),
- Ausarbeitung von Störungsbildern und darauf bezogenen, im Wesentlichen kognitiv-verhaltenstherapeutisch begründeten Interventionsmethoden (Hautzinger, 1998).

Gerade der letzte Punkt ist für Sozialpädagoginnen und Sozialpädagogen besonders interessant. Es sind dabei nämlich in besonderem Maße solche Interventionen angesprochen, die auf standardisierte Weise einer eindeutig diagnostizierten Klientel zugute kommen und zu deren Durchführung es in der Regel zwar eines spezifischen Trainings und einer begleitenden kontinuierlichen Supervision bedarf, die aber auf der Grundlage eines qualifizierenden Studiums im Gesamtbereich der psychosozialen Berufsfelder durchgeführt werden kann. Hierzu ist es notwendig, dass sorgfältig zwischen therapeutischen Interventionen und auf psychologischem Grundwissen basierenden Trainingsverfahren unterschieden wird.

1.4 Krankheitsmodelle in der Klinischen Psychologie

Unter Modellen versteht man Leitbilder, die die Richtung vorgeben, in der im Wissenschaftsbetrieb Phänomene und deren Erklärungen gesucht werden. Sie entsprechen damit dem von Kuhn (1978) geprägten Begriff des Paradigmas. Diese Bedeutung eines „vorgeordneten Überbaus" kommt Modellen jedoch nicht nur in der wissenschaftlichen Arbeit zu. In der Klinischen Psychologie sind Krankheitsmodelle als Grundlage und Rahmen beruflichen Handelns anzusehen. Sie werden zumeist nicht explizit benannt, stellen aber trotzdem in der Regel eine Richtschnur für praktisches Handeln dar (v. Uexküll, 1996). Gerade für die Arbeit in multidisziplinär konzipierten Teams ist die Kenntnis der jeweiligen Hintergrundmodelle der einzelnen Disziplinen zudem die Grundlage für ein interdisziplinäres Verständnis. Ein für die Praxis sozialer Arbeit hinaus wesentlicher Aspekt besteht darin, dass über entsprechende Rahmenmodelle psychosoziale Ansätze in klinischen Arbeitsfeldern zu begründen sind.

Die genannte praktische Relevanz übergeordneter Rahmenmodelle lässt sich sehr deutlich an verschiedenen Beispielen ablesen. Steht bei psychischen Erkrankungen ein Modell im Hintergrund, das von genetischen Defekten als alleinige Ursache ausgeht, so findet sich logischerweise als „Behandlungsstrategie" entweder das „Ausmerzen" der Träger einer solchen Krankheit, im milderen Fall das Verhindern der Fortpflanzung, wie dies unter dem vorstehenden Sprachgebrauch durchaus in einem dunklen Kapitel der deutschen Geschichte praktiziert wurde, oder die gezielte Veränderung entsprechenden Erbmaterials, wie in jüngster Zeit durch entsprechende Forschungen ermöglicht. Ein Sich-Berufen auf ein solches

„Eine-Ursache-Eine-Krankheit-Modell" findet sich ebenfalls dann, wenn nur eine bestimmte psychische Defektstruktur als auslösend für körperliche Krankheiten dargestellt wird und das Beheben dieses Defektes als hinreichend für eine Heilung von Krankheit dargelegt wird. Krankheitsmodelle stellen also Erklärungsmodelle für Krankheiten und für auf Krankheiten bezogene Therapien dar. Ihre handlungsspezifische Wirksamkeit entspricht der von personalen Konstrukten und sogenannten naiven Kausalmodellen, deren Bedeutung für den Bereich von Krankheiten schon bei Budde und Thielen (1979) dargelegt wurde. Für den praktisch Handelnden bedeutet dies, dass es unbedingt notwendig ist, Kenntnis über die Modellvorstellungen zu haben, die ihn in seinen Handlungen leiten.

Die Wichtigkeit des Aufgreifens unterschiedlicher Modellvorstellungen für die interdisziplinäre Zusammenarbeit kann am Beispiel eines chronisch schmerzkranken Menschen dargestellt werden: Geht ein ärztlicher Behandler von einem biomechanischen Modell aus, wird er allein in einer Unterbrechung der Schmerzreize durch verschiedene eingreifende Methoden eine erfolgversprechende Behandlung sehen. Daher wird der in der Behandlung in der Regel federführende Arzt die Tätigkeit der mit demselben Menschen befassten Psychologen und Sozialpädagogen, die sich den intrapsychischen und sozialen Bedingungen des Schmerzkranken annehmen, eher als zweitrangig und im Zweifelsfall sogar als verzichtbar einordnen. Daher sind die der psychosozialen Versorgung zuzuordnenden Berufsgruppen aufgefordert, eine solche Bewertung nicht als Urteil bezüglich ihrer fachlichen Kompetenz zu sehen, sondern sie auf dem Hintergrund des bei dem ärztlichen Kollegen vorhandenen Krankheitsmodells zu verstehen. Die Kenntnis unterschiedlicher Krankheitsmodelle erleichtert eine solche Einordnung und damit letztlich die Zusammenarbeit in interdisziplinären Teams, da sie Konfliktpunkte von einer Ebene, auf der vermeintlich die persönliche Kompetenz infrage gestellt wird, auf eine sachliche Ebene transportieren hilft. Werden die unterschiedlichen Hintergrundmodelle des Handelns der jeweiligen Berufsgruppen transparent gemacht, können von diesem Ausgangspunkt aus dann möglicherweise Kompromisse oder auch Neueinschätzungen von Handlungsstrategien erreicht werden. Gleichzeitig wird aus diesem Beispiel ersichtlich, dass ein Team, das als Voraussetzung für seine Handlungsstrategien eine grundlegende Modellvorstellung gemeinsam hat, wohl das effizienteste sein wird. Eine solche Übereinstimmung herzustellen, ist daher vorgeordnete Aufgabe für jegliche interdisziplinäre Teamarbeit.

Im Folgenden werden nun die Modelle skizziert, die gegenwärtig als diejenigen angesehen werden können, die in den die psychosoziale Praxis betreffenden Arbeitsfeldern wirksam und umgesetzt sind, nämlich das biomedizinische oder organische, das psychosoziale und das biopsychosoziale Krankheitsmodell.

1.4.1 Biomedizinisches Krankheitsmodell

Dieses Modell, das inhaltlich den ebenso verwendeten Begriffen „Medizinisches Modell", „Organisches Rahmenmodell" oder „Biomechanisches Konzept der

Medizin" (Bastine, 1998; v. Uexküll, 1996) gleich ist, lässt sich folgendermaßen charakterisieren:

> Körperliche und psychische Störungen sind prinzipiell gleichermaßen als Krankheiten anzusehen. Die Krankheit ist gekennzeichnet durch spezifische Symptome. Sie sind auf eine primäre Störung im Sinne eines körperlichen Defekts zurückzuführen. Dieser Defekt liegt in der Person und stellt die eigentliche Krankheit dar. Er ist auf eine eindeutige, biologische Ursache zurückzuführen.

Diese Vorstellung gründet auf dem von Robert Koch entwickelten Konzept der Infektionskrankheiten. Als einzige Ursache für Erkrankungen wird dabei eine bakterielle oder virale Infektion postuliert. Die Entdeckung, dass sich verschiedene psychische Symptome wie Reizbarkeit, Erschöpfung, emotionale Instabilität und auch intellektueller Abbau bei der progressiven Paralyse durch einen Erreger, nämlich den der Syphilis, erklären ließ, trug wesentlich dazu bei, dass dieses Modell auch auf psychische Erkrankungen übertragen wurde. Diese Übertragung findet sich ungeachtet ihrer historischen Wurzeln in der Suche nach der eindeutig erklärenden organischen Ursache auch heute noch. Diese Vorgehensweise lässt häufig außer Acht, dass sich zwar auch für psychische Störungen verschiedenste organische Bedingungen auffinden lassen, dies jedoch keineswegs den Schluss erlaubt, dass diese als alleinige Ursache für die entsprechende Erkrankung herangezogen werden können (Bastine, 1998). Gerade dieses Denken, das auf das Herausarbeiten eindeutiger und alleiniger Ursachen ausgerichtet ist, ist aber als Kennzeichen des biomedizinischen Modells anzusehen: Die als Krankheit zu verstehende psychische Störung, die sich als Syndrom aus regelmäßig auftretenden Symptomen herauskristallisiert, beruht auf einer einzigen zugrundeliegenden körperlichen Schädigung. Der daraus abzuleitende organische Defekt begründet die psychische Erkrankung.

Diese Konzeption hat den Vorteil, dass eine ausreichend gründliche Diagnostik mit dem Ergebnis einer entsprechend eindeutigen Diagnose bereits dazu führt, dass unabhängig von individuellen Bedingungen sofort ein entsprechender rezeptartiger Behandlungsplan vorhanden ist. Psychosoziale Faktoren werden dabei nur als randständige oder als vernachlässigbare Größe angesehen, da sie allenfalls Ausformungen der Erkrankung modifizieren können. Biomedizinische Ansätze sind in der beruflichen Praxis im Umgang mit psychischen Störungen häufig anzutreffen, da sie augenscheinliche und daher verführerisch eindeutige Handlungsanweisungen beinhalten. Deren Absicherung über empirische Forschung ist dabei aber meist eher unsicher, das Vorgehen ist eher als pragmatisch und gestützt durch Praxiserfahrung als auf systematische Forschung beruhend zu beschreiben. Der Umgang mit psychischen Störungen sollte jedoch auf eine breitere Basis gestellt werden, wie aus der vielfältigen Kritik dieses Modells hervorgeht. Diese Kritik wurde von unterschiedlichen Seiten formuliert und umfasst folgende Schwerpunkte:

- In dem Modell wird eine scharfe Unterscheidung zwischen krank und gesund getroffen. Dies ist bei körperlichen Krankheiten durchaus sinnvoll, da beispielsweise ein Nierenversagen oder ein bösartiges Geschwür vorliegt oder dies eben nicht der Fall ist. Bei den psychischen Erkrankungen sollte aber vielmehr auf deren Festlegung im Bezug zu einer sozialen Norm geachtet werden. Psychische Erkrankungen sind eben gerade nicht Qualitäten, die ausschließlich im Organismus aufzufinden sind, sondern ergeben sich aus sozialen Bewertungen (Schmidt, 1984; Bleuler, 1975; Keupp, 1974).
- Im medizinischen Modell werden die sozialen Bedingungen und Folgen psychischer Erkrankungen vernachlässigt. Nachgewiesene Ursachen psychischer und sozialer Art lassen sich in diesem Modell nicht erklären (v. Uexküll, 1996). Daraus resultiert eine strikte Trennung von Psyche und Soma, die sich letztendlich in der Aufspaltung des Gesundheitswesens „in eine somatische Medizin mit hochspezialisierten und kostenintensiven Spezialkliniken für kranke Körper ohne Seelen und eine psychologische Medizin mit Psychotherapeuten und Neurosekliniken für leidende Seelen ohne Körper" (v. Uexküll, 1996, S. 16) widerspiegelt. Der Zusammenhang psychischer, sozialer und physischer Prozesse und damit die eigentliche Unteilbarkeit dieser den Menschen in seiner Gesamtheit konstituierenden Größen ist gerade durch die Forschungsarbeiten auf dem Gebiet der Psychoneuroimmunologie grundsätzlich belegt (Schulz, Kugler & Schedlowski, 1997).
- *Symptome sind nur die Anzeichen einer zugrundeliegenden Krankheit*. Daher können Symptome auch nicht das Ziel einer Behandlung sein, sondern es muss die eigentliche Krankheit, die als Störung chemisch-physikalischer Prozesse angesehen wird, für eine Heilung beseitigt werden. Damit wird gleichermaßen der soziale Kontext ausgeschaltet, in dem die Symptomatik eingebettet ist und die Unmöglichkeit von Heilung durch konkret veränderbare Verhaltensweisen postuliert (Keupp, 1974). Das zwar gerade die psychogenetische Bedingtheit von psychischen Erkrankungen hervorhebende Modell von Freud (1856–1939; Schermer, 2005), das aber in seinem Kausalitätsdenken dem organisch-medizinischen Modell folgt, leitet daraus die Konsequenz von *Symptomverschiebungen* bei nur symptomatischer Behandlung ab. Hierzu berichtet Margraf (1996) von zwei Studien, die sich der Beobachtung des Auftretens psychischer Störungen bei Patienten widmen, die erfolgreich mit symptomorientierten Behandlungsmethoden gegen verschiedene Ängste behandelt worden waren. In einem Zeitraum über fünf Jahre nach dieser Behandlung zeigte sich entgegen der Annahme einer Symptomverschiebung sogar eine Abnahme sonstiger psychischer Probleme, wie Depressionen, Essstörungen, Alkoholprobleme usw. Dies widerlegt die These, dass nicht Symptome, sondern ausschließlich Krankheitsursachen zu behandeln sind, eindeutig (Margraf, 1996, S. 24–25).
- Mit Bastine (1998) ist noch ein weiterer Kritikpunkt heranzuziehen. Dieser betrifft die praktische Umsetzung des organmedizinischen Modells. Das Modell impliziert die *Präferenz organbezogener Behandlungsmaßnahmen*. Solche sind die medikamentöse Therapie, Elektroschock (der auch als *Heilkrampf* bezeichnet wird) und auch psychochirurgische Maßnahmen, d.h.

operative Eingriffe in das Gehirn des Menschen, um psychische Störungen zu beseitigen. Während die Verbesserung der Behandlung psychischer Störungen durch den Einsatz von Medikamenten unbestritten ist, sind die letzteren Vorgehensweisen doch als sehr umstritten anzusehen. Beim medikamentösen Behandlungsansatz besteht die Gefahr, dass er nicht als nur begleitend oder für Krisensituationen indiziert angesehen, sondern als alleinige Behandlungsmaßnahme herangezogen wird, obwohl er ebenfalls meist keine ursächliche Behandlung darstellt und mit massiven unerwünschten Nebenwirkungen verknüpft sein kann. Dies beinhaltet das Risiko einer Reduzierung von psychosozialer Behandlung – obwohl diese eine dauerhafte Veränderung der Symptomatik erbringen kann – zugunsten einer bloßen Ruhigstellung der Betroffenen (Bastine, 1992, 1998).

1.4.2 Psychosoziales Krankheitsmodell

Dieses Krankheitsmodell wurde als Gegenpol zu dem vorgenannten medizinischen Modell formuliert. Es beinhaltet eine ganze Reihe verschiedener Störungstheorien aus unterschiedlichen theoretischen Positionen, wie z.B. eher sozialpsychologisch (Scheff, 1972) oder eher lernpsychologisch (Bandura, 1986) orientierten Vorstellungen. Der Kernpunkt der sozialpsychologischen Betrachtungsweise, wie sie von Scheff (1972) in neun Hypothesen formuliert wurde, liegt darin, dass sich über eine zunehmende Festlegung – von zunächst einer nur zufälligen Abweichung auf den Begriff einer psychischen Störung – diese im Sinne einer sich selbst erfüllenden Prophezeiung sich dann auch tatsächlich ergibt und damit die Störung durch die Etikettierung eigentlich erst entsteht. In den Lernmodellen steht die Auffassung im Vordergrund, dass alle Verhaltensweisen über die gleichen Lernprinzipien vermittelt und damit über diese verstehbar und letztlich veränderbar sind. Es werden dabei sowohl situative Bedingungen für die Erklärung von Störungen als wesentlich erachtet, als auch solche der Funktion von Störungsbildern im aktuellen Lebenskontext wie auch vergangene Situationen und Lebensumstände (Reinecker, 1994). Die Gemeinsamkeit dieser Konzeptionen liegt in der Betonung der Bedeutung sozialer und/oder psychologischer Bedingungen für psychische Störungen. Daher lässt sich das psychosoziale Modell folgendermaßen skizzieren:

> Psychische Störungen sind keine Krankheiten, die Symptomatik stellt das eigentliche Problem dar. Sie werden sowohl in ihrer Definition als auch in ihrer Entstehung und Ausformung im Wesentlichen durch psychische oder soziale Faktoren bestimmt. Es lassen sich aber keine einfachen Ursache-Wirkungsbeziehungen auffinden, sondern die Symptomatik sowie die auslösenden und aufrechterhaltenden Bedingungen stehen in einer ständigen komplexen Wechselbeziehung und beeinflussen sich fortlaufend gegenseitig.

Diese Charakterisierung des psychosozialen Modells lässt sich durch vier Grundannahmen präzisieren (Bastine, 1998):

- *Die Kontinuitätsannahme.* Diese Annahme besagt, dass zwischen gestörten und normalen Verhaltensweisen ein fließender Übergang besteht. Ob ein Verhalten normal oder abweichend ist, lässt sich im Wesentlichen aus seiner Intensität, seiner Häufigkeit und der Umgebung bzw. der sozialen Situation, in der es auftritt, bestimmen. Damit gehen sowohl Merkmale der Person, der Situation als auch der Person des Beurteilers in die Beurteilung eines Verhaltens als gestört oder normal ein. Das Verhalten eines 70-jährigen Mannes, der mehrmals täglich mit der Sohle seines rechten Fußes über einen Zeitraum von zwei Minuten sooft wie möglich den oberen Querbalken des Türrahmens seiner Wohnzimmertür zu erreichen versucht, scheint nach Art, Intensität und Häufigkeit zunächst als abnorm. Führt man sich aber vor Augen, dass dieses Verhalten als Training durchgeführt wird, um eine Wette in einer bekannten deutschen Fernsehsendung zu gewinnen, so relativiert sich diese Einschätzung zumindest.
- *Die Äquivalenzannahme.* Damit wird die Auffassung bezeichnet, dass die Entstehung und Veränderung normaler wie gestörter Prozesse den gleichen Gesetzmäßigkeiten folgen. So spielen für das Verhalten, eine heiße Herdplatte nicht anzufassen, die gleichen Lernprinzipien eine Rolle wie für das Verhalten, geschlossene Räume zu meiden (Schermer, 2005).
- *Die Annahme der Kontextbedingtheit.* Diese Annahme betont die Tatsache, dass nicht nur die situativen Bedingungen für normales oder abweichendes Verhalten eine Rolle spielen, sondern gleichfalls Bedingungen in der Person selbst und dass diese gleichzeitig in einer ständigen Wechselbeziehung gegenseitiger Beeinflussung stehen. Dies wird von Bandura (1979) in dem Begriff des *reziproken Determinismus* gefasst. Damit werden psychische Störungen nicht nur durch die soziale Umgebung definiert, wie dies z.B. bei der früher noch als Störung angesehenen homosexuellen Orientierung der Fall war. Diese Festlegung durch die Umwelt führte und führt auch zu Verhaltensweisen wie das Bilden von Subgruppen, Etablieren eigener Regeln in Bezug auf Partnerschaft und Treue, Einrichten eigener Treffs und eigener Sprach- und Verhaltensmuster. Diese werden damit zu einem Teil der gegenwärtigen Umgebungsbedingungen und bestimmen als solche Anschauung und Reaktion der heterosexuellen Bevölkerung, die ihrerseits mit neuen, veränderten oder noch eingeengteren Vorstellungen und Urteilen reagiert. Dies kann, wie in dem Beispiel der Homosexualität besonders eindrücklich deutlich wird, sogar dazu führen, dass das Phänomen „Homosexualität als psychische Erkrankung" aufhört zu existieren. Die Kontextbedingtheit psychischer Störungen impliziert gleichzeitig, dass Behandlungsmaßnahmen nicht auf einzelne betroffene Individuen zu begrenzen sind, sondern die nähere und auch weitere Umgebung miteinbeziehen können und müssen. Im Sinne des psychosozialen Modells sind soziale Bedingungen in jedem Fall die als vorrangig anzusehenden und anzugehenden.
- *Die Multikausalitätsannahme.* In dieser Annahme kommt zum Ausdruck, dass Entstehungsbedingungen psychischer Störungen als ein komplexes Zusammenwirken von Faktoren unterschiedlicher Art zu verstehen sind. Diese können

sozialer, psychischer oder somatischer Natur sein, wobei im Sinne des vorgestellten Modells die ersten beiden eindeutig im Vordergrund stehen. Dabei ist aber der Begriff der Kausalität nicht so zu verstehen, dass eine lineare Kette von Ursache und Wirkung besteht, sondern dass ein komplexes Zusammenspiel der genannten Faktoren, die den Störungen vorausgehen oder folgen können, deren Entstehung oder Aufrechterhaltung bedingen. Sichtbar wird dies in dem Phänomen der Äquifinalität. Dieses beschreibt die Tatsache, dass aus ganz unterschiedlichen Anfangsbedingungen heraus gleiche Störungsbilder entstehen können. So kann beispielsweise eine Angststörung, die durch Ängste in geschlossenen Räumen gekennzeichnet ist, bei einer Person durch eine Fehlfunktion der Schilddrüse bedingt sein. Eine andere Person, die ganz vergleichbare Symptome zeigt, hat dagegen ganz normale Schilddrüsenwerte. Allerdings findet sich in ihrer Lerngeschichte ein Unfall, bei dem sie unter einem umgestürzten Holzstapel begraben und in einer Bodennische eingesperrt war, so dass sie unverletzt befreit werden konnte. Diese Situation entspricht den Konstellationen, die für ein Erlernen von Emotionen nach dem Lerngesetz der klassischen Konditionierung gegeben sein müssen (Schermer, 2005). So führen in diesem Beispiel einmal somatische, ein andermal aber lernbedingte Prozesse zur symptomatisch gleichen Störung.

Gerade der zuletzt genannte Punkt öffnet das psychosoziale Modell für eine erweiterte, integrierende Konzeption. Denn die Kritik am psychosozialen Modell bezieht sich im Wesentlichen auf die pointierte Gewichtssetzung sozialer und psychischer Bedingungen als die letztlich für psychische Störungen wesentlichen. Werden im biomechanischen Modell die Befunde, die für psychische und soziale Einflüsse auf Entstehung und Verlauf psychischer Störungen sprechen, ignoriert oder nur gering bewertet, so wird dies in diesem Modell gleichermaßen mit den Befunden zu somatischen Bedingungen getan. Bildlich gesprochen ist damit das eine Modell auf dem rechten Auge blind, das andere Modell auf dem linken. „Vollsichtigkeit" lässt sich nur mit einer Integration aller genannten Aspekte erreichen. Die Möglichkeiten dieser Integration sind im psychosozialen Modell vor allem in dem oben genannten vierten Punkt grundgelegt, im medizinischen Modell lässt sich hierzu eine bereits stattgefundene Veränderung im Krankheitsbegriff, wie er bei Weiner (1978) charakterisiert wird, anführen. Diese moderne medizinische Krankheitskonzeption beinhaltet als wesentlichen Faktor für Ausbruch und Entwicklung einer Erkrankung sowohl persönliche Prädispositionen als auch soziale und kulturelle Bedingungen. In diesen Punkten ist demnach ebenfalls im medizinischen Modell der Kern für die Perspektive des biopsychosozialen Modells enthalten.

1.4.3 Biopsychosoziales Modell

Bereits die Bezeichnung dieses Modells macht deutlich, dass in ihm die Blickwinkel der vorstehend beschriebenen Paradigmen integriert werden sollen. Der Grundgedanke dieses Modells besteht demnach darin, dass alle drei Bedingungen – die biologisch-organische, die psychische und die soziale – in sich kontinuierlich ändernden Wechselbeziehungen unterstehen und aus diesen Faktoren und deren Veränderung sich Entwicklung und Verlauf von Störungen erklären lassen. Das biopsychosoziale Paradigma wird dabei aus unterschiedlichen Zugangsweisen heraus formuliert: einmal aus der der Psychosomatischen Medizin (Engel, 1977, 1980), zum anderen aus der der Verhaltenstherapie (Schwarz 1980, 1982).

Das der Psychosomatik zuzuordnende Modell geht von einer systemtheoretischen Vorstellung aus. Demnach ist der Mensch als Teil eines Gesamtsystems zu verstehen, das seinerseits eine hierarchische Struktur aufweist. Die Hierarchie besteht darin, dass die aufeinander aufbauenden Systeme zunehmend komplexer und umfassender werden. Die einzelnen Systemebenen können nach eigenen Gesetzmäßigkeiten analysiert und beschrieben werden, im Zusammenhang mit den über- und untergeordneten Systemen entstehen jedoch eigene Eigenschaften, die aus denen des jeweiligen Teilsystems nicht abgeleitet werden können. Dies entspricht der Idee der psychologischen Konzeption der Gestaltpsychologie,

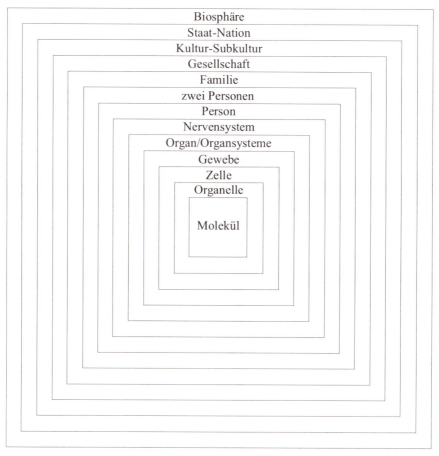

Abb. 1: Biopsychosoziales Krankheitsmodell (modifiziert nach Egle & Hoffmann, 1993, S. 13)

die gerade aus diesem Unterschied von Eigenschaften einzelner Elemente eines Systems und denen des Gesamtsystems die Verbindung zwischen physikalischen Gegebenheiten und deren psychologischer Repräsentation gezogen hat (Metzger, 1975). Engel (1977, 1980) beschreibt nun für psychosomatische Problemstellungen als wesentliches Element die Kommunikationswege der einzelnen Subsysteme in ihrem eigenen Systembereich und zwischen den einzelnen Systemebenen. Der Aufbau der Systemebenen reicht von der hier angenommenen kleinsten Einheit des Moleküls bis hin zur gesamten Biosphäre. (s. **Abb. 1**)

Die Kommunikation auf der physiologischen Ebene der Organe und Organsysteme geschieht auf biochemische und elektrophysiologische Weise. Zwischen dieser und den weiteren, komplexeren Ebenen bestehen ebenfalls Austauschwege, die nicht weiter spezifiziert sind. Störungen in einer Systemebene werden daher auf die benachbarten Systemebenen weitergegeben, so dass die von der Außenwelt als Person wahrnehmbare Systemebene im Falle einer von ihr oder von anderen wahrgenommenen Störung diese als Auswirkung oder sogar als Regulation der aus den unterschiedlichsten Konstellationen und Bedingungen der Systemebenen stammenden Veränderungen interpretiert werden kann, in der sie eingebettet ist (Uexküll & Wesiack, 1996). Im Rahmen des Ansatzes, hypnotherapeutische Vorgehensweisen bei körperlichen Erkrankungen zu begründen und deren Effekte zu erklären, finden sich ganz ähnliche Konzeptionen, die auf die sich permanent gegenseitig beeinflussenden Abläufe innerhalb und außerhalb der jeweiligen Person und der damit verbundenen Kommunikationswege abzielen (Rossi, 1986).

Das in der Verhaltenstherapie entwickelte Modell wird ebenfalls als System-Modell (Reinecker, 1994) bezeichnet, unterscheidet sich jedoch von dem oben skizzierten. Die Unterscheidung liegt dabei in erster Linie in der Fragestellung, die sich mit den beiden Modellen verbindet. Während im ersten nach der Kommunikation innerhalb und zwischen den Systemen gefragt wird, fragt der verhaltenstherapeutische Ansatz danach, durch welche vorausgehenden und nachfolgenden Bedingungen das als problematisch erachtete Verhalten der betroffenen Person bestimmt wird. „Verhalten" ist dabei längst nicht mehr als das äußerlich beobachtbare Verhalten gefasst, sondern bezieht physiologische, emotionale und kognitive Aspekte ebenso wie die motorischen mit ein. Dieses zunächst lineare Modell der Verhaltensanalyse (Reinecker, 1994) wird durch eine Sichtweise erweitert, die den Versuch unternimmt, alle Bedingungen zu erfassen, welche das auf allen Ebenen beschriebene Verhalten beeinflussen. Diese liegen sowohl in der Person mit ihren stattgefundenen und gegenwärtigen Erfahrungen und physiologischen Zuständen als auch in der ökonomischen, physikalischen und sozialen Umwelt.

Ein *Fallbeispiel* soll die Verflechtungen und gegenseitigen Einwirkungen der aus den biologischen, psychologischen und sozialen Betrachtungsebenen wirksamen Bedingungen illustrieren:

Frau E. leidet unter einer chronischen rheumatischen Erkrankung, die rasch fortschreitet und bereits zu multiplen Gelenkdestruktionen geführt hat. Im Rahmen dieser Erkrankung klagt sie über eine gravierende, chronische Schmerzproblematik. Sie empfindet sich von der Stimmung her deutlich reduziert, erlebt ein zunehmendes Gefühl der Hilflosigkeit und Hoffnungslosigkeit sowohl im Hinblick auf die weitere Entwicklung ihrer Erkrankung als auch auf die eigenen Möglichkeiten ihrer zukünftigen Lebensgestaltung. Ihre Situation ist dadurch geprägt, dass mit dieser Erkrankung nicht nur ihre körperliche Gesundheit beeinträchtigt ist, sondern ihre sozialen Rollen in beruflicher und privater Hinsicht infrage gestellt sind. Da sie nur über einen Hauptschulabschluss und keinerlei sonstige berufliche Weiterqualifikation verfügt, ergeben sich für sie kaum Möglichkeiten einer beruflichen Neu- oder Umorientierung. Diese ist jedoch nötig, da sie ihre bisherige Tätigkeit in einer freiberuflich betriebenen Partnervermittlungsagentur nicht mehr ausüben kann. Für diese Tätigkeit bräuchte sie sowohl körperliche Fitness, da sie mit ausgeprägter Reisetätigkeit verbunden ist, als auch körperliche Unversehrtheit, da ihr Eindruck als Frau wichtig für den Abschluss von Kontrakten gerade mit männlichen Kunden ist. Mit dieser beruflichen Tätigkeit ist gleichzeitig ihr privates Umfeld verknüpft, da sie diese Tätigkeit zusammen mit ihrem Partner ausführt. Dieser ist allerdings noch verheiratet und stellt unmissverständlich den Anspruch auf die Funktionstüchtigkeit seiner Freundin. Finanzielle Unterstützung kann sie ebenfalls nicht erwarten, sie selbst hat für sich bislang auch keinerlei Vorsorge getroffen und steht damit ohne jegliche finanzielle Absicherung da. Da sie gleichzeitig von Mutter und Bruder abgelehnt wird und nur zum inzwischen verstorbenen Vater Kontakt hatte, besitzt sie auch keinen familiären Rückhalt. Nachdem eine Reihe medizinischer Behandlungsversuche nicht dazu geführt haben, dass ihre Erkrankung gestoppt oder sogar geheilt werden konnte, steht für sie derzeit die Bekämpfung ihrer Schmerzen im Vordergrund. Hierzu setzt sie ein ärztlich verordnetes Opioid ein, dosiert dieses allerdings weit über die empfohlene Höchstdosis hinaus und kombiniert es mit anderen, schmerz- und entzündungshemmenden Medikamenten. Trotz aller medizinischen Behandlungsversuche entwickelt sich ihre Erkrankung mit enormer Heftigkeit weiter. Der einzige Ort, an dem sie derzeit über stabile Kontakte und ein geregeltes Umfeld verfügt, ist die Spezialklinik für rheumatische Erkrankungen, in der sie stationär behandelt wird. Hier wird deutlich, dass die körperliche Erkrankung nicht für sich alleine gesehen werden kann, sondern zumindest in ihrer Fortentwicklung auch die psychischen Belastungen, die aus der sozialen und emotionalen Gesamtsituation abzuleiten sind, eine Rolle spielen. Ob die unbefriedigende Partnersituation bereits als ein Faktor für den Ausbruch der Erkrankung angesehen werden kann, der auf eine entsprechende, möglicherweise genetisch determinierte Disposition getroffen ist, bleibt offen. Für das chronische Schmerzsyndrom gilt ebenfalls das Zusammenwirken mehrerer Faktoren. Es ist zum einen die körperliche Grunderkrankung, zum anderen aber auch die Bedeutung, die der Schmerz als Signal für ein Fortschreiten der Erkrankung für die Patientin hat. Die psychische Reaktion auf ihren Gesamtzustand, ihre depressive Stimmungsveränderung, wirkt wiederum auf die Schmerzempfindung zurück, da durch sie die Schmerzschwelle gesenkt wird. Für den Schmerzmittelgebrauch ist festzuhalten, dass er zunächst ja verordnet und gewollt ist, eine Ablehnung von

Schmerzmitteln sogar Sanktionen in einem traditionellen Behandlungssetting hätte hervorrufen können, auf dem persönlichen Hintergrund der Patientin nun aber in einen Missbrauch mündete, der nun seinerseits sanktioniert wird. Diese Sanktionen stören die vermeintliche Beziehungssicherheit in einem Behandlungsrahmen und führen damit über eine zusätzliche Belastung erneut zu einer ungünstigen Wirkung auf den Krankheitsverlauf.

Das Beziehungsgeflecht im Gesamten, das sowohl hypothetische als auch empirisch belegte Funktionen enthält, wird in der Bedingungsanalyse dargestellt (Schwarz, 1986). Hypothesen über die Wirkung der eruierten Faktoren werden dabei auf dem Hintergrund allgemeinpsychologischer Erkenntnisse, unter anderem auch aus denen der Lerntheorien des klassischen und operanten Konditionierens formuliert (Schermer, 2005; Bastine, 1998).

Aus den Gemeinsamkeiten dieser beiden Blickwinkel heraus ist das biopsychosoziale Modell folgendermaßen zu beschreiben:

> Psychische Störungen sind das Ergebnis vielfältiger Wechselwirkungen biologisch-organischer, psychischer und sozialer Faktoren. Diese Faktoren sind prinzipiell als gleichrangig anzusehen. Ihr jeweiliges Gewicht bestimmt sich aus empirischen Befunden zu dem bei einer Person vorgefundenen Störungsbild und ist damit auch von klassifikatorischer Präzision abhängig. Andererseits ist diesem die individuelle Analyse des Verhaltens und seiner Bedingungen der jeweils konkret betroffenen Person gleichrangig, erst nach deren Kenntnis lässt sich das jeweilige Gewicht einzelner aufgefundener Faktoren zum jeweiligen Zeitpunkt und damit die Bedeutung von Interventionen aus unterschiedlichen Bereichen bestimmen. Dies impliziert sowohl für Diagnostik als auch Intervention einen interdisziplinären Zugang.

Aus dieser Charakterisierung ist abzuleiten, dass multidisziplinäre Teams, die jeweils nur aus ihrem eigenen Blickwinkel heraus mit einem Patienten arbeiten, diesem Modell und damit der begrifflich fast schon abgedroschen wirkenden „ganzheitlichen" Sichtweise des Patienten nicht gerecht werden. Ein interdisziplinäres Team bedeutet vor allem, dass von allen Beteiligten die zunächst prinzipielle Gleichgewichtigkeit aller zu erhebenden Faktoren für Krankheitsentstehung und Krankheitsverlauf anerkannt wird. Bei bereits lang bestehenden Krankheiten kann dies ebenfalls einen Gewichtswechsel des jeweiligen Faktors bzw. ein Verschwinden bisher relevanter und das Auftauchen neuer Faktoren bedeuten. Für die Teammitglieder bedeutet dies die Notwendigkeit, erhobene Fakten der einzelnen Disziplinen auszutauschen und in ein gemeinsames Störungsmodell zu integrieren. Erst aus dieser konkreten Störungstheorie heraus ist dann eine Handlungsplanung möglich, bei der die federführende Disziplin, sei sie medizinischer, sozialpädagogischer oder psychologischer Natur, aus der sich ergebenden Problemkonstellation und den möglichen Interventionen und nicht aus traditionellen Hierarchien abzuleiten ist.

Die oben genannten Modellkonzeptionen stellen den grundsätzlichen Rahmen für eine weitergehende Betrachtung psychischer Störungen dar. Je nachdem, innerhalb welcher dieser übergeordneten Vorstellungen sich der einzelne Forscher oder Praktiker bewegt, wird er für seine Theoriebildung und -rezeption eher auf biologisch-medizinische, soziologische, ganzheitlich-psychosomatische oder verhaltenstheoretische Konzeptionen zurückgreifen. Dies gilt einerseits für die Vorstellungen der Entstehung psychischer Störungen, andererseits gleichermaßen für die als sinnvoll erachteten Interventionsschritte. Als Ausgangspunkt stellt sich zunächst die Frage nach den konkreten Störungstheorien. Da für diese Darstellung das biopsychosoziale Rahmenmodell in dem verhaltenstherapeutischen Verständnis gemäß dem derzeitigen Standard in der Verhaltenstherapie (z. B. Hautzinger, 1996; Margraf & Schneider, 2009) als Modellrahmen gewählt wird, werden im Folgenden theoretische Entwürfe skizziert, die sich in diesen Rahmen einfügen lassen.

1.5 Klinisch-psychologische Störungstheorien

Konkrete Störungstheorien können aus verschiedenen Blickwinkeln heraus formuliert werden und dabei innerhalb des Bezugsrahmens eines biopsychosozialen Paradigmas bleiben. Im Folgenden sollen die für den verhaltenstherapeutischen Ansatz primär relevanten Störungstheorien dargestellt werden. Ein Überblick über die hier keine Erwähnung findenden Störungstheorien der Psychoanalyse sowie der Humanistischen Psychologie findet sich prägnant dargestellt in Schermer (2005), umfassende Darstellungen der gegenwärtig diskutierten Störungstheorien der Klinischen Psychologie bieten z. B. Ehlers und Hahlweg (1996), Bastine (1998), Wittchen und Hoyer (2006) sowie Davison, Neale und Hautzinger (2007).

1.5.1 Das lerntheoretische Modell

Dieses Modell konstituiert sich aus verschiedenen lerntheoretischen Vorstellungen, die eine Reihe gemeinsamer Vorstellungen teilen (Reinecker, 1994; Bastine, 1998).

Als zentraler, übergreifender Punkt ist zu nennen, dass davon ausgegangen wird, dass sich psychische Störungen ebenso wie sonstige Verhaltensweisen aus allgemeingültigen Prinzipien der Verhaltenssteuerung und Verhaltensänderung ableiten lassen. Da ein wesentlicher Aspekt hierbei den Prinzipien des Lernens zukommt, sind diese besonders zu beachten. Gesetzmäßigkeiten des Lernens, die insbesondere auf den Erwerb oder den Abbau von Verhaltensweisen zutreffen, finden sich vor allem in den Theorien des klassischen und des operanten Konditionierens sowie in der Darlegung des Lernens am Modell (Perrez & Zbinden,

1996). Im Rahmen dieser Lernmodelle ist hervorzuheben, dass eine besondere Gewichtung auf die Faktoren gelegt wird, die entweder auslösend oder aufrechterhaltend für das entsprechende Problemverhalten sind. Welche der genannten Faktoren in den Vordergrund der Betrachtung gerückt werden, ist abhängig von der jeweils präferierten Lerntheorie. Diese Faktoren können sich daher sowohl auf situative Bedingungen beziehen als auch – aus einem entsprechend anderen Blickwinkel – genetische, biologische oder in der Person selbst liegende Aspekte, wie z.B. deren gegenwärtige emotionale Zustände oder kognitive Überzeugungen, berücksichtigen. Die Gemeinsamkeit unterschiedlicher Anschauungen in diesem Bereich besteht also darin, dass davon ausgegangen wird, dass aus den verschiedensten Faktoren das Erleben und Verhalten von Personen mit einer gewissen Wahrscheinlichkeit vorhergesagt werden kann. Zu diesen Faktoren zählen nicht nur solche, die aus einem unmittelbar gegebenen Verhalten gerade zu beobachten sind, sondern ebenfalls solche, welche vergangene Situationen und Lebensumstände betreffen. Das Augenmerk muss dabei darauf gerichtet sein, inwieweit letztere auch gegenwärtig noch mit dem bestehenden Problemverhalten funktional verknüpft sind.

Aus dem vorgenannten Punkt geht hervor, dass das konkrete Verhalten und nicht eine dahinter zu vermutende Krankheit als erster Zugang und auch als Kriterium für eine erfolgreiche Behandlung angesehen wird. Damit wird ganz eindeutig davon Abstand genommen, Verhaltensweisen als reine Symptome einer Krankheit anzusehen, wie dies das biomedizinische Modell nahelegt. Das Symptom wird vielmehr als der relevante Problembereich angesehen, was nicht nur für die Behandlung, sondern auch für die zu dieser Konzeption entwickelten diagnostischen Vorgehensweise Bedeutung besitzt.

Neben diesen allgemein für den lerntheoretischen Ansatz gültigen Vorstellungen lassen sich folgende theoretische Konzeptionen unterscheiden. Für die detaillierte Darstellung der einzelnen Lernmodelle sei auf Schermer (2005) verwiesen.

1.5.1.1 Klassische Konditionierung als Erklärungsmodell gestörten Verhaltens
Das Grundprinzip der klassischen Konditionierung ist das der raum-zeitlichen Nähe von Reizen, die einerseits eine determinierte physiologische Reaktion auslösen können, und solchen, die primär bezogen auf diese Reaktion dazu nicht in der Lage sind (Kontiguitätsprinzip; Guthrie, 1959). Auf diese Weise wird allgemein die Orientierungsfähigkeit und die Koordination bezüglich gegebener Umweltbedingungen eines Organismus erhöht. Der Begriff des Organismus ist in diesem Zusammenhang angebracht, da er bezeichnet, dass dieses Lernprinzip für Organismen jeglicher Organisationsform gilt, d.h., für Einzeller ebenso wie für den Menschen. Das Lernen vollzieht sich dabei in der Regel in zwei Schritten:

Ein Reiz, der ohne jegliche vorhergehende Lernerfahrung eine ganz bestimmte Reaktion hervorruft (UCS), tritt gemeinsam mit einem bezüglich dieser Reaktion neutralen Reiz (NS) auf. Diese Koppelung der beiden Reize, die mehrfach oder manchmal auch nur einfach erfolgen kann, führt zu dem Ergebnis, dass der vormals neutrale Reiz die infrage stehende Reaktion ebenfalls auslösen kann.

Der erste, als „unbedingt" bezeichnete Reiz, wird in der Literatur als UCS (*unconditioned stimulus*), die auf ihn erfolgende Reaktion als UCR (*unconditioned reaction*) bezeichnet. Der mit dem UCS gekoppelte, zunächst neutrale Reiz wird nach Abfolge des Lernprozesses zum CS (*conditioned stimulus*), die auf ihn folgende Reaktion zur CR (conditioned reaction). Die beiden Reaktionen sind zwar sehr ähnlich, aber nicht identisch. Sie unterscheiden sich in der Regel bezüglich ihrer Intensität, wobei die konditionierte Reaktion zumeist schwächer ausfällt als die korrespondierende unkonditionierte Reaktion. Im Schema ist dieser Lernvorgang wie in **Abbildung 2** folgendermaßen darzustellen:

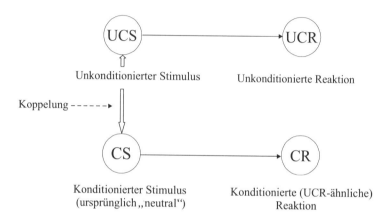

Abb. 2: Klassisches Konditionierungsmodell (modifiziert nach Hautzinger, 1996, S. 199)

Damit der Lernprozess in oben beschriebener Weise stattfinden kann, sind verschiedene Faktoren wesentlich (Lefrancois, 1986). Diese liegen in der Qualität der zu konditionierenden Reize, für die als eine wichtige Bedingung diejenige der preparedness anzusehen ist (Seligman, 1971). Weitere Bedingungen liegen in der Intensität des neutralen Stimulus, vor allem jedoch in seinem zeitlichen Bezug zu dem unkonditionierten Reiz (Reinecker, 1994). Für die Anwendbarkeit dieses Lernprinzips auf die Entstehung psychischer Störungen liegen sowohl klassische experimentelle Befunde (Perrez & Zbinden, 1996) vor als auch eine Vielzahl von Ereignissen, die aus der klinischen Beobachtung zuzuordnen sind. Zum erstgenannten Punkt ist das vielerorts zitierte und bei Perrez und Zbinden (1996) detailliert referierte „Experiment mit dem kleinen Albert" anzuführen: eine klassische Konditionierung einer Angstreaktion auf vormals nicht mit Angstreaktionen beantwortete Objekte wie weiße Hasen und ähnliche Pelztiere und Pelze. Beispiele aus der psychotherapeutischen Praxis finden sich bei Reinecker (1994) und Hautzinger (1996). Diese entsprechen folgendem Muster:

Die ca. 35-jährige Patientin kann sich nur mehr unter großer Mühe oder gar nicht mehr in Gesellschaft mehrerer Leute aufhalten, wenn sie einen Sitzplatz benutzen muss, der es ihr nicht ermöglicht, jederzeit aufzustehen und wegzugehen. Außerdem müssen in ihrer Wohnung und an ihrem Arbeitsplatz immer alle Türen offen stehen, da sie es sonst nicht aushält und ganz schnell Atemnot, Herzrasen und Schweißausbrüche bekommt. Neben dieser manifesten Symptomatik fühlt sie sich allein durch dieses Störungsbild beeinträchtigt, da sie dieses als „nicht normal sein" bewertet. Sie selbst findet keine Erklärung für diese Störung und stellt ihre Entwicklung und Lebensgeschichte als völlig unauffällig dar. Daher geht sie davon aus, dass es Ereignisse oder ein Ereignis in ihrer Kindheit gegeben haben muss, die sie verdrängt hat und deshalb nicht mehr erinnern kann. Sie geht davon aus, dass das Problem mit ihren Eltern zu tun haben muss, da ihrer Vorstellung nach solche Probleme immer etwas mit der Kindheit und den Eltern zu tun haben müssen. Sie kann sich an eine Episode aus ihrer Kindheit erinnern, die zwar einprägsam war, ihr aber immer unwichtig erschien, da sie, ihrer eigenen Vorstellung zur Störung entsprechend, keinen Zusammenhang sah. Diese Episode bestand darin, dass sie im Alter von ca. 12 Jahren beim Schlittenfahren über den Hang hinaus über die angrenzende Straße und den anschließenden Graben fuhr. Ein sich annäherndes Auto geriet wohl wegen der Bremsung, da der Fahrer das Kind auf dem Schlitten wahrnahm, ins Schleudern und rutschte von der Straße über die Böschung und den Graben, in dem sich die Patientin mit ihrem Schlitten befand. Sie wurde dadurch zwar in keiner Weise verletzt, war aber in ihrem dunklen und kalten Gefängnis eingesperrt, bis das Auto endlich wieder auf die Straße gezogen war. Dieses Ereignis muss der vorstehend genannten Patientin erst als gelernte Voraussetzung ihrer Störung nahegebracht werden.

Die prinzipiell neutrale Situation „Graben" oder auch „beengte räumliche Verhältnisse" wird durch die Verbindung mit dem lebensbedrohenden Reiz „Überfahren-Werden durch ein Auto", der als Reaktion „Todesangst" hervorruft, zu einer auf geschlossene und enge Räume generalisierten Auslösesituation für die Angstreaktion und die dadurch bedingte Fluchtreaktion. Die Tatsache, dass wie im vorliegenden Fall diese Angstreaktion nicht überdauernd auftritt oder sogar im Sinne einer Spontanremission gelöscht wurde, macht es jedoch notwendig, neben dem Mechanismus der klassischen Konditionierung noch weitere Erklärungsprinzipien einzuführen.

Neben den Angstreaktionen hat der Mechanismus der klassischen Konditionierung auch bei Abhängigkeiten und vor allem bei psychophysiologischen Störungen Bedeutung (Hautzinger, 1996). So finden sich bereits bei Dekker, Pelser und Groen (1957) Hinweise auf die Möglichkeit, allergische Reaktionen klassisch zu konditionieren. Ein besonders deutliches Beispiel für klassische Konditionierung ist im sogenannten antizipatorischen Erbrechen zu finden. So fand sich bei Krebspatienten, die chemotherapeutisch behandelt wurden, die Nebenwirkung der Therapie, wie Übelkeit oder Erbrechen, bereits beim bloßen Anblick des Medikaments, bisweilen auch bei dem des Arztes, der das Medikament regelmäßig verabreichte, oder sogar schon bei dem Anblick des Krankenhauses. Diese Beobachtung, die durch die Verbesserung der entsprechenden medikamentösen

Behandlung in jüngerer Zeit nicht mehr so häufig gemacht werden kann, zeigt aber, dass gerade Lernen über klassische Konditionierung für den Themenbereich der Verhaltensmedizin in jüngerer Zeit wieder sehr an Bedeutung gewonnen hat. Dies umso mehr, als auch der Nachweis geführt werden konnte, dass sich immunologische Abläufe über klassische Konditionierung beeinflussen lassen (Buske-Kirschbaum & Hellhammer, 1997).

1.5.1.2 Operante Konditionierung als Modell für gestörtes Verhalten
Das Grundprinzip des operanten Lernens besteht darin, dass hier der Schwerpunkt der Betrachtung nicht auf die verhaltensauslösenden Reize, sondern auf die einem bestimmten Verhalten folgenden Konsequenzen gelegt wird. Diese Betrachtung wurde grundgelegt durch die Arbeiten von Thorndike, der den Begriff des Versuchs- und Irrtumslernens prägte und der in seinem Gesetz des Erfolges die Bedeutung der Konsequenzen eines Verhaltens für das Erlernen bestimmter Verhaltensweisen unter spezifischen Reizbedingungen hervorhob (Thorndike, 1932). Ausgearbeitet und in seiner Bedeutung für vielfältige Anwendungsbereiche hervorgehoben wurde dieses Konzept der durch ihre Auswirkungen gelernten Reaktionen vor allem durch B. F. Skinner (Skinner, 1938; Skinner, 1971; Holland & Skinner, 1971). Unterschieden werden dabei in der Regel vier unterschiedliche Verhaltensfolgen. Ein Verhalten verstärkend, das heißt, die Auftretenswahrscheinlichkeit dieses Verhaltens erhöhend, sind die Konsequenzen der *positiven Verstärkung* oder direkten Belohnung und die der *negativen Verstärkung* oder Beendigung eines negativen aversiven Zustandes. So lässt sich beispielsweise aggressives und antisoziales Verhalten einzelner Personen oder sogar einer ganzen Gruppe durch dieses Lernprinzip erklären. Die Anerkennung der Freunde aus der Bezugsgruppe eines Jugendlichen, die als soziale Verstärkung bezeichnet werden kann, ist demnach wesentlich dafür, dass das Verhalten des Anpöbelns von ausländisch wirkenden Menschen in seiner Häufigkeit deutlich gesteigert wird. Wenn diese Anerkennung innerhalb der Gruppe wechselseitig gegeben wird, dann etabliert sich dadurch ein einheitliches Gruppenverhalten. Negative Verstärkung findet dann statt, wenn z.B. ein Jugendlicher den Anschluss an oben genannte Gruppe wünscht, aber aufgrund seiner toleranten Einstellung abgelehnt wird. Zeigt dieser Jugendliche dann ebenfalls das Verhaltens des Anpöbelns oder vielleicht sogar eines physischen Angriffs, so wird dieses Verhalten durch das Ende der negativen emotionalen Befindlichkeit von Isolation und Einsamkeit und die Beendigung der äußeren aversiven Bedingung der Missachtung durch die Gruppe negativ verstärkt. Direkte Belohnung kann daher als Reiz aufgefasst werden, der überwiegend von außen kommt und auch bei neutraler Bedürfnislage des Organismus wirksam sein kann. Negative Verstärkung bezieht sich dagegen meist auf bestehende aversive Zustände eines Organismus, die sowohl durch eigene Verhaltensweisen als auch durch Reaktionen von außen beendet werden können.

Die beiden anderen Verhaltensfolgen ziehen dagegen eine Reduktion der ihnen vorhergehenden Reaktion nach sich. Es sind die Konsequenzen „direkte Bestrafung" und „indirekte Bestrafung". Die *direkte Bestrafung* wird analog zu dem für die Verstärkung beschriebenen Muster direkt von außen gegeben, sie beinhaltet beispielsweise aversive Konsequenzen, wie z.B. einen physischen Angriff und Verletzung oder Ausdruck von Tadel und Missachtung. Demnach sind auch bei der Bestrafung Konsequenzen unterscheidbar, die eher primär, also ohne vorheriges Lernen wirksam sind, wie z.B. physische Verletzung und solche, die ganz im Sinne sekundärer Verstärker ebenfalls erst als bestrafend erlernt werden müssen. Die *indirekte Bestrafung* ist ebenfalls in ihrem Mechanismus der negativen Verstärkung vergleichbar, hier muss nur eine situational und/oder emotional positive Ausgangslage bestehen, die beendet wird. Im Anschluss an das oben genannte Beispiel kann soziales Verhalten dadurch reduziert werden, dass Personen, die sich ausländerfreundlich und gewaltlos verhalten, durch gewaltbereite angepöbelt oder sogar zusammengeschlagen werden, wenn sie für einen Ausländer eintreten. Indirekte Bestrafung findet beispielsweise dann statt, wenn ein angesehenes Mitglied einer ausländerfeindlichen Gruppierung nicht mehr zu Treffen und Versammlungen seiner Gruppe zugelassen wird oder ihm bestimmte Positionen entzogen werden, weil er eine ausländische Freundin hat.

Eine uneinheitliche Betrachtung findet die Verhaltenskonsequenz der *Löschung*. Dies ist wohl in erster Linie darin begründet, dass es sich hier eigentlich um eine Nicht-Konsequenz handelt, die in einer klassischen Betrachtung des operanten Konditionierens eigentlich gar keine Verhaltensänderung zur Folge haben dürfte, da sie im eigentlichen Sinn verhaltensmäßig nicht präsent ist. In der Regel wird sie unter die indirekte Bestrafung eingeordnet, gelegentlich aber auch als fünfte Konsequenzmöglichkeit aufgeführt (Gerrig & Zimbardo, 2008). Löschung im Sinne des operanten Modells besteht also dann, wenn auf eine Verhaltensweise keine Konsequenz von außen erfolgt. Ein solcher Mechanismus ist etwa anzunehmen, wenn beobachtet werden kann, dass ein Kind dann, wenn es hingefallen ist, ohne weiteres Schreien oder Klagen wieder aufsteht, wenn es sich alleine wähnt. Sind jedoch die Eltern oder ein Elternteil zugegen, bleibt es liegen, schreit und weint. An diesem Beispiel soll auch die Bedeutung von Umgebungs- oder diskriminativen Reizen veranschaulicht werden. Sie stellen im Gegensatz zur Situation der klassischen Konditionierung keine Auslösebedingungen für determinierte Reaktionen dar, sondern sind in erster Linie als Hinweisreize für die in der Situation wirksamen Verstärkungsbedingungen zu verstehen (Schermer, 2005).

Die Bedeutung des operanten Konditionierens für die Erklärung psychischer Störungen lässt sich in erster Linie dann herausarbeiten, wenn von einem sogenannten *dreifaktoriellen Störungsmodell* (Margraf, 1996) ausgegangen wird. Dieses Modell postuliert drei Klassen von Faktoren, die für die Ätiologie psychischer Störungen in Betracht zu ziehen sind. Dies ist einmal der Faktor der Anfälligkeit oder auch der Prädisposition oder Vulnerabilität, dann der der auslösenden Bedingungen sowie schließlich der der aufrechterhaltenden Bedingungen. Margraf (1996) beschreibt *Vulnerabilität* als „vorexistierende genetische, somatische, psychische oder soziale Merkmale" (S. 7), die das Auftreten von Störungen möglich oder sogar wahrscheinlich machen. Die *auslösenden Bedingungen* werden folgendermaßen charakterisiert: „Psychische, somatische oder soziale Bedingungen (Belastungen, Erfahrungen, Ereignisse, ‚Stress') lösen das Erstauftreten einer Störung vor dem Hintergrund einer individuellen Vulnerabilität aus" (a.a.O., S. 7). Schließlich noch die *aufrechterhaltenden Bedingungen*: „Falsche Reaktionen (des Betroffenen oder der Umwelt) oder anhaltende Belastungen verhindern das rasche Abklingen der Beschwerden und machen das Problem chronisch" (a.a.O., S. 7). In diesem Sinne ist aus dem operanten Modell in erster Linie die Chronifizierung abzuleiten. So werden beispielsweise Schmerzreaktionen dadurch aufrechterhalten, dass sie eine verstärkte, möglicherweise vor Beginn der Schmerzen nicht oder nicht mehr vorhandene Zuwendung von Angehörigen zur Folge haben (positive Verstärkung) und gleichzeitig die Verpflichtung zu überfordernden oder unangenehmen Tätigkeiten entfällt (negative Verstärkung). Untersuchungen von Miller (1969) zeigen die Beeinflussbarkeit autonomer Reaktionen durch operante Konditionierung. Damit ist die Grundlage für die Auffassung, dass bei körperlichen Störungen operante Mechanismen eine Rolle spielen können (Hautzinger, 1996), empirisch gesichert. Für den Bereich psychischer Störungen wurde besonders im Zusammenhang mit der reaktiven Depression der Verlust von Verstärkern in Zusammenhang mit weiteren Faktoren herausgearbeitet (zusammenfassend Perrez & Zbinden, 1996). Die Rolle bestrafender Konsequenzen wird besonders deutlich, wenn Erklärungen für nicht stattfindende Löschungsvorgänge bei Angst und Zwangsstörungen gesucht werden. Hier spielt die Differenzierung von Vermeidungs- und Bestrafungslernen eine Rolle (Perrez & Zbinden, 1996). Bestrafungslernen ist dadurch gekennzeichnet, dass auf eine Reaktion eine Bestrafung folgt und die Reaktion daraufhin unterdrückt wird. Beim Vermeidungslernen hingegen wird eine Reaktion dadurch bestärkt, dass auf sie keine Strafe folgt. Der Unterschied zur negativen Verstärkung liegt dabei darin, dass im letztgenannten Fall noch gar kein aversiver Zustand vorliegt, der reduziert werden könnte. So unterlässt ein bestraftes Kind es in Zukunft zumindest dann, seinen Sandkastengefährten mit der Sandschaufel zu traktieren, wenn eine Konstellation vorliegt, in der eine mögliche strafende Instanz zugegen ist, wie z.B. ein Elternteil. Dieser entspricht dabei dem diskriminativen Stimulus für die Konsequenzbedingung der Bestrafung. Beim Vermeidungslernen hingegen zeigt der Organismus ein anderes Verhalten, wie z.B. das einer Flucht vor einer bestimmten Situation, wobei dieses Verhalten dadurch verstärkt wird, dass eine negative Konsequenz nicht eintritt. Beim Unterlassen dieser Reaktion tritt diese negative Konsequenz hingegen auf. So begibt sich eine Person beispielsweise erst gar nicht in eine von ihr als aversiv oder bestrafend erlebte Situation. Daher benutzt ein Mensch mit Klaustrophobie erst gar keinen Aufzug, obwohl er die Angst, die seiner Annahme nach im Aufzug auftreten wird, noch gar nicht empfindet. Damit kommt er aber in keine Situation der Gegenkonditionierung, in der er das Auftreten des konditionierten ohne den unkonditionierten Stimulus erleben könnte und damit die ursprüngliche, klassische Konditionierung aufgelöst werden könnte. Gerade diese Analyse von Angststörungen ist als Ausgangspunkt für die Auffassung zu betrachten, dass sich letztlich kaum eine Störung aus einem Lernprinzip allein begründen lässt (Hautzinger, 1996). Die damit verbundene Theorie ist die *Zwei-Faktoren-Theorie* des Lernens (Mowrer,

1960). In ihr ist die Verbindung klassischer Konditionierung mit operanten Mechanismen für die Entstehung und Aufrechterhaltung von Angststörungen beschrieben. Demnach liegt bei der Entstehung einer Angstreaktion die Bedingung einer klassischen Konditionierung vor. Ein unbedingter aversiver Reiz löst eine unbedingte Schmerz-Furcht-Reaktion aus. Mit dieser Situation raum-zeitlich verbundene, bezüglich einer derartigen Reaktion neutrale Reize werden zu konditionierten Stimuli einer konditionierten emotionalen Reaktion, der Angstreaktion. Diese wiederum löst das Fluchtverhalten aus, das seinerseits durch die Beendigung des aversiven Angstzustandes negativ verstärkt wird (s. **Abb. 3**; vgl. Kapitel 3.4).

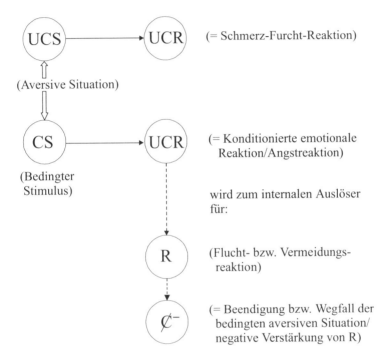

Abb. 3: Zwei-Faktorentheorie des Angst-Vermeidungsverhaltens (nach Hautzinger, 1996, S. 206)

Verschiedene Beobachtungen (Mineka, 1985) weisen jedoch darauf hin, dass besonders bezüglich des Anteils der negativen Verstärkung des Fluchtverhaltens eine differenziertere Betrachtung nötig ist. Dies bezieht sich in erster Linie auf die Tatsache, dass noch gar kein Angstzustand beim Individuum besteht, dieses aber trotzdem Fluchtverhalten zeigt, wie es in obenstehendem Beispiel beschrieben wurde. Dies findet sich oft ausgedrückt in der in der Praxis zu beobachtenden

Gegebenheit, dass Klienten, die Ängste vor einer umschriebenen, konkreten Situation berichten, oft kaum andere Gegebenheiten angeben können, in denen sie ebenfalls Angst haben. Während die Angst im Flugzeug also konkret geschildert werden kann, ist die Angst in anderen geschlossenen Räumen oft nicht benennbar: Der Klient nimmt diese nicht wahr, da er entsprechende Situationen erst gar nicht aufsucht. Dies kann mit dem Konzept der Erwartung erklärt werden (Seligman & Johnston, 1973). Danach werden Erwartungen jedes Mal bestärkt, wenn sie sich erfüllen, und geschwächt, wenn sie sich nicht erfüllen. Jede Flucht- oder Vermeidungsreaktion wird also dadurch verstärkt, dass die damit verbundene Erwartung, keine aversiven Konsequenzen zu erleiden, erfüllt wird. Dies verhindert, dass Löschungsbedingungen für den Organismus wirksam werden können, da die Situation des Auftretens von CS ohne UCS nicht stattfindet. Hier wird demnach eine kognitive Erklärung eingeführt. Dieser Aspekt steht bei der Betrachtung des Modelllernens als Erklärungsmodell noch mehr im Vordergrund.

1.5.1.3 Modelllernen als Erklärungsmodell
Ebenso wie im operanten Modell ist im Konzept des *Modelllernens* (Bandura, 1977) kein eigenes Konzept zur Erklärung psychischer Störungen formuliert. Ausgangspunkt ist vielmehr in beiden Fällen das Postulat der Äquivalenzannahme, d. h., dass für Veränderungen normalen wie gestörten Verhaltens dieselben Prinzipien gültig sind. Durch Modelllernen, das synonym auch als *Beobachtungslernen, soziales Lernen, Nachahmungslernen oder Imitationslernen* bezeichnet wird, werden in der Regel nicht nur einfachere Verhaltensdispositionen, sondern auch komplexeres Verhalten vermittelt. Die Vermittlung geschieht dadurch, dass eine Person eine entsprechende Reaktion oder ein Reaktionsmuster bei einer anderen Person, dem Modell, beobachtet hat. Daraufhin ändert sie auch ihr eigenes Verhalten. Als Modell kann nicht nur eine andere Person dienen, sondern Grundlage des Modelllernens können auch verbale oder schriftliche Beschreibungen, graphische oder filmische Darstellungen sein (Perrez & Zbinden, 1996). Für die Beschreibung des gesamten Vorgangs ist zwischen einer Aneignungsphase und einer Äußerungsphase zu unterscheiden. Für diese Phasen, zwischen denen ein großer zeitlicher Abstand liegen kann, sind verschiedene Prozesse bedeutsam, wie sie etwa Reinecker (1994) zusammenfassend darlegt. Für eine detailliertere Darstellung sei wiederum auf Schermer (2005) verwiesen.

Für die Aneignung sind zunächst Aufmerksamkeitsprozesse vorausgesetzt. Diese unterliegen sowohl Bedingungen des Individuums, wie bisherige Lernerfahrungen, Motivation usw., als auch solchen des Modells wie Prägnanz des gezeigten Verhaltens oder Modelleigenschaften, wie wahrgenommene Ausstrahlung, sozialer Status oder Macht des Modells. Weiter muss der Beobachter in der Lage sein, das Beobachtete auch zu speichern, d. h., im Gedächtnis zu behalten. Diese Speicherung erfolgt dabei nicht passiv, sondern durch aktive symbolische Kodierung (Paivio, 1971). Diese Kodierung ist für die Äußerungsphase bedeutsam, da die symbolisch repräsentierten Hinweisreize als kognitive Auslöser des modellierten Verhaltens dienen. Um das Verhalten tatsächlich zeigen zu können, müssen motorische Reproduktionsprozesse gezeigt werden. Damit ist die Voraussetzung für eine Verhaltensäußerung, dass das Individuum über entsprechende motorische Möglichkeiten verfügt. Schließlich spielen Motivationsprozesse, beispielsweise der Selbstverstärkung oder der stellvertretenden Verstärkung, gleichermaßen für die Selektion des beobachteten Verhaltens wie für die Verhaltensausführung eine wichtige Rolle. (s. **Abb. 4**)

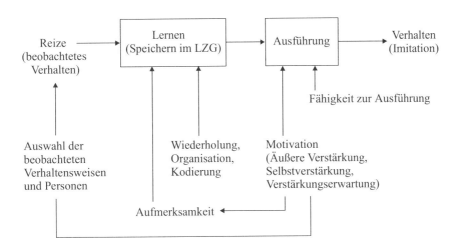

Abb. 4: Sozial-kognitive Lerntheorie (nach Herkner, 1988)

Über Modelllernen können neue Verhaltensweisen erworben werden, bei bereits vorhandenen Reaktionen kann deren Auftretenswahrscheinlichkeit erhöht oder verringert werden im Sinne einer Enthemmung oder Hemmung vorhandener Verhaltensmöglichkeiten. Dabei ist es generell leichter, Verhalten auf diesem Wege zu enthemmen als zu hemmen (Bandura, 1979).

Besondere Beachtung fand das Modelllernen beim Erwerb phobischen und aggressiven Verhaltens. So referieren Perrez und Zbinden (1996) über eine Reihe von Primatenexperimenten, in denen bei Rhesus-Affen phobisches Verhalten auf Attrappen von Schlangen und Reptilien mittels direkter aber auch über Video vermittelter Beobachtung induziert werden konnte. Sie betonen dabei den Faktor der phylogenetischen Bedeutung der Reize für deren Konditionierbarkeit, wie er analog bereits im Konzept der *preparedness* für die klassische Konditionierung dargestellt wurde. Für den Humanbereich lassen sich Zusammenhänge zwischen Ängsten von Kindern und deren Geschwistern feststellen (Sarason, 1963). Zudem zeigen Mütter phobischer Kinder ein erhöhtes Maß an Ängstlichkeit und eine hochsignifikante Übereinstimmung mit deren phobischen Objekten (Windheuser, 1976).

Die Bedeutung des Modelllernens für aggressives Verhalten bei Kindern konnte Bandura (1979) experimentell untermauern. Dies mündet in die gegenwärtig nach wie vor aktuelle Diskussion der Wirkung von über Massenmedien verbreiteten Modellen aggressiven oder auch antisozialen Verhaltens, welches schon allein durch die damit verbundene Beachtung zur Verstärkung führt und in dem Phänomen des *Trittbrettfahrers* zum Ausdruck kommt.

1.5.2 Das kognitive Modell

Im kognitiven Modell wird eine Reihe von Annahmen getroffen, die bereits schon bei der vorgenannten Theorie des Modelllernens von Bedeutung sind. Vor allem die Vorstellung, dass Individuen Erwartungen bilden, die über die verschiedensten Prozesse der Wahrnehmung und der damit verbundenen Verarbeitung der Information entstehen, ist von Bedeutung. Denn über diese Erwartungen ist es möglich, dass Handlungen in Bezug auf ihren möglichen Effekt beurteilt werden und damit in ihrem Einsatz vorausgeplant werden können. Das Konzept der Erwartungen ist integriert in die übergreifenden Vorstellungen, die den sogenannten *kognitiven Theorien* gemeinsam sind. Diese Grundkomponenten beinhalten die Annahme folgender Punkte (Hautzinger, 1996): Für das Verhalten in jeweils gegebenen Situationen sind Gedächtnisstrukturen von Bedeutung, die bis hin zu diesem konkreten Zeitpunkt gebildet wurden. Ferner sind bestimmte Verhaltensregeln ausgebildet, die auf dem Hintergrund der bisherigen Erwartungen und Erfahrungen das Handeln in jeweils gegebenen konkreten Situationen bestimmen. Damit ist dem jeweiligen Individuum eine zentrale Bedeutung zugebilligt. Diese liegt darin, dass es als aktiv und seine Umgebung gestaltend angenommen wird. Diesen theoretischen Rahmen präzisiert Hautzinger (1996) in folgenden Punkten:

„Wichtige kognitive steuernde Komponenten sind
- Präferenzen zwischen erwarteten Ergebnissen eines Verhaltens (ein angenehmer Zustand wird einem unangenehmen vorgezogen);
- Erwartungen über Folgen eines Verhaltens in einer bestimmten Situation (aufgrund früherer Erfahrungen);
- als ein zentraler kognitiver Faktor für die Veränderung von Verhalten wird die „self-efficacy" angesehen." (Hautzinger, 1996, S. 214).

Damit wird deutlich, dass die kognitiven Theorien zur Erklärung von im Sinne pathologischer Ausmaße zu beschreibenden Verhaltensweisen Konzepte in den Vordergrund stellen, die im Wesentlichen auf nicht direkt beobachtbare Größen zurückgreifen. Innerhalb dieses Rahmens entstanden eine Reihe psychotherapeutischer Ansätze, die gleichzeitig in Erklärungsmodelle für psychische Störungen mündeten und auch gegenwärtig noch bedeutsam sind.

1.5.2.1 *Das rational-emotive Störungsmodell*
Dieses mit dem Namen von Albert Ellis verbundene theoretische Konzept psychischer Störungen und deren Behandlung ist folgendermaßen zu charakterisieren (Ellis, 1962): Der Grundgedanke besteht darin, dass emotionale Probleme und

damit einhergehende Verhaltensstörungen nicht aus den mit ihnen verbundenen äußeren Umständen erklärbar sind, sondern aus der subjektiven Interpretation der Situation durch das betroffene Individuum. Emotionale Reaktionen sind demnach eng an Prozesse der Informationsverarbeitung gekoppelt. Insbesondere sogenannte *irrationale Grundeinstellungen und Überzeugungen* spielen hierbei die entscheidende Rolle. Als wesentlich und für psychische Probleme immer wieder relevant werden eine Reihe von immer wieder zu eruierenden irrationalen Denkmustern angesehen. Diese sind (nach Ellis & Grieger, 1979; Bastine, 1998):

- Ich muss von jedem für mich wichtigen Menschen geachtet und geliebt werden. Ist dies nicht der Fall, ist dies eine Katastrophe.
- Niemand darf sich ungestraft schlecht oder unfair benehmen. Allein deren Bestrafung ermöglicht ein von diesen Menschen unbeeinflusstes Leben.
- Die Dinge müssen so sein, wie ich sie gerne hätte. Alles andere ist katastrophal.
- Ereignisse, die ungewiss oder möglicherweise gefährlich sind, sind ein Grund, sich prinzipiell sehr zu ängstigen.
- Für jedes Problem gibt es eine perfekte Lösung. Diese nicht zu finden, ist eine Katastrophe.
- Wenn ich nicht jederzeit in den für mich relevanten Bereichen tüchtig, erfolgreich und leistungsfähig bin, bin ich wertlos.
- Probleme stammen daraus, dass die Welt nicht fair und gerecht ist, wie sie aber sein sollte. Es muss sich die Welt ändern, bevor es mir besser gehen kann.
- Ein normales Leben ist immer angenehm und ohne Schmerzen und schwerwiegende Probleme.
- Schwierigkeiten geht man besser aus dem Weg, als sich ihnen zu stellen.
- Ohne jemanden, auf den ich mich stützen und verlassen kann, bin ich verloren.
- Emotionale Probleme kommen in der Regel von außen, daher gibt es kaum Möglichkeiten, eigene Gefühle und Erlebnisweisen zu beeinflussen.
- Der entscheidende Faktor für das gegenwärtige und zukünftige Verhalten ist in der Vergangenheit begründet und daher heute nicht mehr zu beeinflussen.

Beispiele für die oben genannten Sprach- und Überzeugungsmuster sind sicherlich jedem vielfach geläufig. Diese Muster werden nun in eine übergreifende Störungstheorie eingebunden, die nach ihren im Wesentlichen konstituierenden Elementen unter dem Begriff der ABC-Theorie bekannt gewordenen Konzeption (Ellis, 1977). Diese Buchstaben stehen für folgende Gegebenheiten: Ausgangspunkt einer Verhaltenseinheit ist in der Regel ein auslösendes Ereignis oder ein *activating event*. Dieses kann gleichermaßen aus der Umwelt wie aus Wahrnehmungen innerer Vorgänge oder eigener Handlungen stammen. Die auf diese auslösenden Ereignisse folgenden Konsequenzen, wie sie in der Regel vom

Individuum wahrgenommen werden und die mit dem Buchstaben C bezeichnet sind, erlebt der Betroffene als unmittelbar durch das auslösende Ereignis verursacht. Ellis (1977) postuliert nun, dass die erlebte emotionale Reaktion nicht direkt durch das auslösende Ereignis, sondern vielmehr durch dazwischengetretene Gedanken, Vorstellungen und Bewertungen bestimmt sind, die sogenannten *B's* oder *belief systems*. Im Falle pathologischer Erlebnisweisen oder Reaktionen sind diese mit den aufgeführten irrationalen Gedanken gekoppelt oder aus diesen in jeweils individuell gefärbten Ausprägungen abgeleitet. Solcherart vorgenommene Bewertungen und nicht tatsächlich stattgefundene Ereignisse oder Erlebnisse sind entscheidend für die Erlebnis- und Reaktionsweisen eines Individuums. Diese Aussagen werden auf folgenden Hintergrund gestellt, der allgemeine Aussagen zur Persönlichkeit des Menschen beinhaltet (Sorgatz, 1986). Als Grundmuster wird unterstellt, dass der Mensch ein prinzipiell rationales und irrationales Wesen ist. Diese Grundstruktur ist lebenslang wirksam. Gerade die irrationalen Anteile werden durch die gegenwärtigen sogenannten zivilisierten Kulturen besonders bestärkt und gefördert, vor allem in den Zeiten von Kindheit und Jugend, in denen der Mensch als besonders suggestibel angesehen wird. Gerade in diesen Zeiten wird der Mensch durch Familienmitglieder, Peer-Groups und sozial etablierten Institutionen wie Kindergarten oder Schule indoktriniert, insbesondere in Richtung irrationaler Vorstellungen, die bei den Repräsentanten der entsprechenden Institutionen vorhanden sind. Die daraus abzuleitende Dauerberieselung aus allen für Kinder und Heranwachsende relevanten Quellen führt dann zu einer Ausbildung entsprechender irrationaler Gedankenkonstruktionen, die in psychische Störungen münden. Diese Vorstellung, dass die hier verkürzt zusammengefassten Grundprinzipien direkt zu psychischen Störungen führen, erscheint auf den ersten Blick plausibel. Es gibt jedoch nur eine sehr eingeschränkte empirische Grundlage für den Effekt der behaupteten Wirkfaktoren (Bastine, 1998), eine grundsätzliche Kritik ist aber auch an der Stelle anzubringen, an der emotionale Prozesse als ausschließlich über Kognitionen vermittelt dargestellt werden. Dies entspricht ganz sicher nicht dem Stand der Emotionsforschung (hierzu Schermer, 2005). Damit ist dieser theoretische Erklärungsansatz als bislang nur unzureichend fundiert zu betrachten. Er ist allerdings hinreichend präzise beschrieben und erweist sich in der therapeutischen Umsetzung als letztlich effizient genug, um eine weitere empirische Auseinandersetzung mit diesem Ansatz als sinnvoll und notwendig erscheinen zu lassen.

1.5.2.2 Kognitive Schemata
Ausgehend von einer kognitiven Theorie der Depression (Beck, 1967) entwickelte Beck eine Theorie kognitiver Schemata, die gegenwärtig auch für Angststörungen und Persönlichkeitsstörungen ausformuliert ist (Beck & Emery, 1985; Beck & Freeman 1995). Ein kognitives Schema ist als ein Bild oder kognitiver Entwurf der eigenen Person zu verstehen, der sich bereits in der Entwicklungsgeschichte eines Individuums herausbildet. Ein Schema wird als eine stabile kognitive Struktur angesehen, die überdauernd ist und mit deren Hilfe aktuelle Informationen verarbeitet und eingeordnet werden. Grundlage dafür sind im störungsbedin-

genden Fall beispielsweise frühe Erfahrungen beständiger Bestrafung eigener Verhaltensweisen oder auch soziales Lernen (Bastine, 1998; Sorgatz, 1986). Das Schema ist aber nicht ständig wirksam, sondern als psychische Prädisposition zu verstehen. Diese wird dann aktiviert, wenn spezifische Belastungen auftreten, die dadurch ausgezeichnet sind, dass sie Situationen entsprechen, wie sie für die Entwicklung eines entsprechenden Schemas bedeutsam waren. Ein solches kognitives Schema beinhaltet im Falle der Depression drei Elemente, die als kognitive Triade bekannt sind. Darunter sind die negative Selbstsicht, eine negative Zukunftserwartung und eine negative Sicht der Welt gefasst. Das negative Selbstbild beinhaltet die Überzeugung, wertlos, benachteiligt, nicht begehrenswert und unfähig, den Alltagsanforderungen gewachsen zu sein. Die negative Zukunftserwartung beinhaltet, dass für künftige Zeiten sich gegenwärtige Probleme weiterhin als relevant erweisen und darüber hinaus nur negative Erlebnisse, Leiden und Mühsal zu erwarten sind. Die negative Sicht der Welt konzipiert diese als feindlich und den eigenen Interessen prinzipiell als unüberwindlich entgegenstehend.

Das kognitive Schema als übergeordnete Ordnungsstruktur ist zudem durch weitere charakteristische systematische Denkfehler gekennzeichnet. Diese sind:

- willkürliche Schlussfolgerungen
- situativ ausgelöste, selektive Verallgemeinerungen
- unzulässig ausgeweitete Verallgemeinerungen
- verzerrte Gewichtung
- Maximierung und Minimierung
- Selbstbezogenheit
- Schwarz-weiß-Denken

Aus den Beispielen hierzu wird deutlich, dass diese Denkmuster in der Regel nicht isoliert vorkommen, sondern sich in vielfältiger Weise überschneiden und ergänzen.

So können die genannten willkürlichen Schlussfolgerungen oft im Zusammenhang mit Leistungsbeurteilungen beobachtet werden. Sie erfolgen, wenn eine Leistung durch eine oder vielleicht sogar mehrere Personen als unzureichend eingestuft wird. Dabei wird aber der wichtige Aspekt, ob es sich dabei um ein situationsbedingtes Ereignis, eventuell sogar um inadäquate Beurteiler handelt, für die Schlussfolgerung, für diese Art der Aufgabe ungeeignet zu sein, außer Acht gelassen. Hierin zeigt sich bereits die Ähnlichkeit zur selektiven Verallgemeinerung. Diese gründet sich zumeist weniger auf Urteile von außen, sondern auf die Wahrnehmung eigener Unzulänglichkeiten, die aber als Beweis für die Unfähigkeit, bestimmte Dinge zu leisten, angesehen werden. Das berühmte Beispiel ist die an einer Stelle nicht dem Muster entsprechend geklebte Tapete, die dafür steht, zu so einer Tätigkeit nicht in der Lage zu sein. Das gleiche

Muster findet sich in dem Beispiel, aus dem Zustand akuter Verliebtheit heraus alle Eigenschaften der entsprechenden Person als positiv und schätzenswert zu empfinden. Auch in diesem Beispiel findet sich bereits eine Überschneidung zu dem kognitiven Fehler der unzulässig ausgeweiteten Verallgemeinerung. Hierunter ist zu verstehen, dass ein einmaliges Ereignis zum Ausgangspunkt genommen wird, alle ähnlichen Ereignisse in gleicher Weise zu einzuordnen. Fällt ein Kind von der Schaukel, sind prinzipiell alle Schaukeln gefährlich und zu meiden. Da man beim Baden auch schon Unfälle bis hin zum Ertrinken berichtet bekommen hat, sollte die Begegnung mit Wasser prinzipiell für alle Familienmitglieder verhindert werden. Die verzerrte Gewichtung ist hiermit eng verbunden. Sie beinhaltet die Einordnung, dass bestimmte Erlebnisse und Ereignisse entweder nur bedeutsam oder völlig bedeutungslos sind. So kann etwa der aufmunternde Zuspruch eines Vorgesetzten als entscheidend für die weiteren Entwicklungsmöglichkeiten angesehen oder als völlig irrelevant eingestuft werden. Ein von den vorgenannten Denkstrukturen zu unterscheidendes Muster ist das der Selbstbezogenheit. Hier werden alle Verhaltensweisen anderer Personen als absichtlich auf die eigene Person gerichtet interpretiert. Eine solche Verhaltensweise könnte beispielsweise sein, dass der Nachbar bei einer Begegnung nicht grüßt, was auf eigenes angenommenes, unaufmerksames Verhalten zurückgeführt wird, oder die Annahme, dass eine Person nur deshalb schlechte Laune haben kann, weil man selbst einen Fehler gemacht hat. Dichotomisiertes Denken ist dann zu beobachten, wenn beispielsweise andere Menschen nur als entweder ganz gut oder ganz schlecht eingeschätzt werden, so dass eine Bewertung der Facetten gerade im Hinblick auf den Umgang und die Begegnung mit anderen Personen völlig ausbleibt.

Diese grundlegenden kognitiven Fehlbewertungen können zusammen mit der oben beschriebenen kognitiven Triade depressive Verarbeitungen auslösen, wenn sie in Situationen aktiviert werde, die denen, die für ihre Entstehung bedeutsam waren, ähnlich sind. Es handelt sich bei diesem Modell also eher um die Vorstellung einer gewissen psychischen Vorprägung, die in Zusammenhang mit konkret identifizierbaren Ereignissen wirksam wird. Auch hier stehen weitere empirische Überprüfungen aus, obwohl hierfür Beispiele aufzufinden sind und sich der Ansatz auch dazu eignet (Bastine, 1998).

1.5.2.3 Attribution und Kontrollüberzeugung
Aus einem experimentellen Ansatz der Allgemeinen Psychologie ist die Konzeption psychischer Störungen von Seligman (1975) hervorgegangen. Sein Paradigma der *gelernten Hilflosigkeit* ist nicht als eine Gesamtkonzeption aller oder der meisten psychischen Störungen zu verstehen, sondern der Seligman'sche Ansatz lässt sich am geeignetsten auf depressive Störungen anwenden. Die experimentelle Grundlage ist in dem sogenannten *triadischen Versuchsplan* gelegt. Dabei handelte es sich um Tierversuche, in denen überprüft wurde, welche Auswirkungen sich daraus ergeben, dass scheinbar keinerlei eigene Verhaltensweisen aversive Verhaltenskonsequenzen zu beenden in der Lage waren. Diese Versuche waren folgendermaßen aufgebaut: In einer ersten Versuchsphase wurden zwei Gruppen

von Versuchstieren gebildet, meistens handelte es sich um Hunde. Beide Gruppen erhielten aversive Reize, die in der Regel aus unangenehmen elektrischen Reizungen der Pfoten der Versuchstiere bestanden. Die Gruppen unterschieden sich aber dadurch, dass die Versuchstiere der einen Gruppe die Möglichkeit hatten, durch eigene Reaktionen, etwa das Drücken eines Hebels, diesen unangenehmen Reiz abzustellen. Die Tiere der anderen Gruppe hatten eine solche Möglichkeit nicht, d.h., unabhängig von ihrer Reaktion bestand der Reiz weiter und endete irgendwann. Der Reiz war somit über die Reaktionen der Versuchstiere nicht zu kontrollieren. Zur Überprüfung der Auswirkungen dieser Versuchsbedingungen wurde anschließend eine Testbedingung eingeführt, an der drei Versuchsgruppen beteiligt waren. Einmal die beiden oben beschriebenen, „vortrainierten" Gruppen und eine weitere Gruppe, die keiner der genannten Versuchsbedingungen unterworfen war und somit als Kontrollgruppe diente. In dieser Testbedingung konnten die Tiere aller Gruppen durch eine einfache Vermeidungsreaktion, indem sie z.B. über eine niedrige Hürde sprangen, die aversive Situation beenden. Im Ergebnis zeigt sich, dass die Tiere der Kontrollgruppe und die der Gruppe, die auch im Vortraining die Möglichkeit der Kontrolle über den aversiven Reiz hatten, diese Vermeidungsreaktion sehr rasch lernten und durchführten. Die Tiere der Hilflosigkeitsgruppe jedoch erlernten die Vermeidungsreaktion nicht, blieben vielmehr passiv und „erduldeten" die negative Reizbedingung. Allgemein formuliert zeigen sich Auswirkungen der Hilflosigkeit auf unterschiedlichen Ebenen (Seligman, 1986):
- Beeinträchtigung der Motivation, Handlungen zu beginnen oder durchzuhalten,
- kognitive Einschränkungen im Sinne einer verminderten Lern- und Leistungsfähigkeit,
- emotionale Veränderungen durch Vorherrschen gereizter, insbesondere aber gedrückter Stimmung, Niedergestimmtheit.

Dieses replizierbare Ergebnis zeigt sich ebenfalls in nach dem Muster dieses Versuchsplanes durchgeführten Versuchen mit menschlichen Versuchsteilnehmern (Petermann, 1986). Gerade diese Versuche mündeten in theoretische Erklärungsansätze, in denen dem Konzept der Ursachenzuschreibung oder Kausalattribution eine zentrale Rolle zukommt (Försterling, 1996). Die Verarbeitung von Hilflosigkeitserfahrungen und damit deren Auswirkungen hängen demzufolge von drei Dimensionen der Kausalattribution ab. Die erste betrifft die Einschätzung, ob die Bedingungen für die bestehende Schwierigkeit in der Person selbst oder in äußeren Gegebenheiten liegen; diese Dimension wird entsprechend internale bzw. externale Attribution genannt. Die zweite beinhaltet die Allgemeingültigkeit der Ursachenzuschreibung, nämlich ob diese immer gültig ist oder nur in einer ganz bestimmten Situation. Diese Dimension wird mit globaler bzw. spezifischer Attribution bezeichnet. Die dritte Dimension betont mehr den Zeitfaktor einer Ursachenzuschreibung. Hier lässt sich unterscheiden, ob eine solche als immer gültig oder nur als zu manchen Zeitpunkten zutreffend angesehen wird. Die Bezeichnung hierfür lautet stabile bzw. variable Attribution. Diese Attributionen treten nun in mehreren möglichen Kombinationen als Attributionsmuster auf, die anhand der folgenden Tabelle beispielhaft erläutert werden sollen:

Tab. 1: Kombinationen von Attributionsmustern

	I		P		C	
	stabil	variabel	stabil	variabel	stabil	variabel
global	Ich bin mit zwei linken Händen auf die Welt gekommen.	An manchen Tagen kann ich einfach keinen klaren Gedanken fassen.	Das Prüfungsgremium lässt mich sowieso durchfallen.	Wenn die Lehrer einen schlechten Tag haben, bekomme ich auf jeden Fall schlechte Noten.	Ob ich etwas leiste oder nicht, hängt nur vom Wetter ab.	An manchen Tagen hängt es nur vom Wetter ab, ob ich etwas leiste oder nicht.
spezifisch	Zum Tischtennisspielen fehlt mir die nötige Anlage.	Es gibt Tage, an denen ich selbst den einfachsten Rückhandball verhaue.	In Psychologie ist es ganz egal, was man schreibt, die Note hängt nur vom Prüfer ab.	Wenn der Psychologiedozent schlecht drauf ist, ist ihm keine Antwort recht.	Es ist reiner Zufall, ob man in Psychologie eine gute Note bekommt.	Es gibt Tage, da ist es reine Glücksache, ob mir für die Therapie etwas einfällt oder nicht.

Für das Auftreten von Depressivität ist nach der Vorstellung von Abramson, Seligman und Teasdale (1978) nun ein ganz bestimmtes Attributionsmuster, nämlich das einer globalen, stabilen und internalen Ursachenzuschreibung für Versagen, heranzuziehen.

Erlernte Hilflosigkeit und das damit zusammenhängende Attributionsmuster ist über den Ansatz hinaus, depressive Erscheinungsbilder zu erklären, auf eine ganze Reihe weiterer Erklärungsbereiche angewendet worden. Petermann (1986) gibt hierzu eine Zusammenstellung von insgesamt 21 Arbeiten, die solch unterschiedliche Themen wie Angst, Aggression, Alkoholismus, Psychosomatische Erkrankungen, Herz-Kreislauferkrankungen und Krebs- und Tumorerkrankungen thematisieren. Die breitere Anwendung als Erklärungsprinzip stellt ebenso Försterling (1996) dar, der insbesondere auch die Bedeutung dieses Konzeptes für die Bewältigung von Behinderung und chronischer Krankheit erwähnt. In diesem Zusammenhang ist auf die wesentliche Arbeit von Bulman und Wortman, die bereits aus dem Jahr 1977 stammt, zu verweisen. In dieser Studie wurde die subjektive Bewältigung eines gravierenden Unfalls mit der Folge einer Rückgratverletzung, die zu einer Lähmung führte, in Zusammenhang mit den Ursachenzuschreibungen gebracht, die die betroffenen Menschen bezüglich ihres Unfalls vornahmen. Als globales Ergebnis lässt sich berichten, dass die Personen, die dem Schicksal oder anderen Personen die Schuld für den Unfall gaben, schlechter mit den Folgen und ihrer Behinderung zurecht kamen als diejenigen, die sich den Unfall selbst zuschrieben oder als ein im Rahmen ihrer bewusst durchgeführten Tätigkeiten liegendes Risiko betrachteten, z. B. bestimmte Sportarten treiben. Einzige Ausnahme hierbei war die externale Ursachenzuschreibung auf im religiösen Glaubensbereich liegende Gründe, etwa die Annahme, der Unfall und seine Folgen seien zur Überprüfung der Glaubensfestigkeit des Betroffenen geschehen. Das Konzept der Attribution ist nicht nur im Hinblick auf die Kausalattribution als Erklärungsansatz für Störungen im Erleben und Verhalten zu beachten. In seiner Auswirkung auf den wahrgenommenen Handlungsspielraum eines Individuums, wie er ja schon in dem Hilflosigkeitsparadigma zum Ausdruck kommt, spielt es auch für die Veränderungsmöglichkeiten als *Kontrollattribution* eine wesentliche Rolle.

1.5.3 Integrierendes Modell zur Beschreibung und Erklärung gestörten Verhaltens: Das System-Modell psychischer Störungen

Die vorgenannten Erklärungsmodelle gehen in der Regel von bestimmten Prozessen oder Bedingungen aus, die als wesentliche, wenn nicht sogar alleinige Ursache psychischer Störungen gelten können. Einer solchen Betrachtungsweise der Suche nach der wahren Ursache widerspricht bereits das übergeordnete Paradigma des biopsychosozialen Krankheitsmodells. Dieses ist notwendig mit einer Systembetrachtung psychischer Störungen verknüpft. Der Begriff der Systembetrachtung beinhaltet im Wesentlichen folgende Aussagen (Kanfer, Reinecker & Schmelzer, 1996; Bastine, 1998; Reinecker, 1994; Lieb, 1996):

Das Leben ist komplex und dynamisch. Diese Komplexität und Dynamik drückt sich darin aus, dass Bedingungen, Erscheinungsweisen und Auswirkungen psychischer Störungen miteinander verknüpft sind und sich gegenseitig beeinflussen. Dies entspricht der allgemeinsten Definition von System (Dörner, 1989), die ein System als ein Geflecht von miteinander verknüpften Variablen bezeichnet. Durch den Begriff der Variablen ist ausgedrückt, dass die einzelnen, ein System konstituierenden Bestandteile veränderlich sind. Daraus leitet sich ab, dass jegliche Veränderung eines der Bestandteile auf das System als Ganzes zurückwirkt. Gleichzeitig ist damit eine bereits in der Gestaltpsychologie postulierte Gesetzmäßigkeit ausgedrückt, nämlich dass das Ganze mehr ist als die Summe seiner Teile. Jedes Verhalten steht, um diese Aussage auf die Ebene psychischer Störungen zu transportieren, damit in einem Netz unterschiedlichster Einflussgrößen, die sich wechselseitig beeinflussen. Diese Einflussgrößen können gleichermaßen aus dem Individuum selbst als auch aus seiner mittelbaren und unmittelbaren Umwelt stammen. Demnach spielen Faktoren aus unterschiedlichen Einflussebenen eine Rolle, in der Regel werden hier die biologische, die psychologische und die soziale Ebene aufgeführt. Die Berücksichtigung dieser verschiedenen Ebenen impliziert prinzipiell einen multidisziplinären Zugang zur Erklärung und letztlich auch zur Veränderung psychischer Störungen. Die Multidimensionalität dieser Störungen verbietet dabei letztlich auch eine Orientierung der Beschreibung wie der Behandlung an pathologischen Diagnoseeinheiten. Auftretende Störungen sind vielmehr als innerhalb eines bestehenden Systems sinnvolle Verhaltensweisen zu betrachten und damit nicht Störungen, sondern Anpassungsleistungen (Lieb, 1996).

Ein Systemmodell, das diese Aspekte beinhaltet, ist in dem dynamischen Selbstregulationsmodell nach Kanfer, Reinecker und Schmelzer (1996) zu sehen. (s. **Abb. 5**) Dieses wird hier wegen seiner Bedeutung in der Verhaltenstherapie dargestellt, verwandte Konzeptionen werden nicht aufgegriffen. Eine Übersicht hierzu findet sich jedoch bei Lieb (1995) sowie Wittchen und Hoyer (2006).

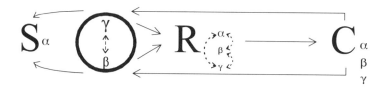

Abb. 5: Systemmodell nach Kanfer, Reinecker & Schmelzer (1996, S. 39)

In diesem Modell werden für das menschliche Verhalten besonders drei Bereiche als wesentlich angenommen, die mit den Begriffen der α-, β-und γ-Variablen gekennzeichnet sind. Die *Alpha-Variablen* bezeichnen alle Einflussgrößen aus der physikalischen und soziokulturellen Umgebung und sind somit in der Regel direkt beobachtbar. Es handelt sich dabei um außerhalb der Person liegende Einflüsse, die als auslösende Reize ebenso wie Verhaltenskonsequenzen wirksam werden können. Die Beta-Variablen sind innerhalb der Person angesiedelt und unter ganz unterschiedlichen Aspekten zu betrachten. Es handelt sich dabei um solche Prozesse, die aus der Person selbst heraus initiiert werden, also um kognitive Prozesse des Denkens, Planens und Problemlösens. Die Betrachtungsaspekte beziehen sich vor allem auf eine situationale gegenüber einer übergreifenden Analyse dieser Prozesse, d.h., es wird untersucht, ob es sich hierbei um übergeordnete Denk- und Entscheidungsmuster handelt, im Sinne von übergreifend wirksamen Plänen und Einstellungen sowie Attributionen, oder um auf ganz bestimmte Situationen bezogene Denkprozesse, die in entsprechende „innere Selbstgespräche" umgesetzt werden (Meichenbaum, 1979). Damit wird die relative Unabhängigkeit des Menschen von äußeren Bedingungen hervorgehoben und der Anteil selbstbestimmter und selbstregulatorischer Prozesse in Genese und Veränderung psychischer Störungen konstatiert. Die Gamma-Variablen bezeichnen dagegen einen relativ festgelegten Anteil am Verhalten, nämlich den durch genetische, biologische, physiologische und physische Voraussetzungen bestimmten oder vorgegebenen. Hierunter fallen somit die beim Einzelnen gegebenen sensorischen, motorischen und kognitiven Grundbedingungen. Weiter zählen dazu die in letzter Zeit gerade im

Zusammenhang mit dem Verhalten mehr ins Zentrum der Betrachtung gerückten Funktionen des endokrinen und des immunologischen Systems.

Die auf diesen drei Ebenen zu beschreibenden Variablen beeinflussen sich nun ständig gegenseitig und verändern sich aufgrund dieser gegenseitigen Beeinflussung auch permanent. Somit beinhaltet dieses Modell, betrachtet man einzelne Aspekte daraus, die Aussagen aller vorhergehend dargestellten Betrachtungsweisen. Die Klassischen Konditionierungsmechanismen finden sich dann wieder, wenn besonderes Augenmerk auf die situativen Bedingungen gelegt wird. Der operante Aspekt ist in der Darstellung der Verhaltenskonsequenzen, und zwar auf allen Ebenen, abgebildet. Die Aussagen der sozial-kognitiven Lerntheorie sind sowohl in der Berücksichtigung der Gamma-Variablen als auch in der Darstellung der Rückkoppelungsmechanismen berücksichtigt. Die kognitiven Theorien finden sich ebenfalls besonders in dieser Variable wieder, insbesondere spiegeln sie sich in den angenommenen Feed-forward-Prozessen des Modells wider. Somit stellt dieses Modell ein einzelne theoretische Formulierungen übergreifendes Paradigma dar. Diese Einzelaspekte sind damit jedoch nicht als überflüssige Konzeptionen zu betrachten. Vielmehr können entsprechende Betrachtungen, die sich auf einen Einzelaspekt der Erklärung problematischen Verhaltens beziehen, durchaus sinnvoll sein, da sie auch entsprechende Handlungskonsequenzen begründen können. Diese auf Einzelaspekte bezogenen Handlungen wirken sich im Sinne der Systembetrachtungsweise immer notwendigerweise auf das ganze System aus. So formulieren Kanfer, Reinecker und Schmelzer hierzu die Metapher des „Zoom-Objektivs": „Beim Betrachten von Systemen gehen wir deshalb in einer Art vor, die wir (...) als ‚Zoom-Objektiv-Metapher' beschreiben werden. Ähnlich wie beim Fotografieren oder Filmen mit einem verstellbaren Zoom-Objektiv versuchen wir, relevante Schwerpunkte von Systemen sehr detailliert zu betrachten (was einem Prozess der Mustererkennung entspricht). Andererseits wählen wir auch jeweils eine Art ‚Weitwinkel'-Einstellung, um den Stellenwert von fokussierten Ausschnitten im Gesamtkontext adäquat berücksichtigen zu können. Auf diese Weise analysieren wir Systeme (dies können Verhaltensweisen, Personen bzw. Personsysteme sein) auf sehr *unterschiedlichen Auflösungsniveaus*, wobei im Rahmen unserer Verhaltensanalyse ein variables ‚Verstellen' des Abbildungsmaßstabes erfolgt" (Kanfer, Reinecker & Schmelzer, 1996, S. 24).

Dies impliziert eine Gleichwertigkeit übergeordneter und globaler Analyseweisen, die je nach Handlungsbedarf pragmatisch einzusetzen und letztlich anhand ihrer überprüfbaren Effektivität einzusetzen sind. Modelle, die den Anspruch stellen, Verursachungskonzepte zu beschreiben, stellen aus verhaltenstherapeutisch-praxisbezogener Sicht zum einen die Grundlage für die Ableitung von konkreten Interventionsschritten dar, die dem Klienten anhand des entsprechenden Modells transparent gemacht werden können. Zum anderen sind sie aber auch eine Leitlinie für die diagnostische Phase in einem Beratungs- oder auch Therapieprozess, da die einzelnen Modellbereiche mit den jeweils konkreten, auf das infrage stehenden Individuum bezogenen Informationen zu füllen sind.

Eine beispielhafte Darstellung des Systemmodells wird daher unter dem Kapitel der Verhaltensdiagnostik gegeben.

1.6 Definition psychischer Störungen

Die vorstehend beschriebenen Krankheitsmodelle in der Klinischen Psychologie sind mit der Bestimmung, was nun unter psychischen Störungen zu verstehen sei, eng verknüpft. Denn entsprechend dem zugrunde gelegten Modell ergeben sich grundsätzlich verschiedene Anschauungsweisen (Bastine 1998; Schulte, 1998). Innerhalb der Psychiatrie ebenso wie in psychoanalytischer und tiefenpsychologischer Betrachtungsweise ist von psychischen Krankheiten auszugehen. Der Krankheitsbegriff impliziert eine eindeutige Ursachenzuschreibung, sei diese nun somatischer oder psychischer Art. Zudem steht die betroffene Person im Zentrum der Betrachtung, da bei ihr nicht nur die Symptome sichtbar werden, sondern sie damit gleichzeitig auch als Träger der Krankheit identifiziert ist. Einem psychosozialen Modell zuzuordnen sind die Konzepte der Antipsychiatrie, der Etikettierungstheorie, der systemischen und der humanistischen Psychotherapie. Hier werden psychische Störungen nicht als Krankheit konzipiert, sondern im Extremfall als nur aus sozialen Festlegungen resultierend (Antipsychiatrie; Etikettierungstheorie). Nicht als Festlegung über soziale Zuschreibungen, sondern im sozialen System verankert, verstehen die interpersonale und die systemische Therapie psychische Störungen. Gemeinsam ist diesen Auffassungen, dass nicht das Individuum die zu betrachtende Einheit ist, sondern das soziale System, in dem es sich befindet. Hierin unterscheiden sich diese Auffassungen von der der humanistischen Psychotherapie, deren Hintergrund zwar auch ein psychosoziales Krankheitsmodell darstellt, in dem aber die psychischen Faktoren des Individuums hervorgehoben werden und somit die Störung im Wesentlichen als Erlebensstörung und als Beziehungs- und Lebensproblem gesehen wird. Auf dem Hintergrund des biopsychosozialen Modells ist das Verständnis psychischer Störungen aus verhaltenstherapeutischer Sichtweise, die den kognitiven Ansatz ebenso wie den der sozialen Lerntheorie beinhaltet, zu sehen. Auch das *differentielle Störungskonzept*, wie es Schulte (1998) formuliert, bezieht sich auf dieses Grundmodell. Gerade in dem letztgenannten Ansatz wird hervorgehoben, dass psychische Störungen auf Defekte oder Veränderungen in den psychologischen, biologischen und sozialen Grundlagen des Verhaltens zurückgeführt werden können. Unterschiedliche Störungen in unterschiedlichem Ausmaß kann man wiederum auf einzelne oder eine Interaktion dieser Faktoren zurückführen. In der verhaltensorientierten Sichtweise liegt der Schwerpunkt der Betrachtung noch mehr auf den Verhaltensäußerungen als auf deren Ursachen. So bestimmt sich gestörtes Verhalten, ausgehend von den Vorstellungen von Ullmann und Krasner (1969), aus der Interaktion des beobachtbaren Verhaltens, gezeigt in einem bestimmten sozialen Kontext und in Bewertungen von dazu legitimierten Beobachtern. Das Verhalten selbst zeigt sich dabei in einem besonders hohen Maß im Sinne von Verhaltensexzessen oder in einem besonders niedrigen Maß im Sinne von Verhaltensdefiziten. Diese Festlegung als Exzess oder Defizit kann wiederum nur auf dem Hintergrund der gegebenen Situation getroffen werden und impliziert damit einen Bewertungsprozess für entsprechende Verhaltensweisen, die sowohl von der betroffenen Person selbst als auch von anderen Personen getroffen werden können. Dies stellt Bastine (1998) in einem Ablaufschema dar (s. Abb. 6).

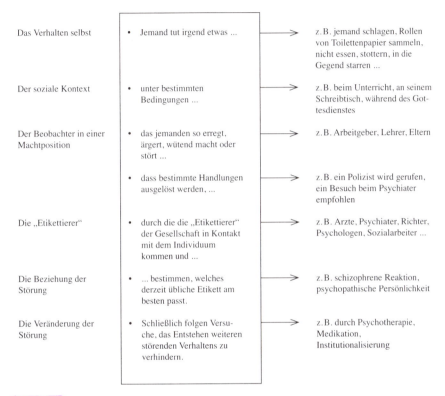

Abb. 6: Ablaufschema des Etikettierungsprozesses bei psychischen Störungen (nach Bastine, 1998, S. 160)

Mit den bisherigen Ausführungen ist aber nur die erste Frage in Bezug auf den Begriff der psychischen Störungen diskutiert, nämlich ob diese als „Krankheit" oder eben „Störung" anzusehen sind. Nach wie vor unbeantwortet ist die Frage, wodurch psychische Störungen im Unterschied zum „normalen Verhalten" kenntlich werden. Dies betrifft die Merkmale psychischer Störungen. Gerade die Abgrenzung „psychische Störung" gegenüber „Spielarten normalen Verhaltens" ist die für die Praxis bedeutsame. Das Konstatieren einer psychischen Störung ist dann wesentlich, wenn es darum geht, Fragen folgender Art zu beantworten: Wer übernimmt die Behandlungskosten? Können berufliche Anforderungen erfüllt werden oder sind für den betroffenen Menschen besondere Arbeitsbedingungen bereitzustellen? Hat bei stattgefundenen kriminellen Handlungen der Gedanke der Sicherung und Besserung (Gefängnis) oder der Sicherung und über therapeutische Ansätze zu erreichenden Veränderungen Vorrang bzw. liegt eine grundsätzliche Schuldunfähigkeit mit individuell daraus abzuleitenden Konsequenzen vor (Forensische Psychiatrie)?

Eine verhältnismäßig praktikable Lösung bietet hierzu die *Nominaldefinition psychischer Störungen* (Bastine, 1998). Danach sind psychische Störungen diejenigen, die in Kategoriensystemen, Sammlungen oder Klassifikationssystemen, wie beispielsweise der Internationalen Klassifikation (ICD-10), aufgeführt sind. Sie bestimmen sich aus den in den genannten Systemen vorgegebenen Vorgehensweisen zur Identifikation psychischer Störungen, beispielsweise konkreten Symptomkatalogen. In der Regel beinhalten diese Identifikationsvorgaben aber bereits allgemeine Vorstellungen, anhand welcher Merkmale psychische Störungen zu identifizieren sind. Aufgrund der Analyse entsprechender Definitionsversuche kommt Comer (1995) zu der Aussage, dass bislang keine einheitliche Definition gegeben ist. Als gemeinsame Merkmale der meisten Definitionen sind jedoch

a) Abweichung,
b) Leidensdruck,
c) Beeinträchtigung sowie
d) Gefährdung

zu nennen.

Beim Feststellen einer *Abweichung* ergibt sich das Problem, dass Abweichungen immer einen Hintergrund benötigen, auf dem man sie feststellen kann. Ein solcher Hintergrund stellt beispielsweise die Konzeption seelischer Gesundheit dar (Schwarzer, 1990; Becker, 1995). Auf diesen Bereich soll jedoch nicht weiter eingegangen werden, sondern es sollen kurz die Bezugsgrößen dargestellt werden, die im Allgemeinen für die Feststellung von Abweichungen herangezogen werden. Dabei handelt es sich um unterschiedliche Arten von Normen. Unterschieden werden die statistische Norm, die Idealnorm, die soziale oder gesellschaftliche Norm, die subjektive Norm und die funktionale Norm.

Die *statistische Norm* ist anhand von empirisch bestimmten Durchschnittswerten in Bezug auf die Häufigkeit von Verhaltensweisen bestimmt. Dies spiegelt sich in den in der Verhaltenstherapie gebrauchten Begriffen der Verhaltensexzesse und Verhaltensdefizite wider. Die statistische Norm ist aber vom Grundgedanken her lediglich ein methodischer Zugang. Diejenigen Personen, die in Bezug auf die Verteilung eines Merkmals in der Bevölkerung dieses Merkmal nur in sehr hoher oder sehr geringer Ausprägung zeigen, sind, da gerade diese Ausprägungen in der Regel auch entsprechend selten sind, als abweichend anzusehen. Diese Betrachtungsweise hat den Vorteil, dass es auf den ersten Blick hier nicht um Werturteile geht, sondern nur um die Betrachtung nach Häufigkeit. Übertragen auf den Bereich psychischer Störungen und Verhaltensauffälligkeiten ist dieses Werturteil jedoch sofort wieder präsent, wenn es um die Zuordnung entsprechender Verhaltenshäufigkeiten zu diesen Begriffen geht. So wird etwa eine Person, die täglich nur einmal die Toilette aufsucht, sicherlich nicht als abnorm eingestuft werden, genauso wenig wie diejenige mit einer Schuhgröße von 47. Zuweilen sind entsprechende Normabweichungen geradezu erwünscht bzw. Ziel besonderer Bestrebungen, indem etwa Leistungen über dem Durchschnitt vergleichbarer Mitbewerber angestrebt werden oder diese sogar als Grundlage für die Entlohnung beispielsweise von Hochschulprofessoren herangezogen werden sollen. An diesem Beispiel wird auch deutlich, dass ein Problem in der Bestimmung dieser Norm bereits darin liegt, dass es häufig völlig unklar ist, auf welche Dimensionen bzw. Messgrößen sich die Annahmen über die statistische Verteilung beziehen, bzw. wie valide die herausgegriffenen Merkmale in Bezug auf die Dimension normal/nicht normal, leistungsstark/nicht leistungsstark usw. sind. Eine in Bezug auf eine statistische Norm abweichende Einschätzung ist daher nur auf den ersten Blick wertfrei, deren Bedeutung ist dagegen wiederum nur über einen Bewertungsprozess festzulegen. Dies ist prägnant in der Formulierung wiedergegeben, dass statistische Abweichungen nicht einer Störung entsprechen müssen, Störungen aber gleichzeitig häufig das Merkmal einer statistischen Abweichung besitzen (Wakefield, 1992).

Der statistischen Norm stehen nun die ideale, die soziale und die subjektive Norm gegenüber. Schmidt (1984) fasst diese unter dem Begriff der Wertnorm zusammen. Damit ist deren entscheidendes Bestimmungsstück angegeben: Sämtliche dieser Normen sind in erster Linie aus Bewertungen abgeleitet. Die Idealnorm ist dabei ein als allgemeingültig postulierter Zustand der Vollkommenheit, der in der Regel real nicht existiert. Sie dient als Zielformulierung, wie beispielsweise in der Definition von Gesundheit der WHO, die diese als „Zustand vollkommenen körperlichen, seelischen und sozialen Wohlbefindens" beschreibt, oder im psychologischen Bereich das Idealbild der Gesprächspsychotherapie der voll funktionsfähigen Person. Abweichungen von dieser Idealnorm werden in der Regel nicht als Merkmal psychischer Störung betrachtet. Mit Sozialnorm werden gesellschaftlich festgelegte Normen bezeichnet. Diese Normen variieren daher auch mit gesellschaftlichen Entwicklungen und Strukturen. Gestörtes Verhalten ist dementsprechend solches, das die gerade bestehenden Regeln verletzt. Inwieweit ein entsprechendes Verhalten auch als psychische Störung eingeordnet wird, hängt weitestgehend von der Toleranz einer Gesellschaft gegenüber Abweichungen ab (Bastine, 1998). So ist mit mehr oder weniger Toleranz für bestimmte Süchte wie Alkohol, Esssucht, Arbeitssucht und einer damit einhergehenden Einschätzung als Störung zu rechnen. Auch die Vorstellung eines „demokratischen Wahnsinns" oder das Verbringen von Personen, die gegenüber dem bestehenden Gesellschaftssystem eine abweichende Meinung haben, in psychiatrische Einrichtungen ist Ausdruck der Anwendung gesellschaftlicher Normen in Bezug auf die Einschätzung psychischer Gestörtheit von Menschen. Weitere Beispiele, die auch den entsprechenden Wandel kennzeichnen, sind insbesondere in der Einstellung gegenüber sexuellen Praktiken und Orientierungen zu finden, wobei das Spektrum der im Laufe der Geschichte sich hier geänderten Einstellungen beispielsweise Bereiche wie die Pädophilie, die Homosexualität oder sado-masochistische Praktiken umfasst. Abnorm ist demnach das gesellschaftlich sanktionierte Abweichende.

Bei der Feststellung, dass eine psychische Störung besteht, die eine Person sich selbst gegenüber trifft, steht demgegenüber eher die *subjektive Norm* im Vordergrund. Bei dieser steht die Einschätzung, von bisherigen individuellen Befindlichkeiten abzuweichen, im Vordergrund. Die oder der Betroffene bemerkt Veränderungen in seiner gewohnten Lebensführung, seien es Veränderungen im eigenen Verhalten, in Empfindungen oder Bewertungen. Dabei stellt die zeitliche Dimension dieser Veränderungen einen wichtigen Hinweis für die Einschätzung als psychisch gestört dar. So erlebt sich eine Person beispielsweise eben nicht nur als vorübergehend traurig, sondern als dauerhaft depressiv, nicht nur momentan nicht mehr in der Lage, Anforderungen des Alltags gerecht zu werden, sondern als durchgängig in ihren normalen Fähigkeiten eingeschränkt.

Schließlich können Abweichungen noch in Bezug auf eine *funktionale Norm* festgestellt werden. Hierunter sind solche Abweichungen zu verstehen, die sich ergeben, wenn man Leistungen oder Gegebenheiten bezüglich ihrer Auswirkungen oder Folgen einschätzt (Schulte, 1998). Dabei beziehen sich diese Einschätzungen auf die erwarteten Ergebnisse bezüglich individueller Gegebenheiten und Möglichkeiten. So wäre beispielsweise je nach Alter der untersuchten Person ein bestimmter Blutdruckwert entweder als außerhalb der Norm oder als normgerecht einzustufen. Die zugrunde gelegte Norm wird dabei nicht von der Person selbst, sondern von „dafür gesellschaftlich legitimierten Berufsgruppen" (Schulte, 1998, S. 22) bestimmt. Die Einordnung, ob eine bestimmte Eigenschaft funktional oder dysfunktional ist, bezieht sich demnach gleichzeitig auf einen Vergleich des festgestellten Zustandes mit dem einer Vergleichsgruppe und auf die Bedeutung, die diese Eigenschaft oder dieser Zustand für das betroffene Individuum in seiner konkreten Lebenssituation hat. Schmidt (1984) illustriert dies am Beispiel des Debilen. In Bezug auf andere Personen ist dieser immer minderbegabt, aus der funktionalen Perspektive heraus kann das intellektuelle Leistungsniveau während der Phase einer Beschulung große Schwierigkeiten verursachen. Wird diese Person jedoch in ein Umfeld gebracht, in der sie entsprechend ihrer Fähigkeiten Aufgaben in der Gemeinschaft übernehmen und auch persönliche Beziehungen realisieren kann, so ist die Dysfunktionalität ihrer Ausgangsbedingungen hinsichtlich ihrer Intelligenz aufgehoben. Daraus wird ersichtlich, dass funktionelle Normen immer in Bezug auf ein Kriterium, hinsichtlich dessen ihre Funktionalität oder Dysfunktionalität bestimmt wird, formuliert werden.

Unter dem Merkmal *Abweichung* als eines der für die Feststellung psychischer Störungen konstituierenden Merkmale findet sich also eine Vielzahl von auf unterschiedliche Beurteilungsgrundlagen zurückzuführenden Einschätzungen. Die unterschiedlichen Normen, wie sie oben aufgeführt wurden, sind dabei nicht unabhängig voneinander, sondern beeinflussen sich gegenseitig. So hängen beispielsweise subjektive und soziale Norm eng miteinander zusammen. Wird als soziale Norm beispielsweise ein bestimmtes Gewichtsideal für junge Frauen postuliert, so können bereits geringe Abweichungen im Essverhalten, wie der

Verzehr einer Tafel Schokolade am Abend, als subjektiv krankhaft und behandlungsbedürftig im Sinne einer Essstörung empfunden werden.

Als weiteres Merkmal psychischer Störungen ist der *Leidensdruck* aufgeführt. Demnach ist nicht nur eine Abweichung von Bedeutung, die betroffene Person muss unter dieser Abweichung auch leiden. So selbstverständlich dies auch klingen mag, so sind auch hier genauere Betrachtungen angebracht. So leidet sicherlich eine große Zahl von Personen unter ihren abweichenden Verhaltens- oder Erlebensformen. Andere nehmen diese Abweichungen möglicherweise gar nicht wahr, was oft mit dem Terminus fehlender Krankheitseinsicht oder auch mit Konzepten wie der Unfähigkeit, Gefühle wahrzunehmen, von außenstehenden Beobachtern beschrieben wird. Das fehlende Leid kann nach diesem Konzept durch die Charakteristik der Störung bedingt sein, andererseits können auch die oben genannten Bewertungen im Sinne der sozialen Normen eine Rolle spielen. Dies ist dann der Fall, wenn sich die betreffende Person innerhalb einer Gruppe bewegt, in der ihr Verhalten als Norm gilt. Aggressives Verhalten ist in Jugendgangs geradezu gefordert, entsprechender Konsum von Alkohol oder Ecstasy können ebenfalls fast notwendige Voraussetzungen in der jeweiligen Gruppe sein, um einen angesehenen Status zu erreichen. Insofern ist Leidensdruck keinesfalls eine notwendige Voraussetzung dafür, um psychische Störungen konstatieren zu können.

Weiter wurde als durchgängiges Merkmal das der *Beeinträchtigung* genannt. Diese ist so variabel, dass sie für sich genommen ebenfalls kein bestimmendes Merkmal sein kann. So kann sich Beeinträchtigung allein darauf beziehen, dass die betreffende Person nicht in der Lage ist, eine Flugreise zu unternehmen. Dies kann bedeuten, dass sie ihre Urlaube nur in dem mit dem Auto zu erreichenden Umland verbringen kann, oder sie den Kontakt zu ihrer Familie, die in Übersee lebt, nicht aufrechterhalten kann oder ihre berufliche Existenz gefährdet ist, da sie in ihrer Position notwendigerweise Flugreisen unternehmen muss. Beeinträchtigungen können weiterhin aus anderen als in der Person liegenden Gründen auftreten, so kann beispielsweise das Lebensalter einer Person der entscheidend behindernde Faktor für eine Neuanstellung sein.

Schließlich ist noch die *Gefährdung* zu nennen. Diese wird in der Regel deutlich überschätzt, vor allem dann, wenn es sich um die Einschätzung der Gefährdung anderer Personen durch solche mit psychischen Störungen handelt (Bastine, 1998). Dennoch stehen psychische Störungen auch mit Gefährdungen in Zusammenhang, seien diese direkter Art, wie beispielsweise bei Suizidtendenzen aufgrund einer bestehenden Gestimmtheit, oder auch aufgrund von vermeintlichen Anordnungen zur Selbsttötung bzw. indirekt über die Gefährdung der sozialen Existenz durch eine bestehende Unfähigkeit, altersentsprechende soziale Rollen zu übernehmen.

Eine Definition psychischer Störungen aus spezifischen Merkmalen heraus ist demnach nicht eindeutig zu geben. Daher ist wohl der theoretisch wie praktisch fruchtbarste Weg, die Festlegung des Begriffes der psychischen Störungen mit der Aufnahme entsprechender Symptombilder in die jeweils aktuellen Klassifikationssysteme zu treffen. In der Weiterentwicklung dieser Systeme, wie beispielsweise dem ICD-10, ist der Merkmalsbereich der Abweichung im Sinne von Symptomen in den Vordergrund gestellt. Durch eine möglichst detaillierte Beschreibung sollen die in diese einfließenden Normvorstellungen explizit dargestellt und definiert werden, damit eine bessere Überprüfbarkeit dessen, was als psychische Störung anzusehen ist, hergestellt werden kann.

1.7 Klassifikation psychischer Störungen

In neuerer Zeit hat sich bezüglich der Einschätzung zu Sinn oder Unsinn, Schaden oder Nutzen von Klassifikationen psychischer Störungen ein Wandel vollzogen. Während von Seiten eines Ansatzes, der die individualisierende Betrachtung und einmalige Entwicklungsgeschichte einer Person in den Vordergrund stellt, ebenso wie von dem der Antipsychiatrie und auch der Verhaltenstherapie die Notwendigkeit einer klassifikatorischen Herangehensweise an psychische Störungen generell infrage gestellt wurde, richtete sich die Kritik etwa aus psychoanalytischer Betrachtung eher auf die zur Klassifizierung herangezogenen Dimensionen (Freyberger & Stieglitz, 1996; Möller, 1998). Die Entwicklung operationalisierter Diagnosekriterien und damit verbundene entsprechend standardisierte Verfahren zur Befunderhebung sowie eine Zunahme an Störungswissen und spezifisch auf abzugrenzende Störungsbilder hin konzipierte therapeutische Interventionen haben dazu geführt, dass sich nicht nur die Verhaltenstherapie zunehmend wieder mit der Klassifikation psychischer Störungen beschäftigt, sondern die klassifikatorische Diagnostik in der Klinischen Psychologie wieder weithin akzeptiert und als notwendige, aber nicht hinreichende Grundlage klinischer Arbeit angesehen wird (Margraf, 1996, 1998).

1.7.1 Grundbegriffe der Klassifikation

In diesem Abschnitt soll geklärt werden, was unter dem Begriff der Klassifikation zu verstehen ist, sollen zwei Möglichkeiten des Klassifizierens erläutert und anknüpfend an die Diskussion kritischer Einwände zur Klassifikation die Begriffe der operationalen Klassifikation und des multiaxialen Systems erläutert werden.

Klassifizieren heißt, einen Bereich, der eine Vielzahl von einzelnen Phänomenen umfasst, in eine überschaubare Ordnung zu bringen. Demnach werden z. B. Merkmale, Personen, Gegenstände usw. entsprechend gemeinsamer Eigenschaften in ein nach Klassen gegliedertes System gebracht. Ein solches System könnte z. B. für den Bereich „Kraftfahrzeuge" folgendes Aussehen haben:

1. Krafträder
    1.1 Kleinkrafträder unter 50 ccm
    1.2 Krafträder bis 250 ccm
    1.3 Krafträder über 250 ccm

2. *Personenwagen*
    2.1 Kleinwagen
    2.2 Mittelklassewagen
    2.3 Oberklassewagen
    2.4 Luxusklassewagen
    2.5 Großraumlimousinen
3. *Nutzfahrzeuge*
    3.1 Lastkraftwagen
    3.2 Busse

Anhand dieses konstruierten Beispiels können verschiedene Aspekte betrachtet werden, wie sie auch bei der Klassifikation psychischer Störungen zum Tragen kommen. Zunächst einmal die zweifache Bedeutung, die dem Klassifikationsbegriff zu eigen ist (Möller, 1998). Demnach ist unter Klassifizieren die Entwicklung und das Aufstellen des Einteilungssystems selbst zu verstehen. Gleichzeitig ist damit verbunden, dass einzelne Merkmale oder Phänomene, hier Kraftfahrzeuge, den Klassen dieses Systems zugeordnet werden. Dies entspricht dem Begriff der Diagnostik.

Dann stellt die gewählte Art und Weise der Einteilung die Bildung von einzelnen Kategorien dar, dies wird dementsprechend als *kategorialer Ansatz* der Klassifikation bezeichnet. Hiervon unterschieden wird der sogenannte dimensionale Ansatz. In diesem würde ein zu beschreibendes Phänomen durch die Ausprägung, die es in den jeweiligen Dimensionen eines Systems hat, beschrieben. Unser Kraftfahrzeug, ein XY-Kombi, könnte demnach zu 0 % ein Kraftrad, zu 10 % Kleinwagen, zu 60 % Mittelklassewagen, zu 10 % Oberklassewagen, 0 % Luxusklassewagen und Großraumlimousine sowie 20 % Nutzfahrzeug sein. Dies setzt natürlich voraus, dass die oben genannten Kategorien oder Dimensionen auch messbare Größen mit innerhalb jeder Dimension unterscheidbaren Ausprägungen darstellen. Für die Klassifikation psychischer Störungen wird überwiegend der kategoriale Ansatz genutzt (Schneider & Margraf, 1998). Dies ist nach Margraf (1998) nicht unwesentlich darauf zurückzuführen, dass dies die dem alltäglichen Vorgehen entsprechendste Weise ist.

Gerade die kategoriale Definition hat aber die oben bereits erwähnte Kritik auf sich gezogen. Diese lässt sich in einigen Aussagen zusammenfassen (Margraf, 1996).

- Das erste Argument entstammt der genannten Orientierung der Antipsychiatrie. Demnach führen gerade die durch die Klassifikation vergebenen Etiketten erst dazu, dass Menschen als Problemfälle angesehen und unter besondere soziale Kontrolle gestellt werden. Verbunden damit ist gerade bei psychischen Störungen eine entsprechende Stigmatisierung.
- Durch die Reduktion der Beschreibung des speziellen Verhaltens von Individuen auf Kategorienbegriffe geht wesentliche Information verloren.
- Beschreibung und Erklärung können leicht verwechselt werden. So dürfen Symptome, die im Kriterienkatalog zur Bestimmung einer Störung enthalten sind, nicht als durch diese Störung bedingt angesehen werden. So ist die

Aussage, dass eine Panikattacke zu Schwindel führt, nicht sinnvoll, da dieser eines der Kriterien für das Vorliegen der Störung ist.
- Das Prägen von Begriffen, die eine Vielzahl unterschiedlicher Erscheinungsweisen umfassen und die damit eigentlich einen Idealtypus, der entweder selten oder gar nie vorkommt, bezeichnen (typologische Klassifikation als Grundlage der kategorialen Klassifikation, Margraf, 1996), birgt die Gefahr in sich, dass diese so behandelt werden, als entsprächen sie real gegebenen, eindeutigen Phänomenen. Dies verleitet in der Konsequenz dazu, nach Ursachen *der* Depression oder *des* chronischen Schmerzen zu suchen, die diesem im Sinne des medizinischen Modells eindeutig zugrunde zu liegen scheinen.
- Schließlich kann die typologische Zuordnung dazu führen, dass unterschiedliche Krankheitsbilder angenommen werden, obwohl es sich um ein einheitliches Störungsbild mit einer Konstellation aus unterschiedlichen Merkmalsausprägungen handelt, die gemeinsam die Störung konstituieren.

Diese kritischen Einwände sind in der Verwertung von aus kategorialer Klassifikation gewonnenen Begriffen sicherlich sehr zu beachten. Sie stellen jedoch keine Eigenschaften des Klassifikationssystems dar, sondern solche des Benutzers dieses Systems. Ihnen wird eine Reihe von Argumenten entgegengesetzt, die für eine Verwendung entsprechender Klassifikationssysteme sprechen (Margraf, 1996).
- Verbesserung der Kommunikation. Nicht nur für den Bereich der Wissenschaften, sondern gerade auch im praktischen Handeln multidisziplinärer Teams ist es unerlässlich, dass die Begriffe einheitlich verstanden und gebraucht werden. Dies ist eine Voraussetzung für eine gemeinsame Behandlungsplanung mit übereinstimmenden Zielen.
- Es ist notwendig, Information sinnvoll zu reduzieren. Ein ständiges Zurückgreifen auf die gesamte Fülle der Einzelinformationen, die einen Menschen bzw. seine Problemkonstellation kennzeichnen, ist nicht praktikabel. Daher werden immer implizit Kategorisierungen vorgenommen. Dies explizit und nach festgelegten Regeln vorzunehmen, erhöht die Nachprüfbarkeit der Kategorisierungen.
- Ökonomische Informationsvermittlung. Dadurch, dass in der Benennung von Kategorien implizit auch Informationen über z.B. Verlauf, Prognose, zu gewärtigende Symptome und zu treffende praktische Konsequenzen beinhaltet sind, lassen sich diese in komprimierter Form übermitteln. Ein Beispiel für die abzuleitenden praktischen Konsequenzen ist die in der Mitteilung der Diagnose Depression beinhaltete Aufgabe, suizidale Tendenzen abzuklären.
- Überzufälliges Auftreten klinischer Merkmale. Da genau Beschreibungen psychischer Störungen ergeben, dass innerhalb eines Störungsbildes viele klinische Merkmale weit überzufällig gemeinsam auftreten, bieten sich diese als Klassifikationsgrundlage an.
- Handlungsanleitung für praktisches Vorgehen. Für eine zunehmende Anzahl von als Klassen definierten Störungen liegen besonders im verhaltenstherapeutischen Bereich

spezielle Interventionsverfahren vor. Damit kann direkt aus der Klassifikation bereits mindestens ein Teilbereich des praktischen Vorgehens abgeleitet werden.

Gerade der zuletzt genannte Punkt zielt auf die Frage der Relevanz von Klassifikationssystemen. Im Rahmen von Therapieansätzen, die unabhängig von der bestehenden Störung ein uniformes Erklärungs- und Veränderungsmodell anwenden, wie beispielsweise in frühen Ansätzen der Gesprächspsychotherapie, kann von einer diagnoselosen Therapie gesprochen werden, innerhalb derer es keine sinnvolle Begründung für Diagnostik gibt. Dies ist von der Seite der Diagnostik aus betrachtet ebenso der Fall, wenn von einer therapielosen Diagnostik gesprochen werden muss, da sich aus den diagnostischen Einordnungen keine therapeutischen Konsequenzen ergeben. Durch die Entwicklung der oben angeführten, auf spezielle Diagnosen abgestimmte Therapieprogramme der Verhaltenstherapie, wie sie sich beispielsweise in der von Schulte, Grawe, Hahlweg und Vaitl seit 1998 herausgegebenen Reihe *Fortschritte der Psychotherapie* manifestieren, ist die Relevanz von Klassifikationen gegeben.

Mit der Feststellung der Relevanz von Klassifikationssystemen ist jedoch noch nicht deren Güte gesichert. Im weitesten Sinne handelt es sich beim Klassifizieren ja um eine Messung, die im gegebenen Fall nicht Zahlen, sondern Begriffe den in der Realität vorhandenen Gegebenheiten zuordnet. Von daher müssen Klassifikationen auch hinsichtlich der für Messungen geforderten Qualitätsstandards der Objektivität, Validität und Reliabilität (zu diesen Begriffen Schermer, 2005) genügen. Diese Standards werden durch unterschiedliche Varianzquellen beeinflusst (Freyberger & Stieglitz, 1996):

1. Die *Patienten- oder Subjektvarianz*. Über einen längeren Zeitraum hinweg können sich betroffene Personen in unterschiedlichen Krankheitszuständen befinden, z.B. bei einem Übergang einer somatoformen Störung in eine depressive Störung. In diesem Falle sind unterschiedliche Diagnosen nicht auf Fehler im Klassifikationssystem zurückzuführen, sondern spiegeln tatsächlich unterschiedliche Zustände wider.
2. Die *Situationsvarianz*. Diese ist gegeben, wenn eine Störung zu verschiedenen Untersuchungszeitpunkten in unterschiedlichem Ausprägungsgrad vorliegt.
3. Die *Informationsvarianz*. Verschiedene Untersucher erhalten von dem Patienten unterschiedliche Informationen bzw. explorieren unterschiedliche Bereiche und Schwerpunkte. Ebenfalls kann die Breite der zur Verfügung stehenden Informationen variieren, wenn dieselbe Person über einen längeren Zeitraum hinweg immer wieder die gleiche Behandlung aufsucht.
4. Die *Beobachtungsvarianz*. Die erhobene Information wird durch verschiedene Untersucher unterschiedlich ausgewertet, d.h. beispielsweise, dass gleichermaßen beobachteten Symptomen von verschiedenen Bewertern ungleiche Gewichtigkeit zugeordnet wird und daraus verschiedene Diagnosen resultieren.
5. Die *Kriterienvarianz*. Verschieden Untersucher verwenden verschiedene Kriterien für ihre diagnostische Entscheidung oder die Diagnosen sind so unpräzise definiert, dass sie aufgrund der vorliegenden Informationen gleichermaßen zutreffend sein können.

Diese Punkte sind durch entsprechende Maßnahmen in den weiter unten dargestellten Klassifikationssystemen aufgegriffen worden. Zum einen ist hier die Reduktion der Informations- und Beobachtungsvarianz durch das zur Verfügung stellen standardisierter Erhebungsinstrumente anzuführen. Diese können in Form von Checklisten, strukturierten Interviews und standardisierten Interviews vorliegen. Als Beispiel für eine Checkliste kann die Internationale Diagnose-Checkliste für ICD-10, abgekürzt IDCL von Hiller u. a. (1995) angeführt werden. Ein strukturiertes Interview stellt das Diagnostische Interview bei psychischen Störungen, kurz DIPS, von Margraf, Schneider & Ehlers (1994) dar. Zur ausführlichen Beschreibung und Übersicht sei auf Margraf und Schneider (2009), Schneider und Margraf (1998) sowie Baumann und Stieglitz (1998) verwiesen.

Der Kriterienvarianz ist durch die Konstruktion von Klassifikationssystemen als operationale Diagnosesysteme zu begegnen. Darunter ist zu verstehen, dass sich diese vorwiegend auf Beschreibungen stützen. Eine Diagnose ergibt sich aus einem Kriterienkatalog, der relativ einfach zu beobachtende und erfragbare Symptome, Zeit- und Verlaufsmerkmale beinhaltet. Dabei wird vielfach angegeben, welche Symptome unbedingt vorhanden sein müssen, welche nicht vorhanden sein dürfen und wie viele der notwendigen Symptome mindestens festgestellt werden müssen. Ein solches Zusammenfassen mehrerer Symptome zur Beschreibung einer Störung wird als syndromaler Ansatz bezeichnet. Als Zeitmerkmal gilt die ununterbrochene Dauer der Symptome, Verlaufsmerkmale bezeichnen dagegen Kontinuität oder Progression von Symptomen. Für diese Kriterien sind Regeln ihrer Verknüpfungen formuliert. Des Weiteren gehen in diesen Ansatz keine theoretischen Annahmen über die Entstehung der Störungen ein, er ist somit als atheoretisch zu bezeichnen (Freyberger & Stieglitz, 1996). Dies hat die Konsequenz, dass solche Konzepte wie endogen, psychogen, Neurose oder Psychose aufgrund ihrer unbewiesenen theoretischen Annahmen keine Klassifikationsmerkmale mehr darstellen. Eine weitere Anforderung an ein operationales Diagnosesystem stellt der Anspruch dar, dass die zur Bestimmung der Diagnose aufgenommenen Kriterien selbst Mindestanforderungen an Reliabilität und Validität erfüllen, die in empirischen Untersuchungen überprüft werden (Freyberger & Stieglitz, 1996). Weiter kennzeichnend ist das sogenannte Komorbiditätsprinzip, d. h., es wird davon ausgegangen, dass bei einem Patienten mehrere nebeneinander bestehende Störungen beschrieben und damit klassifiziert werden können. Die Hauptdiagnose ist dann die, die gegenwärtig die größte klinische Bedeutung hat. Bei einem gleichzeitigen Auftreten psychischer und somatischer Störungen wird dagegen von Multimorbidität gesprochen. Um über den oben genannten syndromalen Ansatz hinaus gerade auch für die Relevanz der Klassifikationssysteme wesentliche Aspekte abzubilden, stellt nach Freyberger und Stieglitz die multiaxiale Konzeption dieser Systeme einen letzten kennzeichnenden Punkt eines operationalen Diagnosesystems dar. Dies heißt, dass verschiedene Dimensionen in die Klassifikation eingehen. So werden neben den Symptomen etwa auch körperliche Faktoren, psychosoziale Stressoren oder Funktionskapazität als eigene zusätzliche Dimensionen aufgeführt. Dies stellt sicher, dass die Aufmerksamkeit nicht nur auf Störungsarten, sondern auch auf Gesichtspunkte wie soziale Umgebung oder den Leistungsbereich gerichtet wird.

Entsprechend der nach oben aufgeführten Gesichtspunkten konstruierte Klassifikationssysteme sind die der American Psychiatric Association, das Diagnostic and Statistical Manual of Mental Disorders in seiner vierten Revision DSM-IV (deutsch von Saß, Wittchen & Zaudig, 1996) sowie das die psychischen Störungen betreffende fünfte Kapitel der alle Krankheiten beinhaltenden Klassifikation der International Classification of Diseases der WHO. Auf deutsch wurde es von Dilling, Mombour und Schmidt 1993 unter dem Titel Internationale *Klassifikation psychischer Störungen* herausgegeben.

1.7.2 Das Klassifikationssystem der WHO: Das ICD-10

Bei diesem System handelt es sich um das seit 1998 gültige und verbindliche internationale Klassifikationssystem. Es umfasst insgesamt 10 Hauptkategorien. Das System zeigt durch einen vorgestellten Buchstaben (F) das Vorliegen einer psychischen Störung an und bezeichnet durch eine nachfolgende, meist vierstellige Zahlenkombination die Hauptkategorie, einzelne Störungseinheiten und weitere Spezifikationen. Zusätzlich ist noch eine Restkategorie für bislang nicht einzuordnende Störungen offen gehalten. Die Hauptkategorien tragen folgende Bezeichnungen:

- F0 Organische, einschließlich symptomatischer psychischer Störungen
- F1 Psychische und Verhaltensstörungen durch psychotrope Substanzen
- F2 Schizophrenie, schizotype und wahnhafte Störungen
- F3 Affektive Störungen
- F4 Neurotische, Belastungs- und somatoforme Störungen
- F5 Verhaltensauffälligkeiten mit körperlichen Störungen oder Faktoren
- F6 Persönlichkeits- und Verhaltensstörungen
- F7 Intelligenzminderung
- F8 Entwicklungsstörungen
- F9 Verhaltens- und emotionale Störungen mit Beginn in der Kindheit und Jugend
- F99 Nicht näher bezeichnete psychische Störungen

Unter F0 sind alle psychischen Störungen gefasst, deren Ursache eindeutig und nachweisbar organisch ist. Ein Beispiel hierfür ist die Kategorie F00, Demenz bei Alzheimer-Krankheit oder die unter die Hauptkategorie Demenz bei sonstigen andernorts klassifizierten Krankheiten (F02) fallende Störungseinheit Demenz bei Creuzfeldt-Jakob-Krankheit (F02.1). Dies soll als Beispiel für die oben genannte Zuordnung von Codezahlen zu den unterschiedlichen Klassifizierungsebenen genügen. Die Hauptkategorie F1 ist weiter untergliedert nach den Substanzen, die die Störungen verursachen, z.B. Störungen durch Alkohol (F1.0). Die weitere Untergliederung bezieht sich auf die klinischen Zustandsbilder, beispielsweise auf schädlichen Gebrauch oder auf ein Abhängigkeitssyndrom. Unter der Hauptziffer F2 sind insgesamt sechs abgegrenzte Untergruppen der Schizophrenie plus zwei Restkategorien gefasst, die Kategorie F3 gibt Veränderungen der Stimmung, im Wesentlichen in Richtung einer Depression, aber auch in Richtung Manie an. Ebenfalls unter die Leitsymptomatik der Veränderung von Affekten ist die große Gruppe der Kategorie F4 gestellt. Sie beinhaltet die in vorhergehenden Versionen unter dem theoretischen Konzept der Neurose eingeordnete Störungen. Daher gehen die Veränderungen der Affekte überwiegend in Richtung Angst, es zählen aber auch Niedergestimmtheit sowie Veränderungen des Bezugs zum eigenen Körper dazu. Als Untergruppen werden u.a. Angststörungen, differenziert in phobische Störungen (F40) und sonstige Angststörungen (F41), Zwangsstörungen (F42) und somatoforme Störungen (F45) aufgeführt. In die Kategorie F5 fallen beispielsweise Essstörungen, wie die Anorexie (F50.0) oder die Bulimie (F50.2). Die Kategorie der Persönlichkeitsstörungen (F6) wird von den Autoren als problematisch angesehen. Hier ist besonders die Schwierigkeit, zwischen Beobachtung und Interpretation zu unterscheiden, als ungelöstes Problem zu bezeichnen und die ungelöste Frage, wie viele Kriterien erfüllt sein müssen, bevor eine sichere Diagnose gestellt werden kann. Für weitere Revisionen deuten die Verfasser daher bereits jetzt mögliche grundlegende Neukonzeptionen in der Beschreibung der Persönlichkeitsstörungen an (Dilling, Mombour & Schmidt, 1993). Charakterisiert ist diese Kategorie in der gegenwärtigen Fassung durch das Bestehen langanhaltender, charakteristischer Verhaltensmuster, die über verschiedenste Situationen hinweg invariant sind, häufig aber eine gestörte Beziehung zu anderen beinhalten. Intelligenzminderungen, eingeteilt in ihre verschiedenen Grade, enthält die Kategorie F7. Die Kategorie F8 ist durch drei Charakteristika gekennzeichnet. Der Beginn der Störung liegt immer im Kleinkindalter oder in der Kindheit. Beeinträchtigt sind solche psychischen Funktionen, die in Zusammenhang mit der Reifung des Zentralnervensystems stehen; sie verlaufen stetig. Ein Beispiel hierzu wäre der frühkindliche Autismus (F84.0). Weitere, im Kindheits- und Jugendalter beginnende Störungen, umfasst die Kategorie F9. Ein Beispiel hierfür ist die Hyperkinetische Störung (F90). Die Nutzung der Restkategorie F99 sollte, wenn irgend möglich, vermieden werden.

Die Umsetzung der operationalen Diagnostik soll anhand der Kategorie F40.0 Agoraphobie gezeigt werden. Ausgehend von einer allgemeinen Beschreibung der Störung, die Informationen beinhaltet über die Auswirkungen und Schweregrade, Geschlechterverteilung, den Zeitpunkt des Störungsbeginns und Hinweise zu einhergehenden Symptomen sowie zur Chronifizierungstendenz miteinschließt, werden dann unabdingbare Kriterien aufgezählt sowie Hinweise zur Differentialdiagnose gegeben (Dilling, Mombour & Schmidt, 1993).

F40.0 Agoraphobie
Der Begriff Agoraphobie wird hier in einer weiter gefassten Bedeutung verwendet als ursprünglich eingeführt und als noch in einigen Ländern üblich. Er bezieht sich jetzt nicht nur auf Ängste vor offenen Plätzen, sondern z.B.

auch vor Menschenmengen oder die Schwierigkeit, sich wieder sofort und leicht an einen sicheren Platz, im Allgemeinen nach Hause, zurückziehen zu können. Der Terminus beschreibt also eine Gruppe zusammenhängender und sich häufig überschneidender Phobien, beispielsweise der Angst, das eigene Haus zu verlassen, Geschäfte zu betreten, sich in eine Menschenmenge oder auf öffentliche Plätze zu begeben oder alleine in Zügen, Bussen oder Flugzeugen zu reisen. Auch wenn der Schweregrad der Angst und das Ausmaß des Vermeidungsverhaltens differieren, ist diese Phobie besonders einschränkend. Einige Betroffene sind schließlich völlig an ihr Haus gefesselt. Viele Patienten empfinden Panik bei dem Gedanken, zu kollabieren und hilflos in der Öffentlichkeit liegen zu bleiben. Die Angst vor dem Fehlen eines sofort nutzbaren „Fluchtweges" ist eines der Schlüsselsymptome vieler dieser agoraphobischen Situationen. Überwiegend sind Frauen betroffen, der Beginn liegt meist im frühen Erwachsenenalter. Depressive und zwanghafte Symptome sowie soziale Phobien können zusätzlich vorhanden sein, beherrschen aber das klinische Bild nicht. Ohne effektive Behandlung wird die Agoraphobie häufig chronisch, wenn auch im Allgemeinen fluktuierend.

Diagnostische Leitlinien
Für eine eindeutige Diagnose müssen alle folgenden Kriterien erfüllt sein:
1. Die psychischen oder vegetativen Symptome müssen primäre Manifestationen der Angst sein und nicht auf anderen Symptomen wie Wahn- oder Zwangsgedanken beruhen.
2. Die Angst muss in mindestens zwei der folgenden umschriebenen Situationen auftreten: in Menschenmengen, auf öffentlichen Plätzen, bei Reisen mit weiter Entfernung von Zuhause oder bei Reisen, die man alleine unternimmt.
3. Vermeidung der phobischen Situation muss ein entscheidendes Symptom sein oder gewesen sein.

Das Vorliegen oder Fehlen einer Panikstörung (F41.0) bei der Mehrzahl der agoraphobischen Situationen kann mit der fünften Stelle angegeben werden:

F40.00 ohne Panikstörung
F40.01 mit Panikstörung

Dazugehöriger Begriff
Panikstörung mit Agoraphobie

Differentialdiagnose
Es muss bedacht werden, dass manche Agoraphobiker wenig Angst erleben, da es ihnen ständig gelingt, phobische Situationen zu vermeiden. Auch wenn andere Symptome, wie Depression, Depersonalisation, Zwangssymptome oder soziale Phobien, auftreten, kann diese Diagnose gestellt werden, vorausgesetzt, diese anderen Symptome beherrschen das klinische Bild nicht. War jedoch der Patient bereits ausgeprägt depressiv, als die phobischen Symptome erstmals auftraten,

kann eine depressive Episode die treffendere Hauptdiagnose sein, dies kommt vor allem bei einem späten Beginn vor (S. 156–157).

Die hier beschriebene Version der ICD-10 enthält entgegen der oben angegebenen Merkmale für operationale Diagnosesysteme noch keine multiaxiale Einordnungsmöglichkeit, eine solche Version mit drei Achsen existiert bislang nur für Forschungszwecke (Freyberger & Stieglitz, 1996). Bereits für den Anwendungsbereich als multiaxiales System konzipiert, ist das aktuelle Klassifikationssystem der Amerikanischen Psychiatrischen Gesellschaft, das DSM-IV (deutsch von Saß, Wittchen & Zaudig, 1996).

Grundannahmen bei ICD-10 & DSM-IV gleich!

1.7.3 Die Klassifikation der amerikanischen Psychiatrie – das DSM-IV

Dieses Klassifikationssystem ist bereits in seinem Vorläufer DSM-III als wegweisend für die Entwicklung der operationalen Diagnostik anzusehen. Dementsprechend ist es in Hinblick auf diese Konzeption auch nach wie vor dem ICD-10 überlegen, obwohl gerade von Seiten der WHO Anstrengungen an eine Annäherung unternommen werden, wie sich in der oben angedeuteten Weiterentwicklung des ICD-10 zeigt. Das DSM-IV enthält 16 diagnostische Hauptgruppen, ergänzt durch eine Kategorie zu „anderen klinisch relevanten Problemen":

Tab. 2: Hauptgruppen des DSM-IV

- Störungen der Kindheit und Jugend
- Delir, Demenz, Amnesie und andere kognitive Störungen
- psychische Störungen aufgrund körperlicher Bedingungen
- Schizophrenie und andere psychotische Störungen
- affektive Störungen
- Angststörungen
- vorgetäuschte Störungen
- dissoziative Störungen
- sexuelle Störungen
- Schlafstörungen
- Störungen der Impulskontrolle
- Anpassungsstörungen
- Persönlichkeitsstörungen
- andere Bedingungen, die im Fokus der klinischen Aufmerksamkeit stehen können

Die einzelnen Einheiten sind dabei ausführlich in lehrbuchartiger Weise beschrieben, wobei in der Regel folgende Punkte berücksichtig sind: allgemeine Beschreibung des Störungsbildes anhand diagnostischer Merkmale, Untergruppen und deren Einordnung, zugehörige Merkmale und Störungen, Besonderheiten bezüglich kultureller, alters- oder geschlechtsbedingter Betrachtungsweise, epidemiologische Angaben, Verlaufscharakteristika, familiäre Verteilungsmuster und Differentialdiagnose. Kodiert sind die Kategorien nach dem Schlüssel des ICD-9 in seiner amerikanischen, für den klinischen Gebrauch modifizierten Form (ICD-9 CM) und in der deutschen Version (Saß, Wittchen & Zaudig, 1996) zusätzlich mit den entsprechenden Codes des ICD-10. Wesentlicher Bestandteil des DSM-IV ist sein multiaxialer Aufbau, der fünf Achsen umfasst:

- Achse I bezeichnet klinische Störungen und andere relevante Probleme,
- Achse II umfasst Persönlichkeitsstörungen und geistige Behinderungen,
- Achse III bezeichnet medizinische Krankheitsfaktoren,
- Achse IV gibt der Darstellung psychosozialer und umgebungsbedingter Probleme Raum und
- Achse V beinhaltet die Einschätzung des gegenwärtigen Funktionsniveaus.

Die Achsen I–III stellen die Hauptdiagnosen nach DSM-IV dar, die beiden restlichen Achsen sollen zusätzliche Informationen dokumentieren. Dieses Klassifikationssystem steht gerade durch seinen multiaxialen Aufbau und die konsequente Orientierung an Beschreibungen einer verhaltensorientierten Diagnostik im Sinne einer Bedingungsanalyse sehr nahe.

Ergänzend zu diesen beiden einflussreichen Klassifikationssystemen seien noch zwei Systeme für spezielle Anwendungsbereiche genannt, die sich in ihrem Aufbau am ICD-10 orientieren. Es ist das ICIDH, das Klassifikationssystem der WHO für Schädigungen, Fähigkeitsstörungen und Beeinträchtigungen, das vor allem im Rehabilitationsbereich von Bedeutung ist und auch in einer deutschen Fassung vorliegt (Matthesius, Jochheim, Barolin & Heinz, 1995). Dieses System ist durch das System des ICF, dem Klassifikationssystem der Funktionsfähigkeit, Behinderung und Gesundheit (WHO, 2001) abgelöst worden. Speziell für Kinder stellten Remschmidt & Schmidt (1994) ebenfalls in Anlehnung an das ICD-10 ein multiaxiales System für Kinder und Jugendliche auf.

Die Kenntnis und die Fähigkeit zur Beurteilung von diagnostischer Information hat für den Sozialpädagogen insofern besondere Bedeutung, da er ja häufig in seinem Arbeitsbereich mit Fremddiagnosen konfrontiert ist, die Hintergrund für weitreichende Entscheidungen seinerseits beispielsweise im Rahmen seiner Tätigkeit beim Jugendamt darstellen. Die vorstehenden Ausführungen sollten daher Grundlage dafür bilden, diagnostische Information daraufhin einschätzen zu können, ob sie den aktuellen Standards der Klassifikation im Bereich psychischer Störungen entspricht. Darüber hinaus wird durch die zunehmende Verbreitung standardisierter Erhebungsverfahren eine direkte Aufgabenstellung bezüglich der Klassifikation von Personen mit psychischen Störungen auch für die Berufsgruppe der Sozialpädagogen zukünftig mehr ins Blickfeld geraten, besonders in

Arbeitsgebieten, in denen multiprofessionelle Teams ihre Aufgabenverteilungen nach Inhalten und weniger nach den Grundqualifikationen vornehmen. Unabhängig davon, ob dies als begrüßenswerte oder eher bedauerliche Entwicklung einzuschätzen ist, stellt dies jedoch eine berufspraktische Tatsache dar, für die entsprechende Grundkenntnisse unerlässlich sind.

1.8 Verhaltensdiagnostik

Die Verhaltensdiagnostik stellt einen Teilbereich der klinisch-psychologischen Diagnostik dar. Diese erfüllt insgesamt die Funktionen des Beschreibens, Klassifizierens, Erklärens, der Prognose und der Evaluation (Reinecker-Hecht & Baumann, 1998). Verhaltensdiagnostik erfüllt dabei im Wesentlichen die Beschreibens- und Erklärungsfunktion, ihre Kennzeichen sind die präzise Beschreibung des Problems einer Person und die Erfassung der Bedingungen, die in der Entstehung, der Aufrechterhaltung oder der Entstehung und Aufrechterhaltung eines von einem Klienten geäußerten Problems eine Rolle spielen. Sie ist von der sogenannten *klassischen oder traditionellen Diagnostik* dadurch unterschieden, dass sie keine Zeichen oder Merkmale erhebt, die auf zugrundeliegende Eigenschaften oder deren Störung verweisen, sondern ihre Daten werden als Stichproben des tatsächlich infrage stehenden und im Interesse stehenden Verhaltens betrachtet. Bei der klassischen Diagnostik liegt demnach ein Zeichenansatz vor, bei der verhaltensorientierten ein Stichprobenansatz (Reinecker, 1994). Kernpunkte der Verhaltensdiagnostik sind in der Funktionsanalyse und der Bedingungsanalyse zu sehen.

1.8.1 Die funktionale Analyse

Funktionale Analyse bedeutet, Probleme dadurch zu erfassen, dass ihre auslösenden und aufrechterhaltenden Bedingungen identifiziert werden. Dies sind diejenigen, deren Veränderung zu einer Veränderung der berichteten Symptomatik bzw. des Problems führen soll. Insofern wird hier das Problemverhalten analog den Begriffen aus der Experimentalpsychologie (Sarris, 1990) als abhängige Variable gesehen, die entsprechend den Veränderungen in bedingenden unabhängigen Variablen in ihren Ausprägungen variiert. Das Grundmodell der funktionalen Analyse ist das klassische lineare Modell der Verhaltensformel oder Verhaltensgleichung nach Kanfer und Phillips (1970). Mit dieser Verhaltensformel sollten die unterschiedlichen Blickwinkel des klassischen und operanten Konditionierens in ein Modell gebracht werden, das beide kombiniert, da es sich in der Praxis als nicht möglich erwiesen hatte, nur mit einem dieser beiden Modelle als Grundlage therapeutischer Interventionen zu arbeiten (Reinecker, 1996). Diese Verhaltensformel ist bekannt als das SORKC-Modell (s. **Abb. 7**).

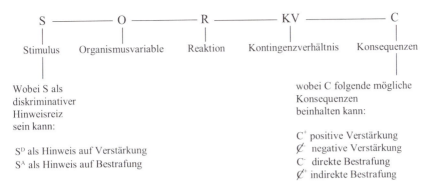

Abb. 7: Das klassische SORKC-Modell nach Kanfer und Phillips (1970)

Die einzelnen Bestimmungsstücke sind wie folgt zu beschreiben:
- S: Die Stimulus- oder Reizbedingungen. Nach dem Modell der klassischen Konditionierung sind dies die Reize, die entsprechend dieses Lernmodells zu unkonditionierten oder konditionierten Reaktionen führen. Nach dem Modell der operanten Konditionierung handelt es sich dabei um die Hinweisreize, die unter der entsprechenden Reizkonfiguration entweder positive oder negative Konsequenzen eines bestimmten Verhaltens erwarten lassen.
- O: Damit werden individuelle oder artspezifische Bedingungen bezeichnet, die als Organismusvariable zwischen den Reiz und die durch diesen auslösbare Reaktion treten. Beispielsweise löst der Anblick von Nahrung bei einem gerade gesättigten Individuum nur in vernachlässigbarem Umfang Speichelfluss aus.
- R: Dies bezeichnet die Reaktion oder das Verhalten, das es zu analysieren gilt, beispielsweise übermäßigen Alkoholkonsum oder Angst davor, sich in eine Prüfungssituation zu begeben.
- K: Damit ist das Kontingenzverhältnis gemeint, dies wird oft auch mit KV abgekürzt. Unter dem Kontingenzverhältnis ist dasjenige Verhältnis zu verstehen, in dem eine Konsequenz auf ein Verhalten folgt. Mögliche Kontingenzverhältnisse betreffen die Regelmäßigkeit des Auftretens von Verstärkungen. So können diese immer oder nach bestimmten, festgelegten oder variablen Zeitintervallen oder nach einer festgelegten oder variablen Zahl von Reaktionen erfolgen. Erfolgt die Verstärkung nicht immer, so spricht man von intermittierender Verstärkung. Gerade dieses Kontingenzverhältnis führt zu besonders löschungsresistentem Verhalten. Man beachte hierzu die „Geduld" des Anglers, der immer wieder zu seinem Fischwasser zurückkehrt, an dem er hin und wieder einen „Biss" erhält, selbst wenn große zeitliche Abstände oder viele erfolglose Versuche zwischen seinen „Erfolgen" liegen.
- C: Hiermit sind die Konsequenzen, die einem Verhalten folgen, bezeichnet. Hierfür werden im Allgemeinen vier Möglichkeiten angegeben. Es werden

zwei Arten von positiven Konsequenzen unterschieden, die die vorausgehende Reaktion verstärken, d. h., die Wahrscheinlichkeit, dass das gezeigte Verhalten unter gleichen oder ähnlichen Reizbedingungen wieder auftritt, wird erhöht. Diese Konsequenzen sind zum einen die Belohnung (C+), es wird also eine positive Konsequenz gegeben und zum anderen die negative Verstärkung (C−), also das Beenden eines negativen Zustandes. Die beiden verbleibenden Möglichkeiten senken hingegen die Auftrittswahrscheinlichkeit der vorausgehenden Reaktion. Es sind die direkte Bestrafung (C−) und die indirekte Bestrafung durch Wegnahme oder durch das Ausbleiben einer positiven Konsequenz (C+).

Sämtliche der genannten Begriffe entstammen den dem Modell der Verhaltensanalyse zugrundeliegenden Lernmodellen des klassischen und des operanten Konditionierens. Diese sind speziell für die Zielgruppe der Sozialpädagoginnen und Sozialpädagogen bei Schermer (2005) ausführlich dargestellt.

Die Beobachtungen, die den oben angegebenen Elementen der Verhaltensformel zuzuordnen sind, entstammen unterschiedlichen Bereichen. Es sind solche der Situation sowie der betroffenen Person selbst und ihrer Interaktionspartner. Damit ist diese Zugehensweise hinsichtlich des zugrundeliegenden Krankheitsmodells, das sich auch auf die Klärung der Ursachen eines Problems bezieht, einem biopsychosozialen Ansatz (s. Kap. 1.4.3) zuzuordnen. In ihrer aktuellen Form bezieht die Verhaltensanalyse mehrere Betrachtungsebenen mit ein. Daher kann von einem Mehr-Ebenen-Ansatz (Reinecker, 1996, S. 153) gesprochen werden. Im Einzelnen werden die folgenden Analyseebenen berücksichtigt:

1. Die direkter Beobachtung zugängliche Ebene
   Diese Ebene beinhaltet direkt beobachtbare Bedingungen aus der Situation, in der das Verhalten stattfindet. Solche Situationsbedingungen können auch Verhaltens- oder Reaktionsweisen anderer Personen sein. Diese Bedingungen gehen dem Verhalten in der Regel voraus und können verhaltensauslösenden Charakter haben oder Hinweisreize für Verhaltensweisen darstellen. Das Problemverhalten selbst ist ebenfalls in seinen direkt beobachtbaren Anteilen festzuhalten, wie beispielsweise Jammern, sich schonen, sich aus Kontakten zurückziehen, ein und dieselbe Handlung stetig wiederholen usw. Auf der Seite der einem Verhalten nachfolgenden Bedingungen sind die offenen Reaktionen der Umgebung zu nennen.

2. Die Ebene der psychologischen Person-Variablen
   Hierunter fallen Gedanken, Einstellungen, Erwartungen. Bei der Analyse der Reaktion einer Person wird es sich dabei in der Regel um aktuell auftretende Gedanken bzw. mit Gedanken unmittelbar verbundenen Gefühlen handeln. Unter dem Blickwinkel der das Verhalten bestimmenden Bedingungen sind hierunter sowohl in der jeweiligen Situation auftretende Gedanken zu nennen als auch übergeordnete und damit vor und über den Zeitraum der

konkreten Verhaltensanalyse hinaus bestehende Pläne, Attributionsmuster, dysfunktionale oder irrationale Kognitionen (s. Kap. 1.4.2). Beispiele hierfür sind Gedanken wie „Oh Gott, das schaffe ich nie!", „Jetzt ist es soweit, das überlebe ich nicht!" als situationsbezogene Gedanken oder Gedanken wie „Um anerkannt zu sein, darf ich niemals Schwäche zeigen!", „Die Umwelt versteht mich sowieso nicht, und ich bin deren Willkür hilflos ausgeliefert!" für überdauernde Gedanken oder Einstellungsmuster. Damit verbinden sich auf dieser Ebene zwei Betrachtungsweisen. Einmal die der *horizontalen Verhaltensanalyse*, die nach vorausgehenden und nachfolgenden Bedingungen in konkret gegebenen Situationen fragt und die der *vertikalen Analyse*, die übergeordnete Pläne, Motive und Wirkungen individueller Lerngeschichten beinhaltet (Bartling, Echelmeyer, Engberding & Krause, 1992; Caspar, 1989).

3. Die Ebene der biologisch-physiologischen Variablen
   Diese Ebene beinhaltet die organischen Bedingungen, Erscheinungsweisen und Folgen von Verhalten. Auch bei dieser Betrachtungsebene können überdauernde und situative Bedingungen, Konsequenzen und Reaktionen unterschieden werden. So kann der momentan schlechte Kreislaufzustand aufgrund eines Hitzeeinbruchs ebenso auslösende Bedingung für einen Angstanfall sein wie der insgesamt schlechte Trainingszustand des betroffenen Menschen. Gerade diese Betrachtungsebene wirkt häufig massiv auf aktuelle Kognitionen ein, da die hier im Reaktionsbereich erlebten physiologischen Veränderungen im Sinne körperlicher Abnormalität und damit krankhaft erlebt werden. Anzumerken ist auch, dass gerade solche Verhaltensweisen, die auf der Seite der Konsequenzen auf der biologisch-physiologischen Ebene negativ verstärkt werden, besonders änderungsresistent erscheinen. Wird z. B. Alkohol zur Spannungsreduktion benutzt, so kann dieser wegen der relativ rasch einsetzenden Wirkung nur schwer durch Alternativen ersetzt werden.

Die *funktionale Analyse* ist als ein *Teil der Problemanalyse* eines Klienten anzusehen. Sie dient dazu, ein möglicherweise zunächst unüberschaubares Problem in erfassbare Einheiten zu gliedern. Dabei darf nicht übersehen werden, dass diese Analyse einen eigentlich sich permanent verändernden Prozess in einer Momentaufnahme „einfriert". Die funktionale Analyse kann insofern kein Abbild des tatsächlichen Geschehens liefern, als dieses ständig fortschreitet und damit die in der Analyse gerade noch als Reaktion angegebene Verhaltensweise bereits auslösende Bedingung einer folgenden Verhaltensweise ist usw. Diesem Gedanken versucht die Konzeption des Modells der Verhaltensanalyse als dynamisches Modell, das der bereits erwähnten Systembetrachtung abweichenden Verhaltens entspricht (s. Kap. 1.4.3), gerecht zu werden (Kanfer, Reinecker & Schmelzer, 1996). Die vorgehend beschriebene funktionale Analyse stellt dabei nur einen, wenn auch wesentlichen Zugang zur Analyse des Problems dar. Sie ist nach jüngeren Konzeptionen durch eine kognitive Analyse, die im Modell nach Kanfer, Reinecker und Schmelzer (1996) aber implizit bereits enthalten ist, und eine Prozessanalyse, die sich in eine Motivations- und eine Interaktionsanalyse gliedert, zu ergänzen (Schulte, 1996). Neben den damit beschriebenen horizontalen und vertikalen Analysen ist als eine dritte Betrachtungsebene noch die Systemanalyse einzubeziehen (Reinecker-Hecht & Baumann, 1998). In dieser Analyse „stehen Fragen zur Struktur und Dynamik von Systemen, die Identifikation problem- und systemstabilisierender Regeln, Regelkonflikte aufgrund der Zugehörigkeit zu verschiedenen Normensystemen oder Konsequenzen der Strukturdiagnostik für weitere Therapieentscheidungen im Vordergrund (Kanfer, Reinecker & Schmelzer, 1996). Das Verhalten ist dabei eine indirekte Funktion der Systembedingungen (...)" (Reinecker-Hecht & Baumann, 1998, S. 105–106). In einer Systemanalyse sind demnach Informationen aus unterschiedlichen Bereichen zu integrieren und in ein Bedingungsmodell zu fassen, das die wechselseitigen Beziehungen der Problem- und Bedingungsbereiche darstellt. Ein entsprechendes Ordnungsschema für die Informationen aus den unterschiedlichsten Bereichen stellt Schwarz (1986) vor.

1.8.2 Die Bedingungsanalyse

Das von Schwarz (1986) vorgestellte Schema zur Strukturierung diagnostischer Informationen, das medizinische, umweltbezogene, lern- und erfahrungsbezogene sowie übergeordnete „Programme" beinhaltet, das sog. *MULP-Schema*, ist im Sinne der genannten Systemanalyse zu verstehen. Als Vorläufer ist das bereits 1976 von Lazarus vorgestellte Modell der multimodalen Verhaltenstherapie anzusehen. Dessen Analyseeinheiten wurden mit dem Kürzel BASIC-ID bezeichnet. Damit sind Behavior (Verhalten), Affect (Emotionen), Sensation (Wahrnehmung), Imagery (Vorstellungen), Cognition (Denkschemata), Interpersonal Relations (Beziehungen) und Drugs (Drogengebrauch) als wesentliche zu eruierende Bereiche angegeben (Übersetzungen durch den Verfasser). Das MULP-Schema ist, der Begriffsbestimmung von Schwarz (1986) folgend, als Darstellungsform der Bedingungsanalyse anzusehen.

In der *Bedingungsanalyse* sind alle Faktoren zusammenzustellen, die das Verhalten und Befinden beeinflussen. Dabei werden nicht nur aktuelle Bedingungen, sondern auch solche, die beispielsweise aus der Lerngeschichte des Individuums stammen sowie solche, deren unmittelbarer Zusammenhang mit der Problemsituation zunächst nicht offensichtlich ist, erfasst. Dabei kann es sich z. B. um Bedingungen handeln, die nicht für das Problem selbst, aber die Planung der Möglichkeiten, dem Problem zu begegnen, entscheidend sind. So können die medizinischen Bedingungen in Form kognitiver Fähigkeiten eines Patienten mit einem ausgeprägten Schädel-Hirn-Trauma so eingeschränkt sein, dass dessen aggressive Verhaltensweisen nicht über Analyse und Modifikation wahrgenommener Bedrohungen kognitiv zu verändern sind (Petermann & Petermann, 1991). Dieses Beispiel veranschaulicht den engen

Zusammenhang von Verhaltensdiagnostik und Therapieplanung. In der verhaltenstherapeutischen Literatur (Reinecker, 1994; 1996; Fliegel, 1996; Tuschen, 1996; Schulte, 1996) ist ausgehend von der Konzeption von Kanfer und Saslow (1965) daher eher von einem diagnostisch-therapeutischen Vorgehen die Rede, das als Grundschritte die Zielbestimmung, die Verhaltensanalyse und die Therapieplanung umfasst. Die Bedingungsanalyse erfüllt in Bezug auf diese Bereiche alle Funktionen:

- In Bezug auf die Zielbestimmung stellt sie die Kommunikations- und Arbeitsgrundlage in der interdisziplinären Zusammenarbeit dar. Aber auch in einem Setting, in dem nur eine Einzelperson schwerpunktmäßig mit einem Klienten befasst ist, können aus der Bedingungsanalyse gemeinsam mit dem Betroffenen seine jeweiligen Ziele abgeleitet werden.
- Bezüglich der Verhaltensanalyse bietet sie ein Schema zur Ordnung der diagnostisch relevanten Informationen. Ein Bestandteil der Bedingungsanalyse entsprechend dem oben genannten MULP-Schema stellt demnach ganz konkret die horizontale Verhaltensanalyse bzw. bei mehreren Problembereichen die für die jeweiligen Bereiche formulierten Verhaltensanalysen dar, in denen die für die horizontale Betrachtungsweise relevanten Informationen der Bedingungsanalyse gebündelt werden.
- Schließlich sind sowohl Einzelinterventionen als auch interdisziplinär abgestimmte Interventionen aus der Bedingungsanalyse abzuleiten. Zu beachten ist hierbei, dass sich bei einer konsequenten Umsetzung dieser Betrachtungsweise der Schwerpunkt der Behandlung/Beratung bei einem Klienten sowohl über eine Zeitspanne hinweg verändern kann, als auch erst nach Erstellen der Bedingungsanalyse zu bestimmen ist. Dies bedeutet konsequenterweise, dass es keine vorgegebene Präferenz der Behandlungsschwerpunkte etwa durch bestimmte Professionen oder Ansatzpunkte wie beispielsweise eines medizinisch-kurativen Herangehens geben kann. Die Gewichtung der Intervention ist vielmehr an den bestehenden individuellen Bedürfnissen und Zielvorstellungen eines Klienten auszurichten.

Im Folgenden werden Beispiele dafür gegeben, welche Daten den Kategorien der Bedingungsanalyse nach dem MULP-Schema zuzuordnen sind.

Bedingungsanalyse: Medizinisch-organische Bedingungen
- Primär organische Störungen
- Psychische Reaktion auf körperliche Störung (z.B. Sozialverhalten bei Behinderung)
- Störung als begrenzender Therapiefaktor (z.B. Intelligenz)
- Organische Faktoren mit Auswirkung auf die Therapie (z.B. KHK bei Expositionstraining)
- Organische Faktoren mit Einfluss auf Lernprozesse (z.B. psychotrope Medikamente)
- Therapierelevante organische Behandlungsmaßnahmen (z.B. Operationen, Invasive Schmerztherapie)

Bedingungsanalyse: Umweltbedingungen
- Arbeitsbedingungen: Arbeitsbelastung (Arbeitspensum, Lärm, Schichtdienst)
- Wohnbedingungen: Wohndichte (Einfamilienhaus gegenüber Wohnblock)
  Wohnlage (Stadt, Land, Ghetto)
  Wohngröße (Räume, Personen)
- Familiäre Bedingungen
  (Klein-/Großfamilie, Abhängigkeiten, etc.)
- Soziale Kontakte
  (Freundeskreis, Zugehörigkeit zu Vereinen, etc.)
- Ökonomische Bedingungen
  (Schulden, Arbeitslosigkeit, etc.)
- Soziokulturelle Bedingungen
  (Normvorgaben, Geschlechterrolle, etc.)
- Kritische Lebensereignisse
  (Scheidung, Todesfall, etc.)

Bedingungsanalyse: Lern- und Erfahrungsbedingungen
- Frühe Lernbedingungen
  Familiäre Lernbedingungen (Lernangebot, Modelllernen)
  Lernen von Bewältigungsstilen
- Spätere Lernbedingungen
- Verhaltensanalyse der geschilderten Problembereiche

Bedingungsanalyse: Programm- und Einstellungsbedingungen
- Situationsübergreifende Verhaltens- und Einstellungsmuster
  Organische Kausalattribution (z.B. „Körperliche Beschwerden haben ausschließlich organische Ursachen.")
- Alles-oder-nichts-Einstellungen
  Passive Kontrollattribution (z.B. „Eine Veränderung der Beschwerden kann nur durch äußere Maßnahmen erreicht werden, nicht durch eigene Kraft.")
- Einseitige Leistungsorientierung (z.B. „Anerkennung und Zuneigung erziele ich nur durch Leistung.")

Als prinzipielles Vorgehen im diagnostischen Prozess lassen sich somit verschiedene Schritte angeben. Diese orientieren sich an den bereits bei Kanfer und Saslow (1965) angegebenen Grundfragen, die einmal das Ziel der Intervention betreffen, dann die das Problemverhalten bedingenden und aufrechterhaltenden Faktoren und schließlich die Vorgehensweise im Sinne einer Therapieplanung. Fliegel (1989) hat diese Grundstruktur in sechs Schritte aufgeteilt:

a) *Problembeschreibung*: Wie heißt das Problem?
b) *Problemanalyse*: Welches sind die aufrechterhaltenden Gründe für die heutige Existenz des Problems?
c) *Analyse des zu erreichenden Therapieziels*: Was soll durch die Therapie bewirkt/erreicht werden?

d) *Planung der* für die Erreichung des Therapieziels sinnvoll einzusetzenden *therapeutischen Verfahren*: Welche verhaltenstherapeutischen Verfahren sind in welcher Reihenfolge therapeutisch einzusetzen, um die Therapieziele zu erreichen?
e) *Durchführung der therapeutischen Interventionen.*
f) *Erprobung und Bewertung der vollzogenen Schritte* (S. 66).

Im Sinne der verhaltenstherapeutischen Diagnostik sind vor allem die unter a), b), c) und f) aufgeführten Themenbereiche zu sehen. Diese sind auch für den Berufsbereich der Sozialpädagogen von besonderem Interesse, da eine entsprechende Diagnostik nicht nur für die Therapie, sondern auch für zielgerichtete Beratung vorauszusetzen ist und gerade auch der letzte Schritt im Sinne der Evaluation von Handeln im psychosozialen Bereich berechtigterweise zunehmend mehr an Bedeutung gewinnt. In diesem Zusammenhang soll jedoch insbesondere auf die ersten beiden Punkte eingegangen werden, da der letzte Punkt sich bei Darstellungen zu sozialwissenschaftlichen Methoden schon detailliert abgehandelt findet (Wellhöfer, 1997; Bortz & Döring, 1995).

1. In einem ersten Schritt wird ausgehend von der berichteten, meist komplexen Symptomatik anhand eines operationalen Klassifikationssystems das Problem dahingehend strukturiert, dass es diagnostisch zugeordnet wird. Die Daten für diesen Schritt können über standardisierte Erhebungsinstrumente erfasst werden.
2. Auf der Grundlage einer ausführlichen Exploration und Anamnese werden den einzelnen Punkten des Schemas der Bedingungsanalyse die individuell bedeutsamen Aussagen zugeordnet. Dabei handelt es sich gleichermaßen um solche Bedingungen, die indirekten Einfluss auf die Veränderungsbemühungen nehmen können, die als in der individuellen Geschichte als für das gegenwärtige Problem bedeutsam herausgearbeitet wurden und solche, die gegenwärtig für die thematisierten Problembereiche als auslösend und aufrechterhaltend angesehen werden können. So werden mögliche körperliche oder geistige Beeinträchtigungen untersucht, die in direktem oder indirektem Zusammenhang mit den psychischen Problemen stehen. Entsprechend durchgeführte Behandlungsmaßnahmen auf der somatischen Ebene, die medikamentöser, operativer oder sonstiger Art sein können, zählen hier ebenso dazu. Eine sorgfältige Prüfung des sozialen Umfeldes ist ebenfalls erforderlich, dies kann sowohl die ganz konkreten Lebensbedingungen des Klienten betreffen, als auch dessen Norm- und Wertverständnis, ebenso wie bedeutsame Ereignisse seiner jüngeren Lebensgeschichte. Schließlich sind noch frühere Lernbedingungen, aktuelle Lernbedingungen und relevante aktuelle wie auch überdauernde Kognitionen zu erheben. An diesem Schritt können sinnvollerweise die verschiedensten Disziplinen beteiligt sein. Dies lässt sich besonders dann realisieren, wenn der Behandlungskontext ein stationärer Rahmen ist, hier werden die Daten zu den oben genannten Bereichen schwerpunktmäßig von den Spezialdisziplinen wie Medizin, Sozialpädagogik und Psychologie eruiert. Der Ansatz der

Bedingungsanalyse verlangt nun ein Zusammenführen dieser Daten in den Rahmen dieser Analyse und die aus diesem gemeinsamen Rahmen gemeinsam mit dem Klienten abzuleitende Therapieplanung. Diese kann dann ihrerseits wieder Schwerpunkte in einzelnen der angeführten Bereiche setzen, wobei deren Effekte immer im Hinblick auf das Gesamt der erhobenen Bedingungen zu überprüfen sind. Im Rahmen von monodisziplinär oder ausschließlich im Einzelkontakt durchgeführter Beratung und Therapie ist das Zusammenführen dieser Daten deutlich schwieriger und verlangt großes Engagement im Herstellen der dafür nötigen Kontakte, bzw. die entsprechenden Bereiche können nur in einem begrenzten Umfang berücksichtigt werden. Wichtig ist jedoch auch hier, dass sie zumindest beachtet werden, um nicht durch einen eingeengten Blickwinkel wesentliche, Therapie- oder Beratungserfolg begrenzende oder fördernde Bedingungen zu übersehen.
3. Aus den gegenwärtig wirksamen Bedingungen lässt sich schließlich die funktionale Analyse im Sinne des genannten Verhaltensanalyseschemas formulieren.

Aus dem zweiten und dritten Punkt lässt sich zusammenfassend ein hypothetisches Bedingungsmodell formulieren, das wesentlich in der (psychologischen) Therapieplanung Berücksichtigung findet.

Die oben dargestellten Punkte sollen nun an einem Fallbeispiel illustriert werden: Bei Frau S. handelt es sich um eine 61-jährige, verheiratete Frau, die von einer medizinischen Schmerzambulanz zur Psychotherapie empfohlen wurde. Sie berichtet von Migräneanfällen, die mehrfach im Monat auftreten sowie gleichzeitig bestehenden Dauerkopfschmerzen. Schlimmer noch empfinde sie aber ihre schon seit mehreren Jahren anhaltende Niedergeschlagenheit, die sich phasenweise so sehr intensiviere, dass sie sich vollkommen zurückziehe, kaum mehr Aktivitäten zeige und sich insgesamt völlig wert- und nutzlos fühle.

Ausgehend von der Symptombeschreibung sowie über Fragebogen erfasste Werte (z.B. Beck – Depressionsinventar BDI, Beck, Rush, Shaw & Emery, 1981) lassen sich anhand des ICD-10 folgende Klassifikationen zur Problemstrukturierung vornehmen:
F33.1 Rezidivierende depressive Störung
F54 und G43 Migräne
G44.2 Spannungskopfschmerz.

In unserem Zusammenhang wird auf eine Beschreibung der lebensgeschichtlichen Entwicklung und Krankheitsanamnese von Frau S. verzichtet, die entsprechenden Daten hierzu werden gleich in die geeigneten Bereiche der Bedingungsanalyse eingetragen:

Medizinische Bedingungen: Bei Frau S. liegen seit der Pubertät bestehende Migräneanfälle vor. Bereits seit Kindheit bestehendes Gewichtsproblem, derzeit Übergewicht bei einem Body-Maß-Index von 42. Seit neun Jahren bestehender

Dauerkopfschmerz vom Spannungstyp, evtl. zusammenhängend mit einem Hals-Wirbelsäulensyndrom. Langjähriger Missbrauch von Schmerzmitteln, zweimal klinischer Schmerzmittelentzug. Der Kopfschmerz ist daher möglicherweise auch als medikamenteninduziert zu betrachten. Derzeit weiterhin bestehender Analgetikakonsum, überwiegend ein Monopräparat, ein- bis zweimal die Woche zusätzlich ein Kombinationspräparat. Keine zentral wirksamen Schmerzmittel. Keine Beeinträchtigungen kognitiver Funktionen.

Umweltbedingungen: Frau S. ist seit 41 Jahren verheiratet. Mit Geburt ihrer ersten Tochter hat sie ihren Beruf als Dekorateurin aufgegeben und sich ausschließlich um den Haushalt und die Kindererziehung gekümmert. Die beiden erwachsenen Töchter (32 und 35 Jahre) leben mit eigener Familie von Frau S. Wohnort weit entfernt, Kontakte beschränken sich auf Anrufe und gelegentliche Besuche. Zum Ehemann besteht ein gutes Verhältnis, die Ehe wird als gut bezeichnet, die Eheleute verbringen, besonders seit Berentung des Ehemannes, viel Zeit miteinander. Der Übertritt von Herrn S. ins Rentenalter wird von der Klientin als unproblematisch bezeichnet, ihr Mann hat ausreichend Hobbys und eine Neuverteilung der Rollen im Haushalt musste kaum vorgenommen werden. Sie fühlt sich insgesamt eher etwas entlastet. Gemeinsame Bekannte gibt es kaum, sie ist in einem Verein mit ehrenamtlichem Engagement im Sozialbereich (Behindertenbetreuung) eingebunden. Hier fühlt sie sich verpflichtet, verbringt aber dort mehr Zeit und investiert mehr Energie, als sie eigentlich möchte. Reine Freizeitaktivität findet sie nur mit ihrer Gymnastikgruppe, hier werden auch öfter gemeinsame Unternehmungen durchgeführt und Feste gefeiert. Ihre finanzielle Situation ist unbefriedigend, da der Ehemann nur eine geringe Rente bekommt. Aktuell ist ihre Wohnsituation in einer Drei-Zimmer-Mietwohnung in einer mittelgroßen Stadt bedroht, da die Wohnung zum Verkauf steht und sie nicht wissen, ob ihr Mietvertrag nach dem Verkauf aufrechterhalten wird. Einen nicht unerheblichen Teil ihrer Freizeit verbringt Frau S. mit dem Besuch von Ärzten und Therapeuten.

Lernbedingungen: Aus der *Lerngeschichte* von Frau S. sind folgende Punkte erwähnenswert: Zuwendung erhielt Frau S. sowohl in der Familie als auch in der Schule ausschließlich für unterwürfiges, angepasstes Verhalten. Die Hauptverstärkung innerhalb der Ursprungsfamilie bestand in besonderen Nahrungsmitteln oder besonderen Rationen, was für sie ganz besonders in den Kriegs- und Nachkriegsjahren einen sehr hohen Stellenwert einnahm. Selbstbehauptende Tendenzen wurden im Sinne stellvertretender Bestrafung gehemmt, da sowohl der Vater als auch die Mutter auf solche Ansätze bei dem jeweils anderen bestrafend reagierten und Auseinandersetzungen und Reibereien nicht offen ausgetragen wurden, sondern sich in ihrer Wahrnehmung in einem spannungsgeladenen Klima äußerten, das letztlich in einer Trennung der Eltern innerhalb des gemeinsamen Hauses gipfelte, die über mehrere Jahre hinweg aufrechterhalten wurde. Als Modell depressiven und pharmakakonsumierenden Verhaltens ist die Mutter zu betrachten, die als ständig bedrückt und leidend beschrieben wird, weshalb sie von Angriffen und Auseinandersetzungen verschont wurde. Schmerzen und Unwohlsein bekämpfte die Mutter immer mit sofortiger Tabletteneinnahme, wobei sie Medikamente in „großer Menge im Schlafzimmer hortete."

Die aktuellen Lernbedingungen sind im SORKC-Schema dargestellt, wobei das Kontingenzverhältnis sich auf die Beschreibung der kurz- gegenüber langfristig wirksamen Konsequenzen (C) beschränkt.

Verhaltensanalyse

Situation
S 1: Starke Kopfschmerzen, mehrere Tage lang
S 2: Bedrohte Wohnungssituation
S 3: Ehrenamtliche Helferin im Verein für psychisch Kranke

Organismus
kognitiv
„Ich brauche Sicherheit."
„Meine Schmerzen bekomme ich nie in den Griff."
„Schmerzen machen mein Leben kaputt."
„Wenn ich nicht gebraucht werde, bin ich wertvoll."
„Wenn ich gebraucht werde, sitze ich nicht allein und traurig zu Hause."
„Mein ganzes Leben kämpfe ich gegen das Gewicht."
„Immer gibt es Probleme."

biologisch/körperlich
chronische Schmerzen, Übergewicht, genetische Variable für Übergewicht und Fettzellendepot der Kindheit, Erschöpfung

Reaktion
emotional
depressive Gefühle, Beklemmungsgefühle, Unruhe

kognitiv
negative Gedanken bezüglich der eigenen Person, der Umwelt, der Zukunft, der Vergangenheit

körperlich
tagelange, starke Kopfschmerzen, Migräneanfälle, „richtig krank fühlen"

Verhalten
Im Bett liegen bleiben und/oder viel schlafen, Haushaltstätigkeiten nicht ausführen, nicht lesen oder anderweitig ablenken, sozialer Rückzug: Absage der ehrenamtlichen Tätigkeiten und Besuche, wenig angenehme Aktivitäten, häufige Einnahme von Analgetika, häufiges Weinen. vermehrtes Essen

Konsequenzen
kurzfristig
C+ Aufsuchen von medizinischen/psychologischen Behandlungen/Zuwendung
C̷– Entlastung von überfordernden Aktivitäten
C+ Aufmerksammachen auf eigene Bedürfnisse und Durchsetzen
C̷– Konfliktvermeidung bzgl. sozialer Aktivitäten
C̷– Bei Analgetika und Essen: Schmerzreduktion und Dämpfung unangenehmer Gefühle
C– Schlechtes Gewissen wegen vernachlässigter Haushaltsführung und „unmäßigem Essen"

langfristig
C– Es häuft sich immer mehr an Haushaltsaktivitäten, die gemacht werden müssen, die Belastung nimmt zu, auch durch Gedanken wie: „Wenn ich Kopfschmerzen/Depressionen habe, kann ich gar nichts machen."
C– Überforderung: extrem hohes körperliches Aktivitätsniveau an symptomfreien Tagen, körperliche negative Auswirkungen, z. B. Knieentzündung
C– Gewichtszunahme

Programmbedingungen: „Ich bin Nichts!", „Andere Menschen sind immer mehr wert als ich!", „Nur wenn man krank ist, wird man geliebt!", „Ärger und Streit sind etwas Entsetzliches und führen zur Katastrophe!", „Nur wenn ich besonders viel leiste oder mich besonders gut füge, werde ich anerkannt!", „Was andere Menschen von mir denken, ist extrem wichtig, ohne bei anderen ein gutes Bild abzugeben, kann ich nicht leben!"

Aus der Bedingungsanalyse und der Verhaltensanalyse wird nun im letzten Schritt ein zusammenfassendes hypothetisches Bedingungsmodell herausgearbeitet, das auch alle Symptombereiche thematisiert sowie den funktionalen Zusammenhang zwischen allen Symptomen zu erfassen sucht.

Hypothetisches Bedingungsmodell: Als die Patientin noch Kind war, hat sie erlebt, dass eine Veränderung der Wohnungssituation (als Folge der zugespitzten Konfliktsituation zwischen den Eltern) mit Verlusten (möglicherweise z. B. des Vaters) und unangenehmen Gefühlen verbunden ist. Sicherheit und Geborgenheit waren bedroht. Das Modell der Mutter bestand aus Rückzug, Weinen und Tabletten („depressiogene Mutter"). Als die Depressionen vor neun Jahren das erste Mal diagnostiziert wurden, waren ähnliche Bedingungen vorhanden. Die Wohnungssituation war unsicher und auch die finanzielle Situation belastend. Verlusterlebnisse bedrohten die Patientin (mangelnde Sozialkontakte, ungesicherte Existenz). Die kognitiven Schemata der Kindheit wurden aktiviert. Zusätzlich besteht bei der Patientin ein Insuffizienzgefühl bzgl. Migräne und Übergewicht, deren lange Dauer auch die allgemeine Belastbarkeit der Patientin reduzier(t)en. Sie hat nicht gelernt, ihren Bedürfnissen Raum zu geben. Dies erfolgt hier über die depressive Symptomatik (Zuwendung, Ruhe, Versorgtwerden).

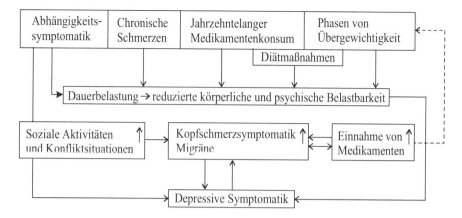

Abb. 8: Funktionale Zusammenhänge zwischen den Symptomen

Hypothetisches Bedingungsmodell für alle Symptombereiche: Die Patientin ist mit der Erfahrung aufgewachsen, von der Mutter gebraucht zu werden und als „liebes Kind" akzeptiert und angenommen zu sein (C+). (Autonomie-)Bedürfnisse des Kindes erhielten zu wenig Raum, ebenso Äußerungen von Ärger und Wut (C–). Auch der Ehemann der Patientin lässt Ärger und Streit in der Beziehung nicht zu. In konflikthaften Beziehungen traten/treten häufige Migräneanfälle auf. Die Migräne stellt eine Konfliktlösungsstrategie dar (₵–) und bedeutet zugleich Zuwendung und Aufmerksamkeit (C+). Letzteres erhielt die Patientin ebenfalls über den Bereich „Nahrung". Aufgrund des v.a. mütterlichen Modellverhaltens hat sie gelernt, dass aversive Gefühle (wie Spannung, Ärger, Schmerz) mit Tabletten und/oder Essen gedämpft/vermieden werden können (₵–). Die Patientin fühlte sich von der Mutter gegenüber dem Bruder zurückgesetzt und von beiden gegenüber „Schlanken". Abzunehmen war (ist) für sie ein Kampf um Anerkennung und Gleichwertigkeit. Vor ca. neun Jahren kamen dann die Depressionen hinzu.

Die manifesten Symptomatiken können phasenweise für sich bestehen oder sich in einem „circulus vitiosus" aufschaukeln (s. **Abb. 8**). Die Patientin war ihr bisheriges Leben stets (mehr oder weniger) mit Symptomen beschäftigt. Dadurch konnte sie ihren Bedürfnissen nach z.B. Zuwendung und Ruhe Raum geben und/oder den Kontakt mit den als aversiv erlebten Gefühlen, wie z.B. Ärger, Spannung, Schmerz vermeiden (₵–).

2 Intervention

Intervention im Zusammenhang mit Klinischer Psychologie bezeichnet grundsätzlich jede Vorgehensweise, die eine Änderung des Erlebens und Verhaltens einer Person zum Ziel hat. Solche Interventionen werden sowohl unter den verschiedensten Begriffen als auch Rahmenbedingungen angeboten. Einer Aufstellung von Kanfer, Reinecker und Schmelzer (1996) folgend, lassen sich folgende Ansätze benennen:

1. Krisenintervention
Hierunter ist eine Intervention gemeint, die sofort und direkt erfolgt, von unbestimmter, aber in der Regel kurzer Dauer ist, alle verfügbaren Quellen nutzt und in extremem Maß innerpsychische Spannungen reduziert. Hier steht der professionelle Helfer vor der Anforderung, das vorgetragene Problem möglichst schnell und aktiv zupackend zumindest für den gegenwärtig überschaubaren Zeitraum zu lösen. Solche Interventionsansätze sind meist schon durch den Rahmen, in dem sie notwendig werden, bestimmt. Dieser ist gekennzeichnet durch Einrichtungen wie Telefonseelsorge, Krisendienst, Aids-Beratungsstelle, Beratungsstelle für misshandelte Mütter, Beratungsstelle für Missbrauch usw. Durch die angeführten Beispiele wird sicher deutlich, dass der institutionelle Rahmen nicht nur die akute Unterstützung bieten muss, sondern besonders gefordert ist, einen diesen Zeitraum überdauernden Kontakt entweder selbst zur Verfügung zu stellen oder zu organisieren.

2. Medizinische Interventionen
Eine spezifische, auf gegenwärtig bestehende Beschwerden abzielende Maßnahme. Eine solche ist bei akuten Beschwerden sicherlich nicht nur indiziert, sondern notwendig. Bei bestehenden chronischen Erkrankungen wie z.B. chronischen Schmerzen, ist eine Akutbehandlung eher sehr vorsichtig durchzuführen. Es ist darauf zu achten, dass eine möglicherweise bestehende Modellvorstellung der Erkrankung als nur physisch und damit nur so behandelbar, nicht weiter unterstützt wird. Voraussetzung der Behandlung ist, dass der Patient damit einverstanden ist. Dies ist deshalb besonders zu betonen, da diese Behandlungsform traditionellerweise mit einer hohen Übertragung der Verantwortung an den Therapeuten verbunden ist. Diese ist beispielsweise dadurch gekennzeichnet, dass der Therapeut eine klare Rollenfunktion einnimmt, z.B. durch Verabreichung von Spritzen, Rezeptierung von Medikamenten usw.

3. Verhaltensmodifikation
Unter Verhaltensmodifikation ist der Ansatz von Verhaltenstherapie zu verstehen, wie er in der Regel nur in ganz eng umschriebenen Anwendungsbereichen zum

Tragen kommt. Er ist aber keinesfalls mit Verhaltenstherapie selbst gleichzusetzen. Pointiert haben Kanfer, Reinecker und Schmelzer (1996) diesen Ansatz mit der traditionellen medizinischen Behandlung gleichgesetzt: „Verhaltensmodifikation stellt den Typus dar, den Kritiker gerne als klassisch verhaltenstherapeutisches Vorgehen brandmarken. In Kombination einer autoritären Beziehungsstruktur (in Analogie zum früher üblichen Arzt-Patienten-Verhältnis) mit der Anwendung lerntheoretischer Änderungsprinzipien (in Analogie zum Verschreiben eines Medikaments) bestimmt der Therapeut – bei geringer Beteiligung des Patienten an Entscheidungen – alle Schritte der Therapie: Er erstellt Diagnosen über behandlungsbedürftiges Verhalten, entscheidet über Therapieziele, wählt die aus seiner Sicht hilfreichen Therapiemethoden aus und verordnet diese dem Patienten. Fehlende Mitarbeitsbereitschaft wird als Widerstand oder unzureichende ‚Compliance' interpretiert und dem Klienten als Versagen angelastet" (S. 11). Als Beispiel kann hier noch einmal auf den von einem schweren Schädel-Hirn-Trauma betroffenen Menschen zurückgegriffen werden. Die alleinige Möglichkeit, dessen aggressives Verhalten zu verändern und ihm damit die Chance zu eröffnen, in einer Einrichtung zu verbleiben, die nicht nur die pflegerischen Grundbedürfnisse erfüllt, ist eine direkte Steuerung des Verhaltens durch gezielte Kontrolle der Konsequenzen auf seine Verhaltensäußerungen etwa durch ein *Tokenprogramm*. In diesem Fall ist Verhaltensmodifikation meiner Ansicht nach legitimiert, aber eben nicht mit einer Verhaltenstherapie gleichzusetzen. Dies bedeutet aber in keinem Fall, dass die Anstrengungen für diesen Ansatz weniger als für eine Therapie sind. Gerade eine Beschränkung auf eine Verhaltensmodifikation erfordert eine sorgfältige Auswahl der dazu infrage kommenden Personen, der Zielvorstellungen und Methoden (s. hierzu den Punkt *Modifikation* bei Schermer, 2005). Für den Sozialpädagogen bedeutet dies, eher eine Vermittlung vorzunehmen, als sich auf das Gebiet der Modifikation zu begeben, bzw. den interdisziplinären Kontakt zu suchen und zu nutzen.

4. Case Management
Hierbei handelt es sich um einen Ansatz, der nicht direkt selbst als Intervention zu sehen ist, sondern vielmehr sicherstellt, dass unterschiedlichste Interventionen und Leistungen des Gesundheitssystems den einzelnen Leistungsempfänger auch erreichen und möglichst effektiv koordiniert sind. Damit wird die soziale und finanzielle Seite bei einer gesundheitlichen Beeinträchtigung mit einbezogen. „Case Management steht für Leistungstransparenz und für die Qualitätssicherung im Verfahren und im Resultat von sozialer Einzelhilfe, medizinischer Behandlung, Pflege und Rehabilitation" (Wendt, 1997, S. 211). Es wird also in enger Zusammenarbeit mit dem Betroffenen eine Vielzahl von Zielen angestrebt, wobei dem die Rolle des Case Managers einnehmenden Therapeuten hohe Verantwortung zukommt. Die Beziehung hat dabei eine klare zeitliche Grenze und ist durch das interdisziplinäre Arbeiten mit allen Fachkräften und dem Patienten gekennzeichnet. Ein solches Vorgehen ist beispielsweise gegeben, wenn dem Studenten mit depressiver Verstimmung und Reifungskrise über das Therapieangebot hinaus der Kontakt mit dem an der Hochschule zuständigen

Fachkollegen für die psychosoziale Unterstützung der Studenten vermittelt wird, der Arbeitsberater des nächsten Sozialpsychiatrischen Dienstes eingebunden oder eine Eignungs- und Interessentestung am zuständigen Arbeitsamt initiiert wird. Zudem muss wegen der Schwere der Störung die Aufnahme in eine psychosomatische Klinik veranlasst werden. Nach Abschluss dieser Behandlung ist dann die weitere ambulante Betreuung zu organisieren sowie die Realisierung der von der soziotherapeutischen Abteilung der Klinik vorgeschlagenen Berufsmaßnahme, die über eine Finanzierung durch die Landesversicherungsanstalt sichergestellt werden soll. Das vorstehende Beispiel bezieht sich auf eine überwiegend im ambulanten Bereich angesiedelte Vorgehensweise. Eine ganz ähnliche Struktur lässt sich auch innerhalb einer stationären Behandlung finden, in der das Bezugstherapeutenmodell realisiert ist (Zielke, 1994). Dies ist anhand nachstehender Abbildung erläutert.

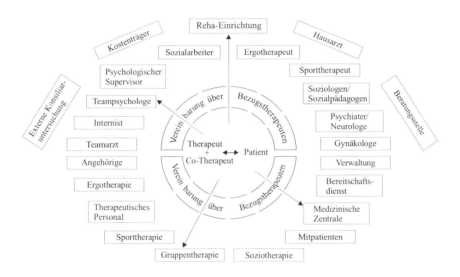

Abb. 9: Das Bezugstherapeutenmodell (nach Zielke, 1994)

5. *Therapie*

Wenn in diesem Zusammenhang von Therapie gesprochen wird, bezieht sich dieser Begriff auf Psychotherapie. Es ist die Frage zu stellen, wodurch eine solche Therapie gekennzeichnet ist, denn allein die Bezeichnung einer Therapie als Psychotherapie weist sie nicht schon als solche aus. Schließlich finden sich Veröffentlichungen zu „Edelsteinpsychotherapie", „Aurapsychotherapie", „Therapie durch Lösen vorgeburtlicher Blockaden" und vieles mehr, vor allem in der Unterhaltungspresse. Es soll hier auch bewusst nicht alles konkret zitiert werden, um erst gar nicht den Anschein zu erwecken, dass damit ernstzunehmende Ansätze verbunden werden können. Vergleicht man nun verschiedene Definitionsansätze, etwa bei Kanfer, Reinecker und Schmelzer (1996), Senf und Broda (1996), Davison, Neale und Hautzinger (2007) oder auch Grawe, Donati und Bernauer (1994), finden sich in allen zumindest teilweise die Bestimmungsstücke wieder, wie sie bereits Bastine (1992) als wesentlich für eine allgemeine Definition der Psychotherapie aufgeführt hat:

„Damit ist Psychotherapie gekennzeichnet durch:
- eine therapeutische Rollenbeziehung zwischen Klient/Patient und Therapeut;
- den professionellen und zugleich persönlichen Charakter dieser Beziehung;
- die Hilfe für psychisch leidende, beeinträchtigte, kranke oder gestörte Personen;
- die Hilfeleistung durch psychologische Mittel;
- die Zielgerichtetheit des Vorgehens;
- die Notwendigkeit einer wissenschaftlichen Begründung und Überprüfung der Vorgehensweise" (S. 180).

Da es nicht Ziel dieser Arbeit ist, einen Überblick über die jeweils konkreten Therapieformen zu geben, wie er etwa bei Davison, Neale und Hautzinger (2007) zu finden ist, soll hier lediglich eine tabellarische Gegenüberstellung der wesentlichsten Therapieformen und ihrer jeweiligen Kernaussagen bezüglich Ätiologiekonzept, Therapiezielen, Therapeutischer Zeitperspektive und Psychologischer Mittel gegeben werden, wie sie von Perez und Baumann (1998, S. 410) zusammengestellt wurde (s. **Tab. 3**).

6. Beratung
Beratung ist sicherlich eine der Interventionsformen innerhalb des psychosozialen Tätigkeitsfeldes, die den größten Umfang einnimmt. Damit ist sowohl die Zahl der Institutionen, Gruppen, Interessengemeinschaften usw. gemeint, in und durch die Beratung geleistet wird als auch der Umfang der Themenbereiche, zu denen Beratung stattfindet. So lassen sich verschiedene Formen von Beratung wie z. B. Drogenberatung, Erziehungsberatung usw. oft nur schwer von Therapie abgrenzen. Nach Grawe, Donati und Bernauer (1994) ist die Abgrenzung von Therapie und Beratung zumeist auch nicht inhaltlich, sondern aus den Bedingungen des Gesundheitssystems, in dem sie stattfinden, getroffen. Kanfer, Reinecker und Schmelzer (1996) sehen die Abgrenzung darin, dass sie als Beratung die Weitergabe von Expertenwissen verstehen. Die Beratungssituation ist danach so strukturiert, dass der Ratsuchende in der Regel mit einer fest umrissenen Fragestellung kommt und davon ausgeht, dass ihm unmittelbar oder zumindest innerhalb eines kurzen Zeitraums durch den Berater auf der Grundlage dessen Fachkompetenz weitergeholfen werden kann. Somit stellen sie „vor allem das Kriterium der schnellen Weitergabe von Spezialwissen (für Beratung) und das Kriterium der längerfristigen systematischen Anleitung zu zielgerichteten Veränderungen (für Therapie)" (Kanfer, Reinecker und Schmelzer, 1996, S. 10)

Tab. 3: Therapieschulen und deren Kernaussagen (nach Perrez & Baumann, 1998)

Konzepte	Tiefenpsychologischer Ansatz (z.B. Freud)	Verhaltenstherapeutischer Ansatz (z.B. Beck, Meichenbaum)	Existenziell-Humanistischer Ansatz (z.B. Rogers)	Kommunikationsorientierter Ansatz (z.B. Watzlawick)
Ätiologiekonzept	Frühkindliche Triebkonflikte, Verdrängungsprozesse	Dysfunktionale Lerngeschichte, Person-Umwelt-Interaktion	Inkongruenz von Erfahrung und Selbstkonzept	Störungen als Ausdruck/Folge dysfunktionaler Kommunikationsstrukturen
Gesundheitskonzept/ Therapieziele	Aufarbeitung von intrapsychischen Konflikten, „Wo Es war, soll Ich werden", dem Patienten helfen, unbewusste Motive zu erkennen	Wiederherstellung der Verhaltens- und Erlebenskompetenzen, Veränderung der Selbstsicht, Selbstkontrolle	Förderung der Selbstaktualisierung, „Fully functioning person"	Herstellen konstruktiver Kommunikationsstrukturen, Entdecken dysfunktionaler Kommunikationsstrukturen, Kommunikationsstrukturen reorganisieren helfen
Therapeutische Zeitperspektive	Gegenwart aus Vergangenheit verstehen	Gegenwartsorientiert	Gegenwartsorientiert	Gegenwartsorientiert
Psychologische Mittel	Deuten von freien Assoziationen, von Übertragungsphänomenen, Fehlleistungen, Träumen usw., Beziehungserfahrung	Übung, Verstärkungslernen, Habituation, Modelllernen, Kognitive Umstrukturierung, psychophysiologische Methoden	Zeigen von Empathie und Akzeptanz, Dialog, Encounter (teilweise Körpererfahrung)	Instruktion/Deuten

als das Hauptunterscheidungsmerkmal dieser Ansätze heraus. Beratung als Anwendungsfeld gerade für Sozialpädagogen und Sozialpädagoginnen und deren gerade dort liegende Kompetenz hebt Fiedler (1992) hervor, wenn er schreibt: „So gibt es beispielsweise in *Sozialarbeit* und *Sozialpädagogik* eine beachtenswerte Tradition, Beratungskonzepte im Zusammenhang mit der eigenen beruflichen Qualifikation und Professionalisierung fortzuentwickeln (Fiedler, 1982b): Sozialarbeiter und Sozialpädagogen besitzen besondere Kenntnisse für spezielle Zielgruppen (zumeist Minderheiten, Außenseiter und Randgruppen, Behinderte und Obdachlose, Arbeitslose und gefährdete Menschen). Ihnen ist weiter die Arbeit in Institutionen vertraut (etwa in der Erwachsenen- und Jugendbildung, in der Heimerziehung und in der Psychiatrie). Sie kennen sich in der Gemeinwesenarbeit und in der Öffentlichkeitsarbeit aus, und sie haben dezidierte Einsicht in die rechtlich-politischen Fallstricke der Sozialplanung. Zur beratenden Einflussnahme in diesen Bereichen übernimmt der Sozialarbeiter sein Wissen aus recht unterschiedlichen Einzelwissenschaften, neben der Psychologie etwa aus der Soziologie, der Pädagogik, der Jurisprudenz und Medizin. Aufgrund dieser breit angelegten Qualifikation ist er oft besser als der Klinische Psychologe in der Lage, die mit der Einzelfallproblematik zusammenhängenden rechtlichen, sozialen und gesellschaftlichen Bedingungen und Wirkungen zu sehen und entsprechend breit angelegte Initiativen zur Problemlösung einzuleiten. In dieser Funktion bietet er sich als Kooperationspartner für psychologische Beraterkollegen geradezu an, insbesondere dort, wo die psychosoziale Intervention sozialpolitisch-rechtliche Zielsetzungen berührt" (Fiedler, 1992, S. 367–368).

7. *Lebensassistenz oder Langzeitbetreuung*
Hier handelt es sich um eine langzeitige Unterstützung, bei der die Beziehung zwischen Betreutem und Betreuer von großer Bedeutung ist. Das Ziel der Zusammenarbeit ist übergeordnet als „Hilfe zur Lebensbewältigung" zu bezeichnen, woraus sich über den Betreuungszeitraum hinweg eine große Bandbreite von Subzielen und Aufgaben ergeben kann. Der Schwerpunkt der Unterstützung liegt immer darin, dass der Klient soviel Eigeninitiative und Eigenbeteiligung wie möglich übernimmt. Insgesamt ist hier ein Schwerpunkt sozialer Arbeit zu sehen, wie dies sich auch in den Klientengruppen ausdrückt: Im Wesentlichen handelt es sich dabei um verschiedene Nachbetreuungsformen bei psychisch Behinderten, wie z.B. betreutes Einzelwohnen, Unterstützung von Wohngemeinschaften psychisch Behinderter, individuelle Unterstützung schwer Körperbehinderter oder auch die Nachsorge bei aufgrund von Abhängigkeiten oder psychischer Beeinträchtigung straffällig gewordener Klienten. Das Spektrum der Ansätze reicht hier von persönlicher Assistenz mit einem großen Stundenaufwand in der persönlichen Betreuung hin zur indirekten Langzeitbetreuung, die individuellen Hilfen organisiert, aber auch persönliche Beratung zu den verschiedensten Themen bietet. Beispiel für die letztgenannte Form sind Vereine zur individuellen Schwerstbehindertenbetreuung, die als Zivildienststelle dienen können, Fahrdienste organisieren, Rechtsberatung geben oder für spezielle Fragestellungen zur Verfügung stehen, wie beispielsweise auch Konfliktberatung für die gesamte Familie. Die Ziele hier sind damit weniger die Veränderung von Verhaltensweisen der einzelnen Person, ohne dass dies ausgeschlossen ist. Im Vordergrund steht vielmehr der emotionale und lebenspraktische Rückhalt, der den Betroffenen geboten wird.

Aus der obigen Zusammenstellung wird sicher deutlich, dass die verschiedenen Interventionsbereiche durch die Tätigkeit von Sozialpädagoginnen und Sozialpädagogen in ganz unterschiedlichem Maße abgedeckt werden. Während die Zahl der konkreten Berührungspunkte zur medizinischen Intervention noch relativ gering ist, finden sich durchaus Tätigkeitsfelder, in denen therapeutisches Handeln verlangt wird, wie z.B. im Bereich ambulanter Suchtberatung, die viel häufiger in der Praxis den Charakter einer Therapie als einer Beratung trägt. Verhaltensmodifikation lässt sich in den unterschiedlichsten Arbeitsfeldern anwenden, zu denken wäre an die Erziehungsberatung, die Arbeit mit geistig Behinderten, Installation lebenspraktischer Grundfertigkeiten bei psychisch Behinderten sowie Arbeit in der Forensik oder im Strafvollzug. Krisenintervention ist berufsgruppenunabhängig in einer Vielzahl von Arbeitsbereichen und nicht nur in solchen, die sich diesen Ansatz explizit als Aufgabe gestellt haben, zu leisten. Geradezu Schwerpunkte für durch Sozialpädagoginnen und Sozialpädagogen zu leistende Interventionen stellen das Case Management, die Beratung und die Langzeitbetreuung dar.

Therapeutische Konzepte, wie sie als Grundkonzepte für sozialpädagogische Arbeit in besonders vielen Anwendungsbereichen Bedeutung haben, stellen insbesondere die Grundlagen der Gesprächspsychotherapie in ihren wesentlichen Aspekten für die Beratungsarbeit und die Verhaltenstherapie dar. Dies gilt auch und gerade in Anwendung auf die Arbeit nicht nur mit Einzelklienten, sondern mit Familien. Letztere steht zudem unter dem Aspekt eines gerade aus ihr heraus formulierten Anspruchs, Möglichkeiten einer weitgehenden psychosozialen Versorgung bereitzustellen. Dies leitet sich sowohl aus der Betonung ab, die dem Prinzip der Eigenaktivität entspricht, als auch aus dem Grundsatz, dass Therapie letztlich als Hilfe zur Selbsthilfe anzusehen sei (Reinecker, 1994). Nimmt man den Gedanken der Gemeindepsychologie hinzu, in dem die Bedeutung ausgedrückt wird, dass die Lösung psychischer Probleme nicht nur im Einzelkontakt mit einem Therapeuten, sondern im natürlichen Umfeld des Betreffenden mit all seinen sozialen und ökonomischen Problemen erfolgen muss, stellt sich in der Verhaltenstherapie auch eine besonders enge Verknüpfung eines therapeutischen Verfahrens mit sozialpädagogischer Tätigkeit dar. Dies lässt sich aus dem nach Selg (1977) erweiterten Mediatorenmodell von Tharp und Wetzel (1975) ableiten (s. **Abb. 10**). Der therapeutische Fachmann tritt als Supervisor auf, der im Austausch mit einem Berater steht, der wiederum den direkten Kontakt zu einer ein Problem beklagenden Person und dem Umfeld hat, in dem dieses Problem auftritt und mit dem es in funktionalem Zusammenhang steht.

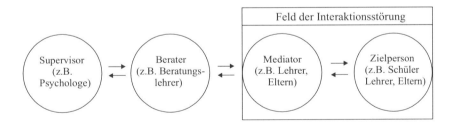

Abb. 10: Erweitertes Mediatorenmodell durch Selg (nach Reinecker, 1996, S. 391)

Für diesen Berater sind nun die Kenntnisse der Grundprinzipien der Verhaltenstherapie, insbesondere der Verhaltensanalyse, aber auch der Zielanalyse und Therapieplanung sowie der einzelnen Methoden wesentliche Voraussetzungen seiner Tätigkeit. Daran ändert der Vorschlag von Reinecker (1996), der diese Schritte in die Hände des Spezialisten legen möchte, auch wenn diesem zuzustimmen ist, prinzipiell nichts. An dieser Stelle sollen daher Grundzüge der Verhaltenstherapie dargestellt werden, soweit sie nicht bereits in die sonstigen Kapitel des Buches Eingang gefunden haben.

Bezüglich der Beratungspraxis und deren Hintergrund sei auf die entsprechende Spezialliteratur verwiesen, dem Vorbild klinisch-psychologischer Lehrbücher folgend, bei denen sich meist kein eigenes Kapitel zu dieser Thematik findet (als Ausnahme siehe Schmidt, 1984) und entsprechend der Ausbildungspraxis an den Hochschulen (z.B. Bachmair, Faber, Hennig, Kolb & Willig, 1989; Breuer, 1979; Dryden & Feltham, 1994; Hackney & Cormier, 1990). Gerade wegen der Bedeutung im sozialpädagogischen Bereich ist Beratung dort als eigenes Schwerpunktfach anzusehen, wie es in der Klinischen Psychologie sonst jedoch nicht üblich ist.

2.1 Grundlagen der Verhaltenstherapie

Da verhaltenstherapeutische Grundlagen andernorts sehr ausführlich dargestellt sind (Margraf & Schneider, 2009; Margraf, 1996; Reinecker 1994), möchte ich mich unter Bezug auf diese zum vertiefenden Weiterstudium empfohlenen Quellen auf die mir wesentlich erscheinenden Punkte beschränken. Ich gliedere sie in allgemeine Grundlagen, Grundlagen der Durchführung und Grundlagen auf Seiten der Therapeuten. Entsprechend der drei Ebenen, die nach Reinecker (1994) in der Betrachtung der Verhaltenstherapie als wissenschaftliches System zu unterscheiden sind – die theoretische Ebene, die technologische Ebene und die Handlungsebene – sind hierin insbesondere die theoretische, aber auch die Handlungsebene angesprochen. Die Ebene der Technologie wird dann vor allem im nächsten Punkt aufgegriffen.

2.1.1 Allgemeine Grundlagen

Hierunter ist zunächst zu verstehen, wie *Verhaltenstherapie* definiert ist. Aus dieser Definition leitet sich dann ab, welchen Grundprinzipien sie folgt, welches Krankheitsverständnis ihr zugrunde liegt und schließlich, auf welchen theoretischen Konzepten sie aufbaut.

Es soll hier nicht die geschichtliche Entwicklung der Definitionen von Verhaltenstherapie nachgezeichnet werden, die letztlich die Entwicklung der Verhaltenstherapie selbst widerspiegelt (Margraf, 1996). Vielmehr stellt der nachfolgende Definitionsversuch eine Zusammenfassung gegenwärtiger Beschreibungen dar und ist daher als ebenso vorläufig und den weiteren Entwicklungen anzupassend zu verstehen wie alle übrigen Definitionsversuche:

Die Verhaltenstherapie (VT) ist als psychotherapeutische Grundorientierung zu verstehen. Diese besteht darin, dass sie sich möglichst auf Erkenntnisse stützt, die aus der Forschung der allgemeinen, der Experimental- und Sozialpsychologie und relevanter Nachbardisziplinen (z. B. Biologie, Neurophysiologie) gewonnen wurden. Aus diesen leitet sie ihre Störungskonzepte und Behandlungsverfahren ab. Sie will menschliches Leiden verringern und Handlungsfähigkeit verbreitern und damit die Selbstbestimmung von Personen fördern und verbessern. Dies kann durch Veränderungen auf den Ebenen des Handelns, des Denkens, des Fühlens und auch physiologischer Vorgänge geschehen. Sie bedient sich störungsspezifischer und -unspezifischer Verfahren. Diese leiten sich aus einer Störungsdiagnostik sowie insbesondere einer individuellen Analyse prädisponierender, auslösender und/oder aufrechterhaltender Bedingungen, die sich ebenso in Merkmalen der Person, deren Lebens- und Lerngeschichte wie im sozioökonomischen Umfeld finden, ab. Die VT legt Wert auf eine systematische Evaluation ihrer Methoden (Hautzinger, 1996; Margraf & Schneider, 2009).

Besonders herausgegriffen werden soll zunächst die Charakterisierung der *Verhaltenstherapie als psychologische Grundorientierung*. Hier folge ich Margraf & Schneider (2009), die neun diese Grundorientierung charakterisierende Punkte herausarbeiten:
1. Verhaltenstherapie orientiert sich an der empirischen Psychologie.
2. Verhaltenstherapie ist problemorientiert.
3. Verhaltenstherapie setzt an den prädisponierenden, auslösenden und aufrechterhaltenden Bedingungen an.
4. Verhaltenstherapie ist zielorientiert.
5. Verhaltenstherapie ist handlungsorientiert.
6. Verhaltenstherapie ist nicht auf das therapeutische Setting begrenzt.
7. Verhaltenstherapie ist transparent.
8. Verhaltenstherapie soll „Hilfe zur Selbsthilfe" sein.
9. Verhaltenstherapie bemüht sich um ständige Weiterentwicklung.

Zu 1: Im ersten Punkt wird auf die Methodik abgehoben, mit der sowohl die theoretischen Konzepte als auch die zur Anwendung kommenden therapeutischen Methoden überprüft werden. Beide müssen sich an der Empirie bewähren. Hierzu sind Daten zu erheben, die über objektive, reliable und valide Messungen gewonnen wurden. (zur Psychologie als empirische Wissenschaft siehe Schermer, 2005). Über diese Orientierung an der empirischen Psychologie hinaus wird entsprechend der Eingangsdefinition weiterhin auf die Erkenntnisse anderer empirisch orientierter Disziplinen wie beispielsweise Biologie, Physiologie usw. zurückgegriffen.

Zu 2: Hierunter fallen mehrere Kennzeichen von Verhaltenstherapie. Angesprochen ist damit einmal ihr Krankheitsmodell. Das Problem ist als die zu behandelnde Entität zu begreifen, die therapeutischen Bemühungen gelten nicht einer etwa dahinter liegenden Krankheit. Dann bezieht sich dieser Punkt auf die Gegenwartsorientierung der Verhaltenstherapie; anzusetzen ist an der gegenwärtigen Problematik. Schließlich wird auch noch die Spezität des Vorgehens in der Verhaltenstherapie damit angesprochen. Diese liegt darin, dass für unterschiedliche Probleme auch unterschiedliche Therapiepläne zu formulieren sind. Dabei geht es nicht darum, vorgefertigte „Programmpakete" diagnosespezifisch einzusetzen. Es ist vielmehr eine strategische Planung und eine taktische Planung durchzuführen (Reinecker, 1994). Die *strategische Planung* beinhaltet dabei die globalen Ziele der Veränderung sowie die Veränderungsprinzipien, die z. B. in der Anwendung eines entsprechenden standardisierten Programmpaketes bestehen kann (Beispiele solcher Programme in Kanfer, Reinecker & Schmelzer, 1996; Reinecker & Lakatos, 1998). Die taktische Planung bezieht sich auf die konkrete, individualisierte Ausgestaltung dieser grundlegenden Prinzipien.

Besonders die Problemorientierung im Sinne des Ziels einer Symptomreduktion wurde heftig darin kritisiert, damit nur eine Symptomverschiebung, keine eigentliche Heilung zu erzielen. Daher sei an dieser Stelle ein Zitat von Margraf (1996) eingefügt, der eigene Studien zu diesem Thema referiert:

„Die These der Symptomverschiebung wird noch immer als ein Hauptargument gegen ‚symptomreduzierende' Therapien verwendet. Bemerkenswert ist dabei nicht nur, daß die Vertreter dieser theoretisch durchaus interessanten These typischerweise keine empirischen Belege vorlegen. Auch Verfechter sog. symptomorientierter Therapien wie der Verhaltenstherapie haben dem möglichen Auftreten neuer Probleme nach Linderung alter Beschwerden oft nur wenig Aufmerksamkeit gewidmet. Ihre Argumentation beschränkt sich in der Regel auf den Nachweis, dass die Beseitigung der Zielproblematik von dauerhafter Natur ist. Der bloße Nachweis der Dauerhaftigkeit des Therapieerfolges in diesem Sinne reicht jedoch nicht aus, um die These von Symptomverschiebung zu widerlegen. So wäre es etwa möglich, daß eine Reizkonfrontationstherapie zwar die Angstproblematik überdauernd beseitigt, aber daß stattdessen andere Störungen (z. B. Depressionen, Partnerschaftsprobleme) auftreten. Um diesen Kern der Symptomverschiebungsthese zu überprüfen, müssen daher auch Zusammenhänge mit anderen Störungen untersucht werden. Im Falle von Symptomverschiebung sollte die Reduktion der Zielproblematik mit einer Zunahme anderer Beschwerden korrelieren. Weiterhin müßte die Neuauftretensrate psychischer Störungen höher sein als in der Allgemeinbevölkerung. Wir sind diesen beiden Möglichkeiten in 2 verschiedenen Katamnesestudien nachgegangen: In Studie 1 wurden Patienten nach erfolgreicher Therapie eines Paniksyndroms durch eine kognitive Verhaltenstherapie untersucht. Studie 2 betraf Agoraphobiker nach einer erfolgreichen Reizüberflutungstherapie. In beiden Studien wurde die Angstreduktion bis zu fünf Jahre nach Therapieende mit Veränderungen verschiedener psychopathologischer Merkmale korreliert. Die Ergebnisse zeigten, daß eine Abnahme von Angst sehr deutlich positiv mit einer *Abnahme* (nicht einer Zunahme!) von Depression, Alkoholismus und anderen psychischen Beschwerden korreliert. Zu anderen Bereichen (wie etwa Partnerschaftsproblemen oder Essstörungen) ergaben sich auch im Längsschnitt keine signifikanten Zusammenhänge. Vor allem aber zeigte sich keine erhöhte Neuauftretensrate anderer psychischer Störungen, und die Kosten, die die Patienten im Gesundheitssystem durch psychologische und ärztliche Maßnahmen verursachten, nahmen signifikant ab. Ergebnisse wie diese widerlegen die These der Symptomverschiebung eindeutig" (Margraf, 1996, S. 24).

Zu 3: Zunächst drückt dieses Prinzip aus, dass es in der Verhaltenstherapie sehr wohl auch ein Bewusstsein für die Geschichte des Klienten gibt. Diese steht aber in der Regel nicht für Änderungen zur Verfügung, erlaubt aber eine Einordnung der Problematik in die individuellen Lern- und Entwicklungsbedingungen bzw. lässt Hypothesen zu unterschiedlichen Ätiologievorstellungen zu. Änderungsansätze beziehen sich dagegen häufig auf die aufrechterhaltenden Bedingungen, da diese eher kontrollier- und veränderbar sind. Bei den auslösenden Bedingungen stellen häufig Kognitionen diejenigen dar, an denen für eine Veränderung angesetzt werden kann.

Zu 4: Zielorientierung meint, dass sowohl hinsichtlich des zu erreichenden Zieles selbst als auch hinsichtlich der Übereinstimmung von Therapeut und Klient hinsichtlich dieses Zieles Klarheit besteht. Insofern ist bereits in diesem Punkt der weiter unten zu erörternde der Transparenz beinhaltet. Selbstverständlich beinhaltet dies nicht, dass keine Zielveränderungen vorgenommen werden können. Wesentlich bleibt immer, dass Therapeut und Klient am gleichen Ziel orientiert sind, der Therapeut also keine „besseren, tieferen, weiterführenden" Ziele quasi heimlich verfolgt. Die klare Zielexplikation ermöglicht in ihrer Konsequenz eine ebenso eindeutige Beurteilung der Effektivität der Behandlung, gemessen am Erreichen dieses oder dieser Ziele. Vorausgesetzt ist dabei natürlich, dass die Ziele auch entsprechend des Grundprinzips der Orientierung an der empirischen Psychologie operational definiert und die Daten hierzu mit über wissenschaftlichen Kriterien der Datenerhebung genügenden Mitteln erhoben wurden.

Zu 5: Handlungsorientierung heißt aktive Beteiligung. Erst durch diese lässt sich ein auf der kognitiven Ebene zentraler Faktor für eine tatsächliche Verhaltensänderung selbst verändern. Das dieser Aussage zugrundeliegende Modell ist das von Bandura (1977) formulierte Konzept der *self-efficacy*, also der *Selbsteffizienz*. Dieses Konzept besagt, dass Personen für Situationen, zu deren Lösung sie selbst handeln müssen, zwei Arten von Erwartungen bilden: Einmal die Erwartung dazu, welches Verhalten ein erwünschtes Ergebnis bringt, und dann die Erwartung dazu, ob sie selbst in der Lage sind, dieses Verhalten in der Situation zu zeigen. Letzteres bezieht sich auf die Erwartung einer Selbsteffizienz, ersteres auf die Erwartung einer Verhaltenseffektivität. Dies ist in **Abbildung 11** schematisch zusammengefasst.

Die Erwartung der Selbsteffizienz lässt sich nun nicht wie die der Verhaltenseffizienz auch durch Beobachtung, sprich Lernen am Modell (Bandura, 1977) erfüllen, sondern nur durch eigenes Tun. Konkretes Handeln geht damit in seiner Bedeutung für Verhaltensänderungen über die „Einsicht" zu deren Notwendigkeit oder die Einsicht in die Problemkonstellation im Sinne von „Jetzt kann ich mir erklären, warum ich ..." hinaus.

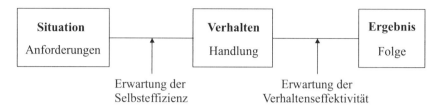

Abb. 11: Die Theorie der Selbstwirksamkeit (nach Bandura, 1977)

Zu 6: „Einer Therapiestunde in der Woche stehen 167 Stunden im Alltag gegenüber." Diese tatsächlich vereinfachende Rechnung unterstreicht die Notwendigkeit, dass Änderungen im Alltag systematisch geplant und eingeübt werden müssen. Hierzu bietet sich die Möglichkeit, innerhalb des therapeutischen Rahmens Vorübungen für den Alltag durchzuführen oder Rückmeldungen über das eigene Verhalten, z.B. durch den Einsatz von Videoaufzeichnungen, zu erhalten, ohne möglicherweise weitreichende Konsequenzen befürchten zu müssen. Gleichwertig ist daneben das Prinzip zu stellen, so oft wie möglich sogenannte Hausaufgaben zu geben, die die konkrete Umsetzung vorbesprochener und vorgeübter Schritte beinhalten, um deren Auswirkungen dann wiederum im therapeutischen Rahmen besprechen, korrigieren oder auffangen zu können. Auf diese Weise wird angestrebt, die Übertragung therapeutischer Interventionen auf den Alltag zu ermöglichen und zu überprüfen.

Zu 7: Die Transparenz der Ziele des therapeutischen Vorgehens ist letztendlich Ergebnis der Transparenz in Bezug auf das therapeutische Vorgehen überhaupt. Dies beinhaltet das Vermitteln eines plausiblen Erklärungsmodells für die Störung, aus dem ebenso plausibel die vorgeschlagenen Therapieschritte abzuleiten und dem Klienten darzulegen sind. Dies entspricht dem verhaltenstherapeutischen Menschenbild, dass der Klient als vollwertiges und aktiv zu beteiligendes Gegenüber anzusehen ist. Gerade dieser Aspekt scheint Kritikern der Verhaltenstherapie oft entgangen zu sein (Margraf, 1996). Zudem wird damit angestrebt, die Kompetenz des Klienten auch in Bezug auf künftige Schwierigkeiten zu erhöhen.

Zu 8: Gerade durch die oben angesprochene Transparenz sollen dem Klienten Werkzeuge an die Hand gegeben werden, die ihn befähigen, gemeinsam mit dem Therapeuten erarbeitete Problemlösungen auch auf andere Lebensbereiche zu übertragen. So könnte die Erfahrung, durch Konfrontation und Standhalten mit der eigenen Angst umgehen zu können, das bisherige Meidungs- und Rückzugsverhalten auch bei partnerschaftlichen Problemen beeinflussen. Förderlich kann gerade für den Aspekt „Hilfe zur Selbsthilfe" auch das Kennenlernen des Aufschlüsselns eines Problems mit Hilfe des Mittels der Verhaltensanalyse sein.

Zu 9: Dies ist sicherlich ein nicht nur für die Verhaltenstherapie selbstverständlicher Aspekt. Er ist in ihr durch die geforderte Anbindung an die genannten empirisch orientierten Wissenschaften und damit an deren Entwicklung möglicherweise in besonderem Maße realisiert. Ein Beispiel hierfür bietet die rasche Entwicklung der eng mit der Verhaltenstherapie verbundenen Verhaltensmedizin, z. B. in kognitiv-verhaltenstherapeutischen Verfahren, die sich auf Erkenntnisse der Psychoimmunologie beziehen (Kopp, 1998).

Einen weiteren zu den allgemeinen Grundlagen zählenden Aspekt stellt das bereits erwähnte *Krankheitsverständnis der Verhaltenstherapie* dar. Den Hintergrund bildet das biopsychosoziale Modell, wie es in Kapitel 1.4.3 beschrieben wurde. Dabei wird in der Verhaltenstherapie der Begriff der „Störung" gegenüber dem der „Krankheit" bevorzugt. Wie Schulte (1998) darstellt, sind psychische Störungen nicht als Einheit zu betrachten, sie können sich vielmehr hinsichtlich ihrer Ursachen und vor allem auch hinsichtlich der Lokalisation des mit der Störung verbunden gedachten Defektes unterscheiden. Er unterscheidet danach

- *körperliche Krankheiten:* Der Defekt liegt im Körperlichen, entweder in einer Störung eines Organs, einer Drüse, des Nervensystems usw., ein Effekt einer solchen Krankheit tritt als psychische Störung in Erscheinung.
- *Krisenreaktionen:* Diese treten in der Folge einer Überforderung auf und sind zumeist vorübergehend. Über diesen Zeitraum hinaus sind keine Störungen feststellbar.
- *Verhaltensstörungen:* Ein Defekt, der primär im Psychischen liegt und der „im Sinne einer erworbenen, gelernten Fehlprogrammierung" (Schulte, 1998, S. 30) zu verstehen ist. Solche Programmierungen, um in der Sprache Schultes (1998) zu bleiben, können während der Sozialisierung, möglicherweise gerade während der ersten Entwicklungsjahre erfolgen. Ob Schulte dies im Sinne der Programmbedingungen der Verhaltensanalyse meint, bleibt dabei unklar. Frühe, aber auch spätere Lernbedingungen im Sinne der psychologischen Lerntheorien können sicherlich zu jedem Zeitpunkt in der individuellen Entwicklungsgeschichte zu Verhaltensstörungen führen. Solche Fehlprogrammierungen sind gesteuert durch Einflüsse von außen. Schulte (1998) führt daneben noch Defekte der Informationsverarbeitung an, wie sie auch in angeborenen Strukturen, die aber nicht notwendigerweise im Sinne eines Organdefektes pathologisch sein müssen, liegen können. Hier sind Prozesse, z. B. der Verarbeitung visueller oder taktiler Wahrnehmung, gestört. Diese Störungen münden dann auch in Verhaltensauffälligkeiten, sind aber als minimale cerebrale Dysfunktion (Ayres, 1979) anzusehen.
- *abweichendes Verhalten:* Ein solches Verhalten resultiert dann, „wenn die verhaltenssteuernde Umwelt selber als unangepasst, ineffizient, gestört oder krankhaft bezeichnet werden müsste. Beispiele dafür wären ein angepasstes Sozialverhalten an die Normen einer extremen sozialen Subgruppe (etwa Jugendbanden), die Anpassung an eine gestörte Familie oder ein angepasstes Reagieren auf extreme Verstärkungskontingenzen (Mängel oder Überfluss),

wie sie etwa unter Hospitalisierungsbedingungen gegeben sind. In all diesen Fällen kommt es zu Verhalten, das von der weiteren sozialen Umwelt als *abnorm und änderungsbedürftig* beurteilt wird, ohne dass ein Defekt in der Person vorliegt" (Schulte, 1998, S. 30). Hier liegt kennzeichnenderweise der Defekt in der Umwelt, die damit konsequent auch als die veränderungsbedürftige Größe angesehen werden muss.

Dabei kann es in vielen Fällen durchaus dazu kommen, dass mehrere der genannten Störungen gleichzeitig vorhanden sind und in gegenseitigen Wechselwirkungsverhältnissen stehen. Insgesamt folgt aus dieser Betrachtungsweise, dass der Begriff der psychischen Störung als Oberbegriff über all diesen unterschiedlichen Störungsarten einschließlich der Krankheiten im engeren Sinne sinnvoll ist.

Einen letzten, den allgemeinen Grundlagen zuzurechnenden Punkt stellen die psychologischen Verhaltensmodelle dar, auf die sich die Verhaltenstherapie bezieht. Hier sind sowohl die klassischen Lerntheorien, die sozial-kognitive Lerntheorie sowie kognitive Verhaltenstheorien als Schlagworte anzugeben. Diese bilden u. a. die Grundlage für eine ganze Reihe verhaltenstherapeutischer Techniken, wie die folgende **Tabelle 4** beispielhaft zeigt:

Tab. 4: Zuordnung verhaltenstherapeutischer Verfahren zu lerntheoretischen Konzepten

Klassische Konditionierung	**Operante Konditionierung**	**Sozial-kognitive Lerntheorien**	**Gelernte Hilflosigkeit**
Respondente Verfahren: – Modifikation der Reizbedingungen – Extinktionsverfahren – Gegenkonditionierung – systematische Desensibilisierung	Operante Verfahren: Modifikation der Konsequenzen (Kontingenzmanagement) *1. Aufbau von Verhalten* – Shaping – Chaining – Token-economy *2. Abbau von Verhalten* – Löschung – Bestrafung – Negative Übung – Verdeckte Konditionierung	– Offene Modellbeobachtung – Verdeckte Modellbeobachtung – Modellierung – Teilnehmende Beobachtung – ATP-Training – Gruppenverfahren	– Selbstkontrollverfahren – Attributionstraining – Selbstverbalisation

Auf die einzelnen Lerntheorien braucht an dieser Stelle nicht eingegangen zu werden, da sie bereits weiter oben dargestellt und, gerade was den Ansatz der klassischen Lerntheorien betrifft, im Einführungsband zur Psychologie dieser Reihe bei Schermer (2005) ausführlich erörtert sind.

2.1.2 Grundlagen der Durchführung

Als für die Planung und Durchführung einer Verhaltenstherapie besonders nutzbringendes Modell ist das bei Kanfer, Reinecker und Schmelzer (1996) auf der Basis des Modells von Kanfer und Grimm (1977) ausführlich dargelegte Prozessmodell der Verhaltenstherapie in sieben Phasen anzusehen (Köhler, 1995). Die Abfolge der Phasen ist dabei als idealer Ablauf zu sehen. In dem Modell ist auch enthalten, dass sowohl die einzelnen Phasenstufen nicht scharf voneinander abgegrenzt sind als auch aus jeder Phase oder Stufe bei auftauchenden Schwierigkeiten auf eine davor liegende zurückgekehrt werden kann, respektive sogar zurückgekehrt werden muss. Aus diesem Grund formulieren Kanfer, Reinecker und Schmelzer (1996) in ihrer Ausarbeitung zu den einzelnen Phasen für den Eintritt in eine jeweils neue Phase sogenannte *Erhaltungsziele* (z. B. S. 197 und S. 235). Diese sind ständig hinsichtlich ihrer Realisierung zu überprüfen und bei einem negativen Ergebnis Anlass, auf die entsprechende Phase zurückzukehren. Diese Phasen sind in **Abbildung 12** zusammengestellt.

Die *erste Phase* beinhaltet Aufgaben, wie sie zumeist am Anfang eines therapeutischen Kontaktes stehen. Gerade die hier genannten Inhalte sind aber für eine Beziehung, wie sie im verhaltenstherapeutischen Kontext angestrebt wird, besonders wichtig und bedürfen daher einer steten Überprüfung. Zunächst sind in dieser Phase die Erwartungen des Klienten zu klären, d. h., es muss der Frage nachgegangen werden, mit welchem Therapie- und auch welchem Krankheitsmodell er arbeiten möchte. Eine solche Klärung beinhaltet die Information des Klienten über wesentliche Grundsätze verhaltenstherapeutischen Vorgehens. Zu nennen sind die Arbeit an gegenwärtigen Problemkonstellationen, ohne dass damit die Entstehungsgeschichte eines Problems vernachlässigt wird sowie die aktive Rolle des Klienten. Die Rolle des Therapeuten wird als die des professionellen Helfers definiert, der das Werkzeug für die Veränderungsmöglichkeiten bereitstellt. Er steht weiter für eine gemeinsame Auswertung der erfolgten Veränderungsbemühungen zur Verfügung und für darauf erfolgende weitere Überlegungen, nimmt aber nicht selbst am Veränderungsprozess teil, sondern begleitet diesen lediglich. Dabei wird bei bestehenden, extrem belastenden Situationen auch sofortige Unterstützung und Entlastung angeboten. Diese kann durchaus in einer noch nicht das weitere Vorgehen strukturierenden Art und Weise der Problemerfassung bestehen, in der der Klient die Möglichkeit des „sich Aussprechens" erhält. Dem muss aber unbedingt die klare Vorgabe folgen, dass das weitere Vorgehen über eine Entlastung hinaus auch ein Arbeitsbündnis mit der Notwendigkeit auf Seiten des Klienten beinhaltet, konkrete Veränderungsschritte zu unternehmen. So beinhaltet diese Phase auch einen ersten Überblick über das Problemfeld des Klienten sowie erste Überlegungen in Hinblick auf therapeutische Ansatzmöglichkeiten.

In der *zweiten Phase* wird am Aufbau der Veränderungsmotivation gearbeitet. Verbunden mit dieser Veränderungsmotivation ist das Herausarbeiten erster Ziele

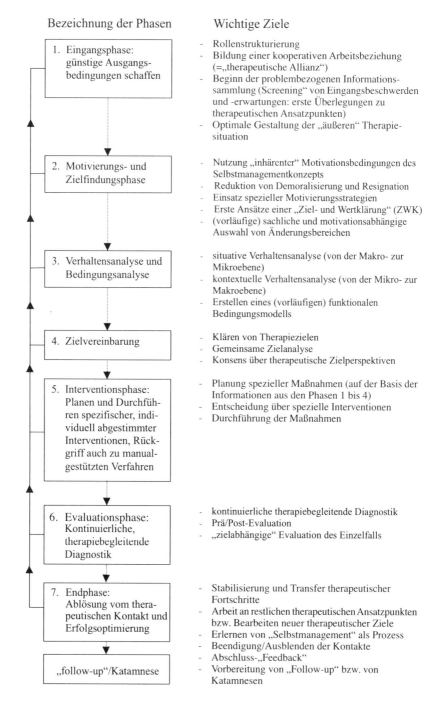

Abb. 12: Prozessmodell der Verhaltenstherapie (nach Kanfer, Reinecker & Schmelzer, 1996, S. 139)

einer Veränderung. Ausgangspunkt hierfür ist die bei Kanfer, Reinecker und Schmelzer mehrfach anzutreffende Feststellung, dass Klienten immer motiviert sind – fraglich ist nur, wozu. Aus dieser Grundüberlegung heraus lassen sich eine Vielzahl unspezifischer und spezifischer Motivierungsstrategien benennen (Kanfer, Reinecker & Schmelzer, 1996, S. 200–215). Ein Beispiel für eine solche spezifische Strategie wäre die Umdeutung eines Problemverhaltens als eigentlich positive Verhaltensweise, z. B. das als negativ und selbstwertmindernd erlebte Abgeben einer Aufgabe als die Fähigkeit, seine eigenen Grenzen rechtzeitig erkennen und für sich sorgen zu können. Ein weiteres Beispiel hierfür ist, kleine Änderungsschritte in Form von Hausaufgaben zu geben, um so die Selbsteffizienzerwartung (Bandura, 1977) zu erhöhen. Dies lässt sich beispielsweise bei einem Menschen, der keine Änderungen in seinem Leben zulässt, dadurch erreichen, dass er zumindest die neue Uhr, die er zu Weihnachten von der Mutter als Geschenk erhielt, anstelle der alten trägt. Der Aspekt *Motivation* findet sich ebenfalls wieder bei Schermer (2005), der gerade auch in Bezug auf Motivation im Beratungs- oder Therapiekontext unter dem Stichwort der „Mitarbeitsmotivation" eine Reihe von Konkretisierungen darstellt. Wie erwähnt, stellt auch die erste Auswahl von Änderungsbereichen eine Motivationshilfe dar. Diese sollen auf eine neue, erstrebenswertere Lebenssituation hin vorbereiten. Hierzu muss der Klient folgende Fragen beantworten und danach seine groben Zielvorstellungen ausrichten (nach Kanfer, Reinecker & Schmelzer, S. 224):

- Wie wird mein Leben sein, wenn ich mich ändere?
- Wie werde ich besser dastehen, wenn ich mich ändere?
- Kann ich es schaffen?
- Was muss ich für eine Änderung investieren?
- Kann ich auf die Unterstützung dieses Therapeuten/dieser Institution bauen?

In der *dritten Phase* wird ausgehend von der Verhaltensanalyse und der Bedingungsanalyse ein funktionales Bedingungsmodell erstellt. Dies bedeutet, dass im Sinne einer Mikroanalyse einzelne Verhaltenseinheiten hinsichtlich ihrer auslösenden und aufrechterhaltenden Bedingungen betrachtet werden. Als Makroanalyse ist die gleichermaßen durchzuführende Betrachtung der Entwicklung des problematischen Verhaltens auf dem Hintergrund der individuellen Lerngeschichte, die Analyse übergeordneter Pläne und Verhaltensregeln sowie die Verknüpfung des Problemverhaltens mit den sonstigen Lebensbereichen des Klienten zu betrachten (s. Kap. 1.7).

Die *vierte Phase* beinhaltet eine Konkretisierung der Ziele der Therapie. Es sollen solche Ziele benannt werden, „die nahezu ausschließlich auf der konkreten Verhaltens- und Beobachtungsebene formuliert werden und mit den übergeordneten Lebenszielen des Patienten im Einklang stehen. In einer gemeinsamen Zielanalyse, die für den Patienten von großer Transparenz gekennzeichnet ist, wird geprüft, ob und in welchem zeitlichen Rahmen die Ziele realisierbar sind, bevor Zielprioritäten festgelegt werden" (Köhler, 1995, S. 18). Damit sind verschiedene Aspekte der Zielvereinbarung ausgedrückt, wie sie allgemein bei Bartling, Echelmeyer,

Engberding und Krause (1992) sowie Kanfer, Reinecker und Schmelzer (1996) formuliert sind. Betrachtet man die Zielformulierung, so sollte diese folgenden Kriterien genügen (nach Bartling, Echelmeyer, Engberding und Krause, 1992):
- Das Zielverhalten, dargestellt im Zielzustand, soll vom Klienten selbst initiiert werden können und auch von ihm aufrechterhalten werden können.
- Ziele sollen nicht als Negation des bestehenden Zustandes, sondern positiv formuliert werden.
- Ziele sollen konkret und auf spezifische Situationen hin formuliert werden.

Diese Forderungen an die Formulierung des Zielverhaltens sind als Ausdifferenzierung der Forderung nach einer Konkretisierung der Zielperspektive, wie sie Kanfer, Reinecker und Schmelzer (1996) als ersten Punkt der gemeinsamen Zielanalyse sehen, zu verstehen. Zu diesem Punkt treten dann noch die Notwendigkeit, den Realitätsgehalt des oder der Ziele zu überprüfen, die Zielvorstellungen mit den vorhandenen Ressourcen und Kapazitäten des Klienten zu vergleichen sowie die Ziele in Bezug auf die gegebenen Umweltbedingungen des Klienten einzuschätzen. Alle diese Überlegungen sind natürlich dem jeweiligen Klienten transparent zu machen, denn nur so ist zu einer gemeinsamen Zielperspektive zu gelangen. Schließlich ist für den Therapeuten selbst immer zu klären, ob er auf dem Hintergrund seiner eigenen Normen und Werte die Zielvorstellungen seines Klienten unterstützen und ihm beim Erreichen dieser Ziele behilflich sein kann. Gerade in dieser Phase kommt der therapeutischen Interaktion im Rahmen der Verhaltenstherapie (Köhler & Schwarz, 1989) eine besondere Rolle zu. Therapeut und Klient haben hier oft unterschiedliche Vorstellungen, was den Schwerpunkt der Veränderung angeht. So möchte der Angstpatient in erster Linie seine Angstsymptomatik reduzieren, der Therapeut sieht aber in dem bestehenden Partnerschaftskonflikt die entscheidende auslösende und aufrechterhaltende Bedingung. Hier ist, wenn nicht gravierende Gründe dagegen sprechen, das geflügelte Wort „den Patienten dort abzuholen, wo er steht" in die Tat umzusetzen, d. h., die *Einstiegsebene* der Intervention, wie dies Köhler (1995) benennt, ist in der Regel die des Klienten. Gerade an dieser Stelle zeigt sich, dass in der Praxis die hier dargestellte Trennung in einzelne Phasen eines Prozesses nicht in dieser Weise gegeben ist. In der Mitarbeit an der Formulierung und Konkretisierung der Therapieziele zeigt sich ja gerade wieder das in der Phase eins im Vordergrund stehende Anliegen, eine klare Rollendefinition von Therapeut und Klient zu erreichen. Der Klient ist selbst für seine Ziele verantwortlich, der Therapeut kooperiert insofern, als er diese Ziele auf dem Hintergrund seiner Professionalität hinsichtlich ihres Realisierungsgrades sowie der dazu notwendigen Bedingungen und den vorhandenen Möglichkeiten auf Seiten des Klienten einschätzt und diese Einschätzung transparent macht. Die wesentliche verhaltenstherapeutische Komponente drückt sich hier auch darin aus, dass der Therapeut nicht Ziele aus einem besseren Wissen über die eigentlichen Bestrebungen und Motive, Bedürfnisse und Ziele eines Patienten heraus vorgibt, sondern sie kooperativ mit einem eigenverantwortlichen Klienten diskutiert.
Erst in der *fünften Phase* steht schließlich die konkrete Planung und Durchführung spezieller Maßnahmen an. Diese bestehen im Einsatz spezifischer verhaltensthe-

rapeutischer Techniken und Methoden. Grundsätzlich ist davon auszugehen, dass symptomorientierte Vorgehensweisen ein tragendes Element der Verhaltenstherapie darstellen. Hierfür stehen als Orientierungshilfe entsprechende Methodensammlungen (Linden & Hautzinger, 2008) sowie zahlreiche störungsspezifische, manualgestützte Vorgehensweisen zur Verfügung (zur Übersicht siehe Kanfer, Reinecker & Schmelzer, 1996; Reinecker & Lakatos, 1998). Solche Vorgehensweisen sind jedoch individuell auszurichten, eine grundsätzliche Überlegung besteht darin, ob zunächst eine gezielte Symptomtherapie indiziert ist oder ob eher „am Symptom vorbei" auslösende Bedingungen und/oder aufrechterhaltende Funktionen verändert werden sollen (Köhler, 1995). Zudem ist zu entscheiden, wer in den Veränderungsprozess direkt einbezogen werden muss. Dies könnte entweder der Klient alleine, dieser zusammen mit Partner oder Familie oder auch ein Ansatz in der Umwelt des Klienten sein. Grundsätzliche verhaltenstherapeutische Interventionen sind dabei Verfahren zur Reduktion von Problemverhalten (z.B. Expositionsverfahren zur Reduzierung von Ängsten), übende Verfahren zur Überwindung von Defiziten (z.B. Kommunikationstraining, Training zur sozialen Kompetenz) und eher indirekte Verfahren zum Aufbau alternativer Verhaltensweisen, wie z.B. genussvolleren Erlebens. Mit allen Verfahren ist aber durchgehend die Absicht verbunden, kontinuierlich das Selbsthilfepotential des Klienten auf- und auszubauen und ihn damit immer unabhängiger vom Therapeuten zu machen. Dies setzt voraus, dass in der Durchführung entsprechender Maßnahmen die Beziehung zwischen Therapeut und Klient ständig reflektiert wird, um etwaige Störungen dieses grundsätzlichen Zieles möglichst frühzeitig zu erkennen und neue Beziehungserfahrungen erproben zu können. Die Wichtigkeit von Beziehung und Beziehungserfahrung, wie gerade z.B. in solchen Ansätzen wie der „Existenziellen Psychotherapie" (Yalom, 2005), ist dabei zunehmend in die Verhaltenstherapie integriert worden.

Die *sechste Phase* beginnt eigentlich bereits zu Anfang eines therapeutischen Kontaktes, da bereits dort die Eingangsdaten zu erheben sind, anhand derer dann letztendlich eine Evaluation des gesamten Therapieprozesses stattfinden kann. Gleichzeitig soll aber auch während der Therapie eine ständige begleitende Diagnostik stattfinden, um die Effekte der jeweiligen Interventionen überprüfen und gegebenenfalls sofortige Korrekturen vornehmen zu können. Eine solche begleitende Diagnostik kann über standardisierte Messverfahren erfolgen (z.B. Befindlichkeitsfragebogen, v. Zerssen & Koeller, 1976), aber auch über „Tagebücher", die das Zielverhalten in operationalisierter Form beschreiben oder quantitative Einschätzungen zu einem komplexen Problembereich (z.B. Schmerztagebücher) abgeben.

In der *siebten und letzten Phase* geht es schließlich darum, dass der Therapeut den Klient „loslässt" und umgekehrt. Zu diesem Zeitpunkt sollte der Klient in der Lage sein, innerhalb der Therapie erworbene Fertigkeiten selbständig anzuwenden und vor allem auf neue Problemsituationen zu übertragen. Die Fortschritte in der Therapie sind zu stabilisieren und ein besonderes Augenmerk darauf zu richten, dass sie im natürlichen Lebensumfeld des Klienten auch umgesetzt werden. Diesem Ziel dienen schon die bereits mit Beginn der Therapie immer wieder als wesentliches Therapieelement eingesetzten Hausaufgaben. Das (vor allem erfolgreiche) Erfüllen dieser Hausaufgaben, die eng mit den Zielvorgaben der Therapie verknüpft sein müssen, ist ein Indikator für die Einleitung des Abschlusses einer Therapie. Dieser besteht darin, dass mögliche „Rückfälle" antizipiert und das Umgehen mit diesen vorbereitet wird sowie der soziale Kontakt „Therapie" schrittweise durch eine Verlängerung der zwischen den einzelnen Kontakten liegenden Zeit ausgeblendete wird. Wie eine solche Endphase günstig gestaltet werden kann, stellen Kanfer, Reinecker und Schmelzer (1996, S. 353) zusammen:

- Allmähliches Ausblenden statt abrupter Beendigung der Kontakte (z. B. Termine in größeren Intervallen: von wöchentlich auf 14-tägig übergehend, dann alle 4 bzw. 8 Wochen).
- Starke Erhöhung der Klientenaktivitäten (während der Therapeut immer passiver wird), Lenkung der Aufmerksamkeit auf positive Fortschritte und gezielte Diskussion von Transfermöglichkeiten.
- Übergang zu kurzen Telefonkontakten (z. B. 10-Minuten-Telefonat, dieses muss innerhalb der Telefonsprechzeit liegen).
- Briefliche Rückmeldungen der Klienten (z. B. nach einem Vierteljahr mittels vorbereiteter Postkarten oder Briefvordrucken).
- Gelegentliche Nachbesprechungstermine (z. B. in einem halben Jahr).
- Booster-Sitzungen bei Bedarf (d. h. Intensivtermine zum Wieder-Auffrischen).
- Bei Bedarf ein jährlicher „Check-up"
- Katamnese (brieflich oder in Form eines persönlichen Gesprächs) z. B. ein bis drei Jahre nach Ende der offiziellen Therapie.

Die oben dargestellte Grundstruktur für das Durchführen einer verhaltenstherapeutisch ausgerichteten (Einzel-)Therapie findet sich in den für die Strukturierung einer kognitiv-verhaltenstherapeutisch orientierten Gruppe maßgeblichen Prinzipien wieder. Diese sind in Kapitel 3, S. 185 zusammengestellt. Kurzgefasst handelt es sich um das Erarbeiten eines plausiblen Krankheits- und Veränderungsmodells, die konkrete Einübung von Techniken und die Überprüfung deren Effektivität.

Damit sind wesentliche Grundlagen der Durchführung benannt. Die ausführlichen Inhalte zu dem Sieben-Phasen-Modell können Kanfer, Reinecker und Schmelzer (1996, S. 136–362) entnommen werden, ein Beispiel für ein entsprechend den oben genannten Prinzipien gestaltetes Gruppenprogramm gibt Jungnitsch (1997).

2.1.3 Grundlagen auf Seiten des Therapeuten

Neben den die Therapie als Technik kennzeichnenden Grundlagen gibt es sicherlich auch noch solche, die die Menschen mitbringen sollten, die diese Therapie anwenden. Dabei handelt es sich im Wesentlichen um Haltungen, die eine Verhaltenstherapeutin oder ein Verhaltenstherapeut bzw. eine im Sinne verhaltenstherapeutischer Beratung tätige Sozialpädagogin oder Sozialpädagoge verwirklichen sollte. Um den Forderungen, die sich aus den vorhergehenden Abschnitten ergeben, gerecht zu werden, müssen meiner Meinung nach folgende Voraussetzungen auf Seiten verhaltenstherapeutisch tätiger Personen gegeben sein:

1. Klientenzentrierte Haltung
Zu dieser Haltung zählen die klassischen Variablen der Gesprächspsychotherapie der Empathie, positiven Wertschätzung, emotionalen Wärme und Kongruenz (Biermann-Ratjen, Eckert & Schwartz, 1979). Diese Variablen sind wohl als Grundlage jedweden erfolgversprechenden, beraterischen oder therapeutischen Kontaktes zu sehen. Auch in der Verhaltenstherapie wird die Bedeutung der Therapiesituation als Interaktionssituation gesehen und in ihrer Wichtigkeit anerkannt (Köhler & Schwarz, 1989).

2. Edukative Haltung
Gerade zur Motivierung von Klienten ist dieser Aspekt besonders hervorzuheben. Er bedeutet nämlich, dass der Therapeut seine Rolle als professioneller Helfer klar einnimmt. Dazu gehört die an die Verstehens- und Erlebensebene des Klienten angepasste Vermittlung eines Modells der Störung, über die der Klient klagt. Mit diesem Modell sind gleichzeitig die Veränderungsstrategien, die der Therapeut als möglich und notwendig ansieht, für den Klienten transparent zu machen. Um diese Ziele zu erreichen, ist der Einsatz von Medien und Informationsmaterial selbstverständlich. Hierzu zählt auch die Empfehlung oder Weitergabe entsprechender für den jeweiligen Klienten geeigneter Literatur sowie der Einsatz von Videoaufzeichnungen in Therapiesitzungen, um entsprechende Verhaltensweisen und deren Veränderungsmöglichkeiten zu verdeutlichen. Über das Gespräch hinaus werden in diesem Punkt die unterschiedlichsten Arbeitsformen kombiniert.

3. Unterstützende Haltung
Ohne diese Haltung kann wohl kaum eine Motivierung entsprechend der Anfangsphasen des oben beschriebenen Prozessmodells stattfinden. Vor allem steht im Vordergrund, nicht die Störungen, sondern die Fähigkeiten des Klienten zu betonen. Dies bedeutet, dass der Therapeut in der Lage ist, sich von dem defizitorientierten Denken, das ihm in der Regel vom Klienten dargelegt wird und das auch der Tradition biomechanischer Krankheitsmodelle entspricht, zu distanzieren. Damit bedeutet Therapie nicht das Beseitigen von Störungen, sondern das Erweitern von Verhaltensmöglichkeiten. Jeder Schritt in Richtung dieser Erweiterungen ist damit zu unterstützen und zu bestärken.

4. Kooperative Haltung
Auch diese Grundeinstellung zielt auf die Motivierung des Klienten ab und entspricht einem Menschenbild, das den Klienten als vollwertige Person sieht, der durch entsprechende Förderungsmöglichkeiten und Anregungsbedingungen die

von ihm selbst gesteckten Ziele erreichen kann. Daher ist eine Übereinstimmung in den Zielen der Therapie zwischen Therapeut und Klient unerlässlich. Dies verbietet auch „versteckte" oder „bessere" Ziele auf Seiten des Therapeuten, als diejenigen, die der Klient formuliert. Bei Zieldiskrepanzen sind diese entweder offen anzusprechen oder der Therapeut verfolgt nur von ihm als wichtig wahrgenommene Ziele, zu deren Verfolgung er vom Klienten keinen Auftrag hat, nicht weiter. Hier bewährt sich die bereits angesprochene Haltung, die Einstiegsebene des Klienten zu akzeptieren. Zur kooperativen Haltung gehört darüber hinaus die Offenheit bezüglich der therapeutischen Strategien. Diese stellt eine gewisse Ebenengleichheit von Therapeut und Klient her und ermöglicht es dem Klienten zudem, über das Wissen von Absicht und Wirkungsweise therapeutischer Interventionen, diese (im Sinne von erhöhter Kompetenz, Handlungen zu planen) auch in seinen Alltag umzusetzen.

5. Empirische Haltung
Diese ist bereits im vorhergehenden Punkt angesprochen, wenn es darum geht, sich auf die Einstiegsebene des Klienten einzulassen. Dies impliziert, dass „experimentell" der Sichtweise des Klienten gefolgt und entsprechend dieser Interventionen geplant und durchgeführt werden. Bestätigt sich die Sichtweise des Patienten, so ist damit nur ein Erfolg in der Therapie und die Flexibilisierung in der Hypothesenbildung des Therapeuten gewonnen. Wird durch das Scheitern der entsprechenden Interventionen die Sichtweise des Therapeuten als wahrscheinlich zutreffend deutlich, kann der Klient nun vielleicht eher dieser Sichtweise folgen. Dies mag auch darin begründet sein, dass das ursprüngliche Aufgreifen der Sichtweise des Klienten die Arbeitsbeziehung zwischen Therapeut und Klient gestärkt hat. Wesentlich wird die empirische Haltung jedoch nicht nur im therapeutischen Vorgehen, sondern in dem Anspruch, dass eine ständige empirische Kontrolle bezüglich der Wirksamkeit der initiierten Interventionen zu erfolgen hat und die weitere Therapieplanung am Ergebnis dieser Überprüfungen auszurichten ist.

Damit sind die meiner Meinung nach wesentlichen Grundlagen aufgeführt. Traditionellerweise ist Verhaltenstherapie aber nach wie vor auch noch über ihre Methoden zu beschreiben. Im Folgenden werden daher die auch für eine mögliche Anwendung durch Sozialpädagoginnen und Sozialpädagogen meiner Meinung nach wesentlichsten skizziert.

2.2 Grundlegende Verfahren der Verhaltenstherapie

Grundlegende Verfahren stellen die sogenannten Basisstrategien dar, wie sie bei Schermer, Weber, Drinkmann und Jungnitsch (2005) dargestellt werden.

2.2.1 Selbstmanagement

2.2.1.1 Grundlagen

Selbstmanagement wird häufig synonym zum Begriff der Selbstkontrolle gebraucht. Dabei ist aber zwischen Selbstmanagement, Selbstregulation und Selbstkontrolle zu unterscheiden (Reinecker, 1996). Selbstmanagement ist auf die Fähigkeit eines Individuums bezogen, eigenes Verhalten zu steuern. Es kann hierfür auf in seinem Verhaltensrepertoire befindliche Strategien zurückgreifen, die er in seinem Entwicklungsprozess erworben hat, oder bewusst oder eher implizit auf Möglichkeiten, die über diese hinaus im Rahmen einer Intervention zusätzlich hinzugewonnen wurden. Selbstmanagement meint damit eine übergreifende Fähigkeit eines Individuums, das eigene Verhalten zu steuern und entsprechend eigene Bedürfnisse, Ziele und Lebensplanungen auszurichten. Mit der Selbstregulation ist die theoretische Beschreibung der Prozesse bezeichnet, die bei der menschlichen Verhaltenssteuerung ablaufen und wie sie im oben dargelegten Systemmodell menschlichen Verhaltens beschrieben sind (Reinecker, 1996). Die Möglichkeit der Selbstregulation ist die Voraussetzung der Selbstkontrolle. Dieser Begriff bezieht sich auf Verhalten in einer definierten Konfliktsituation. Dieses besteht darin, entweder einer „Versuchung zu widerstehen" oder in sogenanntem „heldenhaften Verhalten" (Reinecker, 1996, S. 169). In der ersten Konfliktsituation sind sowohl die Auslösebedingungen als auch die unmittelbaren Konsequenzen so, dass eigentlich ein entsprechendes Verhalten erfolgen sollte. Es steht zum Beispiel eine geöffnete Flasche Rotwein auf der Anrichte, ein Glas ist in Reichweite. Das Essen besteht aus einem italienischen Nudelgericht. Wird hier darauf verzichtet, Rotwein zu trinken, weil die betreffende Person die Fastenzeit einhalten möchte, so ist dies als typisches Beispiel für das Widerstehen einer Versuchung anzusehen. Das sogenannte *heldenhafte Verhalten* findet sich dann, wenn eine Tätigkeit unternommen wird, obwohl andere naheliegender erscheinen. Der Besuch des Sportstudios, in dem man sich mit dem Fitnessrad und den Kraftmaschinen quält, obwohl man während dieser Zeit auf der Terrasse in der Sonne sitzen könnte, ist ein Beispiel hierfür. Kurzfristig angenehme Konsequenzen werden zu Gunsten eines längerfristig zu sehenden positiven Zieles, wie im Beispiel eine allgemeine Erhöhung der körperlichen Fitness, nicht realisiert.

Neben der bereits angegebenen Fähigkeit zur Selbstregulation als theoretische Grundlage der Selbstkontrolle sind noch die Fähigkeit zu planvollem Handeln (Miller, Galanter & Pribram, 1960) sowie das Prinzip der ständigen Interaktion von Bedingungen der Person und der Umwelt, wie sie Bandura (1974) mit dem Begriff des reziproken Determinismus gefasst hat und Lazarus (1981) in seiner Konzeption der Transaktion aufgenommen hat, einzubeziehen. Der Begriff der Handlung bezieht sich dabei darauf, dass das Verhalten von Menschen durch Absichten und übergeordnete Ziele komplexer Natur bestimmt ist. Diese sind Grundlage für die Überprüfung einzelner Verhaltenssequenzen in Hinblick auf die Übereinstimmung mit solchen Zielvorstellungen. Solche Überprüfungen einzelner Verhaltenssequenzen als Grundmodell menschlichen Verhaltens stellten Miller, Galanter und Pribram (1960) in ihrem Modell der *TOTE-Einheit* dar (s. **Abb. 13**).

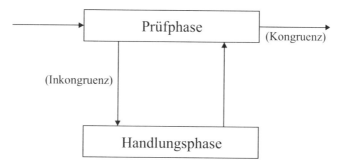

Abb. 13: TOTE-Modell (aus Reinecker, 1994, S. 205)

Die vier Grundelemente des Modells sind:
- der erste Test der Situation (T),
- die Handlung zur Veränderung des Ausgangszustandes (O für *operate*),
- die neuerliche Prüfung (T) und die
- Beendigung des Verhaltens bei erfolgreicher Prüfung (E für *exit*).

Handlung bedeutet demnach ein ständig bewusstes Verhalten, das sicherlich auch über situative Bedingungen, aber mehr noch über die im Individuum lokalisierten Voraussetzungen, die bei Kanfer, Reinecker und Schmelzer (1996) als die sogenannten β-Variablen bezeichnet werden, bestimmt wird. „Das Selbstregulationsmodell von Kanfer (...) wäre also ein Beispiel dafür, wie das Grundprinzip des *TOTE-Modells* von Miller, Gallanter und Pribram (1960) zur Analyse und Erklärung komplexer Handlungsabläufe in der Selbstregulation herangezogen werden kann" (Reinecker, 1994, S. 206).

Im Kern ähnlich ist die Aussage des reziproken Determinismus (Bandura, 1974), dass Menschen sich auch ihre Umgebungen so konstruieren, dass sie sich in dieser Situation dann auch anders verhalten können.

2.2.1.2 Durchführungsprinzipien
In der Darstellung der Prinzipien der Durchführung folge ich den Darlegungen bei Reinecker (1996) und Hautzinger (1996) sowie den Einzelbeiträgen von Hautzinger und Reinecker in Linden und Hautzinger (2008). Entsprechende Ausführungen in Kanfer, Reinecker und Schmelzer (1996) sind ebenfalls berücksichtigt.

Zur Durchführung einer Intervention nach dem Prinzip der Selbstkontrolle kann eine Reihe von Interventionen als notwendig und erfolgversprechend angegeben werden. Diese sind insgesamt mit dem Ziel des Selbstmanagements als Forderung verbunden, dem Klienten die Fähigkeit zu vermitteln, insbesondere über die Einbeziehung in das Aufstellen einer exakten Verhaltensanalyse und der Ableitung von Veränderungs- bzw. Verhaltensschritten aus dieser Analyse, sich in den unterschiedlichsten Problembereichen selbst zu helfen (Hautzinger, 1996). Um ein solches Ziel erreichen zu können erscheint eine Vorgehensweise günstig, die folgende Teilschritte beinhaltet:

- Selbstbeobachtung
- Analyse des Verhaltens im SORKC-Schema
- Verhaltensverträge
- Veränderungsplanung (Stimuluskontrolle, Selbstverstärkung und -bestrafung, kognitive Methoden, z.B. Gedankenstop, verdecktes Lernen)
- Ergebnisüberprüfung und Bewertung

Da die Selbstkontrolle als eines der verhaltenstherapeutischen Standardverfahren anzusehen ist, liegen detaillierte Anweisungen dazu vor, wie diese ausgeführt werden soll (Fliegel, Groeger, Künzel, Schulte & Sorgatz, 1994). Zum ersten Schritt, dem der *Selbstbeobachtung*, gibt Hautzinger (1996) wichtige Hinweise. Bei der Selbstbeobachtung sind zunächst einmal der Beobachtungs- und der Protokollierungsprozess zu trennen. Bei der Beobachtung selbst ist darauf zu achten, dass möglichst eindeutige Verhaltensweisen festgelegt werden, die umso klarer und verhaltensnäher zu beschreiben sind, je unerfahrener der Klient mit der Methodik der Selbstbeobachtung ist. Das zu beobachtende Verhalten muss von anderen Verhaltensweisen klar abgegrenzt werden. Weiterhin ist festzulegen, ob Verhaltenshäufigkeiten, Intensitäten oder Zeitspannen, über die hinweg das fragliche Verhalten gezeigt wird, das Beobachtungsziel sind (Fliegel u.a., 1994). Außerdem ist die Beobachtung als unabdingbare Notwendigkeit dem Klienten gegenüber einzuführen, das Problemverhalten zu erfassen sowie schließlich Änderungen im Sinne der erwünschten Ziele verifizieren zu können. Wird die Beobachtung eingeführt, so sollte sie kontinuierlich erfolgen und nicht nur anhand einzelner Verhaltensstichproben. Es sollten zunächst auch nur einfache, eng umschriebene Verhaltensweisen beobachtet werden. Gleichzeitig können hier bereits vorausgehende und nachfolgende Bedingungen mit erfasst werden, um diese Daten dann für eine Verhaltensanalyse nutzen zu können. Insgesamt ist das Prinzip zu beachten, von möglichst einfachen, eng umgrenzten Beobachtungen zu komplexeren, umfassenderen voranzuschreiten. Ähnliches gilt auch für die Protokollierung. Hier ist ebenfalls von möglichst einfachen Vorgaben auszugehen. Prinzipiell sollte die Protokollierung unerwünschten Verhaltens vor dessen Ausführung, die des erwünschten Verhaltens nach dessen Ausführung erfolgen. Im letztgenannten Fall stellt die Protokollierung eine positive Konsequenz dar, im erstgenannten ermöglicht sie die Unterbrechung automatisierter Verhaltensabläufe. Die Protokollierungsmethoden sollten möglichst einfach durchzuführen und in der zu protokollierenden Situation immer verfügbar sein. Gleichzeitig sollten sie „aufdringlich" genug sein, um als Verhaltenskonsequenzen bzw. als Verhaltensunterbrechung wirksam zu werden. So kann das Umschichten von Streichhölzern von einer Schachtel in eine andere für jede gerauchte Zigarette z.B. diese Bedingungen erfüllen. Als Protokollierungsmethoden sind demnach z.B. Strichlisten oder wahrnehmbare Zählhilfen jeder Art zu wählen. Die Beobachtungen sollten jedoch unabhängig von der Art und Weise ihrer Erhebung in eine veranschaulichende Darstellung wie z.B. eine Grafik übertragen werden. Dies trägt weiter zum Effekt der *Reaktivität* (Fliegel u.a., 1994) des Verfahrens der Selbstbeobachtung bei. Dies bedeutet, dass allein die Aufgabe der Beobachtung des fraglichen Zielverhaltens bereits eine Veränderung in die erwünschte Richtung erbringt. Die dadurch induzierte Veränderung ist in der Regel jedoch nicht stabil. Damit ist die Selbstbeobachtung als Interventionsschritt in erster Linie für den Beginn einer therapeutischen Intervention, auch eines Selbstmanagementtrainings, wesentlich.

Ausgehend von den Daten der Selbstbeobachtung kann nun als nächster Schritt das Erstellen der Verhaltensanalyse durchgeführt werden. Diese wird im Rahmen des Selbstmanagements gemeinsam mit dem Klienten erstellt. Dieser Schritt kann daher einen erheblichen zeitlichen Umfang einnehmen, ist aber im Sinne der Selbstregulation unerlässlich. Das Verstehen der für die eigene Problematik umgesetzte *Verhaltensanalyse* ermöglicht letztendlich den Transfer erarbeiteter Lösungsmöglichkeiten auf die unterschiedlichsten Problemkonstellationen im Leben des Klienten. Für einen Klienten bedeutsame Leitfragen können dabei die Fragen nach dem Zeitpunkt sein, zu dem das Problem auftritt (Wann tritt das Problem auf?), zu den situativen Bedingungen (Wo tritt das Problem auf?), zu den interaktionellen Bedingungen (Welche Personen sind beteiligt?) sowie zur Häufigkeit (Wie oft tritt das Problem auf?). Darüber hinaus sind Fragen zu den Ursachen zu stellen, die sich im Wesentlichen auf Problembedingungen beziehen, sowie zu bislang vorgenommenen Lösungsversuchen.

Verhaltensverträge oder soziale Kontrakte (Fliegel, Groeger, Künzel, Schulte & Sorgatz, 1994) sind in vielen Bereichen eingesetzt. Sie finden sich hauptsächlich bei Partnerschaftsproblemen, Abhängigkeiten, in der Arbeit mit Kindern und Jugendlichen und generell in Anwendungsfeldern sozialer Arbeit (Hautzinger, 1993), deshalb haben sie in diesem Bereich auch besondere Bedeutung. Bei der Durchführung einer Selbstkontrollintervention ist der Vertrag immer schriftlich abzufassen, um Ernsthaftigkeit und Bedeutung zu dokumentieren. Für die Durchführung sind folgende Punkte zu beachten (Fliegel u.a., 1994; Hautzinger, 1993):
- Das Zielverhalten ist eindeutig und genau zu beschreiben.
- Es sind Kriterien dafür festzulegen, ab wann das Zielverhalten erreicht ist. Diese Kriterien sind möglichst in überprüfbaren Begriffen zu formulieren, d.h. sie sollten z.B. konkrete Angaben über Quantitäten oder Zeitpunkte enthalten.
- Positive Konsequenzen für das Erreichen der Zielkriterien werden festgelegt. Diese können sich auch auf Zwischenziele beziehen.
- Aversive Konsequenzen werden festgelegt, die dann greifen, wenn der Vertrag nicht erfüllt wurde.
- Eine Bonusklausel bzw. Sonderprämien für das Überschreiten der formulierten Zielgrößen werden explizit formuliert.
- Selbstbeobachtung und Protokollierung werden als notwendige Methode, ohne die die Vertragserfüllung nicht überprüft werden kann, als Bestandteil des Vertrages aufgenommen.
- Die Möglichkeit von Neuformulierungen und Zieländerungen ist stets zu geben. Dabei dürfen solche Neuformulierungen nicht gegen das grundlegende Ziel einer Verhaltensänderung gerichtet sein.

Ein weiterer Punkt ist darin zu sehen, dass nicht nur der Klient, sondern auch der Therapeut Verpflichtungen übernimmt, die im Vertrag festgehalten werden. Auf diese Weise wird das Prinzip, dass in der Therapie gleichberechtigte Partner zusammenarbeiten, unterstrichen.

Für die *Veränderungsplanung* können ganz unterschiedliche Methoden berücksichtigt werden. Ein auch im Alltag häufiges und gebräuchliches Mittel ist das der Stimuluskontrolle (Hautzinger, 1993). Damit sollen Reaktionen entweder hervorgerufen oder unterbunden werden. Beispiele für Verhaltensweisen, die unter Stimuluskontrolle stehen, sind das Anhalten an einer roten Ampel, das Händeschütteln bei einer Begegnung mit Bekannten, das Beenden von Gesprächen der Studenten/Studentinnen untereinander, wenn der Dozent den Beamer oder Overheadprojektor einschaltet sowie die beginnende Unruhe in der Veranstaltung, wenn in der Mittagszeit gerade noch fünf Minuten bis zum Veranstaltungsschluss übrig sind. Der gerade wirksame Stimulus ist als Zeichen dafür zu sehen, das ein bestimmtes Verhalten unter diesen Bedingungen zu einem positiven Ergebnis führt. Da systematische Beobachtungen die Schlussfolgerung nahelegen, dass bestimmte Auslösebedingungen für Verhaltensweisen förderlicher sind als andere, liegt es nahe, durch die Veränderung dieser Auslösebedingungen das nachfolgende Verhalten zu kontrollieren. Hierfür lassen sich vier Gruppen vorausgehender Stimuli unterscheiden (Hautzinger, 1993):

- *Diskriminierende Stimuli:* Dabei handelt es sich um Reize, bei denen über frühere Lernerfahrungen bestimmte Konsequenzerwartungen gekoppelt wurden. Solche Reize sind z. B. Schlafanzug anlegen → Zähne putzen, Aufforderung, zum Essen zu kommen → Hände waschen usw.
- *Verbale Stimuli*, Regeln: Hierbei handelt es sich um Abmachungen, die zu einem bestimmten Verhalten führen sollen. In diesem Sinne ist die Aufforderung „Aufräumen!" am Ende der Freispielzeit im Kindergarten zu verstehen oder im Rahmen einer Therapie bestimmte Merksätze, z. B. bei Personen, die selbstsicheres Verhalten erlernen sollen, die Merkregel „Ich darf!".
- *Verhaltenserleichternde oder fördernde Stimuli*: Die Strukturierung der Umgebung, in der ein bestimmtes Verhalten gezeigt werden soll, ist ein Beispiel hierfür. So sollten am Arbeitsplatz nur für die bestimmte Arbeit relevante Unterlagen vorhanden sein, beim Essen ist nur eine bestimmte Speisemenge und diese nur an einem festgelegten Platz vorhanden usw.
- *Motivationale Bedingungen:* Hierunter ist zu verstehen, dass bestimmte Verhaltenskonsequenzen zunächst entzogen werden, um nur bei bestimmten Verhalten gewährt zu werden. Dies ist im Alltag häufig zu beobachten (z. B. „Liebesentzug"). In einer therapeutischen Situation sollte dies nur in Absprache mit dem Klienten geschehen, dieser selbst legt auch fest, welche Situationen und Konsequenzen hierfür genutzt werden. Das könnte z. B. dann heißen, dass nicht ins Kino gegangen wird, wenn das erwünschte Verhalten nicht aufgetreten ist oder das Frühstück im Lieblingsbistro nicht eingenommen wird, wenn nicht zu einer bestimmten Zeit aufgestanden wurde.

Bei der Durchführung ist darauf zu achten, dass die situativen Bedingungen, unter denen ein Problemverhalten entweder auftreten darf oder unter denen das erwünschte Verhalten erfolgen soll, klar definiert sind. Ein Beispiel hierfür liefern Fliegel u. a. (1994) mit konkreten Vorschlägen der Stimuluseingrenzung für ein Selbstkontrollprogramm zur Gewichtsreduktion:

„Eine häufig praktizierte Methode der Selbststeuerung besteht darin, ein *erwünschtes Verhalten* unter Stimuluskontrolle zu bringen, d. h. klare situative Bedingungen zu definieren, unter denen immer und nur das erwünschte Verhalten auftreten soll, oder aber ein *Problemverhalten* unter Stimuluskontrolle zu bringen, d. h. die Stimulusbedingungen systematisch zu beseitigen bzw. einzugrenzen, unter denen das problematische Verhalten auftreten darf. Im folgenden steht die Beschäftigung mit letzterem (Problemverhalten) im Vordergrund. Ein erster Schritt der Stimuluskontrolle kann darin bestehen, diejenigen Stimuli möglichst weitgehend zu *beseitigen*, die das Problemverhalten kontrollieren. Ein Beispiel hierfür liefern Selbstkontrollprogramme zur Gewichtsreduktion; mit einem übergewichtigen Klienten könnten neben anderen Therapiemaßnahmen folgende Vereinbarungen getroffen werden:

- Es dürfen immer nur Nahrungsvorräte für den nächsten Tag eingekauft und aufbewahrt werden.
- Bestimmte, kalorienreiche Nahrungsmittel dürfen überhaupt nicht mehr gekauft werden.
- Speisen dürfen immer nur für den unmittelbaren Verzehr zubereitet werden, d. h. es dürfen keine Vorräte fertiger Speisen angelegt werden.
- Lebensmittel dürfen nur an verabredeten Orten gelagert werden: Speiseschrank oder -kammer, Tiefkühltruhe oder Kühlschrank; d. h. an keinem Ort der Wohnung oder des Arbeitsplatzes dürfen Lebensmittel frei zugänglich herumstehen.
- Kühlschrank, Speisekammer etc. sollen verschlossen und die Schlüssel auf dem Dachboden, im Keller oder an einem sonstigen entlegenen Ort aufbewahrt werden. (Alternative: Zeitschlösser, die das Öffnen nur zu einer vorher festgelegten Zeit erlauben.)

Eine weitere Möglichkeit der *Stimuluseingrenzung* besteht darin, das Problemverhalten nur noch unter genau umschriebenen Stimulusbedingungen zuzulassen. So könnte dem Übergewichtigen z. B. auferlegt werden, daß er nur noch an einem bestimmten Platz in der Küche essen darf, daß er beim Essen nichts anderes tun darf – weder Radiohören, noch Fernsehen, noch Zeitunglesen, keine Unterhaltung mit Anwesenden etc. –, daß er Suppe nur noch mit kleinem Löffel, Brot nur noch mit Messer und Gabel, Getränke nur noch aus kleinen Gläsern zu sich nehmen darf, daß er nach jedem Bissen Messer und Gabel aus der Hand legen soll usw. –, der Phantasie von Klient und Therapeut sind dabei keinerlei Grenzen gesetzt" (Fliegel et al., 1994, S. 69–70).

Als weitere wichtige Prinzipien sind das schrittweise Einführen der Stimuluseingrenzungen sowie das Einführen von Situationsbedingungen, die das unerwünschte Verhalten mühsamer machen, zu benennen.

Selbstverstärkung und -bestrafung entspricht dem Grundprinzip nach den operanten Methoden (s. Kap. 1.4.1.2, Schermer, 2005). Der wesentliche Unterschied liegt lediglich darin, dass die entsprechenden Konsequenzen eines Verhaltens von der sich verhaltenden Person selbst gegeben werden. Dieses Vorgehen ist daher besonders für Selbstkontrollprogramme geeignet (Reinecker, 1993). Bei der praktischen Durchführung, die detailliert etwa bei Reinecker (1993) oder Fliegel et al. (1994) beschrieben ist, stellt sich aus der Praxiserfahrung heraus vor allem immer wieder das Problem, dass Klienten in der Durchführung von Selbstverstärkung gehemmt sind. Sie gestehen sich selbstverstärkendes Verhalten nicht zu, geben an, dass die Verstärkung schon allein in der Ausführung des gewünschten Verhaltens liegt oder setzen so hohe Ansprüche an sich selbst als Voraussetzung einer Verstärkung, dass diese praktisch nie zum Tragen kommt. Selbstbestrafendes Verhalten scheint hingegen geläufig, wobei hier besonders die verdeckte Selbstbestrafung in Form bestrafender und abwertender innerer Dialoge gebraucht wird, die weniger zu einer Verhaltensänderung als vielmehr zu einer Einbuße von Selbstwertgefühl führen. Dies bedeutet, dass der Einsatz von Selbstbelohnung und Selbstbestrafung in der Regel eingeübt werden muss, wie dies auch Kanfer, Reinecker und Schmelzer (1996) betonen. Hierzu gehört, dass geeignete Belohnungen herausgearbeitet werden und Selbstbelohnung auch durch den Therapeuten als Modell vorgeführt wird. Vor allem sind die Zielverhaltensweisen genau zu explizieren und darauf zu achten, dass die Standards nicht zu hoch angesetzt werden, sondern als Regel solche Verhaltensweisen ausgewählt werden, die mit einer Wahrscheinlichkeit von 50 % auch realisiert werden können. Für die Selbstbestrafung sind eher konkrete Verhaltensweisen und weniger bestrafende Kognitionen einzusetzen. Solche Verhaltensweisen können etwa in der Spende eines bestimmten, nicht unerheblichen Geldbetrages für die vom Klienten am meisten verabscheute Partei bestehen. Die vorstehenden Hinweise sind aus der Praxis gewonnen, eine empirische Absicherung der Vorgehensweise fehlt bislang jedoch weitgehend (Reinecker, 1993).

Als weitere, im Rahmen der Selbststeuerung einzusetzende Methoden, wurden kognitive Verfahren benannt. Ein Beispiel ist die als Spezialfall des Selbstverbalisationstrainings (Fliegel u.a., 1994; Fliegel, 1993) anzusehende Technik des Gedankenstopps. Hiermit sollen vor allem unerwünschtes Grübeln, Katastrophenvorstellungen oder auch belastende Phantasien unterbrochen und schließlich ganz abgebaut werden. Die Grundvorgehensweise besteht darin, dass der Klient sich innerlich beim Auftauchen der unerwünschten Vorstellung das Wort „Stopp" vorspricht oder es sich vorstellt. In der Einübungsphase zu dieser Technik können zusätzlich äußere Reize mit dem „Stoppsignal" verbunden werden, etwa sich selbst auf den Oberschenkel schlagen, ein Gummiband, das man um das Handgelenk trägt, schnalzen lassen oder ähnliche, das automatische Verhalten deutlich unterbrechende Verhaltensweisen auszuführen (Tryon, 1993). Auch diese Methode muss zunächst unter Anleitung eingeübt werden. Hierzu empfiehlt es sich, die Technik unter Ausnutzung eines Überraschungsmoments einzuführen:

„Vor der ersten Durchführung sollte der Therapeut lediglich mitteilen, daß jetzt eine Methode zur Unterbrechung und Blockierung von unerwünschten

Gedanken eingeübt werden soll, da der Erfolg der Methode zum Teil auf einem Überraschungsmoment basiert. Der Klient wird dann gebeten, die Augen zu schließen und sich auf seine störenden oder nachteiligen Gedanken zu konzentrieren. Sobald die Gedanken präsent sind, soll er ein Zeichen geben (Heben eines Fingers) oder er soll sie laut verbalisieren. Ist der erste Gedanke ausgesprochen oder das Signal gegeben, ruft der Therapeut laut und scharf ‚Stopp!' und schlägt dabei kräftig mit der flachen Hand auf den Tisch (oder klatscht in die Hände). Der Klient wird erschreckt zusammenzucken, die Augen öffnen und auf eine entsprechende Frage zugeben müssen, daß sein Gedankengang gestoppt wurde. Der Therapeut erklärt ihm nun, daß er auf ähnliche Weise seine Gedanken selbst unterbrechen kann, indem er nämlich zu sich selbst ‚Stopp!' sagt und sich dabei einen kräftigen Ruck gibt, wie gerade eben beim Zusammenzucken.

Der unerwünschte Gedanke ist damit natürlich noch lange nicht endgültig beseitigt, sondern nur für einen Moment unterbrochen; in vielen Fällen wird der Klient selbst darauf hinweisen, daß er zwar gerade gestoppt wurde, daß er ihn inzwischen aber schon wieder nicht mehr los wird. Daraufhin wird der ganze Vorgang wiederholt: Augen schließen, Gedanken verbalisieren, ‚Stopp!' rufen und auf den Tisch schlagen" (Fliegel et al., 1994, S. 77).

Damit diese Methode wirksam bleibt, ist neben dem Gedankenstopp auch noch das innere Formulieren alternativer Gedanken hinzuzuziehen. Auch für dieses Verfahren fehlt letztlich sowohl eine ausreichende theoretische Begründung als auch eine empirische Absicherung der Wirksamkeit. Dies ist wohl in erster Linie dadurch begründet, dass das Verfahren nicht als Einzeltechnik, sondern praktisch ausschließlich in Zusammenhang mit anderen Vorgehensweisen eingesetzt wird und das therapeutische Prozedere insgesamt und nicht in seinen Einzelmerkmalen einer Überprüfung unterzogen wurde. Trotzdem können Fliegel et al. (1994) zumindest drei Arbeiten zitieren, in denen sich diese Technik als effektiv erwiesen hat. Eine dem Gedankenstopp ähnliche Technik haben Bongartz und Bongartz (1998) mit dem im Rahmen klinischer Hypnose durchgeführten *Nein-Sagen zum Symptom* vorgestellt.

Auf das sogenannte *verdeckte Lernen* soll hier nicht näher eingegangen werden. Es handelt sich hierbei um Verfahren, die als zentrales Element den Einsatz von Vorstellungen beinhalten (Roth, 1993). Dies ist besonders dann geeignet, wenn es um das Einführen sehr negativer Konsequenzen geht, die in der Realität eher nicht auftreten. Dieses Vorgehen wird als *verdeckte Sensibilisierung* beschrieben. Ein Beispiel hierzu stellt folgende Szene dar, wie sie von dem Hauptvertreter dieser Vorgehensweise dargestellt wird (Cautela, 1967, S. 462, zit. nach Fliegel et al., 1994):

Im Anschluss an eine Vorbereitungsphase, die aus einer sorgfältigen Exploration des Problemverhaltens, für den Klienten wirksamen Strafreizen und dem Erlernen eines Entspannungstrainings besteht, wird in der Entspannung eine Instruktion gegeben, die alle Elemente des Problemverhaltens enthält, aber bei der Ausführung des Verhaltens abbricht und stattdessen in der Vorstellung etwas für den Klienten extrem Negatives eintritt: „Ich möchte, dass Sie sich vorstellen, Sie hätten gerade Ihre Hauptmahlzeit beendet und Sie wollen gerade mit Ihrer Nachspeise, einem

Apfelstrudel, beginnen. In dem Moment, in dem Sie sich eine Gabel nehmen wollen, bekommen Sie in der Magengrube ein komisches Gefühl. Sie beginnen sich unwohl, übel und völlig schlecht zu fühlen. Wenn Sie Ihre Gabel berühren, fühlen Sie einige Essensstücke, die sich Ihren Hals hinaufschieben. Sie sind schon fast dabei, sich zu übergeben. Wie Sie die Gabel in den Strudel hineinstechen, kommt Ihnen das Essen in den Mund. Sie versuchen, Ihren Mund geschlossen zu halten, weil Sie Angst haben, das Essen überall hinzuspucken. Sie bringen das Stück Strudel immer näher an Ihren Mund. Gerade als Sie Ihren Mund öffnen wollen, erbrechen Sie. Sie spucken alles über Ihre Hände, Ihre Gabel und über den Strudel. Es breitet sich über den ganzen Tisch aus und über das Essen der anderen Leute. Ihre Augen tränen. Schleim ist überall in Ihrem Mund und in Ihrer Nase. Ihre Hände fühlen sich klebrig an. Es gibt einen fürchterlichen Geruch. Wenn Sie diese Schweinerei anschauen, müssen Sie einfach immer wieder kotzen, bis nur noch wässeriges Zeug herauskommt. Alle Leute schauen Sie ganz schockiert an. Sie wenden sich von dem Essen ab, und beginnen sich sofort besser zu fühlen. Sie rennen aus dem Zimmer, und während Sie hinausrennen, fühlen Sie sich immer wohler. Sie waschen sich und richten sich her und fühlen sich wunderbar" (Cautela, 1967, S. 462, zit. nach Mahoney, 1977, S. 109, zit. nach Fliegel et al., 1994, S. 80).

Dass verdeckte Konditionierung nicht nur für Verhaltensabbau zu verwenden ist, sondern auch zur Anregung von Kauf- und Essverhalten eingesetzt wird, konnte der
Autor unlängst auf der Papierserviette einer Hamburger-Restaurantkette feststellen. Diese zierte folgende Inschrift, natürlich entsprechend ins Auge springend gestaltet:

> Das Verlangen.
> Begierde und Lust lassen die Sinnesorgane lechzen. Ziehen Sie nach und nach in ihren Bann. Und Sie werden schwach. Schwach vor lauter Sehnsucht nach dem ersten Biss. Nur noch ein Gedanke bewegt Sie.
> Der WHOPPER®.
> Jetzt, hier, sofort! Dann hält man ihn endlich in der Hand und verliert vollends die Kontrolle. Der Mund geht auf, die Augen zu. Heißgegrilltes Rindfleisch, knackiger Salat, saftige Tomaten, Zwiebeln, Gurken, Ketchup und Mayonnaise im lockeren Sesambrötchen lassen die Geschmacksnerven auf der Zunge tanzen. Vom ersten bis zum letzten Biss – Biss – Biss zu diesem wohligen Gefühl. Dieser satten inneren Befriedigung. Dort, wo eben noch gähnende Leere war.

Um schließlich überprüfen zu können, inwieweit die Anleitung „zum eigenen Therapeuten" effektiv war, sind fortwährend Kontrollen der Veränderung durchzuführen. Diese können über entsprechende Tagebücher oder Protokollbögen, die in Bezug auf das Zielverhalten erstellt wurden, erfolgen.

Zur Illustration eines solchen Selbstkontrollverfahrens soll die Dokumentation einer Selbstkontrolle bezüglich des Lernverhaltens einer Studentin wiedergegeben werden:

1 Lernverhalten

1.1 Schilderung der bisherigen Verhaltensweise

Aufgrund der familiären Situation findet Lernen meist in den Abendstunden statt. Müdigkeit, Unlustgefühle oder eine eher lethargische Gemütslage lassen mich des Öfteren das Lernen auf den nächsten Tag verschieben, was eine Kumulierung des Lernstoffes zur Folge hat.

Das angehäufte Nichtwissen abzubauen, erscheint dann oft kaum noch zu bewältigen, wobei mich dieses Gefühl meist dazu veranlasst, die notwendige Aktivität noch weiter hinauszuschieben.

Diese Phase der Lethargie und Depression wird dann aufgrund der immer näher rückenden Prüfungstermine jäh unterbrochen.

Ließ ich mich zuvor eher treiben – morgen ist auch noch ein Tag – so verfalle ich nun in das extreme Gegenteil: tagelange Panikaktionen, in der ich mittels Lerntechniken (z.B. Lernkartei) versuche, das zu Wissende einzupauken.

Diese Aktionen finden vornehmlich abends bis spät in die Nacht statt. In dieser Zeit bin ich hochmotiviert und erziele relativ gute Behaltensleistungen. Allerdings treten zunehmend unerwünschte Nebeneffekte auf, die nicht nur für mich belastend sind, sondern vor allem auch für meine Umwelt: Gereiztheit und Müdigkeit durch Schlafdefizite, Angstgefühle und Sinnkrisen.

1.2 Angestrebtes Verhalten

Wie zuvor schon geschildert, belastet mich mein unorganisiertes Lernverhalten enorm. Kontinuierliches Lernen soll nun die Kumulierung des Lernstoffes vermeiden helfen und somit die Belastung vor den Prüfungen verringern.

Pro Woche veranschlage ich 900 Minuten Lernzeit, aufgeteilt auf die Wochentage mit jeweils 120 Minuten, an Wochenenden 150 Minuten, wobei die Grenzen nach oben offen sind. Jede Lerneinheit beginnt mit einer 30-minütigen Wiederholungsphase, die das in der Einheit zuvor Gelernte wiederholt.

Gelernt wird weiterhin vornehmlich in den Abendstunden. Ein Arbeiten bis tief in die Nacht hinein ist zu vermeiden, um nicht wieder Schlafdefizite anzuhäufen. Mit dieser Maßnahme müsste es möglich sein, den Lernstoff zu bewältigen und durch die eingebaute Wiederholungsschleife zu Beginn jeder Lerneinheit in das Langzeitgedächtnis zu überführen.

2 SORKC-Modell

Stimulus	Organismus-variable	Reaktion	Kontingenz-verhalten	Konsequenz
Vor mir liegende unbewältigte Berge von Lerneinheiten Tageszeit	*kognitive:* morgen ist auch noch ein Tag ausgeruht lernt es sich besser *emotionale:* Gefühl der Überforderung *biologische:* Müdigkeit	Nicht tätig werden Auf den nächsten Tag verschieben	*Unmittelbar positiv:* Erleichterung freien Abend genießen *Unmittelbar negativ:* Einheit nicht bewältigt *Langfristig negativ:* Kumulierung des Lernstoffes	*Positive Verstärkung:* Freizeit kann einfach mal nichts tun *Negative Verstärkung:* Anspannung verschwindet

3 Veränderungsvertrag

Hiermit schließe ich mit mir folgenden Veränderungsvertrag:

3.1 Vertragsgegenstand
Nach den durch chaotische Zeitplanung hervorgerufenen Schwierigkeiten mich im ersten Semester konsequent und intensiv mit den zu bearbeitenden Lernstoffen der prüfungsrelevanten Fächer auseinanderzusetzen, gilt ab 18.5.1998 bis zum Ende der Prüfungszeit des Sommersemesters 1998 folgendes Zeitschema:
- Montag bis Freitag je 120 Minuten (2 Stunden) Studierzeit
- Samstag und Sonntag je 150 Minuten (2,5 Stunden) Studierzeit

Somit ergibt sich eine wöchentliche Arbeitszeit von 900 Minuten (15 Stunden). Lässt sich die tägliche Studierzeit aufgrund extremer Umstände, Terminschwierigkeiten, außerordentlicher Vorfälle, interner Schwierigkeiten, Krankheit oder außerordentlicher familiärer Belastungen nicht erreichen, so kann die Fehlzeit am darauffolgenden Tag abgearbeitet werden.

3.2 Definition
Intensiv Lernen ist wie folgt definiert:
- Innerhalb der angegebenen täglichen Studierzeit werden höchstens zwei Fächer bearbeitet.
- Die erste halbe Stunde der Lernzeit des folgenden Tages dient der Wiederholung und somit der Festigung der zuvor gelernten Teilgebiete.
- Die tägliche Studierzeit kann gestückelt werden, wobei die einzelnen Stückelungen 30 Minuten nicht unterschreiten dürfen.

3.3 Zwischenziele
Bei Erreichen der wöchentlichen Stundenzahl von 15 Stunden durch Erfüllung des täglichen Limits belohne ich mich am darauffolgenden Montagmorgen selbst mit einem gemütlichen Frühstück in einem Kaffee meiner Wahl.

Bei Nichterreichen des Zwischenzieles wird die vorlesungsfreie Zeit des Montagmorgens zur Nacharbeitung der Fehlzeiten verwendet.

3.4 Endziel
Endziel ist, die wöchentliche Studierzeit einzuhalten, um somit im Rahmen meiner Möglichkeiten gut vorbereitet in die Prüfungen zu gehen.

Bei Erreichen des Endzieles, am Tag der letzten Prüfung, gehe ich mit meinen beiden Söhnen, die durch ihre verständnisvolle Haltung ja nicht unwesentlich zum Erfolg beigetragen haben, ins Kino und anschließend zum Pizzaessen.

Wird das Endziel nicht erreicht, bestrafe ich mich zum einen selbst, da ich dann mit einem äußerst schlechtem Gefühl zu den Prüfungen antrete und zum anderen dadurch, dass ich am Tag nach den letzten Prüfungen beide Kellerräume entrümple und von den unzähligen Spinnweben befreie.

3.5 Protokollierungsmethode
Die tägliche Arbeitszeit wird mit Zeitangaben täglich aufgezeichnet und am Ende der Woche in einen wöchentlichen Protokollierungsbogen mit graphischer Darstellung des Soll-Haben-Verhältnisses festgehalten.

4 Protokollbogen Woche 1
18.5.1998 – 24.5.1998

Tag	Datum	Vor-gabe	Zeit	Zeit	Zeit	Zeit gesamt	+/-
Montag	18.5.1998	120 min	20.00 – 20.45	21.30 – 22.50		125 min	+05 min
Dienstag	19.5.1998	120 min	18.30 – 19.00	23.10 – 23.50		70 min	- 50 min
Mittwoch	20.5.1998	120 min	17.00 – 18.00	21.45 – 23.10		145 min	+25 min
Donnerstag	21.5.1998	120 min	22.15 – 23.30			75 min	- 45 min
Freitag	22.5.1998	120 min	09.30 – 10.45	17.45 – 18.30	22.50 – 23.50	180 min	+60 min
Samstag	23.5.1998	150 min	14.20 – 15.30	18.00 – 18.40	21.20 – 22.30	180 min	+30 min
Sonntag	24.5.1998	150 min	21.00 – 22.15	22.10 – 23.40		135 min	- 15 min
		900 min				910 min	+10 min

5 Protokollbogen Woche 2
25.5.1998 – 31.5.1998

Tag	Datum	Vor-gabe	Zeit	Zeit	Zeit	Zeit gesamt	+/-
Montag	25.5.1998	120 min	08.30 – 10.00	18.00 – 18.45		135 min	+15 min
Dienstag	26.5.1998	120 min	22.00 – 23.30			90 min	- 30 min
Mittwoch	27.5.1998	120 min	15.15 – 16.30	21.00 – 22.30		175 min	+55 min
Donnerstag	28.5.1998	120 min	15.00 – 15.45	21.15 – 22.30		120 min	+/- 0
Freitag	29.5.1998	120 min	21.30 – 22.00	22.00 – 22.30		120 min	+/- 0
Samstag	30.5.1998	150 min	15.15 – 17.15			120 min	- 30 min
Sonntag	31.5.1998	150 min	20.45 – 22.30			105 min	- 45 min
		900 min				865 min	- 35 min

6 Auswertung Woche 1 und 2

War in der ersten Woche die Motivation noch recht hoch, so ließ sie in der zweiten Woche spürbar nach. Die täglich zu absolvierende Lerneinheit wurde unter einem gewissen Zeitdruck absolviert, die Qualität und Effektivität litt so zwangsläufig.

Die veranschlagten 120 Minuten pro Wochentag konnte ich oft nur mit Müh und Not einhalten, 3-mal lag ich deutlich unter der Vorgabe. Auch das Wochenende mit 150 Minuten zu veranschlagen war unrealistisch, an ruhigen Tagen lag ich deutlich darüber, an hektischen Tagen erheblich unter dem Soll.

Die Belohnung für das Erreichen des Zwischenzieles – Frühstück am Montagmorgen – erwies sich ebenfalls als unglücklich gewählt. Da ich aufgrund der Tatsache, dass ich sehr spät ins Bett gehe, schlecht schlafe, jedoch um 6.15 Uhr aufstehen muss, ein Schlafdefizit habe und dementsprechend müde und verstimmt bin, wenn ich aufstehen muss, erwies sich ein Frühstück in Gesellschaft anderer eher als Bestrafung – auch für meine Mitmenschen. Deshalb habe ich den Veränderungsvertrag wie folgt modifiziert:

Vertragsgegenstand

Nach den durch chaotische Zeitplanung hervorgerufenen Schwierigkeiten mich im ersten Semester konsequent und intensiv mit den zu bearbeitenden Lernstoffen der prüfungsrelevanten Fächer auseinanderzusetzen, gilt ab 18.5.1998 bis zum

Ende der Prüfungszeit des Sommersemesters 1998 folgendes Zeitschema:
Montag bis Sonntag insgesamt 900 Minuten (15 Stunden) Studierzeit.
Zwischenziele
Bei Erreichen einer wöchentlichen Stundenzahl von 15 Stunden (900 Minuten)
belohne ich mich selbst am darauffolgenden Montag, indem ich – nachdem die
Kinder in der Schule sind – mich wieder ins Bett lege und richtig ausschlafe.

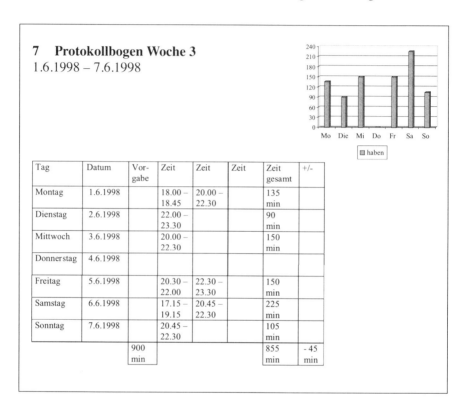

An diesem Beispiel sollten die wesentlichen Punkte und auch die Konkretisierung
mit ihren Schwierigkeiten noch einmal transparent gemacht und insbesondere
auch gezeigt werden, dass das oben beschriebene Verfahren sich im Rahmen von
Beratungspraxis anbietet und daher für den Einsatz auch durch Sozialpädagoginnen und Sozialpädagogen geeignet sein kann.

2.2.2 Desensibilisierung und Reizkonfrontation

Die systematische Desensibilisierung ist eines der bekanntesten und meistun-
tersuchten Verfahren der Verhaltenstherapie (Reinecker, 1996). Sie wird in der
Therapie von Ängsten eingesetzt. Reinecker (1996) ordnet sie unter die mit dem

Therapieprinzip der Stimuluskontrolle verbundenen Verfahren ein. Er begründet dies mit der ursprünglich bei Wolpe (1952) – dem Begründer der systematischen Desensibilisierung – durchgeführten Technik, Vermeidungsreaktionen im Tierversuch dadurch zu reduzieren, dass die Versuchstiere zunächst in eine der traumatischen Situation wenig ähnliche Umgebung verbracht werden, in der die Vermeidungsreaktion wenig stark ausgeprägt ist. Im Laufe der „Behandlung" wird diese Situation der Ausgangssituation immer ähnlicher gestaltet. In diesen Situationen werden jeweils angstantagonistische Verhaltensweisen durch Füttern der Tiere ausgelöst. Beim Menschen gilt das gleiche Prinzip: Es sollen Bedingungen geschaffen werden, unter denen ein Klient seine massiven Ängste und das damit verbundene Vermeidungsverhalten schrittweise abbauen kann. Die ursprüngliche theoretische Begründung des Verfahrens durch Wolpe (1958) als Prozess reziproker Hemmung – d.h. die Erfahrung angstfreier Vorstellungen schwächt die erworbene Verbindung bestimmter Reize mit der Angstreaktion – wurde vielfach kritisiert und als Alternative eine Reihe weiterer Erklärungsprinzipien herangezogen (Reinecker, 1996; Hautzinger, 1996; Fliegel et al., 1994):

- Habituation als auf physiologischer Ebene stattfindende Gewöhnung,
- Gegenkonditionierung als Prozess der Kopplung einer zur Angst alternativen Reaktion an den auslösenden Stimulus und damit Eliminierung der ursprünglichen Reiz-Reaktionsverbindung,
- Löschung als dauerhafte Unterbrechung einer Reaktion dadurch, dass der konditionierte Stimulus ausschließlich ohne eine weitere Verknüpfung mit dem unkonditionierten Stimulus dargeboten wird,
- Soziale Verstärkung für das Bewältigen von Angstsituationen und Erlernen neuer, aktiver Bewältigungsstrategien,
- Bildung von Erwartung im Sinne der Selbsteffizienz (Bandura, 1977), Angstsituationen dauerhaft ohne großen Schaden meistern zu können.

Unabhängig von dieser uneindeutigen Situation bezüglich der Erklärungstheorien hat sich die Methode der *Systematischen Desensibilisierung* als effektiv erwiesen (Fliegel et al., 1994). Für ihre Durchführung sind drei Maßnahmen erforderlich:
1. Erlernen einer Entspannungstechnik durch ein Entspannungstraining,
2. Erstellen einer oder mehrerer individueller Angsthierarchien,
3. Darbieten der Angstreize in hierarchisierter Form, während sich der Klient in entspanntem Zustand befindet. Die Vorgabe erfolgt zunächst in der Vorstellung (in sensu) und wird dann durch die Vorgabe in der Realität (in vivo) erweitert.

Für das *Entspannungstraining* erscheint die progressive Muskelentspannung nach Jakobson (1938) besonders geeignet, da sie in kurzer Zeit vermittelbar ist und in der Regel rasch zu erkennbaren Effekten führt. Durch dieses Entspannungstraining soll die Kontrolle über einzelne Muskelgruppen gewonnen werden, beginnend mit Armen und Händen werden hierzu Anspannungs- und Entspannungszyklen für Muskelgruppen des ganzen Körpers durchgeführt. Nach einer Trainingsphase, in der der Klient dieses Verfahren zweimal täglich zwischen den Therapiekontakten einüben soll, kann der Anspannungsteil zunehmend reduziert werden, bis der Klient in der Lage ist, relativ rasch ohne weitere Vorbereitung auf eine entsprechende Aufforderung hin mit Entspannung zu reagieren.

Für den nächsten Schritt, die *Erstellung der Angsthierarchien*, wird auf die Explorationsdaten, Daten aus Verhaltensbeobachtungen, Fragebogendaten oder Daten aus Selbstbeobachtungsaufgaben zurückgegriffen. Die Angstsituationen werden nach Themenbereichen geordnet und für jeden Themenbereich getrennt Angsthierarchien erstellt. Hierzu werden die einzelnen Situationen so konkret wie möglich beschrieben. Sie sollen anhand der gewählten Beschreibung leicht vorstellbar sein. Dann werden sie entsprechend der durch sie ausgelösten Angst in eine Rangordnung gebracht. Die die stärkste Angst auslösende Situation erhält den Wert 100, die Situation, die zwar zur Angstthematik gehört, aber keine Angst auslöst, erhält den Wert Null. Die Abstände zwischen den einzelnen Situationen sollten hinsichtlich ihrer Einstufung nicht zu groß sein.

Für die Durchführung der Desensibilisierung muss zunächst noch eine Ruheszene vereinbart werden. Hierbei handelt es sich um eine für den Klienten sehr angenehme, entspannende Vorstellung, die zur Ablenkung von belastenden Vorstellungen und zur Entspannungsvertiefung dient. Weiterhin wird ein Zeichen vereinbart, mit dem der Klient angeben kann, wenn er in der Vorstellung einer Szene aus der Hierarchie trotz Entspannung Angst erlebt. Nachdem die Aufgabe der jeweiligen Stunde erläutert wurde, wird der Klient aufgefordert, sich zu entspannen. Beginnend mit der leichtesten Szene (Einschätzung: „null") wird die Schwierigkeit der Vorstellungsszenen zunehmend gesteigert. Dabei soll nach Fliegel u.a. eine einzelne Sitzung nicht länger als 20 bis höchstens 30 Minuten dauern. Eine einzelne Sequenz der Darbietung besteht dabei aus folgenden Elementen: Entspannung – belastende Vorstellung – Entspannung – Ruheszene – Entspannung – vorletzte Szene – Entspannung – erneut die belastende Situation – Entspannung. Diese Sequenz wird so lange wiederholt, bis sich der Klient die Situation angstfrei vorstellen kann (Fliegel u.a., S. 157). Die nächste Sitzung beginnt dann mit der Szene, die sich der Klient bereits mehrfach *ohne Angstsymptome* vorstellen konnte. Wurde in der Vorstellung eine Hierarchie bis ungefähr zum mittleren Schwierigkeitsgrad hin bewältigt, so sollte gleichzeitig mit dem die höheren Hierarchiestufen in der Vorstellung bewältigenden Verhalten auch die Konfrontation in der Realität durchgeführt werden, und zwar wieder beginnend mit der von vornherein am wenigsten gefürchteten Situation. Diesen Schritt sollte der Klient weitestgehend selbständig vollführen können.

Ein weiteres, auch dem Therapieprinzip der Stimuluskontrolle zurechenbares Verfahren (Reinecker, 1996) ist das der *Konfrontation* (Marks, 1987). Dieses wird ebenfalls in der Angstbehandlung eingesetzt, gleichzeitig ist es bei Zwangsstörungen die Therapiemethode der Wahl. Bei diesem Verfahren geht es darum, den Klienten den angstauslösenden Bedingungen, wie sie in einer genauen Verhaltensanalyse herausgearbeitet wurden, direkt auszusetzen. Dies beinhaltet auch das Unterbinden von Flucht- oder Vermeidungsreaktionen und im Falle von Zwangshandlungen das Unterbinden dieser Handlungen im Sinne einer Reaktionsverhinderung. Als theoretische Grundlage für dieses Verfahren dient der Begriff der Löschung (Reinecker, 1996; 1998). Dabei wird unter Löschung kein passiver Vorgang verstanden, sondern damit wird der Vorgang bezeichnet, dass der Klient im Verlauf der Konfrontation erlernen kann, dass seine in Bezug auf seine Reaktion bestehenden Vorstellungen entweder völlig übertrieben oder unrealistisch sind. Insofern handelt es sich hier um eine Veränderung von Erwartungen sowohl in Bezug auf die Verhaltenseffektivität als auch die Selbsteffizienz (Bandura, 1977). Diese ergibt sich aus der konkreten Erfahrung des Klienten, dass die befürchteten Konsequenzen nicht eintreten. Als wichtigste Durchführungsregel ist zu beachten, dass der Klient so lange in der belastenden Situation bleiben soll, bis Angst und Unruhe als deutlich reduziert erlebt werden. Verbindliche Zeiten für die Expositionsdauer sind daher nicht anzugeben, Reinecker (1998) geht aber davon aus, dass kurze Expositionszeiten, die weniger als 30 Minuten betragen, ungünstiger sind, als lange Expositionszeiten von bis zu 200 Minuten.

Insgesamt lassen sich die Konfrontationsverfahren nach ihren Durchführungsmodalitäten unterscheiden. So kann die Konfrontation entweder in der Vorstellung oder in der Realität stattfinden, sie kann massiert oder verteilt sein und der Therapeutenkontakt kann mehr oder weniger eng sein, bis hin zu einer nur durch schriftliches Material gestützten Konfrontation (Ghosh & Marks, 1987).

In diesem Sinne ist die systematische Desensibilisierung auch als Konfrontationsverfahren in der Vorstellung anzusehen. Für alle Konfrontationsverfahren gilt, dass die Situationen, in denen die Angst ausgelöst wird, so präzise wie möglich zu beschreiben sind. Daher werden gerade in Konfrontationsverfahren die Probleme in den Situationen behandelt und gelöst, in denen sie auch auftreten. Im Habituationstraining werden in der Realität sehr aversive Situationen geboten, die aber im Sinne eines hierarchischen Vorgehens abgestuft sind. Bei der Reizüberflutung oder dem *flooding* werden die Klienten mit den Reizen, die das höchste Ausmaß an Angst auslösen, in der Realität auf direkte Weise konfrontiert. Gerade in der Angstbehandlung scheint das massierte Vorgehen am effektivsten zu sein (Fiegenbaum, 1988). Im Folgenden sollen die massierte Reizkonfrontation sowie das graduierte Vorgehen in vivo beschrieben werden.

In der *massierten Reizkonfrontation* soll der Klient die Angst in maximalem Ausmaß erleben und durchhalten. Daher ist für dieses Vorgehen eine hohe Motivation und Belastbarkeit erforderlich. Zur Maximierung der Therapiemotivation muss der Klient *kognitiv vorbereitet* werden. Diese Vorbereitung besteht aus drei Elementen (Schneider & Margraf, 1998):

- Modell der Angststörung: Hierzu lässt sich die Zwei-Faktoren-Theorie der Angst einsetzen, die besonders schon die Bedeutung der Vermeidung thematisiert.
- Modell des Erregungsverlaufs: Nach diesem Modell (s. **Abb. 14**) wird die Erwartung des Klienten mit dem tatsächlichen Verlauf der Reaktion kontrastiert und anhand dieses Verlaufes die genaue Durchführungsweise der Konfrontation erklärt. Insbesondere wird darauf hingewiesen, dass die Aufgabe des Therapeuten darin besteht, den Klienten an der Fluchtreaktion möglichst zu hindern.

- Entscheidungsfindung des Klienten: Nach genauer Darlegung des Vorgehens und Klärung von Fragen und Zweifeln des Klienten erhält dieser eine Bedenkzeit von einigen Tagen, um sich für oder gegen die Vorgehensweise zu entscheiden. Selbst bei einer sofortigen Zustimmung wird der Klient gebeten, diese Bedenkzeit noch in Anspruch zu nehmen.

Für die Unterstützung der kognitiven Vorbereitung ist es hilfreich, dem Klienten auch entsprechendes Veranschaulichungsmaterial zur Verfügung zu stellen. Dies ist gerade für den zentralen Punkt der Diskrepanz der Erwartung des Klienten über den Verlauf seiner Angst und Erregung gegenüber dem tatsächlichen Verlauf angezeigt:

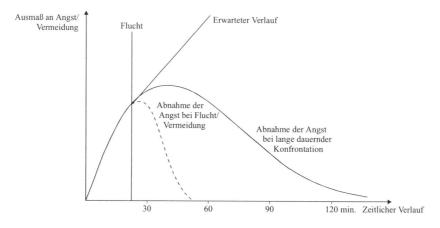

Abb. 14: Tatsächlicher Verlauf von Angst und Erregung gegenüber der Klientenerwartung (modifiziert nach Reinecker, 1998)

Die sich anschließende *massierte Reizkonfrontation* soll entsprechend der von Schneider und Margraf (1998) vorgeschlagenen Vorgehensweise am besten an 5–10 aufeinanderfolgenden Tagen durchgeführt werden. An diesen Tagen werden täglich mehrere Stunden (6–8 Stunden) angstbesetzte Situationen aufgesucht, die zuvor ganz detailliert zusammen mit dem Klienten geplant wurden. Aufgabe des Klienten ist es, solange in der jeweiligen Situation zu verbleiben, bis er ein deutliches Nachlassen der Angst erlebt, ohne dass die Angst aktiv unterdrückt oder Ablenkungsstrategien eingesetzt werden. Die therapeutische Begleitung, die in erster Linie dazu dient, den Klienten in der Situation zu halten und ihn massiv in der Durchführung der Konfrontation zu bestärken, soll baldmöglichst ausgeblendet werden. Besteht Sicherheit darüber, dass der Klient kein Flucht- und Vermeidungsverhalten mehr zeigt, werden in Absprache mit dem Therapeuten die Angstsituationen vom Klienten alleine aufgesucht. Kontakte mit dem Therapeuten finden jedoch trotzdem noch häufig statt, um aufgetretene Probleme direkt bearbeiten zu können.

Zur Illustration des Vorgehens ein Beispiel aus Margraf und Schneider (1996):

Erster Tag
- Autofahrt zu einem einsam gelegenen Turm im Wald,
- Turmbesteigung,
- Spaziergang im Wald,
- Autofahrt zu einer großen Waschanlage: Patient fährt 5-mal alleine mit dem Auto durch die Waschanlage,
- Zugfahrt von Dresden nach Berlin,
- Mahlzeit im Zugrestaurant,
- Ankunft Berlin, Bahnhof Zoo, Weiterfahrt nach vorgegebener Route mit U-Bahn,
- Abendessen in überfülltem Restaurant,
- Besuch der Abendvorstellung im Friedrichsstadtpalast, Berlin,
- Taxifahrt allein zum Hotel und
- Übernachtung allein im Hotel.

Zweiter Tag
- Im Hotel: Besuch der Sauna und der Sonnenbank,
- Bummel über den Kurfürstendamm, Aufsuchen von Kaufhäusern,
- Mittagessen in der Feinschmeckerabteilung des Kaufhauses KaDeWe,
- Stadtrundfahrt mit einem Doppeldeckerbus (Patient sitzt im oberen Deck ganz vorne),
- U-Bahnfahrt mit Umsteigen in Bus und S-Bahn,
- Abendessen in überfüllter Kneipe,
- Zugfahrt nach Dresden und
- Übernachtung allein in kleinem, einsam gelegenen Hotel.

Das *graduierte Vorgehen* in vivo ist durch die besonders lange Dauer der Konfrontation mit auslösenden Reizen in der Realität gekennzeichnet. Dies ist in der graduierten Vorgehensweise begründet. In der Darstellung dieses Verfahrens beziehe ich mich im Weiteren auf Fliegel et al. (1994). Auch bei diesem Verfahren wird eine stark angstauslösende Situation ausgewählt. Diese wird sofort in vivo, allerdings zerlegt in abgestufte Sequenzen, vom Klienten unter Begleitung des Therapeuten angegangen. Die einzelnen Sequenzen werden dabei so gewählt, dass sie nicht zu komplex sind und dass sie keine zu hohe Angststeigerung erzeugen. Innerhalb einer Gesamtsequenz ist jedoch die Situation bis hin zum im Vorhinein festgelegten Zielverhalten zu bewältigen. Dieses besteht in der Regel darin, dass der Klient sich für eine bestimmte Zeit in der angstintensivsten Situation ohne den Therapeuten aufhält. Erst nach Erreichen dieses Ziels wird die Therapiesequenz beendet. Da das Sitzungsende inhaltlich und nicht zeitlich festgelegt ist, kann eine Einzelsitzung durchaus mehrere Stunden dauern.

Zur Vorbereitung wird mit dem Klienten eine stark angsthervorrufende Situation bestimmt, die auch konkret hergestellt werden kann. Diese Situation wird dann in Teilschritte, die den oben dargestellten Bedingungen genügen, unterteilt. Dabei lässt sich eine räumliche Annäherung oder eine zeitliche Annäherung unterscheiden. In dem von Fliegel et al. (1994) dargestellten Beispiel, bei dem als Zielverhalten der Aufenthalt in einer hochfrequentierten Fußgängerzone festgelegt war, entspricht die räumliche Annäherung dem Fußweg zu dieser Zone und die zeitliche Annäherung dem Aufenthalt an einem Zeitpunkt, zu dem sich dort noch wenige Menschen aufhalten, also beispielsweise vor der Geschäftsöffnungszeit bis zum Zeitpunkt, an dem die maximale Frequenz herrscht. Bei der praktischen Durchführung ist darauf zu achten, dass es häufig einige wenige Sequenzen gibt, an denen es zu massiven Schwierigkeiten kommt. Hier kann der Therapeut direkte Hilfestellung durch sein Modellverhalten oder auch direkten Körperkontakt wie Anfassen am Ellbogen oder ähnliches geben. Während der gesamten Durchführung muss der Therapeut darauf achten, dass vom Klienten nicht unbewusst Vermeidungsstrategien wie z. B. Ablenkung durch ein ständiges Gespräch mit dem Therapeuten benutzt werden. Hier ist es wichtig, die Aufmerksamkeit des Klienten wieder auf die Beobachtung der Angstentwicklung und des Verlaufs zu lenken.

Nach Abschluss der Sequenz wird deren erfolgreiche Bewältigung bestärkt, der Klient erhält als Hausaufgabe die selbständige Wiederholung der Konfrontation. In der nächsten Sitzung, die zeitlich eher nah gelegen sein sollte, wird dann, falls vorhanden, mit den nächsten Angstsituationen in gleicher Weise fortgefahren.

Weitere Variationen des Konfrontationsverfahrens stellen die graduierte Löschung dar, beschrieben bei Reinecker (1996) sowie das eine massierte Exposition beinhaltende, dabei aber gleichzeitig auf Bewältigungsmechanismen orientierte Verfahren des Reaktionsmanagement-Trainings (Hand, 1993).

Die Expositionsverfahren werden zwar meist mit der Behandlung von Ängsten in Verbindung gebracht, sie wurden zwischenzeitlich aber auch auf die Konfrontation mit problematischen Auslösesituationen bei Klienten mit Alkoholproblemen, bei Drogenabhängigkeit, Spielsucht, Essstörungen und andere übertragen (Reinecker, 1996).

Sozialpädagoginnen und -pädagogen werden mit Methoden der Reizkonfrontation in erster Linie in der Funktion als Co-Therapeuten beispielsweise im Arbeitsfeld *Psychosomatik* in Berührung kommen. Dabei obliegt den Co-Therapeuten in der Regel die Begleitung des Klienten bei der Durchführung der Exposition. Dies ist jedoch ohne Beteiligung in der Erstellung der Verhaltensanalyse, der genauen Ausarbeitung der relevanten Situationen und der Kenntnis der Durchführungsprinzipien nicht möglich.

2.2.3 Training sozialer Kompetenz

Training in sozialer Kompetenz schließt unmittelbar an Expositionsverfahren insofern an, als diese Vorgehensweise ebenfalls eine Rolle in der Behandlung von Ängsten, hier sozialen Ängsten spielt. Sozial kompetentes Verhalten kann als angst-antagonistische Verhaltensweise in der Konfrontation mit sozialen Situationen eingesetzt werden (Reinecker, 1998). In der Regel enthalten Trainingsprogramme zur sozialen Kompetenz eine Vielzahl von verhaltenstherapeutischen Einzeltechniken, wie Rollenspiel, Modelllernen, kognitive Umstrukturierung, prompting, soziale Verstärkung usw. (Reinecker, 1998). Ziel dieser Verfahren ist gleichermaßen der Abbau sozialer Ängste wie der Aufbau sozialer Kompetenzen: „Selbstsicherheitstraining hat zum Ziel sich zu erlauben, eigene Ansprüche zu haben (positive Einstellung zu sich selbst, Selbstwahrnehmung), sich zu trauen, diese zu äußern (Freisein von blockierenden Emotionen wie Hemmungen, Schuldgefühlen, Ängsten und Fehlerwartungen) und die Fähigkeit zu besitzen, diese auch durchzusetzen (adäquates Repertoire von Fertigkeiten), um vorhandene Verstärkerquellen besser zu nutzen und sich gegen aggressive Übergriffe abzugrenzen. Soziale Kompetenz umfasst daher verantwortungsbewusstes, selbstsicheres Verhalten, das eingesetzt werden kann, um für eigene Bedürfnisse und Rechte einzustehen, ohne die Rechte anderer Personen zu verletzen, unter Berücksichtigung der jeweiligen situativen Gegebenheit" (Ullrich de Muynck & Ullrich, 1993, S. 83). Soziale Kompetenzen oder Fertigkeiten zeigen sich nach Ullrich de Muynck und Forster (1974) in verbalen, motorischen und mimisch-gestischen Fähigkeiten, die auf die soziale Umwelt gerichtet sind. Soziale Kompetenz gründet auf grundsätzlichen Überlegungen in Bezug auf das damit verbundene Menschenbild (Fliegel et al., 1994):

- Personen können Fähigkeiten ausbilden, die sie unabhängig von verhaltenssteuernden äußeren Bedingungen machen, seien diese als auslösende Bedingungen oder als Verhaltenskonsequenzen zu betrachten.
- Personen steuern ihr Verhalten aktiv selbst. Verhalten ist nicht nur als Anpassungsreaktion auf Umgebungsbedingungen zu verstehen, sondern das Individuum verfügt über eigene Ansprüche.
- Individuen verfügen über ein eigenes Modell der sozialen Wirklichkeit. Auf dem Hintergrund dieses Modells können Individuen ihre eigenen Ansprüche in Relation zu denen ihrer Umgebung stellen.

Zum sozialen Kompetenztraining liegen eine Reihe ausgearbeiteter Trainingsprogramme vor, im deutschen Sprachraum beispielsweise das Assertiveness-Trainings-Programm von Ullrich de Muynck und Ullrich (1976), das Verhaltenstrainingsprogramm zum Aufbau sozialer Kompetenz von Feldhege und Krauthan (1979) oder das Gruppentraining sozialer Kompetenzen von Pfingsten und Hinsch (1991).

Im *Assertiveness-Trainings-Programm* von Ullrich de Muynck und Ullrich (1976) sind 110 soziale Übungssituationen enthalten, die vier Hauptkategorien der sozialen Kompetenz umfassen:

- Stellen von Forderungen
- Neinsagen und Kritisieren
- Herstellen von Kontakten
- sich öffentlicher Beachtung aussetzen und sich Fehler erlauben

Ein wesentliches Prinzip der Anwendung des Trainingsprogramms liegt dabei in deren Hierarchisierung der Situationen. Diese sind hinsichtlich der Stimulusseite (Orte und Partner der Interaktion), hinsichtlich des geforderten Verhaltens (Komplexität) und der Konsequenzen (Reaktionen der Sozialpartner) in unterschiedliche Schwierigkeitsgrade aufgeteilt und können daher selbst im Gruppenrahmen an die individuellen, in der Verhaltensanalyse erarbeiteten Schwierigkeiten des jeweiligen Klienten angepasst werden. Diese Situationen werden in Rollenspielen eingeübt und sollen in der Form von Hausaufgaben in die Realität übertragen werden. Für die Rollenspiele können zur Vorbereitung Modellvorgaben gemacht werden, während des Rollenspiels lassen sich direkte Verhaltensanweisungen, auch mittels Gesten und Gebärden (Coaching), geben. Das wichtigste Mittel ist das konkrete, auf einzelne Verhaltensweisen bezogene Feedback, das vor allem die positive Verstärkung gelungener Passagen beinhaltet. Hierbei stellt der Einsatz von Videofeedback ein entscheidendes Hilfsmittel dar.

Ein weiteres Programm, dessen Schwerpunkt im Aufbau effizienter Verhaltensstrategien besteht, stellt das Verhaltenstrainingsprogramm zum Aufbau sozialer Kompetenz von Feldhege & Krauthan (1979) dar. Der Teilnehmer soll mit diesem Programm dazu gelangen, eine eigenständige Kontrolle über die wichtigsten internen und externen Stimulus- und Verstärkerbedingungen zu erhalten. Im Zentrum des Programms stehen die Verhaltensbereiche:
- Verbesserung der Beziehungen zu Partnern, Freunden und Bekannten
- Aufnehmen und Aufrechterhalten von Kontakten zu fremden Personen
- Durchsetzen von berechtigten Ansprüchen und Forderungen
- Bewältigung von Belastungssituationen

Bei den beiden vorgenannten Ansätzen handelt es sich um vollstandardisierte Programme. Ein halbstandardisiertes Programm stellt das *Gruppentraining sozialer Kompetenzen* (Pfingsten & Hinsch, 1991) dar. In diesem Training sind folgende Kompetenzdimensionen enthalten:
- Rechte durchsetzen, Fordern können,
- Wünsche und Bedürfnisse in Beziehungen ausdrücken, Kompromisse finden,
- um Sympathie werben, Kontakte herstellen, Fertigkeiten auf der Verhaltens-, der Gefühls- und der kognitiven Ebene (Selbstinstruktionen)

Im Therapieablauf steht am Anfang eine Einführung in die Grundbegriffe der sozialen Kompetenz und ein Entspannungstraining. Dem folgt eine thematische Einheit, z. B. zum Thema „Recht durchsetzen". Diese wird mittels der Methoden des Modellrollenspiels, des Rollenspiels sowie Selbstverbalisationsverfahren realisiert. Durch Hausaufgaben soll die Übertragung auf den Alltag gewährleistet werden. Die Besprechung dieser Hausaufgaben und eventuelle Nachbereitungen sind regelmäßiger Inhalt der Gruppenstunden, die dem thematischen Block folgen. Im weiteren Verlauf werden dann die weiteren, oben dargestellten thematischen Einheiten mit den oben dargestellten Methoden in der Gruppe bearbeitet und über entsprechende Hausaufgaben auf den Alltag übertragen. Nach einer Abschlusssitzung sollen zur Auffrischung und zur Aufarbeitung von im Alltag aufgetretenen Problemen im Abstand von einem, drei und sechs Monaten sogenannte *Booster-Sitzungen* durchgeführt werden.

Die Teilnehmer erhalten zur Vorbereitung auf die thematischen Sitzungen einen Satz Karteikarten mit Rollenspielsituationen, die sie hinsichtlich auf den für sie gegebenen Schwierigkeitsgrad einschätzen sollen. Zu diesen Situationen sind jeweils Instruktionen angegeben, die das zu verwirklichende Prinzip und konkrete Verhaltensanweisungen umfassen. Damit soll sowohl auf der kognitiven als auch auf der Verhaltensebene eine Änderung herbeigeführt werden können.

Als Beispiel Rollenspielszenen nach Pfingsten und Hinsch (1991):

Situation: Sie wurden in eine verkehrte Lohnsteuerklasse eingestuft, ein Antrag wurde aus nichtigen Gründen abgelehnt oder ähnliches. Sie wollen den Beamten überzeugen, dass Sie im Recht sind. Hinter Ihnen bildet sich eine lange Schlange aus Wartenden, die langsam ungeduldig werden. Der Beamte wird nervös und reagiert barsch und will Sie auf einen anderen Termin vertrösten.
Instruktion: Formulieren Sie Ihr Anliegen klar und präzise und wiederholen Sie Ihre Forderung, wenn nötig. Lassen Sie sich auf keine Diskussionen ein. Reagieren Sie auch nicht auf die Bemerkungen der hinter Ihnen Wartenden. Ihre Position würde dadurch nur schwächer. Ist der Beamte nicht bereit, auf Ihre berechtigten Forderungen einzugehen, verlangen Sie, mit dem Vorgesetzten zu sprechen.

Situation: In Ihrer Familie fällt Arbeit an. Sie haben bereits den Ihnen zustehenden Teil übernommen. Ihr Ehepartner (Sohn, Tochter) hat sich bis jetzt um die Arbeit gedrückt. Sie bitten ihn (sie), die Arbeit zu übernehmen.
Instruktion: Bringen Sie zum Ausdruck, dass Sie es nur fair finden, wenn er (sie) jetzt diese Arbeit übernimmt, und beschreiben Sie Ihre Gefühle des Ärgers im Falle, dass er (sie) die Arbeit nicht übernehmen will. Zeigen Sie ihm (ihr), dass unkooperatives Verhalten die Partnerschaft bzw. das Familienleben belastet, indem Sie das Wort „Ich" benutzen und ihre Gefühle beschreiben. Sehen Sie ihn (sie) dabei an.

Situation: Sie bitten Ihren Partner, Freund, Freundin, Ehemann oder -frau, seine (ihre) Sachen bitte immer gleich aufzuräumen, statt sie unaufgeräumt in der Wohnung herumliegen zu lassen.

Instruktion: Statt anzuklagen, machen Sie den Unterschied in Ihren Gefühlen klar, der durch Aufräumen oder Nichtaufräumen ausgelöst wird. Sehen Sie Ihren Partner an und verwenden Sie so oft wie möglich das Wörtchen „Ich".

Bei dem letztgenannten Programm wird explizit vom Gruppensetting ausgegangen. Dieses empfiehlt sich insgesamt gegenüber der Vorgehensweise in der Einzeltherapie. Vorteile der Gruppe sind (nach Ullrich de Muynck & Ullrich, 1993):
- Die Gruppe stellt bereits einen sozialen Mikrokosmos dar und ist daher ein bereits der Realität angenähertes Übungsfeld.
- Erfahrene Akzeptanz durch Gruppenmitglieder ist überzeugender als die ausschließliche Akzeptanz durch den Therapeuten, da diesem unterstellt wird, dass seine Haltung auf seiner professionellen Rolle beruht.
- Gruppenteilnehmer dienen gegenseitig als Modelle. Diese Modelle sind, da sie als „bewältigende Modelle" anzusehen sind, bei den einzuübenden, mit hoher emotionaler Beteiligung einhergehenden Verhaltensweisen wirkungsvoller als das Modell des Therapeuten, der in diesem Zusammenhang eher als „meisterndes Modell" wahrgenommen wird.
- Gruppenteilnehmer bieten sich gegenseitig Hilfestellung und Entlastung im Sinne „geteilter Schicksale".
- Zur Übertragung auf den Alltag können für die Hausaufgaben die Gruppenteilnehmer gegenseitig als Therapiehelfer fungieren.
- Aus der Therapiegruppe heraus entsteht die Chance weiterer informeller Verbindungen zur Unterstützung und Aufrechterhaltung des im Training Erlernten.

Trainingsverfahren zur sozialen Kompetenz sind für die unterschiedlichsten Indikationsbereiche bedeutsam. So können sie sowohl bei Klienten mit sozialen Ängsten eingesetzt werden als auch bei psychiatrischen Patienten oder in der Behandlung von Klienten mit Abhängigkeiten von Suchtmitteln oder bei essgestörten Klientinnen. Ihr Charakter als Therapiebaustein bei Problemstellungen, in denen soziale Probleme nicht der zentrale Bestandteil der Problematik sind, sondern als Mitursache einer Hauptursache oder als Unterstützung für Rehabilitationsbemühungen zu sehen sind sowie ihre Konzeption als Trainingsverfahren mit einem hohen Standardisierungsgrad führt in der Praxis dazu, dass diese Verfahren konkret auch von Sozialpädagoginnen und Sozialpädagogen entweder im Rahmen co-therapeutischen Handelns oder als konkrete Verhaltensanleitung im Rahmen von Beratungssituationen angeboten und durchgeführt werden.

2.2.4 Operante Methoden

Verhalten wird in der Regel von Konsequenzen gefolgt, diese Konsequenzen wirken auf das gezeigte Verhalten zurück, indem sie eine wesentliche Bedingung dafür darstellen, ob dieses Verhalten zukünftig mehr oder weniger häufig unter vergleichbaren Umgebungsbedingungen gezeigt wird. So lässt sich in etwa in einem Satz die Kernaussage des operanten Konditionierens (Skinner, 1971) formulieren, das den Hintergrund dieser Methodengruppe bildet (s. Kap. 1.4.1.2; Schermer, 2005). Damit kommt gleichzeitig zum Ausdruck, dass immer dann, wenn in sozialen Situationen Reaktionen erfolgen, diese nicht ohne Einfluss auf die Verhaltensweisen der beteiligten Personen sind. Unter diesem Aspekt kommt dem Verhalten von Therapeuten oder Beratern bereits vor jeder spezifischen Intervention große Bedeutung zu. So können bereits in der Anamnese bestimmte Themenbereiche besonders hervorgehoben oder ausgeblendet werden, indem der Therapeut oder Berater entweder besonders auf sie eingeht, z.B. Einzelheiten erfragt, Blickkontakt intensiviert, nickt oder sie nur mit einem kurzen „Mh" quittiert und eher abwesend als im Kontakt zum Klienten ist. Operante Anteile sind demnach in therapeutischen Situationen immer wirksam, an dieser Stelle soll deren systematischer Einsatz kurz dargestellt werden. Zu unterscheiden ist entsprechend den unterschiedlichen Effekten von Verhaltenskonsequenzen zwischen Verfahren zum Verhaltensaufbau und solchen zum Verhaltensabbau.

Das allgemein zum Aufbau und zur Stabilisierung von Verhaltensweisen verwendete *Prinzip* ist das *der positiven Konsequenz*. Positive Konsequenzen sind die negative Verstärkung sowie die positive Verstärkung. Negative Verstärkung ist im therapeutischen Vorgehen als Technik eher nicht einzusetzen, da sie ja einen vorbestehenden aversiven Zustand voraussetzt, der zumeist erst herbeizuführen wäre. Die positive Verstärkung ist nicht einfach dem Begriff der Belohnung gleichzusetzen, verstärkende Stimuli lassen sich in der Regel nur empirisch bestimmen, indem ihre Wirkung auf das vorhergehende Verhalten untersucht wird. Ein Beispiel dafür, dass Lob nicht unbedingt ein Verhalten bestärken muss, zeigt die Wirkung, die ein Lob durch eine erwachsene Person, womöglich noch durch die eigenen Eltern, auf das Tragen eines bestimmten Kleidungsstückes bei einem Teenager hervorruft. Dennoch lassen sich prinzipiell bestimmte Verstärkerarten wie die primäre Verstärkung und die sekundäre Verstärkung durch materielle, soziale und Handlungsverstärker unterscheiden. Einige wichtige Hinweise für den Einsatz positiver Verstärkung hat Reinecker (1996) zusammengestellt. Er führt insgesamt sieben Punkte auf, die beachtet werden sollten.

1. Ausgangspunkt für die Anwendung positiver Verstärkung ist eine funktionale Analyse des Verhaltens und die in der Regel durch Beobachtung gewonnene Bestimmung relevanter Verstärker.
2. Als positive Verstärker eignen sich nicht nur primäre und sekundäre Verstärker, sondern auch solche, die aus Verhaltensweisen des Individuums selbst bestehen (Premack, 1965). Dabei handelt es sich um Verhaltensweisen, die spontan und häufig auftreten (z.B. Kaffee trinken, Fernsehen, Musik hören usw.). Das Identifizieren solcher Verhaltensweisen ist unter dem Begriff *Premack-Prinzip* bekannt.
3. Positive Verstärker sollten unmittelbar nach dem Zielverhalten verabreicht werden.
4. Der Zusammenhang zwischen einem gegebenen Verstärker und der Zielverhaltensweise sollte dem Individuum transparent sein.

5. Verstärker sollten zur Vermeidung von Sättigung möglichst variabel gegeben werden.
6. Beim Verhaltensaufbau sollen Verstärker kontinuierlich gegeben werden (sog. *Immerverstärkung*). Zur Stabilisierung des Verhaltens ist dann auf eine intermittierende Verstärkung überzugehen.
7. Das Zielverhalten selbst sollte selbstverstärkend werden bzw. die Kontingenzen der Umgebung sollten zu seiner Aufrechterhaltung beitragen. Zudem muss von der Fremdverstärkung auf die Selbstverstärkung übergegangen werden (nach Reinecker, 1996, S. 164).

Sind bestimmte Verhaltensweisen im Repertoire eines Individuums noch gar nicht vorhanden, wie es als therapiewürdiger Zustand häufig bei Menschen mit geistiger Behinderung anzutreffen ist, so können spezifische Techniken eingesetzt werden.

Shaping bezeichnet einen schrittweisen Verhaltensaufbau. Hierzu werden komplexe Verhaltensmuster in kleine Teilschritte zerlegt und jeweils erste Annäherungen an das Zielverhalten positiv verstärkt. Das Interesse für das Besteck durch einen geistig Behinderten wäre z. B. ein erster Schritt in Richtung auf das Zielverhalten „Essen mit Löffel". Dabei ist es erforderlich, dass die einzelnen Verhaltensschritte zum Erreichen des Zieles genau festgelegt und auch die Verstärkungsbedingungen genau definiert sind und eingehalten werden.

Beim *chaining* verfährt man praktisch umgekehrt, indem der letzte Bestandteil einer Verhaltenskette von der Person selbständig ausgeführt werden muss und sie dafür Verstärkung erhält. Der geistig Behinderte aus dem obigen Beispiel muss also den mit Nahrung gefüllten Löffel, den er in der Hand vor seinem Mund hat, selbständig in den Mund stecken und wird hierfür verstärkt. Damit wird von dem Prinzip Gebrauch gemacht, dass beim Erlernen komplexen Verhaltens die Belohnung üblicherweise nicht am Anfang, sondern am Schluss erfolgt. Der Verhaltensanteil, der selbständig erfolgen muss, wird dann immer weiter von rückwärts aufgebaut, also den gefüllten Löffel vom Teller zum Mund führen und in den Mund stecken, den Löffel selbst füllen, ihn zum Mund führen und in den Mund stecken usw., bis das Verhalten schließlich auf eine verbale Aufforderung hin wie „Nimm den Löffel!" ausgeführt werden kann.

Unter den Strategien *prompting* und *fading* sind zwei gegenläufige Vorgehensweisen zu verstehen. Unter *prompting* sind verbale Hinweise („Schau!") oder verhaltensbezogene Hilfestellungen gemeint, die die Aufmerksamkeit des Lernenden auf das erwünschte Verhalten lenken sollen. Beispiele für verhaltensbezogene Hilfestellungen wären Vormachen des Verhaltens oder das Verhalten zusammen mit dem Lernenden ausführen. Im obigen Beispiel könnte dies darin bestehen, dass der Löffel in die Hand des geistig Behinderten gegeben wird und der Anleiter diesem die Hand beim Essen führt. Beim *fading* werden diese Hilfen dann zusehends ausgeblendet und die selbständigen Ansätze zunehmend verstärkt, bis die Person auf die Reize reagiert, wie sie in der natürlichen Umgebung vorhanden sind (Anblick eines mit Essen gefüllten Tellers und des daneben liegenden Löffels).

Als Bedingungen für die Aufrechterhaltung des Verhaltens wurden bereits die Art des Zielverhaltens selbst, der Übergang von kontinuierlicher zu intermittierender Verstärkung sowie von Fremd- zur Selbstverstärkung genannt. Hierzu kommt noch bei entsprechenden Informationen aus der Bedingungsanalyse die Umstrukturierung sozialer Umgebungsbedingungen. Hier ist ein spezielles Tätigkeitsfeld für Sozialpädagoginnen und Sozialpädagogen in enger Zusammenarbeit mit Psychotherapeutinnen und Psychotherapeuten zu sehen, die allerdings ohne Kenntnis der oben genannten Therapiemethoden und der darauf ausgerichteten Intervention zur Veränderung von Umgebungsbedingungen nicht erfolgreich sein kann. Zur Veränderung von Umgebungs- oder Rahmenbedingungen zählt letztendlich auch die Arbeit mit den Personen aus der nächsten Umgebung, sei es in Form von Angehörigeninformation, Elterntraining oder Partner- und Familientherapie.

Methoden zum Verhaltensabbau sind dann oft unerlässlich, wenn Verhaltensweisen von Personen zu gravierenden Schädigungen anderer Personen führen würden (z.B. Verletzung anderer Kinder durch ein aggressives Kind) oder zu sehr einschneidenden Konsequenzen bei einer ausbleibenden Verhaltensänderung (Einweisung in ein Heim, obwohl eine intakte Familie gegeben ist). Über operante Verfahren wird Verhalten unterdrückt oder abgebaut, nicht jedoch verlernt. Verfahren der Bestrafung sollten daher immer mit dem gleichzeitigen Aufbau von zu dem bestraften Verhalten alternativen Verhaltensweisen über positive Verstärkung einhergehen (Reinecker, 1993). Zudem sind beim Einsatz von Bestrafungen die Ziel-Mittelrelation sowie ethische Prinzipien zu bedenken.

Die Methode der *direkten Bestrafung* besteht darin, dass ein aversiver Reiz verabreicht wird. Bedingungen für die Wirksamkeit dieser Vorgehensweise sind ein sofortiger und abrupter Einsatz des Strafreizes in seiner vollen Intensität, die von genügendem Ausmaß sein muss. Zu Beginn sollte analog dem Vorgehen bei der positiven Verstärkung der Strafreiz immer, später diskontinuierlich erfolgen (Reinecker, 1993). In der therapeutischen Praxis ist dieses Vorgehen eher selten anzutreffen, was nicht zuletzt auch darin begründet sein dürfte, dass die Gefahr dieses Vorgehens auch darin liegt, dass die bestrafende Instanz selbst, also der Therapeut, zum aversiven Reiz und damit vermieden wird. Es kommen daher eher die Bestrafungsverfahren der Löschung, des Verstärkerverlustes und der Auszeit zum Einsatz.

Löschung bedeutet, dass auf ein Verhalten, das bislang positiv verstärkt wurde, keine positiven Konsequenzen mehr folgen. Dies resultiert in einer Abnahme der Rate des entsprechenden Verhaltens. Als Voraussetzung für die Löschung gilt (Hautzinger, 1993):
- „Die verhaltenskontrollierenden positiven Konsequenzen des störenden Zielverhaltens müssen weitestgehend exakt identifiziert werden,
- die Vorenthaltung der positiven Konsequenzen muss alle Reizbedingungen erfassen sowie vor allem ausnahmslos und konsequent erfolgen" (S. 215).

Gerade in der Realisierung dieser Randbedingungen liegt die Schwierigkeit dieses Verfahrens. Besonders schwierig ist Löschung gerade dann anzuwenden, wenn verschiedene Verstärkungsquellen wirksam sind, die auf ein und dasselbe Verhalten unterschiedlich reagieren. Beispiel wäre das Personal einer Klinik, die auf andauerndes Jammerverhalten zum Teil mit Zuwendung, zum Teil mit Nichtbeachtung oder neutral reagiert, gelegentliche Besuche des Patienten sich bei hohem Leidensausdruck in ihrer Frequenz häufen. Der Einsatz von Löschungsbedingungen bedeutet daher in der Regel, dass eine Mitarbeit aller im Kontakt mit dem Betroffenen stehenden erforderlich und zu koordinieren ist. Dies betrifft sowohl etwaiges Behandlungspersonal, wie das private Umfeld. Eine weitere Schwierigkeit, die besonders in Zusammenhang mit der zweiten Rahmenbedingung gesehen werden muss, liegt im Verlauf des zu löschenden Verhaltens. Dieses nimmt nämlich nicht sofort ab, sondern in der Regel zunächst in der Auftretenshäufigkeit zu. Diese Zunahme ist daher kein Zeichen für den Misserfolg des Verfahrens und darf, hat man sich erst einmal für *Löschung* als Veränderungsmethode entschieden, nicht zu einem Wechsel des Verfahrens führen. Damit würden Bedingungen intermittierender Verstärkung hergestellt, die das unerwünschte Verhalten letztendlich stabilisieren. Die Geschwindigkeit, mit der Löschung wirksam werden kann, hängt dabei gerade auch von den Verstärkungsbedingungen, die das Verhalten bislang aufrechterhalten haben, ab. So ist ein bislang kontinuierlich verstärktes Verhalten schneller zu löschen, als ein intermittiert verstärktes Verhalten. Weitere Faktoren sind die Zeitdauer, über die das zu verändernde Verhalten bereits bestanden hat und die sich letztlich indirekt in der Vielfalt von Konsequenzen, die dieses Verhalten aufrechterhält, ausdrückt. Eine weitere wesentliche Bedingung für das Gelingen von Löschung ist das gleichzeitige Aufbauen von alternativen Verhaltensweisen (Hautzinger, 1993). Daher bedeutet Löschung nicht einfach eine Abwendung oder Brüskierung eines Patienten beispielsweise beim Ausdruck seines Leidens, wie dies häufig verstanden wird. Vielmehr soll auf z.B. für Therapie- oder Rehabilitationsbemühungen hinderliches Verhalten, wie permanentes Jammern und Klagen, Rückzug und nonverbales Schmerzverhalten, neutral reagiert und mit bewältigungsorientiertem Verhalten, wie Aufnahme von Aktivitäten und Einsatz von Bewältigungsstrategien zur Schmerzverarbeitung mit deutlich positiver Zuwendung geantwortet werden.

Verstärkerverlust oder response cost wird ein Bestrafungsverfahren genannt, in dem bereits erhaltene generalisierte Verstärker wie Geld oder *Tokens* als Konsequenz vorher festgelegter unerwünschter Verhaltensweisen wieder entzogen werden. Damit sind keine derartigen unerwünschten Effekte in Bezug auf die Therapeut-Klient-Beziehung zu erwarten wie bei der direkten Bestrafung. Als Voraussetzung für das Verfahren muss zunächst ein positiver, generalisierter Verstärker vorhanden sein. Gleichzeitig mit den Bedingungen, unter denen dieser entzogen wird, sind Bedingungen festzulegen, unter denen er wieder erworben werden kann. Der Verstärkerverlust soll zudem unmittelbar auf das unerwünschte Verhalten erfolgen. Damit ist dieses Verfahren als ein wesentlicher Bestandteil der unten noch zu beschreibenden Münzverstärkungssysteme anzusehen.

Beim Verfahren des *Time-out (Auszeit)* werden alle möglichen Verstärker des Problemverhaltens unerreichbar gemacht. Es wird dann eingesetzt, wenn aufgrund der Komplexität der Bedingungen die dem Problemverhalten folgenden Verstärkungen nicht identifiziert werden können. Bei diesem Verfahren ist die sofortige Anwendung nach dem Problemverhalten eine absolut notwendige Bedingung, da mit diesem Verfahren ja eine bis dahin noch nicht stattgefundene Verstärkung verhindert werden und nicht eine bereits erfolgte, wie beim *response cost* genommen werden soll. In der Regel wird beim *Time-out* die Person unmittelbar in eine reizarme Umgebung gebracht und dort für eine für das entsprechende Verhalten im Vorhinein definierte Zeitspanne belassen. Solche Verfahren sind institutionalisiert oft auf forensischen Stationen zu finden, für die als Voraussetzung der Durchführung ein *Isolierraum* zur Verfügung steht, der insbesondere bei massiven aggressiven Verhaltensäußerungen genutzt wird. Dieses Verfahren setzt, wie selbstverständlich bei allen anderen auch, eine sorgfältige Analyse der vom Individuum als verstärkend erlebten Konsequenzen voraus. Stellt für das Individuum die Isolierung eine Erleichterung dar oder wird es von ihm als Sonderbehandlung und damit „Auszeichnung" gegenüber anderen verstanden, so wird damit das unerwünschte Verhalten positiv verstärkt.

Aus dieser Aufstellung sollte deutlich geworden sein, dass auch Verfahren der Bestrafung wirkungsvolle Mittel der Verhaltensänderung darstellen. Entgegen ethischer Einwände, die Bestrafung von vornherein ausschließen, ist bei einer Analyse von Therapeut-Patienten-Interaktionen immer sowohl Belohnung als auch eine Form der Bestrafung, mindesten in Form der Löschung, festzustellen. Daher sollten sich Berater und Therapeuten über die entsprechenden Mechanismen immer im Klaren sein. Die systematische Anwendung von Bestrafung setzt ein mindestens ebenso großes Maß an sorgfältiger Planung und vor allem die sorgfältige Analyse des Verhaltens voraus, wie dies bei Verfahren der positiven Verstärkung nötig ist.

Als eigenständiges Verfahren, das unter den Begriff des Kontingenzmanagements eingeordnet ist, ist die Münzverstärkung oder *Token-economy* zu betrachten (Ayllon & Cole, 1993). Kontingenzmangement bezeichnet dabei den systematischen Einsatz der Darbietung bzw. Entfernung positiver oder aversiver Stimuli.

Voraussetzung für den Einsatz des Verfahrens der Token-economy vor allem im institutionellen Rahmen ist eine fundierte Reflexion und entsprechende Begründung der therapeutischen Zielvorstellungen, um einen missbräuchlichen Einsatz etwa zur Anpassung an herrschende Normsysteme zu verhindern (Reinecker, 1996). Die grundsätzliche Vorgehensweise folgt diesen Schritten (nach Ayllon & Cole, 1993):
- Auswahl und genaues Festlegen der Zielverhaltensweisen. Diese müssen für alle Beteiligten klar erkennbar sein.
- Festlegung der Tokens. Diese können in Chips, Karten, Münzen usw. bestehen. Für alle im Programm involvierten Personen müssen die Tokens zugänglich sein, um sofort eingesetzt werden zu können.
- Planung des Umtausches: Festlegung der Art der durch die Tokens zu erreichenden Verstärkung sowie die Anzahl der dafür einzusetzenden Tokens. Die festgelegten Verstärker dürfen nur durch die Tokens erreichbar sein. Günstig

ist eine Vielfalt an eintauschbaren Verstärkern aufzustellen, um Sättigung zu vermeiden. Des Weiteren ist festzulegen, wie viele Tokens für welche Verhaltensweisen in welcher Zeiteinheit zu erhalten sind. Hier sollte erwünschtes Verhalten, dass nur mit einer geringen Wahrscheinlichkeit auftritt, anfänglich durch eine relativ große Zahl Tokens verstärkt werden.
- Planung von Verfahren zur Überprüfung der Wirksamkeit des Tokensystems.

Im Vordergrund steht somit der Aufbau von neuem Verhalten. Soll dies einhergehen mit der Reduktion unerwünschten Verhaltens, so ist zusätzlich im Sinne des *response cost* festzulegen, wie viele Tokens das Auftreten unerwünschter Verhaltensweisen kostet. Die Vorgehensweise entspricht den für dieses Verfahren oben geschilderten Prinzipien.

Zur Festigung des Verhaltens und zur Ausblendung des Tokensystems dient zunächst einmal die Art des Zielverhaltens selbst. Dieses sollte für den Patienten auch außerhalb des Tokensystems in seiner Umwelt Bedeutung haben. Auf Seiten der Durchführungstechnik werden zum Zweck der Stabilisierung die Zeit zwischen Vergabe und Eintausch der Tokens verlängert, die Anzahl der zu erhaltenden Tokens für das Zielverhalten gesenkt oder der Tauschwert der Verstärker erhöht.

Als Beispiel sei ein Tokenprogramm bei einem Patienten mit einer neurologischen Störung angeführt. Dieser sollte aufgrund seiner aggressiven Verhaltensweisen, ausgelöst schon durch minimale Störungen oder auch nur kleine Verzögerungen in der Handreichung durch das Pflegepersonal, aus dem für ihn sonst eigentlich bestens geeigneten Pflegeheim in ein Heim für geistig Behinderte verbracht werden. Mit einem Tokenprogramm wurde das Alternativverhalten, nämlich die Selbstinstruktion „Ruhig Blut" und eine adäquate Bedürfnisäußerung aufgebaut. Hierzu standen dem Pflegepersonal rote und grüne Signalkarten zur Verfügung. Wurde der Patient in kritischen Situationen, z. B. im Speisesaal, beobachtet, in denen er Ruhe bewahrte, wurde ihm die grüne Karte gezeigt und er erhielt eine Spielzeugmarke. Zeigte er das unerwünschte Verhalten, wurde ihm die rote Karte gezeigt und direkt eine Marke eingefordert. Als Verstärker konnte sich der Patient hierfür entweder Zigaretten, einen Ausflug ins Gelände oder eine gemeinsame Aktivität mit einem Pfleger eintauschen. Diese Vorgehensweise und die Selbstinstruktion „Ruhig Blut" war dabei vorbereitend in Einzelsitzungen mit ihm ausführlich eingeübt worden. Nur mit Hilfe auch einer intensiven Informierung und Einbeziehung des Pflegepersonals, das immer wieder von neuem mit Vorgehensweise und Rational der Therapie vertraut gemacht werden musste und über erreichte Ziele auf dem Laufenden gehalten wurde, konnte schließlich die erwünschte Verhaltensweise stabil etabliert werden und der Verbleib des Patienten in seinem Pflegeheim gesichert werden.

2.2.5 Kognitive Verfahren

Kognitive Verfahren begründen sich aus der Annahme, dass die Prozesse des Denkens, des Bewertens von Vorstellungen, Erwartungen und Schlussfolgerungen einen besonderen Einfluss auf das Erleben und Verhalten und damit auch auf Entwicklung und Verlauf psychischer Störungen haben (Reinecker, 1996; Tuschen & Fiegenbaum, 1996). Sie zielen auf eine direkte Änderung der im oben (s. Kap. 1.4.3) im Rahmen des Systemmodells menschlichen Verhaltens nach Kanfer, Reinecker und Schmelzer (1996) beschriebenen β-Variablen. Es ist aber zu beachten, dass kognitive und Verhaltensprozesse nicht unabhängig voneinander sind, sie bedingen sich vielmehr gegenseitig. So sind, setzt man am Verhalten an, kognitive Prozesse immer mit einbezogen und unterliegen in der Konsequenz auch Veränderungen. Setzt man am Denken an, ist nach der oben bereits angeführten Auffassung die Verhaltensänderung direkt intendiert. Insofern ist „(v)erhaltenstherapeutisches Vorgehen (...) deshalb immer als kognitiv-verhaltenstherapeutisches Vorgehen zu sehen, ebenso wie kognitive Therapie immer verhaltenstherapeutische Ansätze besitzt (...)" (Reinecker, 1996, S. 171). Dies wird in folgender Abbildung veranschaulicht:

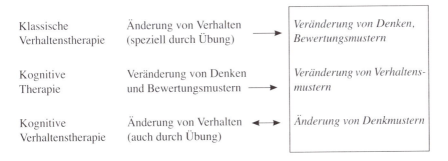

Abb. 15: Schwerpunkte und Zielsetzungen klassischer Verhaltenstherapie, kognitiver Therapie und kognitiver Verhaltenstherapie (nach Reinecker, 1996, S. 171)

Dieses Ineinandergreifen wurde bereits bei den oben geschilderten Therapietechniken deutlich, z. B. in dem Ansatz *kognitive Vorbereitung auf eine Exposition*. Im Folgenden werden die Vorgehensweisen geschildert, die sich auf die dargestellten kognitiven Modelle psychischer Störungen beziehen (s. Kap. 1.4.2). Diese werden ergänzt durch das Konzept der Stressimmunisierung nach Meichenbaum (1991) sowie den Ansatz des Problemlösetrainings (D'Zurilla & Goldfried, 1971).

2.2.5.1 Rational-emotive Therapie (RET) nach Ellis
Ausgangspunkt ist das Störungsverständnis von Ellis (1977), das folgendermaßen zusammengefasst werden kann: Es sind nicht die Dinge, die uns beunruhigen, sondern unsere Meinungen über und Beurteilungen der Dinge bereiten uns Probleme. Psychische Störungen sind demnach insoweit nicht gerechtfertigt, als sie sich auf verzerrte Wahrnehmungen, Fehlinterpretationen und vor allem unlogische Annahmen über Ereignisse und deren Folgen zurückführen lassen.

Daher besteht der therapeutische Ansatz darin, die irrationalen Aspekte des für das Erleben und Verhalten entscheidenden *belief systems* (B) (s. Kap. 1.4.2.1) zu verändern. Hierzu werden eine Reihe therapeutischer Verfahren eingesetzt (Walen, DiGiuseppe & Wessler, 1982):

- *Einführung in das Störungsmodell:* Der erste Schritt der Therapie besteht darin, dem Klienten das A-B-C-Modell der psychischen Störungen (s. Kap. 1.4.2.1) zu vermitteln.
- *Identifizierung der B's:* Neben den auslösenden Ereignissen und den gefühlsmäßigen Konsequenzen, die ebenfalls zu eruieren sind, liegt ein besonderes Gewicht auf dem Herausarbeiten der irrationalen Überzeugungen. Hierfür spielt die Technik des sokratischen Dialogs eine zentrale Rolle. Diese besteht darin, den Klienten über Fragen zur eigenen Entdeckung seiner zentralen Überzeugungsmuster zu führen.
- *Disputation:* Mit der Disputation sollen die irrationalen Bewertungs- und Überzeugungssysteme des Klienten infrage gestellt und durch angemessene ersetzt werden. Die Disputation kann kognitiv erfolgen, in der Vorstellung oder verhaltensorientiert. Bei der kognitiven Disputation ist wiederum der sokratische Dialog, aber auch eine Vielzahl weiterer Gesprächstechniken einzusetzen (Walen, DiGiuseppe & Wessler, 1982). Vorstellungstechniken wären das Hineinversetzen in die problematische Situation oder Bewältigungsverhalten in der Vorstellung. Die verhaltensorientierte Vorgehensweise besteht darin, dass der Klient die Aufgabe bekommt, sich genau entgegen seiner irrationalen Überzeugungen zu verhalten, um den tatsächlichen Effekt zu kontrollieren. So könnte er beispielsweise aufgefordert werden, einmal nicht überpünktlich zu einer Verabredung zu erscheinen oder einen Auftrag „zu vergessen", um zu überprüfen, ob seine Befürchtungen in Bezug auf die Folgen von Fehlern eintreten.

Hausaufgaben zählen schließlich ebenfalls noch zu den eingesetzten Verfahren; als Besonderheit ist zu nennen, dass im Rahmen der RET explizit die Arbeit mit Tonkassetten und das Durcharbeiten entsprechender Literatur für Hausaufgaben vorgesehen ist.

2.2.5.2 Die kognitive Therapie nach Beck

Das kognitive Vorgehen bei Beck (1976) ist dem Vorgehen bei Ellis vergleichbar, wurde aber speziell für die Therapie affektiver Störungen entwickelt. Hintergrund stellt das Modell dar, dass affektive Störungen, insbesondere Depression, auf typische Denkmuster zurückzuführen sind. Diese umfassen eine negative Sichtweise von sich selbst, der Umwelt und der Zukunft. Dieses von Beck (1967) als kognitive Triade bezeichnete Denkmuster steht im Zentrum des Veränderungsansatzes, der auf die Korrektur der diese Sichtweisen begünstigenden Denkfehler abzielt, wie z.B. eingeengte Wahrnehmung, willkürliche Schlussfolgerung, Übergeneralisierung usw. (Beck, Rush, Shaw & Emery, 1992). Hier werden einige wesentliche Elemente aus dem bei Beck et al. (1992) sowie bei Hautzinger (1998) ausführlich dargestellten Konzept skizziert.

- *Überwinden von Inaktivität:* Es sollen kleine Aufgaben selbständig durchgeführt und in eine Tages- und Wochenstruktur eingebaut werden, um Möglichkeiten der Verstärkung zu schaffen sowie eine Veränderung der Selbstbetrachtung einzuleiten.
- *Differenzierungslernen hinsichtlich Aktivitäten:* Klienten sollen zwischen Aufgaben, die sie erfüllen können und solchen, die ihnen auch eine gewisse und wenn auch nur minimale Freude machen können, unterscheiden lernen. Dies trainiert die Flexibilität der Wahrnehmung.
- *Registrieren und Verändern automatischer Gedanken:* Unter automatischen Gedanken sind innere Selbstgespräche zu verstehen, die in der Regel unmittelbar vorhanden sind, plausibel erscheinen und sehr rasch ablaufen. Daher ist es häufig erforderlich, diese Gedanken über Imaginationstechniken, in denen eine auslösende Situation in der Vorstellung wachgerufen wird, zu aktualisieren. Selbständig kann dies vom Klienten in Form eines Tagesprotokolls negativer Gedanken geleistet werden, in dem die auslösenden Situationen, die begleitenden Gefühle und die dabei aufgetretenen automatischen Gedanken niedergelegt werde. Die Veränderung kann dann über eine sogenannte *Zwei-Spalten-Technik* erfolgen, d.h., jedem schriftlich fixierten negativen Gedanken wird ein neutraler oder sogar förderlicher rationaler Gedanke gegenübergestellt. In einem nächsten Schritt lässt sich diese Technik auf eine *Fünf-Spalten-Technik* erweitern, die die auslösende Situation, die begleitenden Gefühle und deren Intensität, die automatischen Gedanken, die alternativen rationaleren Gedanken und das sich auf der Gefühlsebene einstellende Ergebnis dieser Gedanken enthält.
- *Kognitives Neubenennen:* In diesem Schritt wird der Realitätsgehalt von Kognitionen überprüft, eine Reattribuierung vorgenommen und alternative Erklärungen für Ereignisse gesucht. Reattribuierung bedeutet, dass der Klient lernt, das meist vorherrschende Muster von Ursachenzuschreibungen zu ändern, nämlich Misserfolge als von ihm selbst verursacht und Erfolge durch andere oder durch Zufall bedingt anzusehen.

Schon aus dieser Skizzierung des Verfahrens sollte deutlich geworden sein, dass auch bei diesem Vorgehen Verfahren, die in ihrem Schwerpunkt auf der kognitiven Ebene ansetzen mit solchen, die sich eher am konkreten Verhalten orientieren, verbunden sind.

2.2.5.3 Das Stressimpfungstraining nach Meichenbaum

Eine auf verdeckte Selbstverbalisation gegründete Vorgehensweise stellt Meichenbaum mit dem von ihm entwickelten Stressimpfungstraining vor, das 1991 auch in deutscher Übersetzung erschienen ist. Das Training zielt auf die Bewältigung allgemeiner Stress- und Belastungssituationen ab und ist daher leicht für spezielle Anwendungsgebiete, wie z.B. die Bewältigung von Schmerzattacken im Rahmen rheumatischer Erkrankungen (Jungnitsch, 1992) zu adaptieren. Das Training beinhaltet drei Schritte, die in der Regel durch ein Entspannungstraining, meist die progressive Muskelentspannung, ergänzt werden. Die drei Schritte des Trainings sind:

- die Informations- oder Unterrichtsphase,
- die Übungsphase,
- die Anwendungsphase.

In der *Informationsphase* werden die aufgetretenen Probleme analysiert und über ein Erklärungsmodell, dass die prinzipielle Änderungsmöglichkeit der Reaktion des Klienten beinhaltet, eine *Reformulierung der Stressreaktion* (Meichenbaum, 1991, S. 53) eingeleitet. Die angebotenen Erklärungsmodelle können dabei je nach der Problemsituation variieren, z.B. ist bei chronischen Schmerzen das Modell von Melzack und Wall (1966) geeignet. Für die Auswahl des entsprechenden Modells ist dabei weniger dessen wissenschaftliche Güte ausschlaggebend, als vielmehr dessen Glaubwürdigkeit und Plausibilität für den Klienten und die leicht nachvollziehbare Ableitung von Interventionen zur Veränderung (Meichenbaum, 1991).

In der *Übungsphase* wird das Stressereignis in mehrere Phasen aufgegliedert und bisherige negative mit bewältigungsorientierten Selbstinstruktionen verglichen, um letztere dann in individualisierter Form einzusetzen. Gerade am Anfang ist es hilfreich, diese Aussagen schriftlich zu fixieren und sie jederzeit greifbar mit sich zu tragen. Die Phasen, für die entsprechende Selbstinstruktionen formuliert werden, sind (nach Meichenbaum, 1991):

- Vorbereitung auf den Stressor,
- Konfrontation und Bewältigung des Stressors,
- Bewältigung von Überforderungsgefühlen,
- Evaluation der Bewältigungsanstrengung und Selbstverstärkung.

Als Beispiel hierzu konkrete Selbstinstruktionen zur Bewältigung einer Schmerzattacke (Köhler, 1982):

- Zur Vorbereitung: Was hast Du zu tun? Entwickle einen Plan, wie Du mit dem Schmerz zurechtkommen kannst.
- Zur Konfrontation: Du kannst der Herausforderung durch den Schmerz entgegentreten. Entspanne Dich, atme tief durch.
- Zum Überforderungsgefühl: Du solltest erwarten, dass die Schmerzen noch zunehmen. Versuche, dass sie für Dich handhabbar bleiben. Denke daran, dass Du die Kontrolle über das Geschehen hast.
- Zur Selbstverstärkung: Du bist sehr gut mit Deinem Schmerzproblem umgegangen. Prima, du kannst von Mal zu Mal dazulernen.

Es ist nochmals zu betonen, dass es bei diesem Training nicht darum geht, standardisierte Formeln zu benutzen, sondern die jeweils für den betroffenen Klienten geeigneten und für ihn glaubwürdigen und hilfreichen herauszuarbeiten.

In der *Anwendungsphase* soll der Klient unter weiter bestehender Unterstützung durch den Therapeuten die Selbstinstruktionen in realen Situationen erproben. Dies kann durch Erprobungen in der Vorstellung oder auch in Rollenspielen vorbereitet werden. Gerade diese Anwendungsphase stellt dabei den entscheidenden Schritt für die von Meichenbaum (1991) angenommene immunisierende Wirkung des Trainings dar.

2.2.5.4 Training in Problemlösen

Ein Training im Problemlösen stellt eine Art Meta-Strategie für die Bewältigung neuer und überraschender Probleme dar und kann daher auch als Angebot ganz unabhängig vom beklagten Problem eines Klienten eingesetzt werden (Hautzinger, 1996). Nach D'Zurilla und Goldfried (1971) lassen sich für den Problemlöseprozess fünf Schritte formulieren:

- *Allgemeine Orientierung:* Eine Situation muss als Problem erkannt und beschrieben werden. Probleme, an die lösungsorientiert herangegangen werden soll, müssen von nicht veränderbaren Tatsachen unterschieden werden.
- *Beschreibung und Definition des Problems:* Hier sind die Ausgangssituation, das erstrebte Ziel und die Hindernisse, die zwischen der Ausgangssituation und dem Ziel liegen, zu analysieren und zu beschreiben. Gelingt dies präzise, ist damit oft schon eine Problemlösung erreicht.
- *Erarbeiten von Lösungswegen und Alternativen:* Es sollen möglichst viele Lösungswege im Sinne eines Brainstormings erarbeitet werden. Dabei geht es zunächst nur um denkbare Strategien, die noch nicht bewertet werden und möglichst ungewöhnlich sowie vielfältig sein sollen.
- *Entscheidung für Alternativen:* Kurz- und langfristige Folgen sind herauszuarbeiten und zu bewerten. Die Bewertung wird sowohl hinsichtlich der positiven oder der negativen Bedeutung der Konsequenzen als auch hinsichtlich der Wahrscheinlichkeit, mit der eine Konsequenz eintreffen kann, getroffen.
- *Ausführung und Überprüfung:* Die aufgrund der vorangegangenen Schritten ausgewählte Lösungsmöglichkeit ist nun in jedem Falle zu realisieren und hinsichtlich ihrer Effektivität einzuschätzen. Bei unbefriedigendem Ausgang können Modifikationen vorgenommen oder auf eine der verbliebenen Lösungsmöglichkeiten zurückgegriffen werden. Auch hier kann die Umsetzung wieder in der Therapiesituation vorbereitet werden.

Eine ausführliche Darstellung des Problemlösungsprozesses als Therapie findet sich bei Kanfer, Reinecker und Schmelzer (1996), wobei dort auch wertvolle Hinweise für den Einsatz von Problemlösen als kognitive Interventionstechnik zu finden sind.

In dem vorstehenden Kapitel wurden einige auch für Sozialpädagogen wichtige Verfahren der Verhaltenstherapie dargestellt. Sie sind insofern als bedeutsam auch für diesen Interessentenkreis anzusehen, als sie vielfach nicht nur innerhalb einer komplexen Therapie, sondern als wertvolle Strategien im Rahmen von Beratung anzuwenden sind. Dies gilt für die Verfahren der verhaltensbezogenen Modifikation ebenso wie für die kognitiven Verfahren, insbesondere dann, wenn diese als Trainingsprogramme konzipiert sind. Den angeführten Verfahren gemeinsam ist, dass sie hinsichtlich ihrer Effektivität empirisch überprüft wurden. Ausführlichere Darstellungen und weitere Verfahren, insbesondere auch Ergebnisse aus zu den Vorgehensweisen durchgeführten Untersuchungen finden sich bei Fliegel, Groeger, Künzel, Schulte und Sorgatz (1993), vor allem aber in Band 1 des Lehrbuchs der Verhaltenstherapie, das 1996 von Margraf herausgegeben wurde und mittlerweile in dritter Auflage (Margraf & Schneider, 2009) vorliegt. Eine Überblicksdarstellung mit einer kurzgefassten Beschreibung einer Vielzahl verhaltenstherapeutischer Verfahren findet sich in dem von Linden und Hautzinger (2008) bereits in der 6. Auflage herausgegebenen *Verhaltenstherapiemanual*. Die inzwischen breiten Einsatzmöglichkeiten sowie die empirische Absicherung der kognitiven Verfahren sind in dem von Hautzinger (1998) herausgegebenen Sammelband dargestellt.

3 Störungsspezifische Betrachtungsweise

In diesem Kapitel werden exemplarisch einige der in der Praxis häufig anzutreffenden psychischen Störungen geschildert. An einem Fallbeispiel, dass in der Regel aus der eigenen Praxis oder aus Supervisionsfällen gewonnen wurde, wird zunächst die entsprechende Störung an einer individuellen Beschreibung illustriert. In dieser Beschreibung werden gegebenenfalls gleichzeitig Bedingungen dargestellt, die Hinweise auf die Entstehung der Störung, Motivation zur Behandlung und Planung individueller Behandlungsschritte auf der Grundlage der funktionellen Analyse und der Bedingungsanalyse geben. Auf der Grundlage des ICD-10, Kapitel V (F), Klinisch-diagnostische Leitlinien (Dilling, Mombour & Schmidt, 1993) werden dann allgemein die für die Zuordnung zu dieser Kategorie relevanten diagnostischen Leitlinien dargestellt. Für jede der beschriebenen Störungen sind in der Regel eine Vielzahl von speziellen Störungsmodellen entwickelt worden, hier wird in der Regel ausschließlich das Modell skizziert, dass die Grundlage für eine verhaltenstherapeutische Herangehensweise bildet. Dabei handelt es sich häufig um lerntheoretische bzw. kognitiv-verhaltenstherapeutische Störungskonzepte. Deren allgemeine Struktur ist der Ausgangspunkt der Gültigkeit lerntheoretischer Modelle sowohl für normales als auch gestörtes Verhalten. Ausführliche Übersichten und Darstellungen weiterer auf die jeweiligen Störungen bezogenen Modelle sind z. B. bei Davison, Neale und Hautzinger (2007), Reinecker (1998), Baumann und Perrez (1998), Hahlweg und Ehlers (1997) oder auch Köhler (1998) zu finden. Schließlich werden noch Behandlungsansätze skizziert und, wo sinnvoll und möglich, spezielle Hinweise zum Aufgabenbereich von Sozialpädagogen und -pädagoginnen gegeben.

3.1 Alkoholismus

Der gängige Begriff des Alkoholismus oder der Alkoholkrankheit ist in der ICD-10 nicht mehr enthalten. Diese Störung ist der Kategorie „Psychische und Verhaltensstörungen durch psychotrope Substanzen" (ICD-10, S. 87, Codegruppe F 1) zugeordnet. Vergleicht man die Zahl Abhängiger bezüglich verschiedener Substanzen miteinander, so stellt die Gruppe der Alkoholabhängigen mit ca. 2,5 Millionen die größte dar, gefolgt von Medikamentenabhängigen mit bis zu 1,2 Millionen. Eine zumindest vergleichsweise geringe Zahl von Personen ist mit ca. 105 000 Abhängigen bei illegalen Drogen festgestellt, wobei sich die letztgenannte Zahl nur auf die alten Bundesländer bezieht (Bühringer, 1996). In einer Übersicht zu epidemiologischen Zahlen kommen Küfner und Bühringer

(1997) in Bezug auf den Alkoholismus zu einer Größenordnung von 3,2 bis 3,5 Millionen Betroffenen in der gesamten Bundesrepublik, wobei in dieser Zahl nicht zwischen Missbrauch und Abhängigkeit differenziert wird.

3.1.1 Falldarstellung

Der 30-jährige Herr Z. hat bereits zwei Entgiftungen hinter sich, als er sich entschließt, eine stationäre Therapie zu versuchen. Dieser Entschluss ist auf den Druck seiner Arbeitskollegen und seines Arztes hin zustande gekommen, die ihn massiv zur Rede gestellt und mit seinem Alkoholkonsum konfrontiert hatten. Zudem ist er gesundheitlich sehr angegriffen, er verträgt fast kein Essen mehr und erbricht morgens nach dem Aufstehen Blut. Kontakt mit Alkohol hat er schon sehr früh gehabt. Bereits als Achtjähriger hat er für seinen Vater immer Bier und Zigaretten besorgen müssen und dabei immer selbst vom Bier getrunken. Sein Vater hatte nichts dagegen, da er auch sehr viel trank, vermutlich auch infolge seines Alkoholkonsums verstarb er schon mit 52 Jahren. Seinen ersten Rausch hatte Herr Z. mit neun Jahren, als ihm der Vater zu Silvester Schnaps zu trinken gegeben hatte. In der Schule freundete er sich mit einem Mitschüler an, der in einer Clique war, die immer sehr viel Alkohol getrunken hat. Da er eigentlich große Schwierigkeiten hatte, frei und ungehemmt mit anderen, vor allem Mädchen, umzugehen, trank auch er sehr schnell mit. Hatte er getrunken, fühlte er sich ganz toll und fand problemlos Kontakt zu den anderen in der Gruppe. Um akzeptiert zu sein, musste er nur genügend trinken, damit konnte er den anderen sogar imponieren. Am Wochenende schaffte er leicht an die 15 Bier, unter der Woche in der Lehre trank er weniger. Mit seinem Beruf als Metzger war er unzufrieden. Es gelang ihm, eine Umschulung in einen technischen Beruf zu erhalten, davor war er aber längere Zeit arbeitslos. Obwohl er den Kontakt zu seiner ehemaligen Clique verloren hatte, trank er weiter. Während der Zeit der Arbeitslosigkeit waren es regelmäßig 20 Bier am Tag, die er während der Umschulung auf zehn Flaschen reduzieren konnte. Zu dieser Zeit brauchte er aber schon regelmäßig morgens ein bis zwei Bier, um die Umschulung durchzustehen. Da allmählich Probleme mit dem Magen auftraten, schickte ihn sein Hausarzt zu einer Entgiftung ins Krankenhaus. Danach dachte er, wieder gesund zu sein und trank einfach weiter. Schon nach einem Jahr stellten sich die gleichen Probleme wieder ein, so dass er zum zweiten Mal eine Entgiftung machte. Während der ganzen Zeit arbeitete er mehr oder weniger regelmäßig, da er nach seiner Umschulung gleich einen Arbeitsplatz in seiner Heimatgemeinde im Bauhof bekommen hatte. Nach der zweiten Entgiftung konnte er auch mehrere Wochen ohne Alkohol auskommen, doch die Gruppe, mit der er zu dieser Zeit Kontakt hatte, hänselte ihn ständig, da er nichts trank, und so fing er schließlich wieder mit dem Trinken an, um nicht zum Außenseiter zu werden. Diesmal steigerte sich jedoch sein täglicher Konsum gegenüber früher. Zu den 20 Bier am Tag kam noch mindestens eine halbe Flasche Wodka hinzu. Da er nicht wollte, dass seinen Arbeitskollegen sein dauerndes Trinken auffällt, ging er dazu meist auf die Toilette. Außerdem kam er schon vor den anderen zur Arbeit, da er ohnehin nicht mehr schlafen konnte und versteckte sich seinen Tagesvorrat. Schließlich konnte er den Alkoholgeruch aber nicht mehr durch Rasierwasser und Mundspray übertünchen, und außerdem machte er zunehmend mehr Fehler bei der Arbeit. Dies war dann letztendlich der Grund, warum ihn seine Kollegen und der Chef zur Rede stellten und er vor die Wahl gestellt wurde, entweder eine Therapie zu machen oder den Arbeitsplatz zu verlieren.

3.1.2 Diagnostische Leitlinien – Symptomatik

Da die hier relevante Kategorie des ICD-10 sich allgemein auf psychische und Verhaltensstörungen durch psychotrope Substanzen bezieht, ist zunächst die verwendete Substanz zu identifizieren. Dies kann aufgrund der Patientenangaben oder objektiver Nachweismethoden erfolgen, wobei empfohlen wird, den Nachweis aus mehreren Quellen zu erlangen.

Die zu klassifizierenden psychischen Störungen betreffen die akute Intoxikation, den schädlichen Gebrauch, das Abhängigkeitssyndrom, das Entzugssyndrom, das Entzugssyndrom mit Delir, die psychotische Störung, das amnestische Syndrom, den Restzustand und die verzögert auftretende psychotische Störung sowie sonstige und nicht näher bezeichnete psychische Verhaltensstörungen (F1x.0–F1x.9; x bezeichnet dabei die verwendete Substanz). Bei Personen, die z. B. einen Berater konsultieren oder zu einer solchen Konsultation veranlasst werden, steht in der Regel die Differenzierung zwischen „Missbrauch" und „Abhängigkeit" im Vordergrund. Daher sollen hier die Kategorien F10.1 (schädlicher Gebrauch von Alkohol) und F10.2 (Abhängigkeitssyndrom bei Alkohol) herausgegriffen und beschrieben werden.

Der *schädliche Gebrauch von Alkohol* ist dann festzustellen, wenn Konsum vorliegt, der gesundheitsschädigend wirkt. Dies kann sowohl eine körperliche (z. B. eine Leberentzündung) als auch eine psychische Störung (z. B. depressive Episode) sein. Als Leitlinien (ICD-10, S. 92) sind angegeben:
- Das Vorliegen einer tatsächlichen Schädigung der physischen oder psychischen Gesundheit.
- Häufige Kritik des Konsumverhaltens durch andere und unterschiedliche negative soziale Folgen. Die Ablehnung des Konsumverhaltens oder von Alkohol durch andere Personen, selbst durch eine ganze Gesellschaft, ebenso wie das Eintreten negativer sozialer Folgen, wie z. B. Eheprobleme, sind kein Beweis für den schädlichen Gebrauch.
- Eine akute Intoxikation oder Nachwirkungen des Gebrauchs (Kater) beweisen allein noch nicht den Gesundheitsschaden, der für die Diagnose „schädlicher Gebrauch" erforderlich ist.

Beim *Abhängigkeitssyndrom* gilt als wesentliche Charakteristik aktueller Konsum oder der starke Wunsch danach. Dieser innere Zwang zum Konsum wird meist erst bei Versuchen, den Konsum zu kontrollieren oder zu beenden, bewusst. Als diagnostische Leitlinien wurden sechs Punkte angegeben, von denen drei oder mehr während des vergangenen Jahres gleichzeitig vorhanden sein müssen, um eine Abhängigkeit sicher zu diagnostizieren (ICD-10, S. 92–93):

- Vorhandensein eines starken Wunsches oder einer Art Zwang, Alkohol zu konsumieren.
- Verminderte Kontrollfähigkeit bezüglich Beginn, Ende und Menge des Konsums.
- Ein körperliches Entzugssyndrom bei Beendigung des Konsums, das durch für Alkoholentzug spezifische Symptome oder durch die Aufnahme von Alkohol oder verwandter Substanzen zur Milderung oder Vermeidung von Entzugssymptomen nachgewiesen wird.
- Nachweis einer Toleranz. Um die ursprünglich durch niedrige Alkoholmengen hervorgerufene Wirkung zu erzielen, ist die Konsummenge kontinuierlich zu steigern. Toleranz liegt eindeutig vor, wenn die verbrauchten Tagesdosen bei nicht abhängigen Personen zu schwersten Beeinträchtigungen oder sogar zum Tode führen würden.
- Eine fortschreitende Vernachlässigung von Interessen oder Vergnügen für den Konsum von Alkohol, ein erhöhter Zeitaufwand für die Beschaffung und den Konsum sowie längere Erholungszeiten von den Folgen des Konsums.
- Der Konsum bleibt bestehen, obwohl eindeutig schädliche Folgen, z. B. eine Leberschädigung, nachgewiesen sind und sich der Konsument über Art und Ausmaß der Folgen im Klaren ist.

3.1.3 Erklärungsmodell

In diesem Modell werden Erstkonsum, die Entwicklung des Missbrauchsverhaltens sowie die Frage des Rückfalls thematisiert (Bühringer, 1996). Demnach spielen für den Erstkonsum verschiedene Rahmenbedingungen, wie die leichte Erreichbarkeit der Substanz, die soziale Bezugsgruppe und deren Umgang mit der Substanz ebenso wie weitere Modelle, bei denen eine positive Wirkung wahrgenommen wird, eine Rolle. Eine wichtige Rahmenbedingung für die Entwicklung des Missbrauchsverhaltens stellt das Alter des Konsumenten dar. So ist die Entwicklung von Missbrauchsverhalten eher bei Personen unter 20 Jahren zu erwarten, über diesem Alter ist dies unwahrscheinlicher (Bühringer, 1996). Zur Entwicklung des Missbrauchsverhaltens ist zunächst zu rechnen, dass sich ein Gebrauchsmuster etabliert. Alkohol wird aus der Erfahrung positiver Konsequenzen, etwa dem Wegfall von Kommunikationshemmungen oder der Reduktion von Spannung heraus (negative Verstärkung) konsumiert. Treten bei längerer Dauer dieses Musters dann Abhängigkeitserscheinungen auf, so lösen diese selbst den Konsum aus, der wiederum negativ durch die Beendigung der Entzugssymptome verstärkt wird. Schließlich wird das gesamte

Verhalten auf die Sicherstellung der Versorgung mit der Substanz abgestellt. Für den Rückfall wird die klassische Konditionierung als Erklärungskonzept herangezogen. Danach können ehemals mit dem Alkoholkonsum verbundene situative Reize, z.B. bestimmte Plätze, Alkoholmarken usw. das Trinkverhalten wieder auslösen, indem ein außerordentlich starkes Bedürfnis nach Alkoholkonsum ausgelöst wird (*craving*). Ebenfalls klassisch konditioniert können Entzugserscheinungen sein, deren Auftreten ebenfalls zu erneutem Alkoholkonsum führen kann. Gerade die weitere Entwicklung aus einem Rückfall heraus wird aber durch kognitive Faktoren bestimmt, etwa die Möglichkeit, Problemlösestrategien erneut zu aktivieren oder die Bewertung eines einmaligen Rückfalls in Bezug auf die Fähigkeit, weiterhin Kontrolle ausüben zu können oder nicht.

3.1.4 Interventionen

Die Behandlung des Alkoholismus kann über Beratungsstellen Fachkliniken und Selbsthilfegruppen erfolgen (Küfner & Bühringer, 1997). Je nach dem Behandlungsrahmen werden mit unterschiedlicher Gewichtung folgende Therapieelemente eingesetzt (Kryspin-Exner, 1998):
- Sport und Bewegungstherapie, Aufbau gesundheitsrelevanter Einstellungen und Verhaltensweisen
- Information über Kennzeichen, Ursachen und Folgen von Abhängigkeitserkrankungen
- Gruppentherapien mit dem Ziel der Förderung von Krankheitseinsicht und Therapiemotivation
- Indikative Gruppen, die Themen betonen, die in Zusammenhang mit der Abhängigkeit stehen, wie soziale Kompetenz, sinnvolle Freizeitgestaltung, Genuss, Stressbewältigung usw.
- Einzelberatung und Therapie
- Arbeits- und Beschäftigungstherapie
- Ergotherapie
- Angehörigenseminare
- Nachsorge durch Selbsthilfegruppen

Bei verhaltenstherapeutischer Orientierung ist im Rahmen der Einzelberatung das gemeinsame Erarbeiten der Verhaltensanalyse nicht nur als diagnostisches Vorgehen zu sehen, sondern stellt ein Verfahren zur Motivierung des Patienten dar. Er kann daraus die auslösenden und aufrechterhaltenden Bedingungen erkennen, die einerseits über indikative Gruppen oder den Einzelkontakt angegangen werden können und andererseits bereits für die Rückfallprophylaxe wesentlich sind. Sozialpädagoginnen und -pädagogen können vor allem in den gruppenbezogenen Therapieelementen beteiligt sein, im Rahmen von Beratung auch im Einzelkontakt.

3.2 Schizophrenie

Das Krankheitsbild der Schizophrenie ist außergewöhnlich facettenreich und gleichzeitig mit so vielen Fehlinformationen und Vorurteilen behaftet wie kaum ein anderes (Watzl & Rist, 1997). Dabei stellt die Schizophrenie unter den psychiatrischen Erkrankungen mit einem Anteil von 4,6 % eine der häufigsten dar (Rey & Thurm, 1998). Das Krankheitsrisiko beträgt weltweit ca. 1 % der Bevölkerung (Krämer & Möller, 1998). Die Inzidenzrate liegt bei der Verwendung enger diagnostischer Kriterien bei 0,1 pro Tausend (Rey & Thurm, 1998), wenngleich Ausnahmen in punktuell höheren Inzidenzraten zu beobachten sind (Watzl & Rist, 1997). Die Geschlechterverteilung für die Erkrankung ist in etwa gleich, Unterschiede scheint es bezüglich der sozialen Schichten und des sozialen Umfeldes zu geben. Häufiger kommen Patienten aus unteren sozialen Schichten sowie Industriezentren großer Städte. Diese sozialen Faktoren sind jedoch nicht gleichzusetzen mit ursächlichen Bedingungen (Rey & Thurm, 1998).

3.2.1 Falldarstellung

Die 19-jährige Schülerin kommt auf Drängen ihrer Mutter. Sie selbst fühlt sich zwar in letzter Zeit nicht so gut wie früher, hält aber keine Therapie für nötig. Was sie stört ist, dass sie oft unkonzentriert ist. Einmal hat sie sogar plötzlich nicht mehr gewusst, wie sie zur Schule kommt und musste ihr Auto am Straßenrand parken und sich ganz bewusst konzentrieren, um sich wieder an den Weg zu erinnern. Auch ihre schulischen Leistungen haben nachgelassen, da sie dem Unterricht oft nicht mehr folgen kann und mit ihren Gedanken ganz woanders ist. Ihre Freunde versuchten sie immer wieder aufzumuntern und zu unterstützen, aber sie hatte auch gar keine Lust mehr auf gemeinsame Unternehmungen. Sie selbst führt das auf das Ende einer Beziehung zu einem Jungen zurück, das sie selbst herbeigeführt hatte. Er hatte sie, nachdem sie sich ein halbes Jahr kannten und sich auch ineinander verliebt hatten, zunehmend bedrängt, mit ihm zu schlafen. Dies war für sie eine völlig unzumutbare Forderung, da sie auf eine Klosterschule geht und ihren Glauben aktiv lebt. Daher kommt für sie Geschlechtsverkehr vor der Ehe auf keinen Fall infrage. Das beständige Drängen ihres Freundes, so sagt sie, habe sie sehr enttäuscht, schließlich habe sie sich zwischen ihrem Glauben und ihm entscheiden müssen und letztendlich auch das Richtige gewählt. Seither wisse sie, dass sie eine Auserwählte sei, die den Glauben wieder in die Welt bringen müsse. Dies sei ihr besonders dadurch klar geworden, dass ihr Maria regelmäßig erscheine und ihr genaue Anweisungen gebe, was sie nun tun müsse. Dies geschehe allerdings immer nur abends in ihrem Zimmer, das sie daher auch nicht mehr verlassen möchte, da sie fürchte, diese Begegnung zu versäumen. Ein Psychologe sei daher weder der richtige Gesprächspartner für diese Thematik noch brauche sie irgendetwas zu ändern, vielmehr müsse sie abwarten, bis sie die ganz konkreten Anweisungen habe, was sie zur Änderung der sündigen Welt unternehmen müsse. Auch mit Priestern könne sie darüber nicht sprechen, da auch diese nicht von dem reinen Glauben seien, der dazu nötig wäre, ihr zu folgen.

Diagnose
Paranoide Schizophrenie; ICD-10: F20.0

3.2.2 Diagnostische Leitlinien – Symptomatik

Es sollen hier die für die Gesamtkategorie der Schizophrenie, die die erste Unterkategorie der Gruppe „Schizophrenie, schizotype und wahnhafte Störungen" (ICD-10; F20–F29) bildet, angeführte Definition sowie die diagnostischen Leitlinien dargestellt werden. Für die Untergruppen der Schizophrenie, wie z. B. der paranoiden Schizophrenie (F20.0), der hebephrenen Schizophrenie (F20.1) oder der Schizophrenia simplex (F20.6), um die wohl bekanntesten zu nennen, sind dann hierzu Spezifizierungen angegeben (siehe ICD-10, S. 106–112).

Die definitorische Beschreibung lautet folgendermaßen: „Die schizophrenen Störungen sind im Allgemeinen durch grundlegende und charakteristische Störungen von Denken und Wahrnehmung sowie inadäquate oder verflachte Affektivität gekennzeichnet. Die Klarheit des Bewusstseins und die intellektuellen Fähigkeiten sind in der Regel nicht beeinträchtigt. Im Laufe der Zeit können sich jedoch gewisse kognitive Defizite entwickeln. Die Störung beeinträchtigt die Grundfunktionen, die dem normalen Menschen ein Gefühl von Identität, Einzigartigkeit und Entscheidungsfreiheit geben. Die Betroffenen glauben oft, dass ihre innersten Gedanken, Gefühle und Handlungen anderen bekannt sind (...), dass natürliche oder übernatürliche Kräfte tätig sind, welche die Gedanken und Handlungen des betreffenden Individuums in oft bizarrer Weise beeinflussen. Die Betroffenen können sich so als Schlüsselfigur allen Geschehens erleben. Besonders akustische Halluzinationen sind häufig und können das Verhalten oder die Gedanken kommentieren. Die Wahrnehmung ist oft auf andere Weise gestört: Farben oder Geräusche können ungewöhnlich lebhaft oder in ihrer Qualität verändert wahrgenommen werden. (...) Zu Beginn ist auch Ratlosigkeit häufig und führt oft zu der Überzeugung, dass alltägliche Situationen eine besondere, meist unheimliche Bedeutung besitzen, die sich einzig auf die betroffene Person bezieht" (ICD-10, S. 103–104).

Diese Beschreibung beinhaltet die häufig als Plus- und Minussymptomatik der Schizophrenie bezeichneten Symptome. Als Plus-Symptome gelten
- Denkstörungen,
- Erregung und Anspannung,
- Wahnerlebnisse,
- Wahnstimmung,
- Halluzinationen sowie
- Ich-Störungen und Fremdbeeinflussungserlebnisse.

[Handschriftliche Notiz: neg. Symptomatik → Residualphase, soz. Rückzug]

Minus-Symptome sind
- Verarmung des Gefühlslebens,
- Innere Leere,
- Niedergeschlagenheit und Depression,
- Mut- und Hoffnungslosigkeit,
- Minderwertigkeitsgefühl,
- Antriebslosigkeit,
- Fehlende Spontaneität sowie
- Rückzugsverhalten und Kontaktverarmung (nach Bäuml, 1994).

Im ICD-10 sind insgesamt neun Symptome aufgelistet. Sie sind in die sogenannten *Symptomgruppen* 1–4 und 5–9 aufgeteilt. Für die Diagnose einer Schizophrenie müssen aus der ersten Gruppe mindestens ein Symptom eindeutig, bei Uneindeutigkeit zwei und mehr erfüllt sein oder mindestens zwei Symptome der Gruppen 5–8. Die Gruppen lauten:

1. Gedankenlautwerden, Gedankeneingebung oder Gedankenentzug, Gedankenausbreitung.
2. Kontrollwahn, Beeinflussungswahn, Gefühl des Gemachten, deutlich bezogen auf Körper- oder Gliederbewegungen oder bestimmte Gedanken, Tätigkeiten oder Empfindungen; Wahnwahrnehmungen.
3. Kommentierende oder dialogische Stimmen, die über den Patienten oder sein Verhalten sprechen (...).
4. Anhaltender, kulturell unangemessener oder völlig unrealistischer (bizarrer) Wahn, wie der, eine religiöse oder politische Persönlichkeit zu sein, übermenschliche Kräfte und Fähigkeiten zu besitzen (z.B. im Kontakt mit Außerirdischen zu sein).

[Handschriftliche Notiz: mind. 1 Symptom eindeutig od. mehrere uneindeutig / ODER]

5. Anhaltende Halluzination jeder Sinnesmodalität, begleitet von (...) Wahngedanken ohne deutliche affektive Beteiligung oder begleitet von anhaltenden überwertigen Ideen, täglich über Wochen oder Monate auftretend.
6. Gedankenabreißen oder Einschiebungen in den Gedankenfluss, was zu Zerfahrenheit, Danebenreden oder Neologismen führt.
7. Katatone Symptome wie Erregung, Haltungsstereotypien, wächserne Biegsamkeit (...).
8. Negative Symptome wie auffällige Apathie, Sprachverarmung, verflachte oder inadäquate Affekte (...).
9. Eine eindeutige und durchgängige Veränderung (...) des Verhaltens der betreffenden Person, die sich in Ziellosigkeit, Trägheit, einer in sich selbst verlorenen Haltung und sozialem Rückzug manifestiert.

[Handschriftliche Notiz: mind. 2 Symptome]

Zu fordern ist, dass die oben angegebene Mindestsymptomatik fast ständig über mindestens einen Monat oder länger angehalten haben muss.

3.2.3 Erklärungsmodell

Für die Schizophrenie gibt es eine Vielzahl von Erklärungsansätzen (zur Übersicht Watzl & Rist, 1997; Rey & Thurm, 1998). Diese beziehen sich auf genetische Faktoren, Faktoren der Persönlichkeit, kritische Lebensereignisse, biologische und physiologische sowie eine Reihe psychologischer Faktoren. Hierunter spielen besonders Faktoren der psychosozialen Entwicklung und der Interaktion und Kommunikation in der Familie eine Rolle. Entsprechende Entwicklungsstörungen sind solche im emotionalen Kontakt und formale Denkstörungen. In Bezug auf die familiäre Kommunikation wurde besonders die *Double-bind*-Hypothese von Bateson (1956) diskutiert. Diese besagt, dass die Betroffenen mit einem Kommunikationsmuster von Seiten der Eltern konfrontiert sind, das widersprüchliche Anforderungen enthält. Diesen ist damit auf keine Weise gerecht zu werden. Eine solche Anforderung könnte etwa lauten: „Leiste mir unbedingt Gehorsam und verhalte Dich selbständig!" In jüngerer Zeit konnte insbesondere in Bezug auf den Krankheitsverlauf und das Rückfallrisiko das Konzept der *High-expressed-emotion* (HEE) als bedeutsam gezeigt werden (Hahlweg, 1992). Hierbei handelt es sich um sehr ausgeprägte gefühlsmäßige Reaktionen der Angehörigen schizophrener Menschen, die entweder als ausgeprägte Kritikfreudigkeit oder sogar Feindseligkeit sowie als einengende, bevormundende, aufopfernde Überbehütung zu beschreiben sind. Solche Kommunikationsmuster bewirken starke emotionale Spannungen (Kraemer & Möller, 1998).

Die Vielzahl dieser ätiologischen Ansätze verdeutlicht, dass wohl keine dieser Vorstellungen für sich genommen das Erklärungsmodell der Schizophrenie darstellen kann. Dies führte zur Entwicklung des sogenannten *Vulnerabilitätsmodells* (Zubin & Spring, 1977), in dem von einem Zusammenwirken der unterschiedlichen Faktoren ausgegangen wird. Es wird angenommen, dass beim an Schizophrenie Erkrankten als Grundbedingung eine erhöhte Verletzbarkeit in Form genetischer, neurophysiologischer Veränderungen sowie eine erworbene Verletzlichkeit durch z. B. ungünstige Familienerfahrungen oder Traumata vorliegt. Im *Vulnerabilitäts-Stress-Modell* sind letztgenannte Faktoren unter dem Begriff des Stress gefasst. Aus der Interaktion dieser Faktoren, also auf der Vulnerabilitätsseite abhängig vom Ausmaß der Störungen in der Informationsaufnahme, der Informationsverarbeitung und der psychophysiologischen Aktivierung (Krämer & Möller, 1998), auf der anderen Seite abhängig vom Ausprägungsgrad der Stressoren und von den die Bewältigung belastenden Situationen der Person zur Verfügung stehenden Verhaltensressourcen (Copingfähigkeiten) ergibt sich dann über die Vorstadien schließlich der Ausbruch eines akuten *schizophrenen Schubs*. Dies ist in **Abbildung 16** skizziert.

Aus diesem Modell leiten sich im Wesentlichen Ansätze der Behandlung und Rehabilitation ab (Straube & Hahlweg, 1990).

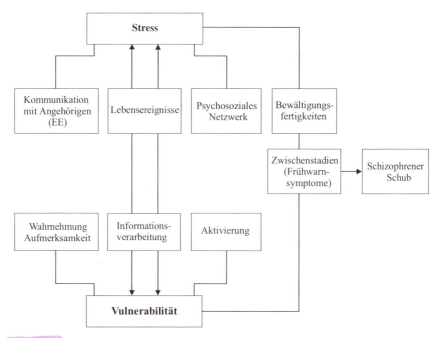

Abb. 16: Vulnerabilitäts-Stress-Modell (modifiziert nach Krämer & Möller, 1998, S. 19)

3.2.4 Interventionen

Die Interventionen unterscheiden sich wesentlich je nach Entwicklung und Verlauf der Störung. Zunächst ist das Behandlungssetting zu betrachten. In einer akuten Phase ist stationäre Behandlung nötig, dabei ist eine medikamentöse Behandlung mit Neuroleptika unabdingbar. Jedoch können bereits in dieser Phase, einem Prozessmodell für die Behandlung schizophrener Patienten folgend (Prochaska, Diclemente & Norcross, 1992) Verhaltenstherapeuten in die Behandlung miteinbezogen werden. An dieser Stelle stehen das Erkennen von Ressourcen, Aufbau einer Tagesstruktur, Motivation und Medikamentencompliance (Kraemer & Möller, 1998). Bei dieser Störung ist besonders auf die Bedeutung der medikamentösen Behandlung mit Neuroleptika zu verweisen. Wie Kraemer und Möller (1998) betonen, kann Psychotherapie die Medikation nicht ersetzen. Vielmehr führt Psychotherapie ohne Medikation zu schlechteren Ergebnissen als Medikation allein. Als wirkungsvollste Behandlung ist eine Kombination aus Medikation und Psychotherapie anzusehen. In weiteren Phasen kann dann das Krankheitskonzept im Sinne des Vulnerabilitätsmodells thematisiert, ein kognitives Training (Kraemer & Möller, 1998) durchgeführt und zunehmend mehr Trainingseinheiten eingeführt werden, die eine stärkere soziale Komponente, z.B. in Rollenspielen bis hin zum Einbeziehen der Angehörigen, beinhalten.

Diese Konzeption ist als **Rahmenmodell einer kognitiv-verhaltenstherapeutischen Behandlungsstruktur** zu sehen.

Insgesamt gesehen haben sich „Unter den psychotherapeutischen Behandlungsmethoden (...) die verhaltenstherapeutischen Ansätze als die wirksamsten erwiesen, weil durch die Anwendung verhaltenstherapeutischer Methoden eine wegen der zugrundeliegenden Vulnerabilität schädliche Über- bzw. Unterstimulierung bei der Behandlung vermieden werden kann (...)" (Rey & Thurm, 1998, S. 578). In älteren Ansätzen wurde eher auf isolierte Verhaltensaspekte, meist bizarres oder mutistisches Verhalten abgezielt. Hierzu wurden sogenannte *Token-economy-* oder Münzverstärkungsprogramme durchgeführt. Diese basieren auf den Prinzipien des operanten Lernens (Schermer, 2005) und erlauben eine unmittelbare Verstärkung erwünschten Verhaltens durch Gabe eines sogenannten *Tokens* sowie die unmittelbare Bestrafung durch Entzug eines solchen. Die gesammelten Tokens können dann gegen eine gewünschte Verstärkung wie z. B. Freizeitaktivitäten eingetauscht werden.

Innerhalb des oben geschilderten Rahmens kognitiv-verhaltenstherapeutischen Vorgehens ist das bei Roder, Brenner, Kienzle und Hodel (1997) als Manual vorgelegte integrierte Trainingsprogramm für schizophrene Patienten zu sehen. Dieses beinhaltet fünf Themenschwerpunkte, nämlich Training zur kognitiven Differenzierung, Training der sozialen Wahrnehmung, Kommunikationstraining, soziales Verhaltenstraining und Problemlösetraining und soll damit der angesprochenen Balance zwischen Über- und Unterforderung gerecht werden. Zudem werden immer kognitive und soziale Fähigkeiten zusammen angesprochen, so dass innerhalb jedes Programmschrittes mehrere psychologische Störungen angesprochen und mittels Übung verbessert werden können.

Schließlich sei abschließend noch der Ansatz aufgeführt, über ein psychoedukatives Vorgehen die Familien der Betroffenen anzusprechen (Hahlweg, Dürr & Mueller, 1995). Dies dient im Sinne des Konzeptes der *High-expressed-emotions* vor allem der Rückfallprophylaxe. Sämtliche der angesprochenen Verfahren sind hinsichtlich ihrer Effizienz überprüft und werden auf Grundlage dieser Überprüfung ständiger Weiterentwicklung unterzogen (Rey & Thurm, 1998).

3.3 Affektive Störungen

Affektive Störungen sind solche, bei denen Stimmungen und Gefühle verändert sind. Die Veränderungen gehen meist in Richtung einer niedergedrückten Stimmungslage, also einer *Depression*. Depressive Syndrome sind durch eine Vielzahl von Symptomen gekennzeichnet, die gleichzeitig auf mehreren Ebenen auftreten können. Diese Ebenen betreffen Verhalten, Motorik und Erscheinungsbild, die emotionale Ebene, die psychologisch-vegetative Ebene, die imaginativ-kognitive Ebene sowie die motivationale Ebene. Diese Ebenen und ihre Beschreibung stellen Hautzinger und de Jong-Meyer (1998) in einer Tabelle zusammen:

Tab. 5: Die möglichen Symptome depressiver Störungsbilder auf ihren Erscheinungsebenen (nach Hautzinger & de Jong-Meyer, 1998, S. 209)

Verhalten/ Motorik/ Erscheinungsbild	emotional	psychologisch-vegetativ	imaginativ/ kognitiv	motivational
Körperhaltung: kraftlos, gebeugt, spannungsleer; Verlangsamung der Bewegungen; Agitiertheit, nervöse zappelige Unruhe, Händereiben o. ä. *Gesichtsausdruck:* traurig, weinerlich, besorgt; herabgezogene Mundwinkel; vertiefte Falten; maskenhaft erstarrte, manchmal auch nervöse, wechselnd angespannte Mimik *Sprache:* leise, monoton, langsam *Verhalten:* Allgemeine Aktivitätsminderung bis zum Stupor; wenig Abwechslung; eingeschränkter Bewegungsradius; Probleme bei der praktischen Bewältigung alltäglicher Anforderungen	Gefühle von Niedergeschlagenheit, Hilflosigkeit, Trauer, Hoffnungslosigkeit, Verlust, Verlassenheit, Einsamkeit, Schuld, Feindseligkeit, Angst und Sorgen, Gefühl der Gefühllosigkeit und Distanz zur Umwelt	Innere Unruhe, Erregung, Spannung, Reizbarkeit, Weinen, Ermüdung, Schwäche, Schlafstörungen, tageszeitliche Schwankungen im Befinden, Wetterfühligkeit, Appetit- und Gewichtsverlust, Libidoverlust, allg. vegetative Beschwerden (u.a. Kopfdruck, Magenbeschwerden, Verdauungsstörungen); zu achten ist bei der Diagnose auf: Blutzuckerspiegel, Kalziummangel, Eisenwerte, Serotonin-/Adrenalinmangel bzw. -überschuss	Negative Einstellung gegenüber sich selbst (als Person, den eigenen Fähigkeiten und dem eigenen Erscheinungsbild) und der Zukunft (z.B. imaginierte Vorstellung von Sackgasse, schwarzem Loch); Pessimismus, permanente Selbstkritik, Selbstunsicherheit, Hypochondrie, Einfallsarmut, langsames, mühseliges Denken, Konzentrationsprobleme, zirkuläres Grübeln, Erwartung von Strafen und Katastrophen, Wahnvorstellungen, z.B. Versündigungs-, Insuffizienz- und Verarmungsvorstellungen, rigides Anspruchsniveau, nihilistische Ideen der Auswegslosigkeit und Zwecklosigkeit des eigenen Lebens, Suizidideen	Misserfolgsorientierung, Rückzugs- bzw. Vermeidungshaltung, Flucht vor und Vermeidung von Verantwortung, Erleben von Nicht-Kontrolle und Hilflosigkeit, Interessenverlust, Antriebslosigkeit, Gefühl des Überfordertseins, Rückzug bis zum Suizid oder Zunahme der Abhängigkeit von anderen

Die Darstellung zentraler Kriterien, um eine Depression feststellen zu können, erscheint auf dem Hintergrund der Vielzahl der oben wiedergegebenen Symptombeschreibungen besonders wichtig. Die weitestreichenden Versuche hierzu stellen die bekannten Klassifikationssysteme ICD-10 und DSM IV dar.

Unter die affektiven Störungen fallen aber auch solche, die mit extremen Überaktivitäten und gehobener Stimmung verbunden sind, die sogenannte Manie. Bipolare Störungen sind solche, die wechselweise beide Stimmungspole zeigen. Diese sowie eher milde, aber chronisch verlaufende Instabilitäten der Stimmung (Zyklothymie) sind ebenso wie einfache Trauerreaktionen von der Störungsgruppe abzugrenzen, auf die in dieser Darstellung eingegangen werden soll. Es handelt sich dabei um die *depressive Episode*, wie die Bezeichnung im ICD-10 lautet oder, entsprechend der Nomenklatur des DSM-IV, die *Major Depression*. Der nach wie vor in der Praxis gängige Begriff der endogenen Depression ist in diesen Klassifikationssystemen nicht mehr enthalten. Er entspricht den Kategorien *schwere depressive Episode ohne psychotische Symptome* (ICD-10, F32.2) – wobei das Bestehen eines somatischen Syndroms in dieser Kategorie vorausgesetzt wird – bzw. *schwere depressive Episode mit psychotischen Symptomen* (ICD-10, F32.3).

Aus epidemiologischer Sicht stellen Depressionen häufige psychische Störungen dar. Ihre Punktprävalenz, als das Vorliegen der Störung in einem definierten Zeitraum, liegt zwischen 1,5 bis 4,9 %, die Lebenszeitprävalenz zwischen 4,4 bis 18 %. Das Morbiditätsrisiko, also die Wahrscheinlichkeit dafür, dass im Laufe eines Lebens eine bestimmte Krankheit auftritt, liegt im Fall depressiver Störung bei bis zu 12 % für Männer und bis zu 26 % für Frauen (nach Hautzinger, 1997). Die Inzidenz, also die Anzahl neuer Fälle pro Jahr, liegt je nach Anwendung der diagnostischen Kategorien bei 0,27 bis hin zu 12,6 pro 1 000 Personen (Hautzinger, 1998). Dies sind relativ hohe Zahlen, in den letzten Jahren scheint diese Störung jedoch häufiger zu werden und auch zunehmend jüngere Altersgruppen zu betreffen (Hautzinger, 1997). So verlagerte sich der Ersterkrankungsgipfel von der Spanne zwischen dem 30. und 40. Lebensjahr hin zur Spanne zwischen dem 18. und 30. Lebensjahr (nach Hautzinger, 1997).

3.3.1 Falldarstellung

Hier soll die Falldarstellung nicht nur in einer Illustration der Symptomatik anhand eines Falles bestehen, sondern soll zur besseren Einordnung und Transparenz der nachfolgend darzustellenden Ätiologiekonzeptionen ebenfalls die Entwicklungsgeschichte und Bedingungsanalyse dieses Falles umfassen. Die Darstellung orientiert sich an den Vorgaben zur Falldokumentation in der Ausbildung zur Verhaltenstherapeutin/zum Verhaltenstherapeuten.

1. Spontan berichtete Symptomatik
Die 42-jährige Patientin nimmt auf den Rat ihres Chefs hin Kontakt zur Beratungsstelle auf. Bei der telefonischen Anmeldung nennt sie einen kürzlich erlittenen „Nervenzusammenbruch" als Therapiegrund.

Im Erstgespräch berichtet die freundlich und zugewandt, aber angespannt wirkende Patientin, sie habe vor einigen Wochen einen „Nervenzusammenbruch" erlitten und habe seitdem das Gefühl mit ihrem Leben nicht mehr zurechtzukommen. Sie habe sich zwar schon eine Weile ziemlich schlecht gefühlt, da zur Zeit sehr viel in ihrem Leben zusammenkomme – beispielsweise starker beruflicher Druck, Unzufriedenheit mit sich und ihrem Leben, besonders wegen ihres Übergewichts (90 kg bei einer Körpergröße von 1,58m), eskalierender Streit mit ihrer Mutter sowie Befürchtungen, den Partner vielleicht an eine jüngere, hübschere Konkurrentin zu verlieren. Sie habe jedoch nicht gedacht, dass es „so schlimm um sie steht", bis sie vor ein paar Wochen „völlig zusammengeklappt" sei, am ganzen Körper gezittert habe und ihr Körper sich „ganz seltsam" angefühlt habe. Sie sei völlig verzweifelt gewesen und habe – wie ihr Sohn später erzählte – wohl sogar davon geredet, sich umbringen zu wollen. Der herbeigerufene Hausarzt habe ihr eine Spritze gegeben und sie zwei Wochen krankgeschrieben. Mittlerweile arbeite sie wieder, bekomme aber noch einmal pro Woche vom Arzt ein Medikament gespritzt.

Sie fühle sich momentan etwas stabiler, was wohl auch auf das Medikament zurückzuführen sei, wisse aber gar nicht, wie jetzt alles weitergehen solle. Sie könne seit dem Zusammenbruch nicht mehr abschalten und habe ständig Angst, im Beruf völlig zu versagen. Sie könne sich nicht mehr konzentrieren und traue sich den KollegInnen gegenüber nichts mehr zu sagen, da sie ständig glaube, etwas Falsches oder – wegen der Konzentrationsprobleme – Unzusammenhängendes zu sagen. Sie fühle sich selbst wertlos, vor allem wegen ihres Aussehens. Auch habe sie den Eindruck, dass Kolleginnen und Bekannte sie zwar freundlich behandeln, sie aber überhaupt nicht mehr auf jemanden zugehen und den Kontakt zu Menschen als angenehm empfinden könne. Überhaupt habe sie die Freude an Dingen verloren, die ihr früher Spaß gemacht hätten. Wenn sie Zeit habe, sitze sie nur da und starre vor sich hin. Am liebsten würde sie davonlaufen und tue dies auch, indem sie sich immer mehr in Tagträume zurückziehe. Sie habe Angst davor, wie das in Zukunft weitergehen soll, da sie so nicht mehr in der Lage sei, ihre Pflichten im Beruf und als Hausfrau zu erfüllen. Sie selbst sei der Meinung, dass ihr derzeitiger Zustand auch mit den Wechseljahren zusammenhänge, was der Hausarzt jedoch verneine.

2. Lebensgeschichtliche Entwicklung und Krankheitsanamnese
Familienanamnese
Der Vater der Patientin ist bereits vor 20 Jahren an einer schweren Erkrankung verstorben. Sie sagt, sie habe ihn als einen liebevollen und gutmütigen Mann in Erinnerung, der für sie und ihren Bruder alles getan habe, sich aber nicht gegenüber seiner Ehefrau durchsetzen konnte. Die Mutter der Patientin, Hausfrau, sei heute 69 Jahre alt und bei altersgemäß guter Gesundheit. Das Verhältnis zur Mutter sei – heute wie früher – schlecht; es habe nie ein Vertrauensverhältnis zwischen ihr und der Mutter bestanden. Die Patientin habe sie als Kind, wie auch heute noch, als herrschsüchtig und abweisend erlebt. Die Mutter habe ihr nie etwas zugetraut und alles was sie gemacht habe kritisiert. Sie habe es der Mutter

nie recht machen können. Die Mutter wohne heute im Nachbarhaus, mische sich aber ständig in die Angelegenheiten der Tochter ein.

Die Ehe der Eltern sei schlecht gewesen, es habe viele Streitereien gegeben, wobei meist der Vater nachgab, um wieder seinen Frieden zu haben.

Die Patientin habe einen um zwei Jahre jüngeren Bruder. In der Kindheit hätten sich die Geschwister gut verstanden, allerdings sei seit einigen Jahren der Kontakt nahezu völlig abgebrochen.

Biographische Anamnese
Frau A. wuchs mit dem Bruder bei den Eltern und Großeltern auf, die im gleichen Haus lebten. Ihre Kindheit beschreibt sie als weder glücklich noch unglücklich, wobei jedoch im Rückblick die belastenden Erlebnisse – vorrangig in Form von Beschimpfungen und Kränkungen durch die Mutter, wie lächerlich gemacht und bloßgestellt werden – überwiegen. Sie habe auch als Kind schon unter einer Reihe von Beschwerden gelitten, so unter Ängsten, Nervosität, Lernstörungen und vor allem auch Übergewicht, welches wiederum Kreislaufprobleme verursacht habe. Diese Symptome hätten auch in der Jugend angehalten bzw. sich teilweise noch verstärkt. Aufgrund einer Lese-Rechtschreibschwäche, für die sie sich immer geschämt habe und von der Mutter als dumm hingestellt worden sei, habe sie lediglich die Hauptschule besucht und danach einen kaufmännischen Beruf gelernt. Dies habe sie aber nicht ausgefüllt, da sie schon immer ihr Ziel darin gesehen habe, im sozialen Bereich zu arbeiten. Sie habe später Umschulungen zur Kinderpflegerin und Erzieherin erfolgreich absolviert und arbeite jetzt in einer Einrichtung für erwachsene Behinderte, was ihr viel bedeute, da sie von den Behinderten viel an Dankbarkeit zurückbekomme und das Gefühl habe, von ihnen gebraucht zu werden. Sie habe dort eine Leitungstätigkeit übernommen, für die sie jedoch nicht formal qualifiziert sei, was bei ihr zu Ängsten geführt habe, da sie glaubte, nicht das Recht zu haben, ihren besser ausgebildeten MitarbeiterInnen Anweisungen zu geben bzw. sie Angst habe, aufgrund ihrer fehlenden formalen Qualifikation Fehler zu machen.

Ihren Ehemann haben sie kurz nach dem Kennenlernen bereits im Alter von 19 Jahren geheiratet. Im gleichen Jahr wurde der gemeinsame Sohn geboren. Da sie von ihrer Familie ein Grundstück geschenkt bekomme hatten, bauten sie und ihr Ehemann in engster Nachbarschaft zu ihren Eltern, was immer wieder Probleme, vor allem aufgrund der Einmischung ihrer Mutter, brachte.

Krankheitsentwicklung
Aus dem Rückblick auf ihr bisheriges Leben gibt die Patientin an, zwar schon seit der Kindheit unter eine Reihe verschiedener Symptome gelitten zu haben und – vor allem nach langen Streitphasen mit der Mutter oder auch bei Streit mit dem Ehemann – leichte depressive Phasen erlebt zu haben. Allerdings sei sie bisher nie ernsthaft erkrankt und habe nie ernsthaft Suizid erwogen. Außerdem sei sie früher insgesamt doch ein eher humorvoller Mensch gewesen und habe vor allem aus dem Zusammensein mit ihrem Sohn viel Kraft bekommen bzw. dann später durch ihre Arbeit mit den Behinderten.

Verstärkte berufliche Belastungen hätten vor etwa vier Jahren mit dem Übertragen der Leitungsposition eingesetzt. Auf diese sei sie zwar einerseits sehr stolz, quäle sich aber andererseits seither ständig mit Selbstzweifeln und Minderwertigkeitsgefühlen, da sie fürchte, dieser Tätigkeit letztlich doch nicht gewachsen zu sein. Auch habe sie Angst vor einer eventuellen Kritik der besser ausgebildeten MitarbeiterInnen. Diese Befürchtungen verringerten sich auch nicht durch die Erfahrung, dass sie von den KollegInnen als Chefin akzeptiert wurde. Sie glaube, immer mehr arbeiten und leisten zu müssen als die KollegInnen, um ihre Position auch wirklich zu verdienen. Seit dieser Zeit sei auch ihr ohnehin schon seit der Kindheit vorhandenes Übergewicht nochmals deutlich angestiegen, was zum einen zu Selbstwertproblemen aufgrund des eigenen Aussehens führte, zum anderen zu Problemen in der Partnerschaft, da nun der Ehemann begann, die Patientin wegen ihres Aussehens und Gewichts zu kritisieren („Man kann Dich ja bald nicht mehr anschauen!"). Mit ihrem Mann habe sie nie über ihre Sorgen reden können. Die Patientin habe sich daraufhin aus dem – ihr ohnehin eher unangenehmen – Freizeitumfeld des Ehemannes, einem Segelclub, immer weiter zurückgezogen, da sie glaubte, neben den meist jungen und schlanken Seglerinnen, die noch dazu „besser reden könnten" als die Patientin selbst, nicht bestehen zu können. Ein Gehörsturz, den sie vor ca. eineinhalb Jahren erlitten habe, sei wohl bereits ein deutlicher Hinweis auf ihre Belastung gewesen, den sie aber ignoriert habe.

Während des letzten Jahres habe sie sich aus nahezu allen freundschaftlichen Kontakten zurückgezogen, da sie froh gewesen sei, nach der Arbeit allein im Garten zu sein und nichts zu sehen und zu hören. Dabei habe sie aber – im Gegensatz zu früher – oft nicht mehr von den beruflichen Belastungen abschalten können. Die Beziehung zum Ehemann habe sich weiter verschlechtert, da sie auf seine Kontakte zu den jungen Frauen im Segelclub eifersüchtig sei, andererseits aber auch nichts mehr zusammen mit ihm unternehmen wolle.

3. Psychischer Befund
Im U-Fragebogen zeigen sich hohe Werte in den Bereichen „Fehlschlag- und Kritikangst", „Kontaktangst" und „Nicht-nein-sagen-Können", verbunden mit einer deutlich verringerten Fähigkeit, Forderungen stellen zu können. Die Stimmungslage erscheint dysphorisch. Im Gesprächsverhalten ist Frau A. zunächst zurückhaltend, aber insgesamt zugewandt und es ist schnell ein guter Gesprächskontakt herstellbar. Aktuell vorhandene Suizidalität wird glaubhaft verneint.

4. Analyse der Symptomatik der Patientin
Bedingungsanalyse
Medizinische Bedingungen: Die Patientin erhält vom Hausarzt einmal wöchentlich Imap-Depotspritzen. Weiter ist mit 89 kg bei einer Körpergröße von 1,57m (BMI = 35) ein deutliches Übergewicht vorhanden.

Umweltbedingungen: Als kritische Lebenssituation der Patientin ist vor allem die Übernahme einer Leitungsposition vor vier Jahren zu sehen, wobei der eigene Anspruch gerade wegen ihrer mangelnden formalen Qualifizierung – keine Fehler zu machen, um ihrer Position gerecht zu werden, bzw. die Zweifel an der eigenen Kompetenz zu einer permanenten, über Jahre andauernden Belastungssituation führten.

Parallel dazu traten gehäuft im Privatleben und in der eigenen Person begründete Belastungssituationen auf (Beziehungsproblematik, Selbstwertprobleme), in denen die Patientin sich überfordert fühlte und außer Rückzug keine Bewältigungsstrategien besaß. Die durch den Rückzug bedingte soziale Isolation der Patientin (kein Freundeskreis, keine gemeinsamen Aktivitäten mit Partner oder Freunden) ist als weitere kritische Umweltbedingung zu sehen. Nicht zuletzt stellt die unmittelbare Nähe der Mutter, zu der schon immer ein schlechtes Verhältnis bestand, eine Belastung für die Patientin dar.

Lern- und Programmbedingungen: Bereits in ihrer Kindheit hatte die Patientin durch das Verhalten der Mutter ihr gegenüber gelernt, dass sie nichts wert sei, nichts könne und war ständig Kritik ausgesetzt. Die Befürchtung, Fehler zu machen bzw. der Versuch, diese schon im Vorfeld durch Perfektionismus zu vermeiden, kam nun wieder bei der Übernahme einer mit viel Verantwortung betrauten beruflichen Position zum Tragen. Auch führte ihre spezifische Lerngeschichte vor allem durch die Erwartungen der Mutter zu den Leitsätzen wie „Ich kann nichts!", und „Nur wenn ich sehr viel arbeite, bin ich etwas wert!", was eine überhöhte Anspruchshaltung an die eigene Belastbarkeit bedingte.

Verhaltensanalyse

Situation	Organismus	Reaktion	Konsequenzen
starke Belastung (berufliche Überforderung, Eheproblematik, Unzufriedenheit mit der Lebenssituation)	*physiologisch:* Erregung und Unruhe *emotional:* Angst *kognitiv:* „Ich bin nur etwas wert, wenn ich viel arbeite." „Ich kann nichts."	depressive Symptomatik	*kurzfristig:* Vermeidung der Auseinandersetzung C– Ausstieg aus Belastung C– *langfristig:* Verhinderung des Erwerbs adäquater Reaktionen C–

Funktionsanalyse

Möglicherweise dient die auftretende Symptomatik dazu, eine adäquate Auseinandersetzung mit der langdauernden Belastungssituation und die Einleitung von entsprechenden Konsequenzen zu vermeiden. Auch wird der Patientin durch die

Erkrankung ermöglicht, aus einer über Jahre andauernden Belastungssituation zumindest kurzfristig auszusteigen.

5. *Diagnose*
Mittelgradige depressive Episode mit somatischem Syndrom; ICD-10: F32.11

3.3.2 Diagnostische Leitlinien – Symptomatik

Als Hauptsymptome werden im ICD-10 gedrückte Stimmung, Interessenverlust, Freudlosigkeit und eine Verminderung des Antriebs angegeben. Dazu kommt eine erhöhte Ermüdbarkeit und Aktivitätseinschränkung. Dazu werden weitere häufige Symptome angegeben. Weitere Angaben werden zum somatischen Syndrom gegeben, das nach ICD-10 ebenso als melancholisch, vital, biologisch oder endogenomorph bezeichnet werden könnte, in seiner wissenschaftlichen Absicherung aber fragwürdig ist. Eine übersichtliche Ordnung der diagnostischen Kriterien für die nach ICD-10 *depressive Episode* und nach DSM-IV *Major Depression* genannte Störung, die sich an diesen Systemen orientiert und sowohl die Hauptsymptomatik als auch das somatische Syndrom einbezieht, gibt Hautzinger:

1. Vorliegen einer depressiven Stimmung oder Verlust an Interesse oder Freude.
2. Verminderte Konzentration und Aufmerksamkeit
3. Vermindertes Selbstwertgefühl und Selbstvertrauen
4. Schuldgefühle und Gefühle der Wertlosigkeit
5. Negative und pessimistische Zukunftsperspektiven
6. Schlafstörungen, Früherwachen
7. Morgentief, Tagesschwankungen der Symptome
8. Psychomotorische Hemmung oder Unruhe
9. Verminderter Appetit, Gewichtsverlust
10. Libidoverlust, sexuelle Interesselosigkeit
11. Mangelnde/fehlende Reagibilität auf Erfreuliches
12. Gedanken über oder erfolgte Selbstverletzungen/Suizidtendenzen (Hautzinger, 1996, S. 122)

Aus dieser Symptomgruppe, die bei Hautzinger (1996) in zwei Gruppen eingeordnet sind, die einmal die Symptome unter erstens, zum andern die Symptome unter zwei bis zwölf umfassen, müssen fünf und mehr andauernd bei einer Mindestdauer von zwei Wochen vorhanden sein. Außerdem müssen sie zu einer Einschränkung der Leistungsfähigkeit und des Funktionsniveaus führen, um zur Diagnose der depressiven Episode zu führen. Ergänzend hierzu kann ein Schweregrad von leicht über mittel bis schwer angegeben werden, der sich an der Anzahl der vorhandenen Symptome sowie deren Ausprägung orientiert. Für diese Diagnose muss ausgeschlossen werden können, dass die Beschwerden auf eine körperliche Erkrankung, den Gebrauch von Suchtmitteln, oder Trauerreaktionen zurückgeführt werden können.

3.3.3 Erklärungsmodell

Zur Erklärung depressiver Störungen wurden vielfältige Ansätze aus den unterschiedlichsten Bereichen herangezogen. So existieren eine Reihe biologischer Modelle, die u. a. genetische Faktoren postulieren, biochemische Hypothesen, wie die Katecholamin- und die Serotonin-Hypothese (erniedrigte Neurotransmitterkonzentration) formulieren, oder Störungen in neuroendokrinen Systemen als ursächlich annehmen. Auf Seiten der psychosozialen Faktoren wurden u. a. Persönlichkeitsfaktoren, Bedeutung von Lebensereignissen, Verstärkerverlust, dysfunktionale Einstellungen, Hilflosigkeitserfahrungen, aversive Lebensbedingungen als depressive Störungen bedingend diskutiert (Hautzinger & de Jong-Meyer, 1998, einen Überblick über die genannten und weitere Ansätze bietet z. B. Hautzinger, 1997). Bezogen auf die theoretische Fundierung verhaltenstherapeutischer Interventionen sind daraus drei Erklärungsmodelle zu erwähnen:
a) die kognitiven Modelle
b) das Verstärkerverlustmodell
c) multifaktorielle Ansätze

Zu a) In dieser ersten Gruppe von Erklärungsmodellen ist vor allem die Theorie der erlernten Hilflosigkeit von Seligman (1975; 1993) sowie die kognitive Theorie von Beck (1974) zu nennen. Als Grundthesen der kognitionspsychologischen Modelle führt Hautzinger vier Punkte an:

1. „Grundlage einer depressiven Entwicklung ist eine kognitive Störung, wobei das Denken Depressiver einseitig, willkürlich, selektiv und übertrieben negativ ist;
2. Auslöser für diese kognitiven Störungen sind negative Erfahrungen, Verluste, Nichtkontrolle und sozialisationsbedingte Vorgaben;
3. diese Schemata werden durch belastende Situationen aktiviert und im Sinne einer nach „unten gerichteten Spirale" verstärkt;
4. da diese kognitiven Prozesse sehr automatisiert sind und durch zugrundeliegende, verfestigte, negativ zweifelnde, generalisierte Überzeugungssysteme gesteuert werden, sind die Abläufe sehr beharrlich und andauernd" (Hautzinger, 1998, S. 55).

Diese Punkte fassen die Einzelaussagen der oben angeführten Entwürfe zusammen, wie sie bereits in den Kapiteln 1.4.2.2 sowie 1.4.2.3 dargestellt wurden.

Zu b) Die Verstärkerverlust-Theorie (Lewinsohn, 1974) beruht auf dem operanten Lernmodell. Die folgende Darstellung folgt Hautzinger (1997) (s. **Abb. 17**). Die Theorie besagt im Kern, dass depressive Personen nur in geringem Maße verhaltenskontingente Verstärkung erfahren und dies auslösend für depressives Verhalten ist. Insofern befindet sich eine depressive Person unter für die Reduktion von Verhalten bedingenden Löschungsbedingungen. Für die Quantität positiver Verstärkung spielen nach diesem Modell drei Faktoren eine Rolle. Diese sind einmal die Anzahl potentiell verstärkender Ereignisse. Da Verstärker immer von der subjektiven Definition einer Verhaltenskonsequenz als verstärkend bestimmt sind, kommt hierin die gesamte Lebensgeschichte, die sozialen Bedingungen sowie soziokulturelle Bedingungen des Individuums zum Tragen. Der zweite Faktor besteht in der überhaupt zu einem Zeitpunkt erreichbaren Verstärkung. Diese hängt auch von den gegenwärtigen Lebensbedingungen des Individuums ab. Schließlich hängt die Menge der erreichbaren Verstärkung von dem Verhalten des Individuums selbst ab, nämlich ob es in der Lage ist, sich so zu Verhalten, dass auf dieses Verhalten auch Verstärkung erfolgt.

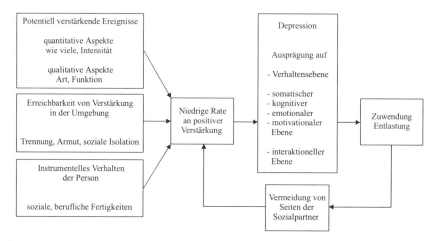

Abb. 17: Das Verstärkerverlustmodell von Lewinsohn (1974), nach Hautzinger (1997, S. 180)

Negative oder ungenügende Ausprägungen in diesen Bereichen führen zu einer Reduktion an Verstärkern und in dessen Folge zu depressivem Verhalten. Dieses Verhalten wird zumindest durch entsprechende Zuwendung kurzfristig negativ verstärkt. Langfristig werden die sozialen Beziehungen dadurch jedoch belastet und es kommt zu sozialem Rückzug auch der Interaktionspartner.

Während der Erklärungswert dieses Modells für die Entstehung der Depression eher ungesichert ist, sind die letztgenannten Auswirkungen depressiven Verhaltens auf die sozialen Interaktionen als gesichert anzusehen (Hautzinger & Heckel-Guhrenz, 1991).

Zu c) An dieser Stelle soll auf das multifaktorielle Entstehungsmodell depressiver Störungen, wie es von Hautzinger entworfen und beispielsweise in Hautzinger und de Jong-Meyer (1998) sowie Hautzinger (1998) dargestellt ist, eingegangen werden (s. **Abb. 18**). Ausgangspunkt des Modells sind vorausgehende Bedingungen oder Ereignisse, die Depressionen einleiten oder Rückfälle begünstigen können (Punkt A). Hierzu zählen kritische Lebensereignisse und akute oder chronische Belastungen, besonders solche, die aus sozialen Beziehungen resultieren. Durch diese Bedingungen werden automatisierte Verhaltensabläufe gestört oder unterbrochen, insbesondere aber undifferenzierte affektive Reaktionen hervorgerufen, die ihrerseits Gedächtnisinhalte aktivieren, die zusätzlich belastende Erinnerungen beinhalten (Punkt B). Aus (A) und (B) werden Selbstaufmerksamkeit und Lageorientierung gefördert (Kuhl, 1983) sowie eine selbstkritische Betrachtung der eigenen Person und deren Handlungsmöglichkeiten in der als negativ eingestuften Situation (Punkt C). An dieser Stelle können zwar Bewältigungsmechanismen aktiviert werden, häufiger werden jedoch Rückzug und die Wahrnehmung unangenehmer Lebensaspekte sowie eine Verringerung positiver Erfahrungsmöglichkeiten aktiviert (Punkt D). Über die damit verbundene dysphorische Stimmung (Punkt E) mündet dieser Ablauf schließlich in die Depression mit ihren Symptomen auf allen Beschreibungsebenen (Punkt F). Letztere wirkt dann wiederum auf die vorgenannten Faktoren zurück. Ein auf alle in der Depressionsentwicklung modifizierend einwirkender Faktor ist in prädisponierenden Bedingungen zu sehen. Diese können in Vulnerabilitäten bestehen, wie sie z. B. bereits früher durchlaufene depressive Episoden, weibliches Geschlecht, zwanghafte oder emotional labile Persönlichkeiten oder ungünstige soziale Beziehungen darstellen. Diese können den Ablauf beschleunigen und intensivieren, indem sie

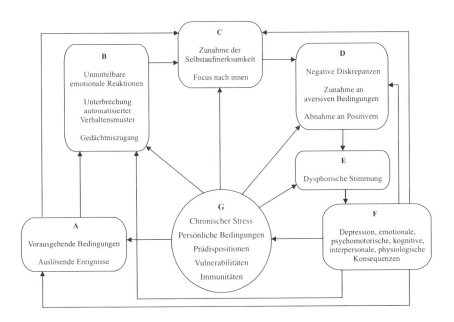

Abb. 18: Multifaktorielles Depressionsmodell (nach Hautzinger, 1997, S. 186)

zu einem sich selbst aufschaukelnden Prozess beitragen. Abschwächend oder aufhaltend können bestimmte Immunitäten wirken, wie sie Bewältigungsfertigkeiten, positive Aktivitäten, Problemlösefähigkeiten, soziale Kompetenzen und soziale Unterstützung darstellen (Punkt G).

Die verschiedenen Wechselwirkungen zwischen diesen Punkten sind ausführlich bei Hautzinger (1997) beschrieben.

Das Modell stellt eine Grundlage für eine kognitiv-verhaltenstherapeutische Behandlung depressiver Störungen dar. Allerdings ist, wie auch Hautzinger (1997) selbst formuliert, aufgrund der Komplexität des Modells der Anspruch auf empirische Bewährung kaum einzulösen.

3.3.4 Interventionen

Ausgehend von den oben beschriebenen Ätiologiemodellen ist als psychologischer Ansatz ein kognitiv-verhaltenstherapeutisches Vorgehen abzuleiten. Dieses zielt darauf ab, Inaktivitäten zu überwinden, die Kommunikation sowie insgesamt das soziale Verhalten zu verbessern, gedankliche Inhalte, die eher depressionsfördernd oder -erhaltend sind, zu erkennen, zu überprüfen und zu korrigieren sowie Lösungsmöglichkeiten für gegenwärtige Probleme und Bewältigungsfertigkeiten für mögliche künftige Krisen zu entwickeln. Als Methoden werden u.a. eingesetzt (Hautzinger, 1996):

- Zum Aktivitätsaufbau: Verstärkerlisten erstellen, Tages- und Wochenstrukturen, geplante Heranführung an verstärkende Aktivitäten;
- Verbesserung sozialer Fertigkeiten: Verhaltensbeobachtung, Rollenspiele, Selbstsicherheitstraining, Einbeziehen des Partners/der Familie, Kommunikationstraining, Bewältigung sozialer Belastungen;
- Veränderung hinderlicher Kognitionen: Protokoll negativer Gedanken (Fünf-Spalten-Technik), Überprüfen und Testen an der Realität, Alternativen finden, Entkatastrophisieren, Vorteile/Nachteile sammeln.

Zum kognitiv-verhaltenstherapeutischen Vorgehen in der Behandlung von Depressionen liegt ein ausgearbeitetes Manual mit einer detaillierten Beschreibung der einzelnen Therapieschritte vor (Hautzinger, 1997). In knapper Form beschrieben ist der Ansatz in Hautzinger (1996; 1998), hier kann auch ein Überblick über die Studien zur Effizienzprüfung des Verfahrens gewonnen werden, die dieses Verfahren als empirisch ausgewiesen für den Einsatz in der Behandlung der hier angesprochenen Personengruppe zeigen.

3.4 Neurotische, Belastungs- und somatoforme Störungen

Diese Störungsgruppe wurde entsprechend der Einteilung im ICD-10, Kapitel F4 formuliert. Sie enthält phobische Störungen (F40), sonstige Angststörungen (F41), Zwangsstörungen (F42), Reaktionen auf schwere Belastungen und Anpassungsstörungen (F43), die dissoziativen Störungen (F44), somatoforme Störungen (F45) sowie sonstige neurotische Störungen (F48). Hier werden die phobischen und sonstigen Angststörungen herausgegriffen und etwas näher betrachtet.

Phobische Störungen und Panikstörung
Die phobischen Störungen und die Panikstörung werden nach ICD-10 unterschiedlichen Klassifikationsgruppen zugeordnet. Unter die phobischen Störungen fallen z.B. die Agoraphobie, also die Angst vor weiten Plätzen, die durch ein zusätzliches Vorliegen einer Panikstörung erschwert sein kann, oder auch die sozialen Phobien. Die Panikstörung ist unter die Untergruppe der sonstigen Angststörungen eingeordnet. Entsprechend liegen auch epidemiologische Angaben getrennt für diese Störungsbilder vor. Für die Panikstörung ist von einer Lebenszeitprävalenz von 2.2–2.4% auszugehen. Die Inzidenz liegt bei 0,2% (Margraf & Becker, 1997; Schneider & Margraf, 1998), Angaben zum Morbiditätsrisiko konnten keine gefunden werden. Für die Agoraphobie mit oder ohne Panikanfälle ist eine Lebenszeitprävalenz von 4,8–5,7% angegeben (Schneider & Margraf, 1998). Von Zahlen zur Inzidenz und zum Morbiditätsrisiko wurden in den benutzten Quellen nicht berichtet. Für spezifische Phobien, wie z.B. Tierphobien, Sozialphobien, Klaustrophobien oder Flugangst schwanken die Zahlen zur Prävalenzrate nach Öst (1996) im internationalen Vergleich erheblich und liegen zwischen 5,9% (Neuseeland) und 15,9% (USA). Es sind in der Regel mehr Frauen als Männer betroffen, bei der Panikstörung sind Frauen im Verhältnis 2:1 (Schneider & Margraf, 1998), bei den sozialen Phobien etwa im Verhältnis 60:40 betroffen, und bei den spezifischen Phobien finden sich bis zu 95% weibliche Betroffene (Reinecker, 1998).

Da Ängste zum Erfahrungsbereich jedes Menschen gehören, stellt sich die Frage nach der Abgrenzung zwischen einer „normalen" und einer „pathologischen" Angst. Nach Reinecker (1998), der sich hierbei auf Marks (1969) stützt, sind Ängste dann als pathologisch anzusehen, wenn sie folgende Kriterien erfüllen:
a) „die Angstreaktionen sind der Situation nicht angemessen;
b) die Angstreaktionen sind überdauernd (d.h. chronisch);
c) das Individuum besitzt keine Möglichkeit zur Erklärung, zur Reduktion oder zur Bewältigung der Angst;
d) die Angstzustände führen zu einer massiven Beeinträchtigung des Lebensvollzugs der Person" (Reinecker, 1998, S. 85).

Um die intermittierende Variable bzw. das hypothetische Konstrukt „Angst" zu charakterisieren, ist dessen Beschreibung auf drei Ebenen sinnvoll.

Hierbei handelt es sich um die:
- *subjektive Ebene:* Diese Ebene wird über die verbalen Angaben der Person erfasst. In diesen sind Gedanken, insbesondere Befürchtungen ausgedrückt, wie z.B. „Wenn das so weitergeht, werde ich sterben!", „Ich werde vor all diesen Leuten ohnmächtig werden!" oder „Wenn ich weiter hier bleibe, dann werde ich in die Hose machen und mich unsterblich blamieren!" Wie aus diesen Beispielen hervorgeht, ist diese Komponente gerade bei sozialen Ängsten sehr bedeutsam.
- *Verhaltensebene:* Hier sind sowohl Vermeidungsverhalten als auch das Schaffen sogenannter Sicherheitssignale anzuführen. Die Vermeidung besteht darin, entsprechende Situationen nicht aufzusuchen oder über andere Verhaltensweisen das Ziel zu erreichen (z.B. nur Arztpraxen, die im Erdgeschoss liegen, zu konsultieren oder statt des Aufzuges die Treppe zu benutzen). Sicherheitssignale wären das Mitführen bestimmter „Katastrophenhilfen", wie z.B. die Notarztnummer, ein bestimmtes Medikament, ein Talisman oder die Begleitung durch andere Personen.
- *Physiologische Ebene:* Hierunter sind Begleiterscheinungen von Angstepisoden zu verstehen. Angst äußert sich physiologisch, wobei die damit in Verbindung stehenden physiologischen Symptome, wie Zittern, Veränderung des Herzschlages, der Atemfrequenz, Schwitzen, Sehstörungen usw. auch mit einer Vielzahl anderer Bedingungen verbunden sein können (Reinecker, 1998).

Die Beachtung dieser drei Ebenen spielt insofern eine Rolle, als sich aus dem Vorhandensein oder Nichtvorhandensein positiver Beobachtungen auf diesen Ebenen ganz unterschiedliche Kombinationsmuster für die Komponenten von Angst ergeben:

Tab. 6: Kombinationsmuster der Erscheinungsebenen von Angst (nach Margraf & Becker, 1997, S. 243)

Beschreibungsebene	*Angstmuster*						
	1	2	3	4	5	6	7
subjektiv-kognitiv	+	+	+	−	−	−	+
motorisch-behavioral	+	+	−	+	−	+	−
physiologisch	+	−	−	+	+	−	+

Aus **Tabelle 6** wird deutlich, dass die Erscheinungsbilder von Angst in ihrer Beschreibung auf den einzelnen Ebenen durchaus nicht synchron sein müssen. Daraus lassen sich Hinweise auf die Unterscheidung einzelner Störungsbilder sowie auf die Therapie ableiten (Reinecker, 1998).

3.4.1 Falldarstellung

Diese Falldarstellung wird ebenfalls in der an die für eine Fallberichterstattung im Rahmen einer Verhaltenstherapieausbildung angelehnten ausführlichen Form ausgeführt. Dabei wird eine Variation der im oben dargestellten Fall genutzten Beschreibungsform gewählt, um die Bandbreite, innerhalb derer das verhaltenstherapeutische Grundkonzept dargestellt werden kann, zu demonstrieren. Über die bisherigen Beschreibungen hinaus wird in diesem Fall auch noch zur Veranschaulichung der weiter unten beschriebenen Therapiebausteine die Therapieplanung mit aufgenommen.

1. Spontan berichtete Symptomatik
Der vom Erscheinungsbild her vorgealtert wirkende Herr B. berichtete beim Erstgespräch, zu dem er allein erschienen war, dass er „immer Angst" habe. Dies sei kurz vor seinem 18. Geburtstag losgegangen. Er sei im Bett gelegen und plötzlich sei es ihm sehr schlecht geworden. Er habe „Todesangst" bekommen: „Ich sah mich schon auf dem Friedhof liegen". Der Notarzt habe hier bei ihm fälschlicherweise einen Herzfehler diagnostiziert. Danach sei er mit viel Energie „über die Angst drüber gegangen". Der Arzt habe ihm zu zwei Halben am Abend geraten. In den folgenden Jahren habe er sehr viel Stress und „keine Zeit für die Angst gehabt". Nach der Heirat sei die Angst jedoch immer stärker geworden und er habe immer mehr Bier getrunken – zuletzt fünf bis sechs Halbe pro Tag. Er habe gemerkt, dass es mit ihm bergab gehe. Vor drei Jahren habe er dann einen „vollen Angstanfall" gehabt. Er sei mit dem Auto unterwegs gewesen und habe plötzlich nur noch zu seiner Frau gewollt und umdrehen müssen. Seine Frau hätte ihn dann beruhigt. Er traue sich mittlerweile kaum noch weite Strecken zu fahren. „Die Fahrt hierher zur Praxis ist gerade noch möglich". Er sei bei verschiedenen Ärzten gewesen, aber keiner habe ihm bisher helfen können. Auch ein Medikament (Haldol) habe keine Wirkung gezeigt. Im Augenblick habe er große Angst vor dem Beginn der Arbeit, da er „vielleicht in den Osten muss". Nachdem sämtliche medikamentöse Therapien ihm nichts gebracht hätten, habe er es mit Autogenem Training versucht. Dies habe ihm gut getan. Mit der Angst seien jedoch auch Depressionen gekommen. Er habe an nichts mehr Freude gehabt, im Winter hätte er den ganzen Tag weinen können.

2. Lebensgeschichtliche Entwicklung und Krankheitsanamnese
Zu seiner Lebensgeschichte meinte Herr B., dass die Situation zu Hause mit seinem Vater für ihn schon immer unerträglich gewesen sei. Es habe ständig Streit zwischen seinem Vater und seiner Mutter, sogar mit Morddrohungen, gegeben. Er habe immer Angst gehabt, dass sein Vater seiner Mutter etwas antäte. Sein Vater habe sehr viel getrunken. 1970 nach einem Unfall seines Vaters, sei ihm die Landwirtschaft überschrieben worden, wobei er Angst gehabt habe, dieser Aufgabe nicht gerecht werden zu können. Er sei damals erwerbstätig gewesen (Bauschlosser) und im Zwiespalt zwischen seinem Lehrherren (Überstunden) und den Eltern (Hof) gestanden. Damals sei es zur ersten Angstattacke gekommen. In

den folgenden Jahren habe er weiterhin viel gearbeitet, um den Hof zu erhalten. Damals habe er trotz Warnungen von Kollegen vor einer Überlastung keine Probleme damit gehabt. Er habe geheiratet und in den folgenden Jahren seien seine zwei Söhne geboren worden. Zwischen seiner Frau und seiner Mutter sei es oft zu Streitigkeiten gekommen, wobei er immer versucht habe, zu schlichten. Einmal habe er seiner Mutter widersprochen, worauf diese einen hysterischen Anfall entwickelt und den Pfarrer gerufen habe. 1993 sei dann der zweite Angstanfall aufgetreten. Er hätte zu dieser Zeit viel Alkohol getrunken, um seinen Dauerstress und seine Angst vor der Arbeit zu bewältigen. Danach habe er sich an einen Psychiater gewandt, was aber zu keiner Besserung geführt habe. Im letzten Winter sei es ihm wieder schlecht gegangen. Hier sei er total verzweifelt gewesen und habe oft geweint. Er habe Angst davor, allein zu Hause zu sein, da er befürchte, die Kontrolle über sich zu verlieren und seinen Kindern etwas anzutun. Weiterhin habe er ständig Bedenken, sein Chef könne ihn in die ehemalige DDR schicken, da er es nicht schaffe, eine Nacht ohne die Familie zu verbringen.

Die psychische, intellektuelle und körperliche Entwicklung des Klienten ist von vielen angstvollen Momenten (Streit zwischen Vater und Mutter etc.) und Überlastungen gekennzeichnet. Später überlastete sich Herr B. durch seine Arbeit selbst. Das gesamte Leben des Klienten ist von starken Angstssituationen sowie wenig anregenden Lebensinhalten gekennzeichnet. Herr B. erhielt seitens seiner Eltern nur wenig Unterstützung und keinerlei positive Rückmeldungen. Dies wirkte sich vermutlich auf seine Persönlichkeitsentwicklung derart aus, dass er sich als selbstunsicher und wenig durchsetzungsfähig schildert. Beim Auftreten der ersten Angstattacke war Herr B. total überrascht und konnte keine Erklärung hierfür finden. Derzeit ist sein Leben von der Angst bezüglich des Auftretens und des Verlaufes weiterer Angstanfälle geprägt. Er vermeidet Situationen mit angstauslösenden Momenten.

Herr B. lebt derzeit zusammen mit seiner Familie auf dem Bauernhof seiner Eltern, in dem auch noch seine Mutter lebt. Die Streitigkeiten zwischen seiner Frau und seiner Mutter belasten ihn, allerdings ist er aufgrund seiner Selbstunsicherheit nicht in der Lage, sich gegen seine Mutter durchzusetzen. Seine Ehe beschreibt er als konfliktfrei. Seine Frau sei für ihn eine sichere Basis. Er traut sich auch nicht, den Hof zu verlassen, obwohl er dies gern möchte. Hier stehen ihm seine Beschwerden im Wege. Er denkt: „Das schaff ich nicht". Sein Leben besitzt für ihn derzeit wenig anregende Inhalte. Außer seiner Familie gebe es nichts, wofür es sich für ihn derzeit zu leben lohne.

3. Psychischer Befund
Das Interaktionsverhalten mit dem Klienten ist unproblematisch. Er berichtet in ruhiger und offener Art über seine Symptome und nimmt zu Fragen gezielt und detailliert Stellung. Er zeigt sich sehr motiviert, selbst Schritte zur Verringerung seiner Angst sowie zur Überwindung seiner depressiven Stimmung zu unternehmen.

Eine intellektuelle Leistungsminderung war nicht feststellbar. Im FPI-R ergaben sich bei den Skalen „Lebenszufriedenheit" (unzufrieden), „Gehemmtheit" (gehemmt), „Erregbarkeit" (erregbar), „Beanspruchung" (beansprucht), „körperliche Beschwerden" (viele Beschwerden), „Gesundheitssorgen" (große Furcht vor Erkrankungen), „Extraversion" (introvertiert) und „Emotionalität" (labil) Abweichungen vom Mittelbereich. Im Gießen-Test beschrieb er sich als wenig sozial resonant, unkontrolliert, eher depressiv und retentiv. Der BDI-Wert von 30 weist auf das Vorliegen einer starken Depression hin.

Hinweise auf zusätzliche psychopathologische Störungen ergaben sich nicht.

4. Analyse der Symptomatik des Patienten
Bedingungsanalyse
Wie in der einschlägigen Fachliteratur (Margraf & Schneider, 1996) beschrieben, führte bei Herrn B. die von Angst gekennzeichnete Entwicklung sowie die Überlastungen in seiner Jugend zu einer Erhöhung seines allgemeinen inneren Erregungsniveaus. Bei der ersten Panikattacke erlebte Herr B. Symptome, die er nicht sinnvoll interpretieren konnte und die für ihn bedrohlich waren. Dies führte zu einer neuerlichen Erhöhung des allgemeinen Erregungsniveaus. Bei entsprechendem Arbeitsstress, verbunden mit einer allgemeinen Lebensunzufriedenheit, kam es zu einer noch deutlich ausgeprägteren zweiten Attacke. Bei Herrn B. wurde der für Angstanfälle typische Kreislauf in Gang gesetzt, d.h. jede für ihn nicht erklärliche Körperempfindung wird bei ihm als bedrohlich interpretiert. Darüber hinaus führt jedoch auch die Vorstellung eines neuerlichen Angstanfalls zu den entsprechenden körperlichen Empfindungen. Als Folge hiervon konnte er kaum noch Freude an seinem durch Rückzug und Vermeidung geprägten Leben empfinden. Er verlässt sich in erster Linie auf die Unterstützung seiner Frau.

Verhaltensanalyse
Verhaltensebene: Während einer Panikattacke ist Herr B. zu keinem kontrollierten Verhalten in der Lage. Er versucht nur noch Hilfe von außen zu bekommen. Außerhalb dieser Attacken ist sein Verhalten darauf ausgerichtet, eine neuerliche Attacke zu vermeiden. Er vermeidet bewusst angstauslösende Situationen (z.B. längere Autofahrten allein, Alleinsein mit seinen Kindern).

Kognitive Ebene: Während des Angstanfalls denkt er daran, dass er die Kontrolle über sich verlieren, einen Herzanfall erleiden oder sterben könnte. Außerhalb dieser Attacken befürchtet er das neuerliche Auftreten dieser Attacke, wobei hier ähnliche Gedanken, wie während des Anfalls bei ihm vorherrschen. Weiterhin bestehen bei ihm depressiv gefärbte Vorstellungen („Ich schaffe das nicht, ich kann mich nicht konzentrieren!"), die mit einer Angst vor dem Versagen verknüpft sind.

Physiologisch-emotionale Ebene: Während des Anfalls: Herzrasen, Schwitzen, Engegefühl in der Brust, Zittern, Kurzatmigkeit (Hyperventilation). Außerhalb der Anfälle: innere Unruhe, Bedrücktheit, allgemeine Ängste, Rückzugsgedanken.

S: Herr B. ist alleine (zu Hause oder im Auto). Er befürchtet, dass er einen Angstanfall erleiden könnte. Er verspürt die ersten Angstsymptome.

O: Die gesamte Entwicklung von Herr B. war von Angst geprägt. Er hat demnach ständig Angst vor der Angst. Sein Erregungsniveau ist ständig erhöht. Seine Persönlichkeit ist durch Selbstunsicherheit und Vermeidungsverhalten gekennzeichnet.

R: Herr B. erlebt einen Angstanfall mit den bereits oben beschriebenen Symptomen. Er versucht, sich Hilfe von seiner Frau zu holen.

C: Die bloße Anwesenheit seiner Frau wirkt sich bei Herrn B. angstreduzierend und beruhigend aus. Langfristig hält er sich jedoch für unfähig. Er vermeidet Situationen, in denen er das Auftreten von Angst erwartet.

Funktionsanalyse
Das bisherige Leben von Herrn B. war durch den Wunsch nach Leistung geprägt. Da er keine Unterstützung seitens seiner Eltern erhielt, konnte er nur wenig Selbstsicherheit entwickeln. Der Wert der Panik liegt bei ihm darin, dass hierdurch sein ansonsten eher wenig anregendes Leben negativ angeregt wird. Da er der Panik ohnmächtig gegenüber steht, verstärkt sich hierdurch seine depressive Stimmung wie auch seine Selbstunsicherheit.

5. *Diagnose*
Panikstörung; ICD-10: F41.0
Dysthymia; ICD-10: F34.1
Selbstunsichere, ängstlich-vermeidende Persönlichkeitsstörung; ICD-10: F60.6

6. *Therapieziele*
1. Therapieziel: Herr B. soll erkennen, dass bestimmte körperliche Empfindungen natürlich sind und in bestimmten Situationen eine biologische Schutzfunktion besitzen.
2. Therapieziel: Herr B. soll dazu gebracht werden, sich von seiner Angst nicht in seinem Lebensvollzug einschränken zu lassen. Er soll für sich anregende Freizeitaktivitäten entwickeln und sein Leistungsdenken modifizieren. Er sollte immer wieder die Konfrontation mit der Angst suchen und sein Vermeidungsverhalten aufgeben.
3. Therapieziel: Herr B. soll selbstsicherer und selbstbewusster werden, d.h. ohne große Bedenken seine Wünsche und Interessen durchsetzen und nicht in völliger Abhängigkeit von seiner Frau und seiner Mutter leben. Er soll seine persönlichen Stärken entdecken und einsetzen.

7. *Behandlungsplan*
- Informationsvermittlung: Herr B. soll darüber informiert werden, dass Angst eine wichtige, biologisch begründete Funktion hat und Bestandteil des Lebens ist.
- Verhaltensbeschreibung: Herr B. soll über seine Angstanfälle mittels des Marburger-Angst-Tagebuchs genaue Aufzeichnungen anfertigen.
- Auf der Basis der Verhaltensbeobachtung soll Herr B. die Dynamik seiner Angstanfälle erkennen, um auf entsprechende körperliche Empfindungen und Gedanken frühzeitig adäquat reagieren zu können.
- Herrn B. soll vermittelt werden, dass seine Angst von ihm beeinflusst und ein Angstanfall gebremst werden kann. Hierzu ist es wichtig, dass sich Herr B. bewusst Reizen aussetzt, die in der Vergangenheit den Angstkreislauf in Gang setzten (Durchbrechen des Vermeidungsverhaltens).
- Herrn B. soll der funktionelle Charakter der Angstanfälle vor Augen geführt werden. Er soll erkennen, dass der Angstanfall Abwechslung in sein eher wenig anregendes Leben bringt und ihn in seiner Selbstunsicherheit verstärkt.
- Herr B. sollte Bereiche in seinem Leben entwickeln, die für Ihn Anreizcharakter haben und mit angenehmen Empfindungen einhergehen. Hierzu gehört auch der Aufbau sozialer Kontakte.
- Training sozialer Kompetenzen: Herrn B. sollen Formen selbstsicheren Verhaltens (z. B. Reden in der Ich-Form, Blickkontakt halten, auf eigenen Wünschen bestehen, sich Fragen trauen) und deren Wirkung aufgezeigt werden. Hierzu sind Rollenspiele geplant.
- Herr B. soll dazu angeleitet werden, sich selbst in Form von Hausaufgaben etwas Gutes zu tun. Er soll die Fähigkeit zur Selbstbelohnung entwickeln.

3.4.2 Diagnostische Leitlinien – Symptomatik

Für die Gruppe der phobischen Störungen nach ICD-10 (F40) gilt, dass die Angst in der Mehrzahl der Fälle durch eindeutig feststellbare, im Allgemeinen ungefährliche Situationen oder Objekte hervorgerufen werden kann. Letztere werden in der Regel gemieden oder voll Angst ertragen. Die phobische Angst ist subjektiv, im Verhalten und auch in den physiologischen Änderungsparametern sowie im Verhalten von anderen Angstformen nicht zu unterscheiden. Veränderungen in der Herzschlagrate oder ein Schwächegefühl treten meist zusammen mit solch allgemeinen Ängsten wie der Angst vor dem Sterben, vor jeglichem Kontrollverlust oder dem Gefühl, wahnsinnig zu werden, auf. Um Erwartungsangst zu erzeugen, ist meist allein die Vorstellung der Situation, in der die phobische Reaktion auftritt, genügend. Die Angst wird nicht durch die Erkenntnis gemildert, dass andere Personen die fragliche Situation nicht als gefährlich oder bedrohlich erachten. Für die Agoraphobie gilt, dass sich deren Begriffsfeld, innerhalb dessen eine entsprechende phobische Reaktion identifiziert werden kann, sich in letzter Zeit verändert hat. Der Begriff bezieht sich nicht mehr nur auf die Angst vor offenen Plätzen, sondern das Hauptmerkmal der derart zu beschreibenden Angststörung liegt darin, dass subjektiv gesehen die Möglichkeit eingeschränkt oder gar nicht gegeben ist, sich an einen sicheren Platz zurückzuziehen. Mit Agoraphobie wird demnach eine Gruppe von Phobien bezeichnet, die über die Angst, das eigene Haus zu verlassen, hinausgeht und beispielsweise auch die Angst umfasst, Züge, Busse oder Flugzeuge benützen zu müssen. Als für eine eindeutige Diagnose unerlässliche Kriterien sind im ICD-10 benannt:

1. „Die psychischen oder vegetativen Symptome müssen primäre Manifestationen der Angst sein und nicht auf andere Symptome wie Wahn- oder Zwangsgedanken beruhen.
2. Die Angst muss in mindestens zwei der folgenden umschriebenen Situationen auftreten: in Menschenmengen, auf öffentlichen Plätzen, bei Reisen mit weiter Entfernung von Zuhause oder bei Reisen alleine.
3. Vermeidung der phobischen Situation muss ein entscheidendes Symptom sein oder gewesen sein" (nach ICD-10, S. 157).

Panikstörungen sind durch wiederkehrende schwere Angstattacken gekennzeichnet, die sich nicht nur auf eine besondere Situation oder besondere Umstände beschränken und deshalb auch nicht vorhersehbar sind. Typisch sind ein sogenanntes Crescendo der Angst mit den vegetativen Symptomen Brustschmerz, Herzklopfen, Erstickungsgefühle, oder Schwindel. Einer Panikattacke folgt meist die Furcht vor einer erneuten Attacke. Als diagnostische Leitlinien wird im ICD-10 postuliert, dass die Diagnose nur bei mehreren, schweren vegetativen Angstanfällen zu stellen ist, die innerhalb eines Zeitraums von etwa einem Monat aufgetreten sind,

1. in Situationen in denen keine objektive Gefahr besteht;
2. wenn die Angstanfälle nicht auf bekannte oder vorhersagbare Situationen begrenzt sind;
3. wenn zwischen den Attacken weitgehend angstfreie Zeiträume liegen, wobei die Erwartungsangst häufig ist (nach ICD-10, S. 161).

Die Begrenzung auf die Unvorhersagbarkeit der Anfälle relativieren Ehlers und Margraf (1992) sowie Schneider und Margraf (1998), indem sie hervorheben, dass Panikattacken durch interne Reize, wie die Bewertung physiologischer Veränderungen, hervorgerufen werden können und dass situationsbegünstigte Panikanfälle auftreten können, also solche, die mit größerer Wahrscheinlichkeit unter bestimmten situativen Stimuli auftreten können, ohne von diesen ausgelöst werden zu müssen.

3.4.3 Erklärungsmodell

Als Erklärungsmodell der spezifischen Phobie kann das Zwei-Faktoren-Modell von Mowrer (1960) herangezogen werden. Dies wurde bereits im Kapitel 1.4.1.2 beschrieben. Dieses Konditionierungsmodell steht in seiner prinzipiellen Bedeutung als Modell für die Erklärung und Aufrechterhaltung von Angst außer Zweifel. Es ist jedoch durch verschiedene Konzepte zu ergänzen (Reinecker, 1998):

- *Das Konzept der Preparedness* (Seligman, 1970). Dieses Konzept besagt, dass nicht alle neutralen Situationen gleichermaßen geeignet sind, als konditionierte Stimuli phobische Ängste auszulösen, sondern dass Stimuli nach evolutionären Gesichtspunkten ausgewählt werden. Daher entwickeln Menschen vor Höhen, spitzen Gegenständen, Schlangen, kleinen, sich in unvorhersehbare Richtungen bewegenden Tieren mit vielen Beinen usw. Phobien, nicht jedoch vor Steckdosen, elektrischen Geräten oder Autos, obwohl diese real gefährlicher sind.
- *Modelllernen* (Bandura, 1979). Menschen entwickeln auch vor Situationen Ängste, mit denen sie bisher noch nie Kontakt hatten. Hier spielt die Beobachtung von Modellen für stellvertretendes Lernen eine Rolle, aber auch Informationen über schädigende Gegebenheiten, z. B. über Flugzeugabstürze bei Flugangst, auch die Panikstörung das vorhandenen Potential an Kräften genutzt.
- *Kognitive Bewertungsprozesse*. Im Sinne der Stresstheorie von Lazarus (1966) bewerten Individuen Ereignisse in Hinblick auf die ihnen zur Verfügung stehenden Bewältigungskapazitäten. Werden diese überschritten, können entsprechende Ereignisse angstauslösend wirken und insbesondere zu Vermeidungsreaktionen führen.
- *Psychophysiologische Aktivierung*. Konflikte zwischen unterschiedlichen Motiven, wie z. B. eine Entscheidung über die Fortführung oder Beendigung einer problematischen Partnerschaft, stellen eine häufige Quelle von Ängsten dar. Insbesondere begünstigt der chronische Erregungsprozess in einer Konfliktsituation problematische Lernvorgänge und blockiert gleichzeitig zielgerichtete, sinnvolle Handlungen (Mandler, 1979; nach Reinecker, 1998).

Für das Paniksyndrom wurden zur Erklärung verschiedene psychophysiologische Modelle entwickelt, deren gemeinsames Merkmal darin besteht, dass Angstanfälle durch eine positive Rückkoppelung – also einen Aufschaukelungsprozess – zwischen körperlichen Symptomen, deren Assoziation mit Gefahr und der resultierenden Angstreaktion entstehen. Als Panik stellt sich der Anfall durch die besonders intensive Form der Angst dar, ansonsten unterscheidet sie sich qualitativ nicht von sonstigen Angstreaktionen. Für die psychophysiologische Modellkonzeption soll beispielhaft das Modell von Ehlers und Margraf (1989) dargestellt werden (s. **Abb. 19**).

Den Darstellungen von Margraf und Becker (1997) sowie Schneider und Margraf (1997) folgend, ist nach diesem Modell eine Panikattacke wie folgt zu beschreiben: Ausgangspunkt des Panikanfalls kann jede der in **Abbildung 19** beschriebenen Komponenten sein. Typischerweise beginnt ein Anfall mit einer physiologischen oder kognitiven Veränderung. Physiologische Veränderungen können z. B. durch körperliche Anstrengungen, Hitze, Stressoren, oder Koffeineinnahme bedingt sein. Kognitive Veränderungen ohne vorhergehende körperliche Veränderungen können beispielsweise dann auftreten, wenn situative Bedingungen wahrgenommen werden, unter denen der oder die Betroffene bereits einmal eine Angstattacke erlitten hat und nun die Befürchtung aufkommt, dass dies nun wieder passieren könnte. Ein Beispiel wäre, in ein Auto zu steigen, um eine bestimmte

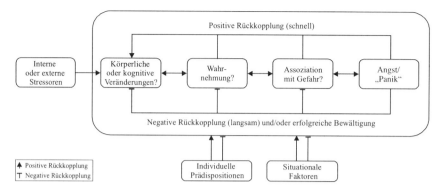

Abb. 19: Das psychophysiologische Modell der Panikstörung (nach Ehlers & Margraf, 1989; graphische Darstellung nach Schneider & Margraf, 1998, S. 93)

Strecke zu fahren, auf der bereits einmal ein Angstanfall aufgetreten ist. Bei beginnenden physiologischen Veränderungen ist Voraussetzung für die Entwicklung zu einer Angstattacke die Wahrnehmung dieser Veränderung. Beginnt eine Pulserhöhung beispielsweise während einer Trainingseinheit im Sportstudio, wird diese, obwohl deutlich höher, möglicherweise nicht wahrgenommen, während die Pulserhöhung im heißen Auto deutlich in den Vordergrund der Wahrnehmung tritt. Diese körperlichen oder kognitiven Vorgänge werden nun unmittelbar mit Gefahr assoziiert, so könnte der erhöhte Puls beispielsweise als Beginn eines Herzanfalls interpretiert werden. Diese wahrgenommene Bedrohung hat Angst- oder Paniksymptome zur Folge, die ihrerseits zu weiteren physiologischen und kognitiven Veränderungen führen. Somit kann dieser Rückkoppelungsprozess sehr schnell mehrmals durchlaufen werden, mit der Folge einer permanenten Aufschaukelung der Symptomatik. Gegenläufige, also hemmende Prozesse können auf zweierlei Arten einsetzen. Prinzipiell finden diese jedoch langsamer statt, so dass ein Angstanfall zwar sehr schnell entstehen kann, aber eine gewisse Zeit zum Abklingen benötigt. Die erste Art der negativen Rückkoppelung besteht in automatischen, physiologischen Mechanismen, wie z.B. Habituation oder Ermüdung. Die zweite erfolgt über die Wahrnehmung und den Einsatz von Bewältigungsmechanismen. Die häufigste Form der Bewältigung besteht im Verlassen der Situation oder im Suchen nach Hilfe von außen. Die Veränderung der Atmung, z.B. flaches Atmen, oder Ablenkungsstrategien durch Fokussieren der Aufmerksamkeit auf äußere Reize, stellen ebenfalls solche Bewältigungsmechanismen dar.

Über diese Rückkoppelungsprozesse können verschiedene Faktoren modulierend auf die Angstreaktion einwirken. Momentane physische und psychologische Zustände wie intensive negative oder positive affektive Befindlichkeit, körperliche Erschöpfung oder auch hormonelle Schwankungen wirken kurzfristig auf den beschriebenen Prozess der Panikattacke ein. Länger überdauernde situative Einflüsse wären z.B. überdauernde, schwierige Lebenssituationen, permanentes Arbeiten an der individuellen Leistungsgrenze oder auch Reaktionen aus der Umwelt, die aufgetretene Symptome als extrem besorgniserregend einstufen. Individuelle Prädispositionen sind möglicherweise bereits vor einem ersten Panikanfall vorhanden, können sich aber auch erst im Störungsverlauf entwickeln. Hierzu zählt eine grundsätzliche Besorgtheit und auch entwickelte Wahrnehmungsfähigkeit in Bezug auf körperliche Veränderungen. Ein wichtiges und häufiges überdauerndes Merkmal ist die Sorge des Betroffenen, weitere Panikanfälle zu erleben. Diese wirkt im Sinne einer sich selbst erfüllenden Prophezeiung, in dem sie dazu beiträgt, dass das Erregungsniveau des Betroffenen tonisch erhöht ist und damit die Wahrscheinlichkeit für einen weiteren Anfall steigt. Die individuelle Lerngeschichte oder kognitive Stile können ebenfalls Faktoren dafür sein, dass körperliche oder kognitive Veränderungen mit unmittelbarer Gefahr assoziiert werden. Relevante physiologische Dispositionen können zudem schon allein in der körperlichen, meist mangelnden Fitness, bestehen.

3.4.4 Interventionen

Als Grundprinzip der Behandlung von Agoraphobie gilt die Konfrontation mit angstauslösenden Situationen, also die Expositions- oder Reizkonfrontationsbehandlung. Diese setzt eine genaue Erfassung der Situationen voraus, in denen die Angstreaktion auftritt. Diese Situation ist möglichst präzise zu präsentieren, um den Betroffenen damit zu konfrontieren. Dabei gibt es unterschiedliche Verfahrensweisen in der Exposition. Unterschieden werden können verschiedene Expositionsverfahren hinsichtlich ihrer Präsentationsgeschwindigkeit. Die Vorgehensweise kann graduell oder massiert sein. Des Weiteren kann die Expositionsmodalität unterschieden werden. Die relevanten Situationen können in der Vorstellung oder real präsentiert werden (Reinecker, 1998; s. Kap. 2.2.2). Die Exposition scheint dann am wirksamsten, wenn sie in der realen Situation und in Form der Reizüberflutung, also einer massierten Vorgehensweise, durchgeführt wird (Fiegenbaum, 1988).

Für die Behandlung der Panikattacken lässt sich aus der oben skizzierten Modellvorstellung der Störung ein kognitiv-verhaltenstherapeutisches Vorgehen ableiten. Dies beinhaltet eine Konfrontation mit meist internen angstauslösenden Reizen und Bewältigungsstrategien. Ein solches Verfahren liegt beispielhaft als Manual vor, in dem 15 Sitzungen über jeweils 50 Minuten Länge ausführlich dargestellt sind (Margraf & Schneider, 1990) und das in seiner Effektivität überprüft wurde. Dies wird hier in seinen Grundlagen skizziert. Grundlage der Behandlung stellt entsprechend den allgemeinen Prinzipien kognitiv-behavioralen Vorgehens ein Erklärungsmodell der Störung dar, aus dem für den Klienten nachvollziehbar die weiteren therapeutischen Schritte abgeleitet werden. Dieses Modell entspricht dem psychophysiologischen Modell und wird als „Teufelskreis der Angst" eingeführt (s. **Abb. 20**).

Angstanfälle und starke Angstreaktionen werden als Ergebnis eines Teufelskreises aus den individuellen körperlichen Symptomen, wie Herzrasen oder

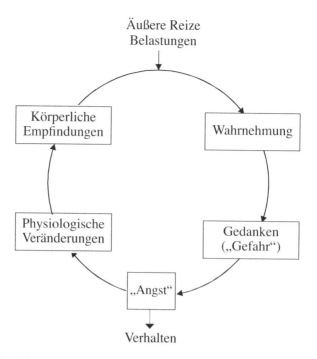

Abb. 20: Teufelskreis der Angst (modifiziert nach Margraf & Schneider, 1990)

Schwindel, Denkmuster, wie z.B. „Ich werde sterben!" oder „Ich könnte verrückt werden!" und Verhaltensweisen, wie z.B. Hyperventilation dargestellt. Daraus wird abgeleitet, dass ein wesentliches Element des Problems des Klienten in der Fehlinterpretation körperlicher Symptome besteht. Daher wird als wesentlicher Schritt die Korrektur der Fehlinterpretation körperlicher Symptome durchgeführt.

Diese folgt einem allgemeinen Korrekturschema aus acht Schritten:
1. „Identifikation der Fehlinterpretation.
2. Einschätzung des Ausmaßes, in dem die Patienten von der Fehlinterpretation überzeugt sind (...).
3. Sammeln aller Daten, die für die Fehlinterpretation sprechen.
4. Sammeln aller Daten, die gegen die Fehlinterpretation sprechen.
5. Erstellen einer alternativen Erklärung.
6. Sammeln aller Daten, die für die alternative Erklärung sprechen.
7. Überzeugungsrating für die Fehlinterpretation.
8. Überzeugungsrating für die alternative Erklärung"
(Schneider & Margraf, 1998, S. 111).

Neben der Vermittlung des Erklärungsmodells wird dieser Teil als für die Therapie zentral angesehen. Schließlich wird unter dem Aspekt der Verhaltenstests ein weiteres Hilfsmittel zur Korrektur der Fehlinterpretationen eingeführt. Diese Verhaltenstests stellen individuell auf dem Hintergrund der Verhaltensanalyse durchzuführende Konfrontationen dar. Diese können im Aufsuchen gefürchteter Situationen bestehen oder in der Provokation entsprechender körperlicher Symptome, wie beispielsweise der Hyperventilation durch einen Hyperventilationstest oder das Herbeiführen von Herzrasen über körperliche Übungen, wie Kniebeugen oder Treppensteigen. Auch das Einführen individuell angegebener Stresssituationen kann hierzu gehören. Wesentlich ist hier die genaue Verhaltensanalyse und die Phantasie des Therapeuten, hieraus geeignete Bedingungen der Realisierung abzuleiten.

3.5 Essstörungen

Essstörungen finden gerade in der Öffentlichkeit, aber auch in der wissenschaftlichen Forschung eine Beachtung, die während der vergangenen zwei Jahrzehnte stetig zugenommen hat (Laessle & Pirke, 1997). Im ICD-10 sind sie unter die Kategorie F5, Verhaltensauffälligkeiten mit körperlichen Störungen und Faktoren, als eine Untergruppe eingereiht. Aufgeführt werden als zentrale Störungen innerhalb dieser Unterkategorie die Anorexia nervosa (F50.0) und die Bulimia nervosa (F50.2). Daneben werden noch atypische Formen dieser Störungen aufgeführt sowie Essattacken oder Erbrechen bei sonstigen psychischen Störungen und die Restkategorie der sonstigen Essstörungen. Übergewicht (Adipositas) wird in dieser Klassifikation nicht unter „Psychische Störungen" eingeordnet.

Unter epidemiologischen Gesichtspunkten ist der hohe Anteil an weiblichen Betroffenen bemerkenswert. So sind bei der Anorexia nervosa 95 % der Betroffenen Frauen, bei der Bulimia nervosa 99 % (Laessle, 1998). Die Prävalenzraten reichen von einem Fall auf 800 bis hin zu einem Fall auf 100 bei der Anorexie, die Bulimie ist mit einer Prävalenzrate, geschätzt aus dem angloamerikanischen Raum, von ein bis drei Prozent häufiger (Laessle, 1998). Die Prävalenzraten beziehen sich dabei auf die Altersgruppen, in denen diese Erkrankungen überwiegend auftreten: In der Altersgruppe der 12–20-Jährigen ist es die Anorexie, in der Gruppe der 18–35-Jährigen die Bulimie.

3.5.1 Falldarstellung

In Anlehnung an die oben ausgeführten Falldarstellungen erfolgt auch hier, da die von der hier thematisierten Störung Betroffenen häufig im Rahmen von Beratungsstellen anzutreffen sind, eine auch die Bedingungs- und Verhaltensanalyse sowie die therapeutischen Überlegungen beinhaltende Darstellung.

1. Spontan berichtete Symptomatik
Die 25-jährige Klientin nimmt von sich aus Kontakt zur Beratungsstelle auf, sie nennt „Bulimie" als Therapiegrund.

Im Erstgespräch berichtet die zurückhaltend und eher abwartend wirkende Patientin, sie leide seit dem 14. Lebensjahr unter Essstörungen. Sie beschäftige sich gedanklich nahezu immer mit Essen. Früher sei sie ihrer eigenen Einschätzung nach magersüchtig gewesen, seit zwei Jahren leide sie unter Bulimie. Sie habe schon einige ambulante Therapieversuche sowie einen Aufenthalt in einer psychosomatischen Klinik hinter sich, allerdings habe „sich dadurch nichts an dem Problem geändert", obwohl ihr „einige Zusammenhänge klar geworden" seien. Derzeit erbreche sie nahezu täglich, oftmals auch mehrmals am Tag. Das Erbrechen sei sehr anstrengend und schmerzhaft, wenn sie sich aber zwinge, das Essen drin zu lassen, werde sie autoaggressiv und habe sich deshalb auch schon „heftige Ohrfeigen mit blauen Flecken verpasst". Sie könne ihr Essverhalten kontrollieren, solange sie selbst unter Kontrolle von außen stünde (Freund, Freundinnen, Eltern), sobald sie allein sei, sei jedoch die Kontrolle „wie weggewischt".

Ihre Erwartungen an die Therapie seien jetzt nach dem Klinikaufenthalt, einen „festen Ansprechpartner" zu haben, der ihr „Halt geben" könne. Daneben wolle sie Klarheit über ihre Beziehung zu den Eltern bekommen, die ihr als wichtiger Auslöser der Essstörung erscheinen und sie wolle sich auch mit ihrem Körper und ihrer Sexualität auseinandersetzen. Außerdem wolle sie für sich Klarheit darüber bekommen, was sie „wirklich will", vor allem in beruflicher, aber auch in privater Hinsicht.

2. Lebensgeschichtliche Entwicklung und Krankheitsanamnese
Familienanamnese
Der Vater der Patientin, von Beruf Realschullehrer, sei derzeit 56 Jahre alt und bei altersgemäß guter Gesundheit. Die Klientin habe ihn während ihrer Kindheit als Autoritätsperson erlebt, der unbedingten Gehorsam verlangte und keine Diskussionen duldete. Gegenwärtig sei das Verhältnis zu ihm distanziert, da beide Seiten nicht wüssten, wie sie miteinander umgehen sollten.

Die Mutter, 56 Jahre, von Beruf Grundschullehrerin, neige zu psychosomatischen Erkrankungen. Sie habe von den Kindern immer absolute Offenheit und Vertrauen verlangt. Sie sei außerdem oft überlastet und gereizt gewesen. Das Verhältnis heute sei durch Unsicherheit gekennzeichnet. Die Klientin versuche, sich von der Mutter abzugrenzen, die wiederum versuche, die Grenzen zu durchbrechen.

Das Familienklima sei früher wie heute gekennzeichnet durch Streben nach Harmonie und durch das Verbot der Abgrenzung der Kinder gegenüber den Eltern. Die Kinder hatten den Eltern zu gehorchen; eigene Ansichten wurden nicht geduldet.

Die Patientin hat zwei leibliche Schwestern, die vier bzw. drei Jahre älter sind und einen zwei Jahre älteren Pflegebruder. Zu diesem habe immer ein freundlich-distanziertes Verhältnis bestanden. Das Verhältnis zur ältesten Schwester sei distanziert, fast feindlich gewesen, da es aufgrund ihrer Abgrenzungsversuche von der Familie häufig Spannungen zwischen ihr und den Eltern gegeben habe. Erst in letzter Zeit erfolgten „Annäherungsversuche" von Seiten der Klientin. Die zweite Schwester sei schon immer, nahezu bis heute, eine Art „Ersatzmutter" für sie gewesen und habe sich viel um sie gekümmert.

Biographische Anamnese
Frau C. wuchs zusammen mit ihren Geschwistern bei den Eltern auf. Kindheit und Jugend werden von ihr als eher glücklich bezeichnet, waren jedoch durch verschiedene psychische Beschwerden, z.B. Alpträume, Schüchternheit, Unselbständigkeit und später Essprobleme gekennzeichnet. Im Gymnasium, das sie mit 19 Jahren erfolgreich abgeschlossen habe, sei sie eine durchschnittliche Schülerin gewesen. Zu den MitschülerInnen habe ein eher distanziertes Verhältnis bestanden, engere Kontakte habe sie nur zu zwei Freundinnen gehabt. Nach Beendigung der Schule sei sie zunächst als Au-pair-Mädchen nach Amerika gegangen. Danach habe sie weit weg von ihrem Heimatort ihr Sprachstudium aufgenommen, da sie schon immer an Sprachen interessiert gewesen sei. Allerdings sei sie momentan nicht sicher, ob sie das Studium zu Ende führen solle, da sie sich durch die Notwendigkeit zur selbständigen Arbeit und Eigeninitiative überfordert fühle. Während des Studiums habe sie ein Auslandssemester in Frankreich absolviert. Dabei sei es ihr aber im Hinblick auf die Bulimie sehr schlecht gegangen und ihr Vater habe sie vorzeitig zurückgeholt. Aufgrund ihrer Erkrankung und des Klinikaufenthalts habe sie den Anschluss an die KommilitonInnen verloren, die bereits alle viel weiter seien als sie. Auch dies lasse sie daran zweifeln, ob sie das Studium je zu Ende bringen könne.

Sie lebe seit etwa eineinhalb Jahren in einer festen Partnerschaft. Die Partnerschaft sei schwierig, da es insbesondere im Zusammenhang mit unterschiedlichen Erwartungen an Sexualität häufig zu Streit komme.

Krankheitsentwicklung
Nach ihren eigenen Angaben leidet Frau C. seit etwa dem 13. Lebensjahr unter Essstörungen. Um das 14./15. Lebensjahr sei sie ihrer jetzigen Einschätzung nach magersüchtig geworden, habe deswegen allerdings nie eine Therapie aufgenommen und mit der Zeit sei ihr Gewicht wieder gestiegen, bis auf ein Höchstgewicht von 68 kg. Vor ca. zwei Jahren habe sie nach der Trennung von ihrem damaligen Partner und einer versuchten Vergewaltigung durch einen Bekannten angefangen zu hungern und dann bulimisches Verhalten entwickelt. Sie sei deswegen schon einmal ein paar Stunden in verhaltenstherapeutischer Behandlung gewesen, die sie dann aber abgebrochen habe, da es „in den Therapiestunden ausschließlich um das Essverhalten ging". Auch ging es ihr zu dieser Zeit hinsichtlich der bulimischen Symptomatik besser. Danach sei sie ein paar Stunden bei einem Familientherapeuten in Behandlung gewesen, da sie den Eindruck hatte, ihre Probleme hätten mit ihrem familiären Hintergrund zu tun. Allerdings habe sie auch diese Behandlung abgebrochen. Letzten Sommer „ging es dann wieder abwärts", so dass sie sich zur stationären Behandlung in

einer psychosomatischen Klinik entschloss, wo sie drei Monate in Behandlung war. Ihr sei zwar dort einiges über sich klar geworden, aber es habe sich nichts geändert. So habe sie bereits während der letzten sechs Wochen des Klinikaufenthalts wieder erbrochen. In der ersten Zeit nach dem Klinikaufenthalt ging es aufgrund der Außenkontrolle durch den jetzigen Partner mit dem Nicht-Erbrechen besser, aber sie wisse, dass dies auch keine dauerhafte Lösung sei. Vor allem, da sie derzeit wieder sehr häufig erbreche, mindestens einmal täglich. Die Essattacken, während derer sie alles Erreichbare esse, vor allem aber härtere Lebensmittel („was zum beißen"), träten vor allem dann auf, wenn sie allein sei. Sie fühle sich stark angespannt und könne diese Spannung durch das Erbrechen kurzfristig loswerden. Abführmittel nehme sie nicht, habe sie aber einmal ausprobiert.

Momentan wiege sie bei einer Körpergröße von 170 cm zwischen 55 und 57 kg. Sie habe Angst, wieder dicker zu werden und traue sich auch deshalb nicht, sich satt zu essen und das Essen zu behalten.

3. Psychischer Befund
Die Resultate des FEV (Fragebogen zum Essverhalten, Pudel & Westhöfer, 1989) weisen auf eine sehr hohe kognitive Kontrolle des Essverhaltens sowie hohe Störbarkeit und stark erlebte Hungergefühle hin. Als größte Schwierigkeiten beim Essverhalten werden „Essen in Gesellschaft" und „plötzlicher Heißhunger" angegeben. Der EDI-Münster (Eating Disorder Inventory, Thiel & Paul, 1988) weist hohe Werte auf den Skalen „Drang dünn zu sein", „körperliche Unzufriedenheit" und „Perfektionismus" auf. Die Resultate des ISE weisen auf eine ausgeprägte negative Selbstkommunikation hin.

Die Patientin macht im Gespräch einen zurückhaltenden, vorsichtigen Eindruck. Leidensdruck ist deutlich erkennbar, daneben Signale, ihre Grenzen zu respektieren. Die Stimmungslage erscheint dysphorisch, Suizidalität wird glaubhaft verneint.

4. Analyse der Symptomatik der Patientin
Bedingungsanalyse

Medizinische Bedingungen: Außer den üblichen Kinderkrankheiten berichtet die Patientin über keine Erkrankungen. Zur Zeit ihrer Magersucht sei ihre Periode nicht aufgetreten, jetzt sei sie aber, aufgrund der Einnahme der Pille, regelmäßig. Die Patientin wirkt schlank, aber insgesamt normalgewichtig.

Umweltbedingungen: Frau C. lebte bis zur Aufnahme ihres Studiums im Haushalt der Eltern, in dem von den Kindern bedingungsloses Vertrauen und Gehorsam erwartet wurde und die Entwicklung eigener Weltanschauungen bzw. Abgrenzung von der Familie nicht geduldet wurde. Sie erlebte, dass die Abgrenzungsversuche der ältesten Schwester mit Ausschluss aus dem Familienverband geahndet wurden. Die Kommunikation in der Familie ist gestört: Frau C. erlebte damals und auch heute oftmals die Botschaft ihrer Eltern: „Entscheide selbst, aber entscheide so, wie wir es für richtig halten!" Auch nach dem Auszug von zu Hause wirkte der elterliche Einfluss weiter fort, z. B. in häufigen Telefonaten. Aufgrund der familiären Situation war es der Patientin von Kindheit an nicht möglich, Freiraum für sich zu haben und ihre eigene Persönlichkeit entwickeln zu können. Das Bedürfnis nach mehr Freiraum und Entfaltungsmöglichkeiten für sich selbst führte auch zur Beendigung der ersten längeren Partnerschaft. Auch die derzeitige, seit etwa eineinhalb Jahren bestehende Partnerschaft wird vor allem aufgrund von Differenzen im sexuellen Bereich als schwierig erlebt. Als angenehm und entlastend erlebt die Patientin ihre zwar wenigen, aber als intensiv beschriebenen Freundschaften zu Studienkolleginnen, wobei sie sich jedoch schnell aus Freundschaften zurückzieht, wenn sie sich ähnlich wie von der Familie manipuliert fühlt.

Lern- und Programmbedingungen: Schon in der Kindheit erlebte Frau C. in der Familie, dass ihre Grenzen nicht anerkannt und respektiert wurden. Offenheit und Gehorsam gegenüber den Eltern galten als oberste Maxime, persönliche Freiräume und Grenzen bzw. Rebellion gegen die familiären Einschränkungen waren nicht erlaubt. Zuneigung wurde für „Leistung" im Sinne der elterlichen Forderungen erfahren. Sie hatte nicht die Möglichkeit, durchzusetzen oder überhaupt für sich zu erleben, was ihre ureigensten Bedürfnisse und Ziele waren bzw. diese als gut und „in Ordnung" zu erfahren. In der Konsequenz erlebte sie Unsicherheit, Unselbständigkeit und das Gefühl, in eigener Regie nichts auf die Reihe zu bekommen. Eine Weiterführung der Grenzverletzung (auch aufgrund der Tatsache, dass sie nicht gelernt hatte, selbst Grenzen setzen zu dürfen) erfuhr Frau C. hinsichtlich ihrer Sexualität.

Besonders in Situationen, in denen nicht die gewohnte Außenkontrolle vorhanden ist, die ihr Richtlinien für „richtiges" Verhalten gibt, erlebt Frau C. eine starke Spannung, die sie mit bulimischem Verhalten kurzfristig erleichtern kann.

Als Leitsätze in ihrem Leben, die von den Eltern übernommen wurden, kristallisieren sich „Ich muss etwas leisten, damit man mich gern hat!" und „Deine eigenen Wahrnehmungen und Empfindungen sind nicht richtig und unwichtiger als die der anderen!" heraus.

Verhaltensanalyse

Situation	Organismus	Reaktion	Konsequenzen
Alleinsein, keine Außenkontrolle, Belastungssituationen (z.B. im Studium, Entscheidungen, indifferente Situationen)	*physiologisch:* nervös, kribbelig, Anspannung *kognitiv:* „Ich weiß nicht was ich will." „Ich halte es nicht aus." „Ich kann mich nicht entscheiden." *emotional:* Unsicherheit, Angst	Essanfall/Erbrechen	Spannung sinkt/C–, Enttäuschung über sich C–, Freiraum C+ Vermeidung von Gewichtszunahme/C–, Vermeidung der Auseinandersetzung mit den Belastungen/C–

Funktionsanalyse
Die Essstörung dient möglicherweise dazu, eine aktive Auseinandersetzung mit Konflikten in der Familie oder in der Partnerschaft zu umgehen oder Leistungserwartungen, die vor allem als vom Vater kommend wahrgenommen werden, zurückzuweisen.

5. *Diagnose*
Bulimie; ICD-10: F 50.2

6. *Verhaltensaktiva*
Die Patientin hat für sich nach einigen abgebrochenen Therapieversuchen erkannt, dass nicht „es" sich ändern wird, sondern dass eine Änderung ihrer Situation und ihrer Symptomatik nur durch sie selbst erfolgen kann. Nach ihrer anfänglichen Zurückhaltung zeigt sie aus eigener Motivation große Offenheit im therapeutischen Gespräch und ist bereit, auch auf für sie schwierige Situationen (Aufgaben) nicht zu vermeiden, sondern aktiv zu bearbeiten und zu bewältigen.

7. *Therapieziele*
Es ergeben sich folgende Therapieziele:
a) Abbau der bulimischen Symptomatik
b) Aufbau und Stabilisierung eines geregelten Essverhaltens
c) Wahrnehmen/Ernstnehmen/Ausdrücken eigener Bedürfnisse (z. B. bzgl. Sexualität)
d) Zielfindung hinsichtlich Beruf/Privatleben; Abgrenzung von familiären Erwartungen

8. *Therapieplan*
Die Ziele a) und b) sollen direkt bearbeitet werden. Es ist daneben davon auszugehen, dass das Symptom Bulimie durch die Bearbeitung der anderen Problembereiche auch indirekt mitbehandelt wird. Es sollten folgende Methoden eingesetzt werden:

zu a) und b)
- Selbstbeobachtung
- Vermittlung eines adäquaten Störungsverständnisses
- Erarbeitung, Umsetzung und Erweiterung strukturierter Esstage, zunächst unter therapeutischer Anleitung, dann im Selbstmanagement

zu c) und d)
- Selbstbeobachtung in verschiedenen Situationen
- Strategien zur Veränderung des Körperbildes (Körperübungen)
- Selbstverbalisation
- Kognitive Umstrukturierung mittels RET
- Imaginationsverfahren
- Selbstsicherheitstraining einzeln

3.5.2 Diagnostische Leitlinien – Symptomatik

Entsprechend der Beschreibung im ICD-10 (S. 199–202) ist die Anorexia nervosa durch einen absichtlich selbst herbeigeführten Gewichtsverlust gekennzeichnet. Typisch ist auch die Gruppe der Betroffenen, nämlich im Wesentlichen heranwachsende Mädchen und junge Frauen. Ihre klinischen Symptome sind leicht erkennbar und führen daher zu einem hohen Übereinstimmungsgrad der Diagnose zwischen verschiedenen Kliniken. Als diagnostische Leitlinien gelten:
1. Tatsächliches Körpergewicht mindestens 15% unter dem erwarteten (entweder durch Gewichtsverlust oder nie erreichtes Gewicht) oder Quetelets-Index von 17.5 oder weniger (Der Quetelets-Index berechnet sich aus dem Quotienten der Körpergröße in Metern und dem quadrierten Gewicht in Kilogramm). Bei Patienten in der Vorpubertät kann die erwartete Gewichtszunahme während der Wachstumsperiode ausbleiben.
2. Der Gewichtsverlust ist selbst herbeigeführt durch Vermeidung von hochkalorischen Speisen sowie eine oder mehrere der folgenden Verhaltensweisen:
    a) selbst induziertes Erbrechen;
    b) selbst induziertes Abführen;
    c) übertriebene körperliche Aktivitäten sowie
    d) Gebrauch von Appetitzüglern oder Diuretika.
    Körperschema-Störung in Form einer spezifischen psychischen Störung: Die Angst, zu dick zu werden, besteht als eine tiefverwurzelte überwertige Idee; die Betroffenen legen eine sehr niedrige Gewichtsschwelle für sich selbst fest.
3. Eine endokrine Störung auf der Hypothalamus-Hypophysen-Gonaden-Achse. Sie manifestiert sich bei Frauen als Amenorrhoe und bei Männern als Libido- und Potenzverlust. (Eine Ausnahme ist das Persistieren vaginaler Blutungen bei anorektischen Frauen mit einer Hormonsubstitutionsbehandlung zur Kontrazeption.) Erhöhte Wachstumshormon- und Kortisolspiegel. Änderungen des peripheren Metabolismus von Schilddrüsenhormonen und Störungen der Insulinsekretion können gleichfalls vorliegen.
4. Bei Beginn der Erkrankung vor der Pubertät ist die Abfolge der pubertären Entwicklungsschritte verzögert oder gehemmt (Wachstumsstopp, fehlende Brustentwicklung und primäre Amenorrhoe beim Mädchen, bei Knaben bleiben die Genitalien kindlich). Nach Remission wird die Pubertätsentwicklung häufig normal abgeschlossen, die Menarche tritt aber verspätet ein.

Mit der Erkrankung ist eine Unterernährung unterschiedlichen Schweregrades verbunden. Es bleiben einige Zweifel, ob die charakteristische endokrine Störung durch die Unterernährung und als direkte Folge der verschiedenen zugrundeliegenden Verhaltensweisen (z.B. eingeschränkte Nahrungsauswahl, exzessive Sportbetätigung und Änderung der Körperbeschaffenheit, induziertes Erbrechen und Abführen mit der Folge von Elektrolytentgleisungen) aufzufassen ist, oder ob andere noch ungeklärte Faktoren eine Rolle spielen (nach ICD-10, S. 199–200).

Die Bulimie ist durch wiederholte Anfälle von Heißhunger, sogenannte Essattacken und eine übertriebene Kontrolle des Körpergewichts charakterisiert. Bei den Essattacken werden häufig hochkalorische, leicht essbare Nahrungsmittel verwendet, die keiner aufwendigen Zubereitung bedürfen. Die während einer Attacke aufgenommene Kalorienmenge weist eine extreme Varianz auf, die Angaben schwanken je nach untersuchter Stichprobe zwischen minimal 45 Kilokalorien bis hin zu maximal 11 500 Kilokalorien. Die Anfälle können in einer Frequenz bis zu mehrmals täglich auftreten (Laessle & Pirke, 1997; Laessle, 1998). Für die Bulimie gelten folgende diagnostische Leitlinien:

1. Eine andauernde Beschäftigung mit Essen, eine unwiderstehliche Gier nach Nahrungsmitteln: Die Patientin erliegt Essattacken, bei denen große Mengen Nahrung in sehr kurzer Zeit konsumiert werden.
2. Die Patientin versucht dem dickmachenden Effekt der Nahrung durch verschiedene Verhaltensweisen entgegenzusteuern: selbstinduziertes Erbrechen. Missbrauch von Abführmitteln, zeitweilige Hungerperioden, Gebrauch von Appetitzüglern, Schilddrüsenpräparaten oder Diuretika. Wenn die Bulimie bei Diabetikerinnen auftritt, kann es zu einer Vernachlässigung der Insulinbehandlung kommen.
3. Eine der wesentlichen psychopathologischen Auffälligkeiten besteht in der krankhaften Furcht davor, dick zu werden; die Patientin setzt sich eine scharf definierte Gewichtsgrenze, deutlich unter dem prämorbiden, vom Arzt als optimal oder „gesund" betrachteten Gewicht. Häufig lässt sich in der Vorgeschichte mit einem Intervall von einigen Monaten bis zu mehreren Jahren eine Episode einer Anorexia nervosa nachweisen. Diese frühere Episode kann voll ausgeprägt gewesen sein, oder war eine verdeckte Form mit mäßigem Gewichtsverlust oder einer vorübergehenden Amenorrhoe.

Wiederholtes Erbrechen kann zu Elektrolytstörungen und körperlichen Komplikationen führen (Tetanie, epileptische Anfälle, kardiale Arrhythmien, Muskelschwäche) sowie zu weiterem starken Gewichtsverlust.

3.5.3 Erklärungsmodell

Weder für die Anorexia noch die Bulimia nervosa existiert bislang ein empirisch belegtes Modell. Die derzeitigen Ätiologievorstellungen sind dadurch gekennzeichnet, dass sie aufgrund der großen Überschneidung dieser Störungsgruppen keine Trennung zwischen diesen durchführen, sondern die Modelle auf beide gleichermaßen bezogen sind. Ausgangspunkt der Überlegungen zur Entstehung von Essstörungen ist, dass biologische, soziokulturelle, familiäre und individuelle Faktoren zusammenwirken. Diese können, einem allgemeinen Modell psychosomatischer Krankheiten folgend (Weiner, 1977), im Sinne *prädisponierender, auslösender und aufrechterhaltender Faktoren* interagieren (Laessle, Wurmser & Pirke, 1996; Laessle & Pirke, 1997; Laessle, 1998).

1. Prädisponierende Faktoren
- Soziokulturell vorgegebenes Schlankheitsideal,
- Lernerfahrungen und individuelle Faktoren,
- Bedingungen in der Familie,
- Biologische Faktoren.

Das *soziokulturell* vorgegebene Schönheitsideal gerade der westlichen Industrienationen hat sich während der vergangenen 30 Jahre zunehmend hin in Richtung eines extrem schlanken Körpers verschoben. Dies gilt besonders für das „weibliche Schönheitsideal", wie es vor allem über die Massenmedien vermittelt wird. Daher sind das Einhalten von Diäten und die Kontrolle des Gewichtes in der Regel zunächst immer von positiven Konsequenzen gefolgt. Gerade während der Adoleszenz ist damit die Gefahr gegeben, dass die Entwicklung der eigenen Identität und des Selbstwertgefühls über erfolgreiche Gewichtsreduktion und Schlanksein erfolgt. Diese soziokulturelle Betrachtungsweise liefert zumindest einen Beitrag zur Erklärung der überproportionalen Häufigkeit von Essstörungen in der weiblichen gegenüber der männlichen Bevölkerung. Es bleibt abzuwarten, ob die zunehmende Übertragung dieses Schönheitsideals auch auf Männer, wie sie sich u. a. gegenwärtig in dem „Fitnessboom" zeigt, der wesentlich unter dem Aspekt der Gewichtskontrolle und -reduktion zu sehen ist, längerfristig eine Veränderung in dem Geschlechtsverhältnis der von einer Essstörung betroffenen Menschen zeitigt.

Bei den *Lernerfahrungen und individuellen Faktoren* sind die Erfahrungen aufzuführen, die im Zusammenhang mit Nahrungsaufnahme und Verhaltenskontrolle gemacht wurden. So kann in der individuellen Lerngeschichte Nahrungsverweigerung bereits über eine entsprechende Zuwendungsreaktion durch die Eltern, das Aufhören von Streitigkeiten und ähnlichem unter operanten Bedingungen gestanden sein. Die Funktion von Nahrungsaufnahme als Ablenkungsstrategie, Belohnung, Entspannung oder zur Beendigung unangenehmer emotionaler Zustände ist hier ebenfalls einzuordnen. Als individuelle Faktoren sind verschiedene Risikofaktoren zu benennen. Hier sind Schwierigkeiten in der Entwicklung von Autonomie und Identität, bei der Wahrnehmung und Beurteilung des eigenen Körpers sowie der Unterscheidung innerer Zustände und Gefühle, zwanghafte, perfektionistische Grundhaltungen und weitere Denkmuster, wie Alles-oder-Nichts-Denken, Übergeneralisierung usw. zu benennen. In diesem Punkt wird zusammengefasst demnach ein kognitives Defizit als prädisponierend angesehen, das gewisse Ähnlichkeiten zu den bei depressiven Störungen zu beobachtenden kognitiven Schemata hat.

In dem sogenannten *systemischen Ansatz*, der die *familiären Bedingungen* hervorhebt, (Minuchin, Rosman & Baker, 1978; Selvini-Palazzoli, 1978) wird ein Familienmitglied in einem gestörten Gesamtsystem zum *Symptomträger*. Dieser erfüllt die Funktion, das Familiensystem aufrechtzuerhalten und offene Konflikte, insbesondere zwischen den Eltern, zu verhindern. Ein entsprechendes Familiensystem soll nach Minuchin, Rosman und Baker (1978) durch die Interaktionsmuster Verstrickung, Rigidität, Überbehütung, Konfliktvermeidung und wechselnde Koalitionsbildung gekennzeichnet sein. Empirische Daten stützen die Theorie teilweise, insgesamt ist sie jedoch als eher deskriptiv zu betrachten, so dass offen bleibt, ob die genannten Faktoren tatsächlich prädisponierenden Charakter haben oder eher als aufrechterhaltend anzusehen sind (Laessle, 1998).

Als *biologische Faktoren* wurden für die Anorexia nervosa eine primäre hypothalamische Dysfunktion und für die Bulimie eine primäre Störung des serotonergen Systems diskutiert. Die entsprechenden Störungen sind jedoch wahrscheinlich eher Folgeerscheinungen als vorausgehende Bedingungen (Laessle, 1998). Ein möglicher, auch empirisch unterstützter Risikofaktor liegt in einer genetischen Disposition zu einem verringerten Energieverbrauch, der zu einem höheren Gewicht schon bei normaler Nahrungsaufnahme führt. Dies bedeutet, dass ein dem gängigen Schlankheitsideal entsprechendes Körpergewicht nur über eine permanent reduzierte Kalorienzufuhr zu erreichen ist (Laessle, 1998).

2. Auslösende Faktoren
Als auslösende Ereignisse sind solche anzusehen, denen die Patientinnen zum Zeitpunkt des Auftretens nicht gewachsen sind. Hierunter können alle möglichen kritischen Lebensereignisse subsumiert werden, wobei die Übergangsphase der Pubertät allein ein solches Lebensereignis darstellen kann. Eine weitere Auslösebedingung gerade bei Patientinnen mit Bulimie ist der erstmalige Beginn und die Durchführung einer strikten Reduktionsdiät, die in ein „Nicht-mehr-aufhören-Können" und in irrationale Kognitionen bezüglich Gewicht, Figur und Auswirkung normalen Essverhaltens münden („Wenn ich einmal die Kontrolle über Essen verliere, werde ich fett!"; „Wenn ich erst einmal wieder zunehme, kann ich das nie wieder stoppen oder rückgängig machen!") (Laessle, Wurmser & Pirke, 1996). Auch die Rolle körperlicher Aktivität als Auslöser für Anorexie wird nach Laessle (1998) zunehmend diskutiert.

3. Aufrechterhaltende Faktoren
Das veränderte Essverhalten bei der Anorexia und der Bulimie führt zu zahlreichen Veränderungen auf der biologischen und der psychologischen Ebene, die als das gestörte Essverhalten aufrechterhaltend anzusehen sind. Dies sind:
- Psychologische Konsequenzen der Mangelernährung,
- Biologische Konsequenzen der Mangelernährung,
- Restrained Eating und
- Angstreduktion durch Erbrechen.

Die *psychologischen Konsequenzen* bestehen u. a. in einer sozialen Isolation, die sich daraus ergibt, dass das Essverhalten verheimlicht werden muss sowie einer Abnahme im Selbstwertgefühl. Dies kann dazu führen, dass zur Verbesserung des Selbstwertgefühls sowie zur vermeintlichen Attraktivitätssteigerung vermehrt Gewichtskontrolle durchgeführt wird. Auch entstehende negative emotionale Zustände aufgrund der Mangelernährung werden nicht auf diese zurückgeführt, sondern über die Nahrungskontrolle bzw. über Fressanfälle zu beseitigen versucht.

Die biologischen Veränderungen sind als körperliche Reaktionen zu sehen, die den Energiebedarf reduzieren. Daher kommt es selbst bei der Wiederaufnahme normaler Ernährung zu einer Gewichtssteigerung, die wiederum angstvoll verarbeitet wird und damit zu einer weiteren Gewichtskontrolle führt. Auf diese Weise ist eine längerfristige Normalisierung körperlicher Prozesse nicht möglich. Eine weitere biologische Folge kann in der Veränderung gastrointestinaler Prozesse, also der Verdauungsfunktion, gegeben sein, die zu dem von vielen Patientinnen selbst nach kleinsten Mahlzeiten wahrgenommenen Völlegefühl führt.

Restraint Eating bezeichnet die allgemeinen Effekte gezügelten Essverhaltens. Ein solches Verhalten wird bei Patientinnen mit Bulimie in der Regel an Tagen ohne Essanfälle gezeigt. Aus der bei Laessle (1998) zitierten Literatur geht hervor, dass sich die Auswirkungen dieses Essverhaltens experimentell bestätigen lassen. Diese bestehen im Wesentlichen darin, dass unter enthemmenden Bedingungen, wie z. B. Stress, die Kontrolle des Essverhaltens zusammenbricht und es zu entsprechenden Essanfällen kommt

Die *Angstreduktion durch Erbrechen* ist im Sinne operanter Kontrolle wirksam. In diesem Punkt teile ich allerdings nicht die Auffassung, dass dadurch das Essverhalten operant durch negative Verstärkung aufrechterhalten wird. Die Funktion des Erbrechens liegt meiner Meinung nach vielmehr darin, im Sinne einer vorweggenommenen Reaktion den Durchbruch einer Essattacke zu erleichtern, indem über die Vorwegnahme dieser Folgereaktion die bestrafenden Konsequenzen des Essverhaltens kognitiv entfernt werden. Die Angstreduktion, die dem Erbrechen folgt, ist daher als negative Verstärkung genau dieser Reaktion zu sehen.

Die oben genannten Überlegungen lassen sich graphisch folgendermaßen darstellen:

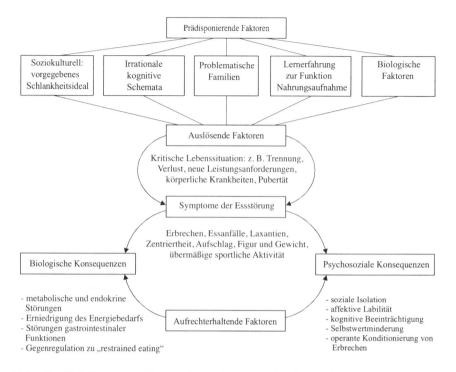

Abb. 21: Prädisponierende, auslösende und aufrechterhaltende Faktoren als Störungsmodell der Anorexia und Bulimie (nach Laessle, Wurmser & Pirke, 1996, S. 200)

3.5.4 Interventionen

In der Intervention bei essgestörten Klientinnen ist auf dem Hintergrund einer kognitv-verhaltenstherapeutischen Vorgehensweise die symptombezogene Therapie gleichgewichtig neben die Therapie „am Symptom vorbei" gestellt. Das heißt konkret, dass sowohl Verfahren zur Anwendung kommen, die sich auf das Essverhalten beziehen als auch solche, die auf die prädisponierenden und aufrechterhaltenden Faktoren abzielen. Hierzu werden eingesetzt (Jacobi, 1998; Laessle, 1998):

- *Selbstbeobachtung des Essverhaltens:* Die Patientin soll die individuellen Auslöser für Heißhungerattacken, Nicht-Essen oder Diäthalten identifizieren lernen und protokollieren.
- *Informationsvermittlung:* Als Grundlage des therapeutischen Vorgehens werden die einzelnen Elemente des Modells der prädisponierenden und auf-

rechterhaltenden Bedingungen der Essstörung detailliert und mit Bezug auf die konkrete Situation der Patientin dargestellt.
- *Gewichtsaufbau und Stabilisierung:* Die Gewichtssteigerung als notwendige Maßnahme bei Patientinnen mit Anorexia ist als ein Verfahren unter anderen anzusehen und auch für die Patientinnen so darzustellen. Der Gewichtsaufbau wird am effektivsten über operante Methoden erreicht, wobei die Selbstkontrolle der Gewichtszunahme im Vordergrund steht und diese über die Technik des Therapievertrages festgeschrieben wird.
- *Ernährungsmanagement:* Es soll eine Normalisierung des täglichen Essverhaltens erreicht werden. Dies ist über Selbstbeobachtung, Information zur Ernährung sowie wiederum über Verhaltensverträge, in denen entsprechende Konsequenzen für eindeutig beschriebene Essverhaltensweisen, wie die Verteilung der Nahrungsaufnahme über den Tag, Mindestkalorienzahl usw. festgelegt werden.
- *Stimuluskontrolle:* Besonders bezüglich des Essverhaltens werden genaue Stimulusbedingungen festgelegt, unter denen dieses Verhalten ausschließlich gezeigt werden soll.
- *Bearbeitung zugrundeliegender Problembereiche:* Zu diesem Punkt sind eine Vielzahl von Verfahren einzusetzen, wie sie oben unter dem Kapitel der kognitiven Therapieverfahren beschrieben wurden. Speziell für diese Klientel können einmal die allgemeinen Strategien zur Veränderung dysfunktionaler Kognitionen zum Einsatz kommen, Training zum Problemlösen und zur Stressbewältigung, Training in Körperwahrnehmung, wobei hier besonders auf die Arbeit mit Videofeedback als Hilfsmittel zu nennen ist, das Einbeziehen der Bezugspersonen, beispielsweise durch Familientherapie besonders bei jüngeren Patientinnen, Expositionsverfahren und Reaktionsverhinderung, wenn sich Situationsbedingungen eruieren lassen, die regelmäßig zu Essanfällen und Erbrechen führen.

Für ein standardisiertes, manualgestütztes Vorgehen zur Behandlung von Patientinnen mit Essstörungen sei auf Jacobi, Thiel und Paul (1996) verwiesen.

3.6 Persönlichkeitsstörungen

Eine der grundlegenden Orientierungen, mit denen Menschen ihre Verhaltensweisen, ihren Bezug zu gesellschaftlichen und kulturellen Anforderungen, insbesondere aber die Gestaltung ihrer zwischenmenschlichen Beziehungen strukturieren, sind ihre Persönlichkeitseigenschaften und Persönlichkeitsstile. Werden diese jedoch starr, unflexibel und stellen sich als extrem normabweichende Verhaltensauffälligkeiten dar, werden sie als Persönlichkeitsstörungen manifest. „Die Unterscheidung zwischen Persönlichkeitsstil und Persönlichkeitsstörung ist in der Regel eine Frage des Ausprägungsgrades. Bestimmte Persönlichkeitsstile können gewisse Merkmale mit Persönlichkeitsstörungen gemein haben. Persönliche Stile erscheinen jedoch gewöhnlich weniger extrem ausgeprägt" (Fiedler, 2006; S. 928). In diesem Sinne grenzt Trautmann (2004) *Persönlichkeitsstörungen* von *problematischen Persönlichkeitsstilen* ab. Der Begriff der Persönlichkeitsstörung umfasst einen breiten Bereich unterschiedlich beschriebener Störungsbilder und hat in die Verhaltenstherapie im Wesentlichen erst über die operationalisierten Diagnosesysteme des DSM, in der aktuellsten Fassung DSM-IV-TR (APA, 2000) sowie der ICD, aktuell ICD-10 (WHO, 1993) vermehrt Eingang gefunden. In diesem breiten Bereich der differentiellen Diagnosen sind jedoch auch grundlegende Gemeinsamkeiten auffindbar. Diese beziehen sich auf zwei Punkte: Einmal kann grundlegend davon ausgegangen werden, dass bei allen Persönlichkeitsstörungen eine Störung der zwischenmenschlichen Interaktion bzw. eine Beziehungsstörung vorliegt (Ecker, 2008). Die zweite Gemeinsamkeit zwischen den Störungsbildern betrifft die sogenannte *Ich-Syntonie*. Damit ist gemeint, dass die betroffene Person sich selbst als mit bestimmten Merkmalen ausgestattet erlebt, die sie aus ihrer Perspektive heraus nicht als störend oder abweichend erlebt. Allerdings ist diese Ich-Syntonie nicht als überdauerndes, absolutes Merkmal anzusehen, sondern kann sich auch erst aufgrund der zunehmenden und massiven Interaktionsprobleme entwickeln, die ein Gefühl der Gestörtheit der eigenen Person hervorrufen (Davison; Neal & Hautzinger, 2007).

Um dieser Vielfalt gerecht zu werden, wird im DSM-IV-TR (APA; 2000) eine Zusammenfassung der einzelnen Störungsbilder in drei Hauptgruppen, die sogenannten *Cluster-A-, Cluster-B-* und *Cluster-C-Störungen* vorgeschlagen. Unter diese Cluster fallen im Einzelnen (hierzu Fiedler, 2009; Ecker, 2008; Davison, Neal & Hautzinger, 2007):

Cluster-A-Störungen: In dieses Cluster werden Personen eingeordnet, die sich absonderlich oder exzentrisch verhalten. Die diagnostischen Begriffe hierzu sind die *paranoide Persönlichkeitsstörung*, die sich durch eine Neigung auszeichnet, andere Menschen mit tiefgreifendem Argwohn und Misstrauen zu betrachten, so dass die Handlungen anderer Menschen als absichtlich bedrohlich und/oder erniedrigend eingestuft werden. Insbesondere fühlen sich Menschen mit dieser Störung von anderen in der Regel extrem ausgenutzt oder benachteiligt. Des Weiteren ist dann die *schizoide Persönlichkeitsstörung* hier eingruppiert, die durch eine eingeschränkte Bandbreite des Gefühlsausdrucks, dem Fehlen von Freunden und Bekannten sowie einer Gleichgültigkeit gegenüber persönlichem Feedback durch andere gekennzeichnet ist. Als drittes spezifisches Störungsbild kommt die *schizotypische Persönlichkeitsstörung* hinzu. Diese lässt sich als abgeschwächt Form einer Schizophrenie beschreiben (Davison, Neal & Hautzinger, 2007). Es treten Verzerrungen der Wahrnehmung und des Denkens auf, z. B. in Form von magischem Denken und Illusionen, wie z.B. der Vorstellung, dass eine fremde Kraft oder Person anwesend sei. Auch können Beziehungsideen, also die Überzeugung, dass äußere Ereignisse eine besondere Bedeutung für die eigene Person haben, auftreten. Insgesamt haben Familienuntersuchungen die Verwandtschaft zur sogenannten *Kernschizophrenie* gezeigt, was auf eine genetische Komponente hinweist (Fiedler, 2009).

Cluster-B-Störungen: Dieses Cluster umfasst insgesamt vier Störungsbilder. Als gemeinsames Beschreibungsmerkmal werden die Eigenschaften „dramatisch", „emotional" und „launisch" genannt. In diesem Cluster werden Personen beschrieben, die eine Vielzahl von Symptomen zeigen, die von sehr wechselhaften Verhaltensweisen bis hin zu einem übersteigertem Selbstbewusstsein sowie einem übertriebenen Ausdruck von Emotionen und antisozialem Verhalten reichen (Davison, Neal & Hautzinger, 2007). Diagnostisch wird hier die *dissoziale Persönlichkeitsstörung* betrachtet, die sich durch rücksichtsloses Durchsetzen eigener Ziele, hohe Risikobereitschaft, Normverletzungen bei fehlendem Schuldgefühl, mangelnder Bindungsfähigkeit und Empathie sowie der Unfähigkeit, vorausschauend zu planen und zu handeln gekennzeichnet sind. Es kann auch zu schweren Gewaltdelikten und Rechtsverletzungen kommen. Eine weitere Gruppe beinhaltet die sogenannte *emotional instabile Persönlichkeitsstörung*, die unter dem Begriff der Borderline-Persönlichkeitsstörung bekannt ist. Ganz im Vordergrund steht hier die tiefgreifende Instabilität in zwischenmenschlichen Beziehungen sowie eine gravierende Störung im Selbstbild. Ebenso zeigen sich extreme Stimmungsschwankungen. Eine Person, die gerade noch der allerbeste Freund im Leben des Betroffenen war und von ihm idealisiert wurde, kann schon bei der nächsten Begegnung aus unerklärlichen Gründen plötzlich als der schlimmste Feind erscheinen. So zeigen sich neben unangemessener Wut gegen andere Personen auch häufig autoaggressive Impulse mit Selbstverletzungen. Letztere ergeben sich auch oft aus einem beständigen Gefühl der Leere und Gefangenheit in sich selbst, das vom Erscheinungsbild her wie eine depressive Störung anmutet. Bei Belastungen können auch paranoide Vorstellungen und dissoziative Symptome auftreten, d.h. die Person verlässt innerlich den gegebenen raum-zeitlichen Kontext. Eine weitere abgrenzbare Störung innerhalb des Clusters stellt die *histrionische Persönlichkeitsstörung* dar. Sie ist gekennzeichnet durch andauernd übertrieben dramatisches Verhalten, dass dazu dient, das Bemühen nach andauernder auf die eigenen Person gerichtete Aufmerksamkeit zu realisieren. Das Verlangen nach ständiger Bestätigung, Anerkennung und Lob steht im Vordergrund, die Person fühlt sich unwohl, wenn sie nicht im Mittelpunkt der Aufmerksamkeit steht. In ihrem äußeren Erscheinungsbild kann eine übertrieben aufreizend-verführerische Fassade im Vordergrund stehen, die auf der sprachlichen Ebene von einem übertrieben-manierierten Sprachstil begleitet wird. Bei der *narzisstischen Persönlichkeitsstörung* steht das grandiose Selbstbild, das sich in der Fantasie und im Verhalten zeigt, im Vordergrund. Auf diesem Hintergrund beruht die mangelhafte Empathie für andere. Menschen mit dieser Persönlichkeitsstörung sind überzeugt, dass sie immer nur Besonderes leisten und deshalb auch nur von besonderen Menschen oder von solchen mit hohem Rang verstanden werden. Insgesamt besteht die Tendenz, andere auszubeuten, den eigenen Vorteil wahrzunehmen, Ansprüche zu befriedigen und Vergünstigungen zu erhalten, ohne eine Gegenleistung zu erbringen. Neid und Arroganz sowie die Überempfindlichkeit gegenüber Kritik und Fremdeinschätzung sind weitere Kriterien.

Cluster-C-Störungen: Dieses Cluster wird gekennzeichnet durch ängstlich-furchtsame, vermeidend-selbstunsichere und dependente sowie zwanghafte Persönlichkeitsstörungen. Die ängstlich-furchtsame sowie vermeidend-selbstunsichere Kategorie ist zusammengefasst in der ängstlich-vermeidenden Persönlichkeitsstörung. Diese ist gekennzeichnet vor einer übermäßigen Angst vor sozialen Beurteilungen und daraus folgend dem Vermeiden beruflicher und sozialer Kontakte. Damit einher geht ein ausgeprägtes Minderwertigkeitsgefühl mit der Überzeugung, anderen unterlegen und inkompetent zu sein. Gegenüber der sozialen Phobie lässt sich diese Störung nur schwer abgrenzen, letztlich ist das Hauptkriterium, dass die Störung bereits seit Kindheit oder früher Jugend besteht (Fiedler, 2009). Bei der dependenten Persönlichkeitsstörung imponieren die unterwürfige Haltung sowie die beinah vollkommene Unfähigkeit, eigene Entscheidungen zu treffen und umzusetzen. Das Grundgefühl ist das einer eigenen Schwäche im Vergleich zur Stärke anderer Personen. Um Beziehungen nicht zu gefährden, stellen sie eigene Bedürfnisse in den Hintergrund. Daher können sie auch leicht ausgenutzt werden. Sollte eine enge Beziehung dennoch enden, so muss diese möglichst umgehend durch eine neue ersetzt werden. Die Definition des eigenen Selbstwertes erfolgt hier ausschließlich über die Einschätzung der Beziehungspartner. Bei der zwanghaften Persönlichkeitsstörung zeigt sich im Vordergrund eine Inflexibilität sowohl auf der Verhaltensebene als auch auf der Ebene der geistig-moralischen Vorstellungen. Handlungsabläufe müssen genau nach den Vorstellungen der Person ablaufen und strenge moralische Maßstäbe sind unhinterfragbar. Daraus ergeben sich stark eingeschränkte persönliche Beziehungen. Die Beschäftigung mit Einzelheiten führt dazu, dass Projekte und berufliche Vorhaben nicht abgeschlossen werden und gleichzeitig Arbeit jedem Vergnügen und zwischenmenschlichem Kontakt vorangestellt wird. Gleichzeitig zeigt sich eine Unfähigkeit, Entscheidungen zu treffen.

Eine keinem dieser drei Cluster zugeordnete Störung stellt diejenige der passiv-aggressiven Persönlichkeitsstörung dar (Fiedler, 2009). Hier steht eine Grundhaltung im Vordergrund, die sich auf Ansprüche durch andere Menschen bezieht. Es herrscht eine passiv-kritische Haltung vor, insbesondere zeigen sich Widerstände passiver Art gegenüber Leistungsanforderungen im sozialen und beruflichen Bereich. Das Grundgefühl entspricht dem des Ständig-missvertanden-Werdens, der ungerechten Behandlung sowie einer übermäßigen Beanspruchung und eines Übermäßig-in-die-Pflicht-genommen-Werdens.

Aufgrund dieser Vielfalt der Störungsbilder kommt es bei einer nicht nach den einzelnen Unterkategorien differenzierten Betrachtungsweise bezüglich der Epidemiologie zu einer relativen Breite in den angegebenen Zahlen. So berichtet Fiedler (2006) über eine verhältnismäßig stabile Prävalenzrate zwischen 5–10% diagnostizierbarer Persönlichkeitsstörungen in der Bevölkerung, während Ecker

(2008) von 10–15 % in der Allgemeinbevölkerung spricht. Letztgenannter Autor berichtet darüber hinaus über das Vorliegen einer Prävalenzrate für Persönlichkeitsstörungen unter psychiatrischen Patienten von 39,5 %, wenn diese nach dem ICD-10 eingestuft wurden und 51,1 % bei einer Einstufung über das DSM-III-R. Die Diagnose einer Persönlichkeitsstörung kann nach einer schon etwas älteren WHO-Studie (Loranger et al.1994) länderübergreifend aufgefunden werden, obwohl sich hinsichtlich der differenzierten Störungsbilder durchaus kulturelle Unterschiede finden lassen.

3.6.1 Falldarstellung

Wie oben beschrieben, stellt die Kategorie der Persönlichkeitsstörungen ein sehr heterogenes Bild dar. Daher wird an dieser Stelle nur auf ein Störungsbild eingegangen, nämlich das der Borderline-Persönlichkeitsstörung. Diese ist einerseits in der Praxis oft sehr schwer zu handhaben, andererseits liegt gerade für diese Untergruppe der Persönlichkeitsstörungen ein strukturiertes und auch evaluiertes Behandlungskonzept vor (Bohus, 2009).

1. Spontan berichtete Symptomatik
Die 32-jährige Patientin gibt an, sie leide häufig unter depressiven Verstimmungen und hat seit diesem Jahr angefangen, sich am linken Armen zu ritzen, wenn sie unter Druck und Anspannung stehe. Sie habe außerdem eine Todessehnsucht und vermehrt Suizidgedanken. Häufig erlebe sie auch ein Gefühl, wie versteinert zu sein, und eine große Leere.

Frau M. teilt mit, ihre psychischen Probleme hätten schon vor 12 Jahren angefangen. Die Patientin gibt an, ihre Symptome hätten sich aufgrund einer Missachtung ergeben, als sie in ihrer Lehre zur Kunstschmiedin den Arbeitsauftrag erhalten habe, eine besondere Gitterform zu schmieden. Darin habe sie sehr viel Zeit und Energie verwendet und sei auch auf eine besonders kreative Idee gekommen, die sie verwirklicht habe. Vom Lehrmeister sei dieses Stück, das auch die Vorbereitung zur Gesellenprüfung dargestellt habe, aber als „völlig daneben und Themaverfehlung" zurückgewiesen worden. Dies habe sie nicht verkraften können, aber noch bis zum Ende der Lehrzeit durchgehalten und dann ohne Gesellenprüfung abgeschlossen. Zudem sei zu dieser Zeit die Beziehung zu einem Freund abgebrochen, von dem sie nach einer Vielzahl vorhergehender Beziehungen endlich geglaubt habe, einen Menschen gefunden zu haben, der sie wirklich wahrnehme. Dieser habe sie aber gedrängt, ihre bestehende Schwangerschaft abzubrechen, was sie auch getan habe. Trotzdem habe er sie kurz danach verlassen.

Frau M. bezeichnet sich aufgrund ihrer verminderten Leistungsfähigkeit als „Versager", sie hasse ihren Körper und fühle sich dafür schuldig, dass sie „überhaupt auf der Welt" sei. Besonders bedrücke sie, dass es wohl keinen Menschen auf der Welt gäbe, der sie überhaupt richtig wahrnehmen würde. Sie wünsche sich zwar sehr eine Beziehung, aber dies sei nicht möglich, da es keinen entsprechenden Menschen gäbe. Eine Therapie in einer psychosomatischen Klinik habe überhaupt nichts gebracht, sie habe sich von den Anforderungen gerade in Gruppenkontakten völlig überfordert und sich auch nicht verstanden gefühlt. Der Versuch, eine ambulante Therapie zu machen, sei bei mehreren Therapeuten meist bereits nach der dritten Stunde gescheitert, diese hätten sie regelrecht „rausgeschmissen".

2. *Lebensgeschichtliche Entwicklung und Krankheitsanamnese*
Familienanamnese
Die Patientin ist in einer Großstadt als das mittlere von drei Geschwistern geboren (die Schwester ist fünf Jahre älter, der Bruder drei Jahre jünger). Die Mutter beschreibt die Patientin als wenig emotional und ihr gegenüber abweisend. Sie ließ sie „emotional verhungern" und spüren, dass sie ein unerwünschtes Kind sei, da sie nicht der erwünschte Junge geworden war. Die beiden anderen Geschwister seien von der Mutter viel besser behandelt worden. Die Patientin wurde durch Liebesentzug und Schweigen bestraft und sei sogar stundenlang im Keller eingesperrt worden. Die Mutter habe immer betont, was sie für eine gute Mutter sei, weil sie dafür gesorgt habe, dass die Kinder „satt und sauber" sind.

Der Vater sei wenig präsent gewesen, aber sie hatten zumindest einige wenige gemeinsame Interessen, insbesondere die Liebe zu Natur und Tieren. Die Mutter habe sie massiv wegen ihrer Berufswahl kritisiert, da dieser Beruf ihrer Meinung nach nichts für ein Mädchen sei und sie sich sicher war, dass ihre Tochter nicht über genügend kreative Fähigkeiten verfüge, um den Beruf wirklich ausüben und sich auch davon ernähren zu können. Sie würde dann ihren Eltern nur auf der Tasche liegen. Insgesamt sei die Beziehung zwischen den Eltern sehr konfliktreich gewesen.

In der Schule habe sie sich als Außenseiterin gefühlt, habe aber immer versucht, dies durch besonderes Engagement, z. B. in der Schülermitverwaltung, wett zu machen.

In der Pubertät habe sich die Patientin ganz zurückgezogen und sich nur mit ihrem Hund beschäftigt, der für sie zu diesem Zeitpunkt die wichtigste „Bezugsperson" war. Während dieser Zeit sei sie häufig von einem Onkel sexuell bedrängt worden, worüber sie mit niemandem reden konnte.

Zu den Geschwistern besteht derzeit nur sporadischer Kontakt, gegenüber der Schwester besteht aktuell ein angespanntes Verhältnis. Sie nehme die Erkrankung der Patientin nicht ernst. Der Bruder sei ihr gegenüber „verständnisvoll", die Beziehung zu ihm bezeichnet sie als „gut". Die Kontakte seien jedoch selten, da der Bruder beruflich sehr eingespannt sei. Er habe sich schon immer aus Familienangelegenheiten eher rausgehalten.

Sozialanamnese
Frau M. habe nach dem Abschluss der Realschule eine Lehre zur Kunstschmiedin absolviert, diese aber ohne Gesellenprüfung beendet und sei daher nie in diesem Beruf tätig gewesen. Sie habe sich zunächst mit Gelegenheitsjobs über Wasser gehalten, habe aber dann den Kontakt zu anderen Menschen nur noch schwer

ertragen, berufliche Tätigkeiten nicht mehr ausführen können und schließlich Sozialhilfe bezogen. Sie habe es aber immer geschafft, allein in einer eigenen Wohnung zu leben.

Während der Lehrzeit und danach habe sie viele wechselnde Beziehungen gehabt, ihr letzter Freund sei bildender Künstler gewesen, mit dem sie einen guten künstlerischen Austausch pflegen konnte. Er habe ihr immer wieder falsche Hoffnungen gemacht, eine „richtige Familie" mit ihr gründen zu wollen, habe sie jedoch wie ein kleines Kind behandelt und sie bestraft, wenn sie nicht das tat, was er von ihr wollte. Die Beziehung hat zwei Jahre gedauert, bis sie schwanger wurde und er sie zur Abtreibung gezwungen hat.

Krankheitsanamnese
Die depressive Symptomatik mit Schneidedruck hat angefangen, als die Patientin in der partnerschaftlichen Beziehung mehrfache Traumatisierungen erlebt hatte. Es folgte ein stationärer Aufenthalt in einer psychosomatischen Klinik, der erfolglos war. Frau M. berichtet, im Jahr 2000 zwei Suizidversuche durch Tabletteneinnahme unternommen zu haben, die gescheitert seien, weil sie jedes Mal entdeckt worden sei. Seither habe sie es aufgegeben, auf diesem Weg eine Lösung zu suchen, obwohl Suizidgedanken immer wieder auftreten würden.

Durch das Verletzen des Unterarmes bestraft sich die Patientin dann, wenn sie ihrer Meinung nach Unrecht getan hat (z.B. mit dem Fahrrad einen Frosch überfahren) oder wenn sie sich aus anderen Gründen (z.B. bei inneren Bildern von Vergewaltigungen, Gedanken über die gescheiterte Beziehung und die eigene Wertlosigkeit) leer, angespannt und völlig erstarrt fühlt. Dazu kommen psychogene Anfälle, die gelegentlich, vor allem nach körperlichen Anstrengungen, auftreten und sie für mehrere Stunden bewegungslos machen. Sie leide außerdem unter gravierenden Schlafstörungen, da sie immer wieder das Gefühl habe, es dringe jemand in ihre Wohnung ein und bedrohe sie im Schlaf.

3. Psychopathologischer Befund
Wach, bewusstseinsklar, vollständig orientiert, psychomotorisch verlangsamt. In der Interaktion kommt es häufig zu Erstarrungszuständen, in denen kein Kontakt mehr möglich ist. Konzentration und Mnestik sicher, keine formalen und inhaltlichen Denkstörungen. Der Antrieb ist herabgesetzt. Im Affekt gedrückt, hochgradiger depressiver Verstimmungszustand, häufig zum Weinen neigend. Im Kontakt unsicher und zurückhaltend. Suizidgedanken werden geäußert, die Patientin ist jedoch bündnisfähig. Krankheitseinsicht, Reflexionsfähigkeit und die Behandlungsbereitschaft sind gegeben.

4. Diagnose
Emotional instabile Persönlichkeitsstörung, Borderline-Typus; ICD-10: F60.31
Schwere depressive Episode ohne psychotische Symptome bei rezidivierender depressiver Störung; ICD-10: F33.2

3.6.2 Diagnostische Leitlinien – Symptomatik

Da oben bereits die vorherrschenden Beschreibungsmerkmale der differentiellen Betrachtung der Kategorie „Persönlichkeitsstörungen" im Überblick dargestellt wurden, soll an dieser Stelle nur die allgemeine Beschreibung der Diagnosekriterien des ICD-10 (WHO, 1993; 2005) sowie die Kriterien für eine ausgewählte Störung zitiert werden. Allgemein wird jedoch kritisiert, dass diese bestehende kategoriale Diagnostik für den Bereich der Persönlichkeitsstörungen hin zu einer dimensionalen Diagnostik entwickelt werden sollte, da gerade für diese Störungsbilder schwer eindeutige Abgrenzungen zu formulieren sind (Davison, Neal & Hautzinger, 2007).

Im ICD-10 sind die Persönlichkeitsstörungen unter F60, *Spezifische Persönlichkeitsstörungen*, gefasst. Als Ausschluss gilt, das die Störungen nicht direkt auf eine Hirnschädigung bzw. -Krankheit oder auf andere psychiatrische Störungen zurückzuführen sind. Kennzeichnend ist, dass sie mit beträchtlichem persönlichen Leiden und ausgeprägten sozialen Beeinträchtigungen einhergehen. Die Störungen treten in der Regel bereits in der Kindheit oder in der Adoleszenz erstmalig auf und bestehen dann weiter auch im Erwachsenenalter.

Die diagnostischen Kriterien sind entsprechend ICD-10 F60 (WHO, 2006) folgende:

G1. Die charakteristischen und dauerhaften inneren Erfahrungs- und Verhaltensmuster der Betroffenen weichen insgesamt deutlich von kulturell erwarteten und akzeptierten Vorgaben (Normen) ab. Diese Abweichung äußert sich in mehr als einem der folgenden Bereiche:
 1. Kognition (d.h. Wahrnehmung und Interpretation von Dingen, Menschen und Ereignissen; entscheidende Einstellungen von sich und anderen);
 2. Affektivität (Variationsbreite, Intensität und Angemessenheit der emotionalen Ansprechbarkeit und Reaktion);
 3. Impulskontrolle und Bedürfnisbefriedigung;
 4. Die Art des Umgangs mit anderen Menschen und die Handhabung zwischenmenschlicher Beziehungen.

G2. Die Abweichung ist so ausgeprägt, dass das daraus resultierende Verhalten in vielen persönlichen und sozialen Situationen unflexibel, unangepasst oder auch auf andere Weise unzweckmäßig ist (nicht begrenzt auf einen speziellen auslösenden Stimulus oder eine bestimmte Situation).

G3. Persönlicher Leidensdruck, nachteiliger Einfluss auf die soziale Umwelt oder beides sind dem unter G2. beschriebenen Verhalten zuzuschreiben.

G4. Nachweis, dass die Abweichung stabil, von langer Dauer ist und im späten Kindesalter oder der Adoleszenz begonnen hat.

G5. Die Abweichung kann nicht durch das Vorliegen oder die Folge einer anderen psychischen Störung des Erwachsenenalters erklärt werden. Es können aber episodische oder chronische Zustandsbilder der Kapitel F0–F5 und F7 neben dieser Störung existieren oder sie überlagern.

G6. Eine organische Erkrankung, Verletzung oder eine deutliche Funktionsstörung müssen als mögliche Ursache ausgeschlossen werden (falls eine solche Verursachung nachweisbar ist, sollte die Kategorie F07 verwendet werden)" (WHO, 2006, S. 220–221).

Diese Kriterien sollten einem angehängten Kommentar entsprechend sich auf mögliche Informationsquellen stützen. Hierzu zählt auch die Fremdanamnese, aber es gibt auch diagnostische Instrumente, die durchgängig als brauchbar beurteilt werden (Fiedler, 2006, Bohus, 2009). Dabei handelt es sich um das IPDE, die *International Personality Disorder Examination* (Loranger et al., 1994), das ins Deutsche übersetzt ist und eine gute bis sehr gute Reliabilität besitzt (Mombour et al., 1996). Daneben kommt als Interviewverfahren das *Strukturierte Klinische Interview für die DSM-Achse II* (Fydrich, Renneberg, Schmitz & Wittchen, 1997) zum Einsatz.

Eine genaue Darstellung der Kriterien zu den einzelnen Störungsbildern findet sich im ICD-10, (WHO, 2006, S. 222–238). Für die Kategorie F60.3, *Emotional instabile Persönlichkeitsstörung*, gibt der ICD-10 zwei Unterkategorien an: die des Impulsiven Typs (F60.30) und die des Borderlinetyps (F60.31). Als ein Beispiel seien hier die Kriterien für die Unterkategorie F60.31 *Borderlinetyp* zitiert.

„A Die allgemeinen Kriterien für eine Persönlichkeitsstörung müssen erfüllt sein.
B Mindestens drei der oben unter F60.30 genannten Kriterien müssen vorliegen und zusätzlich mindestens zwei der folgenden Eigenschaften und Verhaltensweisen:
1. Störung und Unsicherheit bezüglich Selbstbild, Zielen und „inneren Präferenzen" (einschließlich sexueller);
2. Neigung, sich auf intensive aber instabile Beziehungen einzulassen, oft mit der Folge von emotionalen Krisen;
3. übertriebene Bemühungen, das Verlassenwerden zu vermeiden;
4. wiederholte Drohungen oder Handlungen mit Selbstschädigung;
5. anhaltende Gefühle von Leere"
(WHO, 2006, S. 227).

Inhaltliche symptomatische Skizzierungen im Überblick finden sich bei Fiedler (2006) sowie in einer Struktur nach der Clustereinteilung des DSM-IV, bei der für die Cluster eine ausführliche Beschreibung der Krankheitsbilder gegeben wird, bei Davison, Neal und Hautzinger (2007).

3.6.3 Erklärungsmodell

Bei den Erklärungsmodellen der Persönlichkeitsstörungen lassen sich solche unterscheiden, die sich spezifisch auf die einzelnen Störungsgruppen beziehen. Diese sind bei Davison, Neal und Hautzinger (2007) dargestellt. Allgemeine Erklärungsmodelle beziehen sich in der Regel auf folgende Konzeptionen:
- kognitive Modelle,
- motivationale Modelle,
- interpersonelle Modelle,
- emotionale Modelle
(Ecker, 2008).

Die *kognitiven Modelle* gehen davon aus, dass sich Persönlichkeitsstörungen aus einer Interaktion von angeborenen Dispositionen und Umwelteinflüssen entwickeln. Demnach haben die den Persönlichkeitsstörungen zugeordneten Verhaltensweisen zunächst adaptiven Charakter und werden durch die Umwelt entsprechend verstärkt (Beck et al., 1993). Eine spezielle Fokussierung auf Erfahrungen in der frühen Lerngeschichte stellt der Schemaansatz nach Young, Klosko und Weishaar (2005) dar. In dieser Konzeption wird die Rolle früher negativer Erfahrungen mit den wesentlichsten Bezugspersonen betont. Diese Erfahrungen verhindern eine gesunde Entwicklung der Persönlichkeit und führen dazu, dass sich maladaptive Grundüberzeugungen, sogenannte *Kernschemata* herausbilden, die die Interaktion mit der Umgebung überdauernd strukturieren. Young, Klosko und Weishaar (2005) haben für diese Schemata eine Systematik entwickelt, die es erlaubt, diese zu identifizieren und daraus entsprechende Ansatzpunkte für therapeutische Interventionen abzuleiten. Bei den *motivationalen Modellen* wird ebenfalls von frühen Erfahrungen ausgegangen (Sachse, 2004). Der Kern dieser Erfahrungen liegt darin, dass den betroffenen Personen die Erfüllung elementarer Grundbedürfnisse versagt wurde. Diese Grundbedürfnisse liegen auf der Ebene einer zentralen Beachtung des Menschen als Person. Wenn diese nicht erfüllt werden, entwickeln die Betroffenen Verhaltensmuster, die zumindest zunächst auf der Verhaltensebene eine kurzfristige Bedürfnisbefriedigung erbringen. Das Verfolgen dieser interaktionellen Grundbedürfnisse, deren Erfüllung aber nicht erzwungen werden kann und die Realisierung auf der Verhaltensebene über Handlungsstrategien werden von Sachse (2004) als das Modell der *Doppelten Handlungsregulation* bezeichnet. Einen ähnlichen Ausgangspunkt haben auch *interaktionelle Modelle*, die ebenfalls davon ausgehen, dass die den Persönlichkeitsstörungen zugrundeliegenden Verhaltensmuster in frühen Bindungserfahrungen entwickelt werden. Diese Erfahrungen bestimmen die Grundposition, die die Menschen in Bezug auf ihre Selbstwahrnehmung und ihre Beziehungsgestaltung einnehmen. Die Beziehungsgestaltung ist dabei bestimmt von den im Erwachsenenalter mittlerweile introjizierten Beziehungsobjekten der früheren Kindheit (Benjamin,

2001). Bei den *emotionalen Modellen* wird davon ausgegangen, dass Persönlichkeitsstörungen als konstitutionelle Affektstörungen zu verstehen sind, die anlagebedingt, durch frühkindliche traumatische Erlebnisse vermittelt, oder als Entwicklungsstörungen zu betrachten sind. Dieses Konzept wird bei Linden (2006) als emotionale Teilleistungsstörung bzw. als *Minimale Emotionale Dysfunktion* bezeichnet.

Nach Fiedler (2009) kommt dem *Konzept des Vulnerabilitäts-Stress-Modells* in jüngster Zeit als einer der im Kontext der oben genannten Möglichkeiten stehenden Ätiologievorstellung hervorgehobene Bedeutung zu. Dies ergibt sich daraus, dass dieses Modell empirisch gut untersuchbar scheint und pragmatisch die Ableitung konkreter therapeutischer Maßnahmen zulässt. Das Modell postuliert das Zusammenwirken von diathetischen Prädispositionen und psychosozialen Prädispositionen. Unter **diathetischer Prädisposition** ist dabei das ungünstige Zusammenwirken von Erbeinflüssen sowie prä-, peri- oder postnatalen Einflüssen zu verstehen. Diese präformieren die weitere Persönlichkeitsentwicklung. Diese Diathese wird psychosozial überformt, und zwar über ungünstige familiäre, erzieherische und soziale Einflüsse in der frühkindlichen Entwicklung. Besonders markante Ereignisse sind dabei körperliche oder sexuelle Gewalterfahrungen (Fiedler, 2009) aber auch die grundsätzliche Erfahrung von Entwertung (Davison, Neal & Hautzinger, 2007). Ein wesentlicher Gesichtspunkt, der gerade in diesem Vulnerabilitätskonzept zum Tragen kommt ist dabei der, dass die mit den Persönlichkeitsstörungen assoziierten Verhaltensweisen auch als Anpassungsstrategie gegenüber Belastungen und Krisen verstanden werden können.

3.6.4 Interventionen

Eine Grundstrategie in der Therapie von Persönlichkeitsstörungen stellt nach Sachse (2004) die Gestaltung der Interaktion dar. Diese soll sich nach dem Prinzip der komplementären Beziehungsgestaltung ausrichten. Dies meint, dass in der Interaktion mit den Klienten deren Beziehungsmotive herausgearbeitet werden sollen und diese Motive bzw. Bedürfnisse von Seiten des Therapeuten möglichst erfüllt werden sollen. Auf der Grundlage dieser Beziehungsgestaltung lassen sich dann die maladaptiven Beziehungsmuster durch gesunde Verhaltensweisen ersetzen bzw. diese so modifizieren, dass sie weniger Beeinträchtigungen für die Patienten und deren Umwelt darstellen. Als allgemeine Leitlinie für die Therapiekonzeption bei Persönlichkeitsstörungen formuliert Fiedler (2009) als generelle Zielvorstellung: „Nicht die Persönlichkeitsstörungen selbst sollten behandelt werden, *sondern* die sich daraus ergebenden komplexen Interaktionsstörungen, die Störungen des emotionalen Erlebens, die Störungen der Realitätswahrnehmung, der Selbstwahrnehmung oder Selbstdarstellung sowie die Störungen der Impulskontrolle" (Fiedler, 2009; S. 524). Daraus ergeben sich als Hauptansatzpunkte die folgenden Themen:

- Gegenwarts- und Realitätsorientierung,
- Training sozialer Fertigkeiten,
- Kognitive Therapie.

Besonderes Gewicht kommt unter dem Stichpunkt der Realitätsorientierung dem Festlegen eines klaren zeitlichen Rahmens sowie einer klaren Therapievereinbarung zu. Letztere beinhaltet insbesondere eine eindeutige Regelung zum Umgang mit Suizidalität, Kriseninterventionen und Störungen der therapeutischen Rahmenbedingungen (Bohus, 2009). Die Kernthemen bezüglich der sozialen Kompetenz sind:
- Ausdrücken eigener Bedürfnisse auf sozial akzeptable Weise;
- Äußern von negativen und positiven Gefühlen;
- berechtigte Bedürfnisse realitätskonform, entsprechend bestehender Werte und Normen vertreten;
- partnerbezogene Durchsetzung der Bedürfnisse

(Fiedler, 2009).

Im Rahmen der Kognitiven Therapie gewinnt in jüngerer Zeit im verhaltenstherapeutischen Kontext immer mehr der Ansatz der Schematherapie an Bedeutung (Berbalk & Young, 2009; Young, Klosko & Weishaar, 2005). In diesem Ansatz sollen grundsätzliche, in der Kindheit erworbene Einstellungsmuster, sogenannte *maladaptive Schemata*, die in entsprechende emotionale und verhaltensmäßige Reaktionen münden, modifiziert und in adaptive Schemata überführt werden. Als Therapiestrategien kommen zum Einsatz:

- Edukation über den Schemabegriff;
- Kognitive Interventionen;
- Einsatz der Therapiebeziehung als Mittel der Veränderung;
- Erlebnisorientierte/emotionsfokussierte Interventionen;
- Unterbrechung maladaptiver Verhaltensmuster

(Nissen & Bader, 2008).

Hervorzuheben ist für das Störungsbild der Borderline-Persönlichkeitsstörung das Konzept der *Dialektisch-behavioralen Therapie* (Linehan, 1996a; 1996b). Es umfasst verschieden Therapieschritte:
1. *Vorbereitungsphase:* In dieser Phase stehen die Motivations- und Zielanalyse im Vordergrund sowie die Aufklärung über die Behandlung und die Zustimmung zu den Behandlungszielen.
2. *Therapiephase 1:* Leitende Themen sind hier der Umgang mit suizidalem und selbstschädigendem Verhalten, therapiegefährdendem Verhalten und Verhalten, das die Lebensqualität beeinträchtigt. Zentraler Punkt ist der Aufbau von Fertigkeiten, die die Bereiche „Innere Achtsamkeit", „Zwischenmenschliche Fertigkeiten", „Bewusster Umgang mit Gefühlen" sowie „Stresstoleranz" umfasst. In einer zweiten Phase werden etwaige posttrau-

matische Stresssymptome bearbeitet und in der dritten Phase ist der Fokus auf die Steigerung von Selbstachtung und das Entwickeln und Umsetzen individueller Ziele gerichtet (Stiglmayr, 2008). Vom zeitlichen Umfang her ist hierfür im ambulanten Setting von ca. zwei Jahren auszugehen, Therapien von Persönlichkeitsstörungen sind dagegen prinzipiell eher langfristig anzulegen, so wird z. B. bezüglich der Schematherapie von einer Langzeittherapie über drei Jahre berichtet (Bohus, 2009).

Für eine Reihe von Ansätzen, wie die DBT und die Schematherapie, liegen inzwischen auch Ergebnisse aus kontrollierten, randomisierten Studien vor, die deren Wirksamkeit bestätigen (zur Übersicht Bohus, 2009). Dennoch ist insgesamt mit Ecker (2008) festzuhalten, dass sämtliche Verfahren noch nicht hinreichend empirisch überprüft sind und daher in diesem Feld noch entsprechender Studienbedarf besteht.

Die Heterogenität der unter dem Begriff der Persönlichkeitsstörungen subsummierten Erscheinungsbilder macht es notwendig, in diesem Feld noch viel an Weiterentwicklung sowohl der ätiologischen Modelle als auch entsprechender differentieller Therapieverfahren und deren Überprüfung zu leisten.

3.7 Resümee

An dieser Stelle wurden nur die aus Sicht des Autors für den sozialpädagogischen Kontext relevanten Krankheitsbilder eingeführt. Eine breite Übersicht zu weiteren Krankheitsbildern und Verfahren findet sich bei Linden und Hautzinger (2008).

In dem vorstehenden Kapitel wurde eine Auswahl von nach Meinung des Autors wesentlichen, auch in der sozialpädagogischen Praxis häufig anzutreffenden Störungsbildern vorgestellt, für die jeweils Sozialpädagoginnen und Sozialpädagogen entweder in der Funktion als Co-Therapeuten oder als Vermittler spezifischer Therapiebausteine im Rahmen strukturierter Therapieprogramme tätig werden können. Der Einsatz entsprechender Programme im Kontext von Beratungsstellen setzt dabei eine enge Kooperation mit den psychologischen Fachkolleginnen und -kollegen voraus und ist im Rahmen interdisziplinären Vorgehens als wesentliche und begrüßenswerte Konsequenz der zunehmenden Formulierung und Verbreitung diagnosespezifischer und hochstrukturierter Behandlungsprogramme auf meist kognitiv-verhaltenstherapeutischer Grundlage anzusehen. Die Grundstruktur eines solchen Vorgehens lässt sich sicherlich schon aus den dargestellten Störungsbildern und den dazu aufgeführten Interventionen ableiten. Zur Zusammenfassung und Präzisierung soll jedoch an dieser Stelle noch das *Grundschema kognitiv-verhaltenstherapeutischen Vorgehens*, wie es unabhängig von einzelnen Störungsbildern zu sehen ist, aufgelistet werden:

- Erarbeiten eines plausiblen Krankheits- und Veränderungsmodells
- Einüben konkreter Verhaltensweisen in der geschützten Trainingssituation
- Vorbereitung auf die Alltagsübertragung durch Hausaufgaben
- Anwendung im Lebensalltag mit gleichzeitiger Rückkoppelung in der Trainings- oder Therapiesituation
- Effektivitätsprüfung in der praktischen Anwendung, Modifikation der Verhaltensweisen
- Anwendungsphase ohne Rückbindung an die Therapiegruppe
- Wiederholungs- oder Intensivsitzungen nach ca. 12 Monaten mit gleichzeitiger Durchführung einer Langzeitevaluation.

4 Klinische Psychologie in der Rehabilitation

Der Bereich der Rehabilitation, der hier (um den Aspekt der schulischen und beruflichen Rehabilitation verkürzt) im Folgenden mit dem Gebiet der medizinischen Rehabilitation gleichgesetzt wird, ist eines der Anwendungsfelder der Klinischen Psychologie. Weitere Anwendungsbereiche finden sich beispielsweise im Rahmen unterschiedlicher Beratungseinrichtungen und -angebote, bei Einrichtungen zur Krisenintervention und Suizidprophylaxe, der Resozialisation, der Heimerziehung, der Psychiatrie und Sozialpsychiatrie (Fiedler, 1992, 1996).

Rehabilitation ist nach Bastine (1998) zu den klinisch-psychologischen Interventionen zu rechnen, wobei es hier zu starken Überschneidungen mit den Nachbardisziplinen der Rehabilitationspsychologie (Koch, Lucius-Hoene & Stegie, 1988; Witte, 1988) sowie der Verhaltensmedizin kommt (Petermann, 1997; Ehlert, 2003).

4.1 Grundlagen klinisch-psychologischen Vorgehens in der Rehabilitation

4.1.1 Der Begriff der Behinderung

Im Jahr 2001 wurde das *Krankheitsfolgemodell* der Rehabilitation (Matthesius, Jochheim, Barolin & Heinz, 1995) durch das ICF der WHO erweitert und damit eine neue Sicht von Behinderung offiziell etabliert. Das ICF ist konzipiert als Klassifikationssystem, und der vollständige Titel lautet: *Internationale Klassifikation der Funktionsfähigkeit, Behinderung und Gesundheit (ICF) der Weltgesundheitsorganisation (WHO)*. In der aktuellsten Version in deutscher Sprache liegt es aus dem Jahre 2005 vor (DIMDI, 2005). In diesem System wird die Betrachtung von Behinderung als interaktionelles Phänomen hervorgehoben. Es wird also nicht über statische Zustandsbilder gesprochen, sondern im Zentrum stehen ganz allgemein funktionale Probleme, wie sie sich aus dem Zusammenspiel von körperlichen Bedingungen, personalen Bedingungen und Umweltbedingungen ergeben. Dies entspricht der innerhalb der Rehabilitationspsychologie von Witte bereits 1979 formulierten Konzeption, dass Behinderung nur als Interaktionsgeschehen verstanden werden und nicht als objektiver, sondern nur als subjektiver Begriff gefasst werden kann. Behindert ist kein Individuum demnach an sich, sondern immer nur in Bezug auf jeweilige Anforderungen und Umweltbedingungen.

Das ICF bezieht sich explizit auf ein biopsychosoziales Modell von Krankheit und Gesundheit. Im Zentrum steht der Begriff der *funktionalen Gesundheit* (BAR,

2006). Als funktional gesund gilt danach eine Person, wenn bei Beachtung ihres gesamten Lebenshintergrundes...

„1. (i)hre körperliche Funktionen (einschließlich des geistigen und seelischen Bereichs) und ihre Körperstrukturen allgemein anerkannten (statistischen) Normen entsprechen (Konzept der Körperfunktionen und -strukturen),
2. sie all das tut oder tun kann, was von einem Menschen ohne Gesundheitsprobleme (ICD) erwartet wird (Konzept der Aktivitäten), und
3. sie ihr Dasein in allen Lebensbereichen, die ihr wichtig sind, in der Weise und dem Umfang entfalten kann, wie es von einem Menschen ohne Beeinträchtigung der Körperfunktionen oder -strukturen oder der Aktivitäten erwartet wird (Konzept der Teilhabe an Lebensbereichen)" (DIMDI, 2006, S. 10).

Aus dieser Betrachtung der funktionalen Gesundheit leitet sich ab, dass sowohl die funktionale Gesundheit als auch deren Beeinträchtigung als Ergebnis der Wechselwirkung zwischen Kontextfaktoren und persönlichen Faktoren abzuleiten ist. Nach dieser Auffassung ist Behinderung als das Ergebnis negativer Wechselwirkungen zwischen Gesundheitsproblemen einer Person und ihren Kontextfaktoren zu sehen und jede Beeinträchtigung dieser funktionalen Gesundheit wird im System der ICF als Behinderung angesehen. Dies bedeutet, dass funktionale Probleme nicht mehr nur als Attribut der Person, sondern als das negative Ergebnis einer Wechselwirkung zwischen den inner- und außerpersönlichen Faktoren der Person angesehen werden. Dies ist in **Abbildung 22** dargestellt.

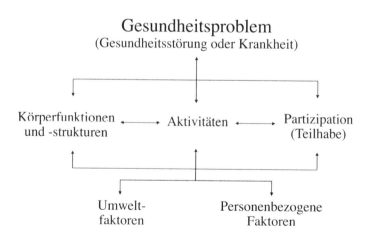

Abb. 22: Wechselwirkungen zwischen den Komponenten der ICF (DIMDI, 2005, S. 23)

Unter den *Körperfunktionen und -strukturen* sind die physiologischen Funktionen einschließlich der psychologischen Funktionen zu verstehen, Körperstrukturen meint die anatomischen Teile des Körpers, wie z. B. Gliedmaßen. Diese können im Sinne einer Beeinträchtigung von Körperfunktionen oder -strukturen als eine wesentliche Abweichung bzw. als ein Verlust oder auch als Schädigung verstanden werden. Die Beschreibung von *Funktionen* bezieht zwar die Organebene mit ein, jedoch liegt der Schwerpunkt der Betrachtung darauf, welche komplexeren Tätigkeiten ein Betroffener in der Lage ist zu leisten, z. B. ob er in der Lage ist, alleine eine Toilette aufzusuchen. Unter dem Begriff der *Aktivitäten* wird das Handlungsspektrum des Menschen betrachtet. Hierbei werden bei dem Begriff der Aktivität zwei Bereiche unterschieden, nämlich die Leistungsfähigkeit einerseits und die Leistung an sich andererseits (BAR, 2006). Leistungsfähigkeit meint dabei das potentielle Spektrum der Möglichkeiten des Menschen, wie es sich aus dem positiven und negativen Bild der Funktionsfähigkeit erschließt. Unter der konkreten Leistung wird verstanden, wie sich eine Person unter ihren gegebenen Kontextbedingungen tatsächlich verhält. An diesem Punkt fließt auch eine Komponente eines persönlichen Konstrukts ein, nämlich die Leistungsbereitschaft des Individuums als eines von vielen zu berücksichtigenden persönlichen Merkmalen.

Einen sehr wesentlichen Aspekt stellt der Begriff der *Teilhabe* dar. Damit ist die Beschreibung des Menschen gemeint, wie es ihm möglich ist, sich in die verschiedensten gesellschaftlichen Rollen einzubringen. Damit sind alle Lebenssituationen und möglichen Lebensbereiche gemeint, in denen ein Mensch für ihn wichtige Rollenaktivitäten entfaltet. Aktivitäten und Teilhabe weisen damit einen großen Überschneidungsbereich auf, da sie sich sowohl auf konkret umschriebenes Handeln als auch auf die Bereiche der *menschlichen Daseinsentfaltung* (BAR, 2006, S. 13), die mit dem Begriff der Teilhabe beschrieben ist, beziehen. Die Kontextfaktoren sollen den gesamten Lebenshintergrund einer Person beschreiben. Sie sind geteilt in Umweltfaktoren und personenbezogene Faktoren, die zusammenwirken. Unter den Umweltfaktoren sind die materiellen, sozialen aber auch einstellungsbezogenen Faktoren der persönlichen Umwelt der Person gemeint. Die personbezogenen Faktoren beschreiben die Person hinsichtlich ihrer Eigenschaften und Attribute, die unabhängig von dem Gesundheitsproblem gegeben sind und damit eigentlich so etwas wie das psychologische Profil einer Person darstellen. Diese Kontextfaktoren lassen sich unter dem Aspekt der Klassifizierung von Behinderung in förderliche und hinderliche Gegebenheiten aufschlüsseln.

An dieser Stelle soll nur der Ansatz des ICF als eine umfassende Betrachtungsweise von Behinderung geschildert werden, der Einsatz dieses Systems als Klassifikationssystem ist noch nicht ausgereift, der gegenwärtige Nutzen liegt darin, dass damit ein einheitliches Kommunikationssystem geschaffen wurde und die Grundüberlegungen auch bereits Eingang in entsprechende gesetzgeberische Maßnahmen gefunden haben (BAR, 2006). Beinhaltet im ICF sind aber ebenfalls als Komponente die Begriffe des Vorgängermodells des ICIDH (Matthesius, Jochheim, Barolin & Heinz, 1995).

Dieses Modell stellte drei zentrale Begriffe in den Vordergrund:
Schädigung, Behinderung und Handicap

Darunter ist Folgendes zu verstehen:
- *Organische Ebene (Schädigung):* Diese Ebene repräsentiert eine Schädigung bzw. Störungen oder Abweichungen der physiologischen, anatomischen und auch psychischen Struktur.
- *Personale Ebene (Behinderung):* Diese Ebene bezeichnet Störungen auf der persönlichen, funktionellen Ebene. Damit ist der Verlust von Fähigkeiten oder Fertigkeiten gemeint, die das Individuum als für sich und im Vergleich mit anderen Personen als normal erachtet.
- *Gesellschaftliche Ebene (Handicap):* Die hier festzustellenden Störungen betreffen die Rollenaktivitäten des Individuums und deren Beeinträchtigung im Vergleich mit auf hinsichtlich Alter, Geschlecht und Kulturzugehörigkeit der gleichen Gruppe angehörigen Individuen. Gegenwärtig wird als Rahmen für rehabilitative Ziele und Aufgaben wohl allgemein auf das seit 1994 auch in deutscher Übersetzung vorliegende ICIDH, insbesondere dessen erster Teil (Matthesius, Jochheim, Barolin & Heinz, 1994).

Als Beispiel für die somatische Ebene wäre etwa die zerstörte Struktur des Handgelenkes bei einer Patientin mit chronischer Polyarthritis zu nennen, für die personale Ebene die Unfähigkeit, einen Wasserhahn zu öffnen oder eine Tür aufzuschließen und auf der gesellschaftlichen Ebene ihre Versetzung in einen minderbewerteten Bereich ohne Publikumsverkehr, um den Kunden den Anblick ihrer deformierten Hände zu ersparen. Der Zusammenhang zwischen den beschriebenen Ebenen ist dabei nicht notwendig linear. So kann bei einer Person z.B. eine Schädigung vorliegen, ohne dass diese mit einer funktionellen Störung verbunden ist, wohl aber mit einem bedeutenden Handicap. Dies kann z.B. bei deutlich sichtbaren Schädigungen, wie z.B. aufgrund eines Hautkrebses operativ entfernter Gesichtspartien, die keine Funktionseinschränkung nach sich ziehen, der Fall sein.

Diese Definition von Behinderung über die unterschiedlichen Beschreibungsebenen ist verknüpft mit Maßnahmen, die entweder darauf abzielen, dass für die Einordnung zu einer bestimmten Ebene relevante Zustandsbilder eintreten oder die diese rückgängig machen sollen. Diese Interventionen werden mit den Begriffen der Primärprävention, Sekundärprävention, Tertiärprävention und Rehabilitation im engeren Sinne bezeichnet. Da dieses Interventionsverständnis ebenfalls aus dem psychologischen Begriff von Behinderung (Witte, 1979) abgeleitet ist, lässt es sich ebenfalls mit der Konstruktion des ICF verbinden. Die angegebene Definition sowie die Interventionsstufen sind in **Abbildung 23** veranschaulicht:

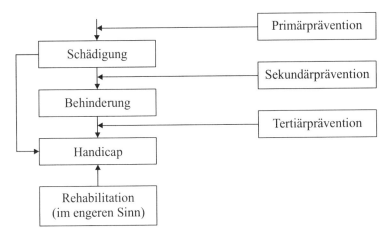

Abb. 23: Beschreibungsebenen von Behinderung und darauf abzielende präventiv-rehabilitative Maßnahmen (nach Budde, 1984)

Eine Konkretisierung der verschiedenen Maßnahmen zur Prävention wird weiter unten am Beispiel der Rehabilitation bei rheumatischen Erkrankungen gegeben.

4.1.2 Ziele der Rehabilitation

Zentrales Ziel der Rehabilitation ist es, Behinderung soweit wie möglich abzuwenden, ungünstige Krankheitsverläufe zu verhindern oder Krankheitsfolgen zu minimieren. Damit verbunden ist, dass Voraussetzungen für die aktive Teilnahme des Rehabilitanden am sozialen Leben, das auch das Erwerbsleben mit einschließt, geschaffen oder erhalten werden (nach Petermann & Mühlig, 1996). Diese Globalziele orientieren sich an der im Rehabilitationsrahmen bestehenden Gegebenheit, dass im Unterschied zur kurativen Medizin in der medizinischen Rehabilitation nur in Ausnahmefällen eine vollständige Wiederherstellung möglich ist, sondern der Regelfall die langfristige Schadensbegrenzung darstellt. Konkret formulieren Petermann & Mühling (1996) hierzu folgende Ziele:
- *Linderung der Beschwerden:* Reduktion der Intensität, Dauer, Frequenz oder Folgebelastungen der Krankheitssymptome;
- *Prävention:* Rezidivprophylaxe, Verhinderung oder Verlangsamung von Progredienz, Stabilisierung des Gesundheitszustandes, befristete Remissionen;
- *Kompensationsbehandlung, funktionale Adaptation:* Gezieltes Training zum Ausgleich von Funktions- und Leistungsbeeinträchtigungen (z.B. physiotherapeutisch, ergotherapeutisch, Gebrauch von Hilfsmitteln);

- *praktische Lebensumstellung und soziale Adaptation:* Anpassung in Beruf und Freizeit an den veränderten Gesundheits- und Funktionszustand (z.B. Umsetzung am Arbeitsplatz, berufliche Umorientierung, neue Hobbys);
- *Lebensstilumstellung:* Gesundheitsverhalten (z.B. Veränderung des Tagesrhythmus, Genussmittelkonsum etc.);
- *Aktivierung sozialer Unterstützungssysteme,* soziale Integration des Patienten;
- *psychische und emotionale Bewältigung:* Bewältigung der Erkrankung und psychischen Krankheitsfolgebelastungen (Angst, Depression, Selbstwertverlust), Anpassung der Lebensperspektiven an die veränderte Lebenssituation;
- *funktionsgerechte Umgestaltung der persönlichen Umwelt* (Wohnung, Arbeitsplatz, Auto etc.).

4.1.3 Klinisch-psychologische Methoden

In der medizinischen Rehabilitation spielt der psychosoziale Krankheitsaspekt eine besondere Rolle. Dies wurde von Wille (1990) mit der Auffassung, dass dem Prozess der Krankheitsbewältigung der der Bewältigung einer Behinderung gleichzusetzen ist, eine besondere Rolle zukommt, indem er bei chronischen Erkrankungen als mitbestimmender Krankheitsfaktor zu sehen ist. Zur Modifikation und auch Therapie dieser Aspekte stellt gerade die Verhaltenstherapie als klinisch-psychologisches Verfahren eine breite Palette von Methoden zur Verfügung, die sich auch in der empirischen Absicherung als wirksam erwiesen haben. Insbesondere ist das biopsychosoziale Rahmenmodell, das auf Krankheit und Behinderung Anwendung finden kann, als ein Modell für eine fächerübergreifende Betrachtungsweise zu nennen, das den Rahmen für alle rehabilitativen Bemühungen der unterschiedlichen Disziplinen darstellt und damit die enge Verknüpfung des klinisch-psychologischen und verhaltensmedizinischen Ansatzes in der Rehabilitation verdeutlicht (Petermann & Mühling, 1996).

Eine beispielhafte Übersicht über das Spektrum diagnostischer und Interventionsmethoden enthält folgende Tabelle:

Tab. 7: (nach Petermann & Mühling, 1996, S. 716–717)

Interventionskonzept	Interventionsbeispiele
Psychosoziale und Funktionsdiagnostik	• Familienanamnese • psychosozialer „Funktionsstatus" (soziale Kompetenz, Integration, Ressourcen) • Verhaltens- und Bedingungsanalyse • neuropsychologische Funktionsdiagnostik

Interventionskonzept	Interventionsbeispiele
Patientenschulungsprogramme	• Aufklärung über die Erkrankung, Entstehungsbedingungen, aufrechterhaltende Bedingungen und Vermittlung eines theoretischen Erklärungsmodells (z.B. physiologische Modelle, Stresskonzepte) • Einüben von Maßnahmen zur Selbstkontrolle und zum „Krankheitsmanagement" • Steigerung der Compliance • gezielte Maßnahmen zur Verbesserung der Lebensqualität
Gesundheitstrainings	• Anleitung zur Umstellung von Ernährungs- und Risikoverhalten • Aufbau von gesundheitsförderlichen Aktivitäten • Erarbeiten gesundheitsförderlicher Einstellungen
Entspannungstrainings	• Progressive Muskelrelaxation • Autogenes Training • Biofeedback
Stressbewältigung	• Sensibilisierung für externe Stressoren und propriozeptive Warnsignale • Vermittlung von Strategien zur Stressbewältigung (Stressimmunisierung)
Vermittlung von Problemlösestrategien	• Problemlösetraining
Selbstsicherheits- und Selbstbehauptungstraining	• ATP • Gruppentraining zur Sozialkompetenz
Aktivitätsübungen	• Anleitung zu euthymen Verhaltensweisen (Genusstraining)
Verhaltensmodifikation	• Abbau von unerwünschtem Verhalten und sukzessiver Aufbau des Zielverhaltens mittels verhaltenstherapeutischer Techniken (respondente Verfahren)
Kognitiv-therapeutische Interventionen	• Selbstmanagement • Gedankenstopp-Technik • positive Selbstverbalisation
Psychologische Bewältigung von Schmerzen, Therapiebelastungen und -nebenwirkungen	• Techniken der Aufmerksamkeitssteuerung (Ablenkung, Imagination) • Selbstkontrolle (Selbsthypnose, Selbstinstruktion) • kognitive Umdeutung (Aufbau schmerzinkompatibler Kognitionen)
Themenzentrierte (Kurz-)Psychotherapie	• Bearbeitung psychologischer Krankheitsfolgen • Aufgreifen von neben der Krankheit bestehenden psychischen Störungen

Im Vordergrund steht bei den Interventionskonzepten der kognitiv-verhaltenstherapeutische Ansatz (Petermann & Mühling, 1996). In der Realisierung im Rahmen konkreter, institutionalisierter Rehabilitationsvorgänge sind die oben allgemein geschilderten Ansätze dadurch gekennzeichnet, dass innerhalb des gegebenen allgemeinen Rahmens krankheitsgruppen- und problemspezifische Vorgehensweisen, wie sie z. B. als ausführlich beschriebene Behandlungsprogramme und Patientenschulungsprogramme vorliegen (Petermann, 1997a; 1997b) eingesetzt werden.

Allgemein können zwei psychologische Interventionsarten unterschieden werden, die in der Rehabilitation zum Einsatz kommen, besonders im Hinblick auf die Behandlergruppen, von denen diese durchgeführt werden sollen (Jungnitsch, 1994; Kryspin-Exner, 1994):
a) Psychologische Trainingsangebote
b) Psychologische Therapie

Zu a) Für *Psychologische Trainingsangebote* gilt, dass sie keiner spezifischen psychologischen Indikationsstellung, wie etwa Depression, unzureichende Krankheitsverarbeitung o. ä. bedürfen. Sie sind als notwendiger und selbstverständlicher Bestandteil der Rehabilitation in der für die jeweilige Klientel spezifische Ausgestaltung zu betrachten, die gemeinsame Problemstellungen der Betroffenen aufgreifen und konkrete Bewältigungsmöglichkeiten aufzeigen. In ihrem Grundaufbau wird das kognitiv-behaviorale Konzept bevorzugt. Dies begründet sich darin, dass gerade diese Vorgehensweise nicht unbedingt von einer defizitär-therapiebedürftigen Person ausgeht, sondern durch die Betonung von sowohl Informations- als auch Handlungseinheiten einen edukativen Ansatz hervorhebt. Dieser verbindet sich eng mit dem rehabilitativen Grundsatz der „Hilfe zur Selbsthilfe" sowie dem Ansatz des Selbstmanagements (Kanfer, Reinecker & Schmelzer, 1996). Letzterer ist gerade auch für die Therapie chronischer Erkrankungen von Bedeutung (Budde, 1994). Ebenso ist für den hier angesprochenen Personenkreis der im Sinne der Unterscheidung von Grawe, Donati & Bernauer (1994) eher problemlösungsorientierte Ansatz, wie er sich im kognitiv-behavioralen Grundansatz wiederfindet, von besonderer Bedeutung. Dieser eignet sich ja gerade für eine allgemeine, im Sinne eines Standardprogrammes konzipierte Vorgehensweise. Wenn hierbei zwar insgesamt die Form des Gruppenangebotes zu bevorzugen ist, bedeutet dies nicht, dass keine individualisierten Angebote möglich sind. Gerade zu Beginn des Rehabilitationsprozesses kann es sinnvoll und notwendig sein, auch Trainingsangebote für den Einzelfall zu planen (Jungnitsch, 1992).

Zu b) *Psychologische Therapie* setzt eine positive psychologische Diagnose im Hinblick auf Verhaltensexzesse voraus, beispielsweise im Medikamentengebrauch, oder bei Verhaltensdefiziten, wie beispielsweise der Unfähigkeit, unter veränderten körperlichen Bedingungen soziale Kontakte zu knüpfen und aufrecht zu erhalten. Die genannten Verhaltensweisen können dabei sowohl Folge der Erkrankung als auch möglicherweise auslösende oder aufrechterhaltende Faktoren sein. Gerade der Hinweis auf ein Überwiegen psychischer Faktoren in der Krankheitsgenese ist wesentlich für die Indikation einer Psychotherapie. Diese ist auf dem Hintergrund einer individuellen Bedingungs- und Verhaltensanalyse durchzuführen. Sie zielt daher auf alle gegebenen Problemfelder ab und verknüpft im Rahmen einer übergeordneten Strategie (Hoffmann, 1993) die einzelnen, individuell relevanten Techniken (Linden & Hautzinger, 2008). Hierbei ist besonders darauf zu achten, dass es sich schon aufgrund der institutionellen Rahmenbedingungen nur um Ansätze der Kurzzeittherapie handeln kann, deren Effektivität durchaus als gegeben betrachtet werden kann (Grawe, Donati & Bernauer, 1994). Damit soll jedoch nicht eine stationäre Psychosomatik in ihrer Notwendigkeit und Indikation infrage gestellt werden. Hauptklientel dieses Ansatzes sind solche Patienten, die neben oder in Verbindung mit ihrer behandlungsbedürftigen, somatischen Erkrankung noch wesentliche psychosoziale und psychische Störungen aufweisen. Häufig ist innerhalb des meist zunächst gegebenen stationären Rahmens der Rehabilitation ein Abschluss im Bereich von Teilzielen möglich, weitergehende Zielbereiche wären dann in einer ambulanten Weiterführung anzugehen.

Nicht indiziert ist die psychotherapeutische Vorgehensweise, wenn sich selbst bei sorgfältigster medizinischer und psychologischer Diagnostik weder in dem einen noch im anderen Bereich eine Störung auffinden lässt. Außerdem muss besonders darauf geachtet werden, dass Veränderungen im Erleben und Verhalten, die regelgerecht im Verlauf der Anpassung an eine gravierende Veränderung körperlicher Integrität auftreten (Shontz, 1975; Wright, 1983) keiner Psychotherapie bedürfen.

Zusammenfassend ist festzuhalten, dass der psychologische Ansatz im rehabilitativen Verständnis bedeutet, dass nicht von einer defizitären oder kranken Persönlichkeit ausgegangen wird, die zu heilen ist bzw. bei der ein ursprünglicher Gesundheitszustand wieder herzustellen ist. Vielmehr ist die Person in den Anpassungsaufgaben zu unterstützen, die sich aus den unterschiedlichen Aspekten von „Behinderung" ergeben (Budde, 1988).

Diese für klinisch-psychologische Anwendung in der Rehabilitation formulierten grundsätzlichen Überlegungen sollen nun in einer Übertragung auf eine spezielle Patientengruppe, nämlich Menschen mit rheumatischen Erkrankungen, konkretisiert und illustriert werden (vgl. Jungnitsch, 2003).

4.2 Klinisch-psychologische Interventionen am Beispiel rheumatischer Erkrankungen

4.2.1 Rheumatische Erkrankungen: Begriffsklärung und Krankheitsbilder

Als rheumatische Erkrankungen werden solche bezeichnet, deren Hauptsymptomatik Schmerzen und/oder Bewegungseinschränkungen bis hin zu Form- und Funktionsverlusten darstellen. Dabei ist der Begriffsumfang des sogenannten *rheumatischen Formenkreises* weiterhin umstritten, obwohl sich zunehmend die Auffassung der WHO etabliert, nach der alle chronisch verlaufenden, mit Schmerzen und Funktionseinschränkung verbundenen Krankheiten des Stütz- und Bewegungsapparates dem rheumatischen Formenkreis zugeordnet werden sollten (Härter, 1992; VDR/Reha-Kommission 1991). Diese sehr weit gefasste Definition bedingt, dass der Begriff der rheumatischen Erkrankungen sehr viele und dabei grundverschiedene Erkrankungen umfasst. Sie werden üblicherweise in vier Gruppen eingeteilt (Müller & Schilling, 1982). Diese Einteilung richtet sich im Wesentlichen nach dem primär für die Symptomatik maßgeblichen pathologischen Prozess. Es werden entzündliche, abnutzungsbedingte, weichteilrheumatische und mit Krankheiten anderer Organsysteme assoziierte Erkrankungen unterschieden.

Tab. 8: Klassifikationsmöglichkeiten rheumatischer Erkrankungen (nach Müller & Schilling, 1982)

Erkrankungen	Beispiele
Entzündliche Gelenk- und Wirbelsäulenerkrankungen	• Chronische Polyarthritis • Ankylosierende Spondylitis • Kollagenkrankheiten
Degenerative Gelenk- und Wirbelsäulenerkrankungen	• Arthrosen der Extremitätengelenke • Arthrosen der Wirbelsäulengelenke • Schädigungen der Bandscheibe
Extraartikulärer (Weichteil-)Rheumatismus	• Fibromyalgie • Halswirbelsäulensyndrom • Lendenwirbelsyndrom • Chronischer Rückenschmerz
Pararheumatische Erkrankungen	• Gicht • Tumorerkrankungen • Gefäßentzündungen

Im Einzelnen können diese Erkrankungen folgendermaßen skizziert werden:

Bei den *entzündlich-rheumatischen Erkrankungen* stellen die chronische Polyarthritis (cP) sowie die ankylosierende Spondylitis (SpA) (synonym *Morbus Bechterew*), die häufigsten dar. So liegt die Prävalenzrate für die cP bei 0,5–1 % (Raspe, 1990). Die Erkrankung ist systemisch, ihre Ätiologie nach wie vor weitgehend ungeklärt. Sie verläuft, symmetrisch an den kleinen Gelenken der Finger und Zehen beginnend, meist in Schüben und progredient. Etwa 5–10 % der von dieser Erkrankung Betroffenen müssen mit einem gravierenden Verlauf, der bis zur Rollstuhlabhängigkeit führen kann, rechnen. Die SpA ist vorwiegend durch eine Entzündung der Kreuzdarmbeingelenke sowie der Wirbelsäule gekennzeichnet. Ihre Morbiditätsrate schwankt zwischen 0,1 und 0,4 % (Zink et al., 1981), wobei aufgrund verfeinerter Diagnosemöglichkeiten neuerdings Prävalenzraten bis hin zu 2 % angegeben werden (Herold, 1994). Auch hier ist der Verlauf meist progredient, in 25 % der Fälle können die Entzündungsprozesse bis zu einer vollständigen knöchernen Versteifung der Wirbelsäule auch in ungünstigen Positionen führen (Hettenkofer, 1984). Weitere, jedoch wesentlich seltenere Erkrankungen, die dieser Gruppe zugerechnet werden, stellen die Kollagenkrankheiten dar. Die hier wohl bekanntesten sind der *Lupus erythematodes* (LE), bei dem von einer Inzidenz von 0,001 bis 0,008 % (Hohmeister, 1989) ausgegangen wird sowie die *Systemische Sklerodermie*, bei der die Neuerkrankungsrate pro Jahr bei ca. 4,5 Fällen pro einer Million Einwohnern liegt (Hohmeister, 1989). Die Kollagenkrankheiten können auch lebensbedrohlichen Charakter annehmen, da bei ihnen auch innere Organe, wie Herz und Lunge, mitbeteiligt sein können. Beim SLE ist insbesondere auch die Mitbeteiligung des zentralen Nervensystems erwähnenswert, da es im Rahmen dieser Erkrankung auch zu psychotischen Erscheinungen kommen kann (Berlit, 1989).

Die *degenerativen Gelenk- und Wirbelsäulenerkrankungen* sind unter dem Aspekt der Anzahl der betroffenen Organe nicht als die gravierendsten rheumatischen Erkrankungen zu betrachten. Sie stellen aber das insgesamt häufigste Krankheitsbild dar. So stellten beispielsweise Raspe & Kohlmann (1993) fest, dass die Punktprävalenz für Rückenschmerzen in Deutschland bei mindestens 30 %, die Jahresprävalenz sogar bei etwa 70 % liegt. Gelenkaffektionen finden sich etwas weniger häufig, nämlich bei 58 %, wobei die einzelnen Gelenke unterschiedlich häufig befallen sind (Hohmeister, 1989). Kennzeichnend für das Krankheitsbild ist, dass es meist in höherem Lebensalter auftritt und durch mechanische Zerstörung der Gelenkknorpelmasse zu teils massiven Schmerzen und gravierenden Bewegungseinschränkungen führt. Auch hier ist der Verlauf chronisch (Hackenbroch, 1989).

Weichteilrheumatische Erkrankungen betreffen im Wesentlichen Muskulatur, Sehnen und Bänder. Häufig kann hier als Ursache für den erlebten Schmerz bei der medizinischen Untersuchung keine entsprechende organische Störung aufgefunden werden. In jüngerer Zeit hat hier vor allem das Krankheitsbild der Fibromyalgie Beachtung gefunden (Hug & Gerber, 1990; Keel, 1992; Yunus et al., 1991). Diese Erkrankung ist durch umfassende Schmerzen, spezifische sogenannte Tender-Points und eine Schlafstörung, die mit beständiger Müdigkeit einhergeht, gekennzeichnet. In der Altersgruppe der 50–69-Jährigen liegt die Häufigkeit für diese Erkrankung bei wenigstens 1% (Härter, 1992). Insgesamt kann davon ausgegangen werden, dass ca. 90–95% aller rheumatischen Erkrankungen den degenerativen und weichteilrheumatischen zuzuordnen sind.

Die letzte der in der Klassifikation nach Müller und Schilling (1982) aufgeführten Erkrankungen betrifft die sogenannte *pararheumatischen*. Diese sind eher selten. Im Vordergrund stehen dabei andere Erkrankungen, der rheumatische Anteil ist nur begleitend vorhanden. Bekanntes Beispiel hierfür ist die Gicht, ebenso zählen aber auch Knochenschmerzen bei malignen Tumoren oder die auf eine Gefäßerkrankung zurückzuführende Polymyalgia rheumatica dazu. Da sich aufgrund des breiten Spektrums an Grunderkrankungen hier eine wenig überschaubare Vielfalt an Krankheitsformen findet, sind hier keine epidemiologischen Angaben sinnvoll.

Zusammenfassend ist festzustellen, dass der Begriff *rheumatische Krankheiten* eine Vielzahl unterschiedlichster Krankheitsbilder umfasst. Ihr gemeinsames Kennzeichen ist, dass sie sich in erster Linie am Bewegungsapparat abspielen und der Betroffene an einem allumfassenden, chronischen Schmerz leidet. Dies führt ebenso wie entsprechende Zerstörungen der Gelenkstrukturen zu mehr oder weniger gravierenden funktionellen Einschränkungen. Dieses gemeinsame Erscheinungsbild lässt auch die Zuordnung unter einen gemeinsamen Krankheitsbegriff als sinnvoll erscheinen. Für die meisten Erkrankungen, egal unter welcher Klassifikationsgruppe sie einzuordnen sind, ist wegen der in aller Regel weitgehend ungeklärten Ätiologie oder der Unmöglichkeit, etwas am ursprünglichen Krankheitsprozess zu ändern die Hauptaufgabe für die Betroffenen, sich auf die Erkrankung einzustellen. Dies bedeutet, dass das Hauptziel in einer vom körperlichen Gesundheitszustand soweit wie möglich unabhängigen zufriedenstellenden Gestaltung der Lebensführung liegt. Grundsätzlich ist dies ja Ziel aller rehabilitativen Bemühungen.

4.2.2 Interventionen auf den präventiv-rehabilitativen Ebenen

Auf die Ebenen der Primär-, Sekundär- und Tertiärprävention zielen sowohl die psychologischen als auch sonstigen rehabilitativen Ansätze ab. Sie sind inhaltlich dadurch bestimmt, dass durch Verfahren der entsprechenden Stufe ein Übergang auf eine nächste Behinderungsebene verhindert oder rückgängig gemacht werden soll. Zu diesen Präventionsansätzen tritt als vierte Interventionsebene die der eigentlichen, klassischen Rehabilitation. Aus dem oben Dargestellten ergibt sich, dass es sich bei diesen Ansätzen in erster Linie um Trainingsverfahren handeln wird. Der psychotherapeutische Ansatz ist für eine kleine Gruppe von Patienten mit rheumatischen Erkrankungen angezeigt. Der Anteil dieser Patienten innerhalb der Klassifikationsgruppen ist dabei ganz unterschiedlich (Jungnitsch, 1988; Yunus et al., 1990). Bei manchen Erkrankungen, wie z.B. dem Lupus erythematodes (Berlit, 1989), können psychische Auffälligkeiten auch organisch bedingter Teil des Krankheitsbildes sein. Der psychotherapeutische Ansatz wird hier jedoch nicht weiter dargestellt, auf die hier behandelte Krankheitsgruppe bezogene Darstellungen finden sich bei Jungnitsch (1992; 1999).

In der folgenden Tabelle sind zusammenfassend mögliche psychologische Ansätze sowohl den genannten Interventionsebenen als auch den oben beschriebenen Klassifikationsgruppen mit Ausnahme der pararheumatischen Erkrankungen zugeordnet.

Tab. 9: Interventionsebenen und psychologische Verfahren bei verschiedenen Gruppen rheumatischer Erkrankungen (nach Jungnitsch, 1995, S. 187)

Interventionsebene	Krankheitsgruppe		
	entzündliche Erkrankungen	degenerative Erkrankungen	nicht-entzündliche, nicht-degenerative Erkrankungen
Primärprävention	– Patientenschulung – Gesundheitsberatung und -erziehung – Visualisierungstraining – Biofeedback	– Patientenschulung – Gesundheitsberatung und -erziehung – Rückenschule – Operationsvor- und -nachbereitung – mentales Training	– Patientenschulung – Gesundheitsberatung und -erziehung – Rückenschule – Biofeedback – Progressive Relaxation – Fitnesstraining – Schmerztherapie
Sekundärprävention	– themenzentrierte Gruppenarbeit zur Förderung von Hilfsmittelgebrauch – Schmerzbewältigungstraining	– themenzentrierte Gruppe zur orthopädischen Versorgung – Hilfsmittelgebrauch – Schmerzbewältigungstraining	– Schmerzbewältigungstraining – operante Schmerztherapie
Tertiärprävention	– Anleitung von Selbsthilfegruppen – Krankheitsbewältigungstraining	– Anleitung von Selbsthilfegruppen – Training in sozialer Kompetenz	– Training in sozialer Kompetenz
Rehabilitation i. S. von beruflicher Wiedereingliederung	– Prüfungstraining – Gedächtnistraining – themenzentrierte Arbeit: Hilfen zur Umorientierung, Training in sozialer Kompetenz	– Stressbewältigung – Prüfungstraining usw. – themenzentrierte Arbeit: Hilfen zur Umorientierung, Training in sozialer Kompetenz	– operante Verfahren zum Arbeitsverhalten – Training zur Aktivitätssteigerung – Arbeitsplanungstechniken – Hilfen zur Umorientierung

Die Zuordnung der Verfahren zu den einzelnen Ebenen ist in der Regel keineswegs eindeutig, sie sind überwiegend nach der subjektiven Einschätzung des Verfassers einer bestimmten Ebene zugeordnet. Obwohl die einzelnen prinzipiell als voneinander nicht direkt abhängig zu betrachten sind, sind die einer spezifischen Ebene zugeordneten Verfahren nicht unbedingt nur auf dieser wirksam, sondern können die anderen Ebenen mit verändernd beeinflussen. Selbstverständlich erhebt die vorliegende Zusammenstellung keinen Anspruch auf Vollständigkeit. Die Übersicht soll vielmehr Orientierungspunkte dafür bieten, psychologische Verfahren gezielt auf die unterschiedlichen Elemente von Behinderung hin zu planen und so zusammen mit dem Rehabilitanden das für ihn im Vordergrund Stehende und Nötige herauszuarbeiten und in den Gesamtplan der Rehabilitation einzubringen (auch Jungnitsch, 1995).

4.2.2.1 Primärprävention
Als elementare Verfahren sind die Angebote der Gesundheitsbildung zu nennen. (Buschmann & Kijanski, 1987; Vogel, 1993). Deren Inhalte sind ohne Unterschied allen Rehabilitanden zu vermitteln. Ihre Konzeption zielt darauf ab, die Eigenbeteiligung und Eigenverantwortung der Betroffenen deutlich zu machen und ihre Umsetzung durch ein „Mehr an Wissen" zu ermöglichen. Hierzu werden möglichst interdisziplinär geleitete Gruppen gebildet, in denen gesundheitsbewusstes Verhalten durch das Thematisieren der Bereiche Ernährung, Gewicht, Alltagsdrogen, Stressbewältigung u. a. aufgebaut und gefördert werden soll.

Ein vergleichbarer Grundgedanke steht hinter dem Ansatz der Patientenschulen (Lamparter-Lang, 1992; Mattussek, 1989). Allerdings sind deren Themen nicht allgemein gesundheitsbezogen, sondern greifen diagnosengruppenspezifisch Fragestellungen auf, die ebenfalls durch interdisziplinär organisierte Gruppen bearbeitet werden. So werden neben allgemeiner medizinischer Information z. B. bei Patienten mit chronischer Polyarthritis auch spezifische ergotherapeutische Elemente und Grundzüge des Umgangs mit Schmerz vermittelt. Es zeigte sich, dass mit diesem Ansatz nicht nur die Informiertheit der Betroffenen verbessert wurde. Es zeigten sich darüber hinaus auch in psychologischen Variablen, wie z. B. Ängstlichkeit oder Depression, im Sinne psychotherapeutischer Wirksamkeit Veränderungen (Lamparter-Lang, 1992). Über diese allgemeinen, für alle Krankheitsgruppen indizierten Ansätze hinaus gibt es aber auch solche, die auf dieser Interventionsebene krankheitsspezifische Verfahren beinhalten.

Primärprävention bei entzündlich-rheumatischen Krankheiten
Auf dieser Ansatzebene sind Verfahren zu wählen, die von ihrer Konzeption her auf eine Veränderung des somatischen Krankheitsprozesses mit psychologischen Mitteln abzielen. Eine solche Vorgehensweise stellt das Visualisierungstraining dar, konzipiert in Anlehnung an den bei Krebspatienten beschriebenen Ansatz von Simonton, Matthews-Simonton und Creighton (1982). Dieses beruht auf den zwischenzeitlich gut untersuchten Annahmen über die Interaktionen von

Zentralnervensystem, Hormonsystem und Immunsystem (Ader, Felten & Cohen, 1991). Es besteht im Wesentlichen darin, dass die Erkrankung sowie deren Überwindung in möglichst lebhaften und subjektiv überzeugenden Bildern während tiefer Entspannung imaginiert werden. Hierzu werden in dem von Jungnitsch (1992) konzipierten Verfahren im Rahmen von insgesamt sechs Gruppenstunden folgende Inhalte angeboten:

Tab. 10: Inhalte des Visualisierungstrainings nach Jungnitsch (1992)

Gruppenstunden	Inhalte der Stunden
1. Gruppenstunde	• Einführung und gegenseitiges Kennenlernen • Modellvermittlung: „Psychoimmunologisches Modell der Krankheitsbeeinflussung" • Demonstration der Zusammenhänge zwischen psychologischen und physiologischen Prozessen: „Zitronenübung"
2. Gruppenstunde	• Besprechung der Ziele der Visualisierungsübungen • Modellvermittlung: „Psychophysiologisches Modell der Funktionsmöglichkeit von Visualisierungsübungen" • Phantasiereise: „Ort der Ruhe und Kraft" • Besprechung der Übung
3. Gruppenstunde	• Eingangsgespräch • Durchführung der Visualisierungsübung I: „Gesunde Funktionen" • Erarbeitung individueller Bilder zur eigenen Erkrankung im Gruppengespräch
4. Gruppenstunde	• Eingangsgespräch • Durchführung der Visualisierungsübung II: „Veränderung des Krankheitsprozesses" • Besprechung der Erfahrungen während der Übung
5. Gruppenstunde	• Eingangsgespräch • Durchführung der Visualisierungsübung III: „Bestärken und Ausformen der Bilder" • Vergegenständlichung der Bilder über das Malen
6. Gruppenstunde	• Eingangsgespräch • Durchführung der Visualisierungsübung IV: „Zukunft ohne Krankheit" • Erarbeitung genereller Einsatzmöglichkeiten von Visualisierungsübungen

Eine ausführliche Beschreibung mit entsprechenden Praxismaterialien zu diesem Vorgehen findet sich bei Jungnitsch (1992, 2003). Mit diesem Verfahren lassen sich durchgängig Verbesserungen in psychologischen Parametern erzielen, die Wirkung auf den Krankheitsprozess lässt sich bei Personen, die das Verfahren regelmäßig durchführen, sichern (Kopp, 1998).

Auch Biofeedbackverfahren wurden bei dieser Krankheitsgruppe als krankheitsmodifizierendes Verfahren eingesetzt. Hier steht besonders das Temperaturfeedback im Vordergrund, das jedoch bezüglich seiner Effektivität ebenfalls noch sehr widersprüchliche Ergebnisse erbrachte (zur Übersicht: Flor & Hermann, 1992; Jungnitsch, 1994).

Primärprävention bei degenerativen Krankheitsformen
Hier sind besonders die Konzepte interdisziplinär angelegter Rückenschulprogramme (Budde, 1994; Weitzer & Graml, 1995) zu nennen. In diesen werden krankengymnastisch orientierte Verfahren zusammen mit Grundelementen psychologischer Schmerztherapie angeboten. Das Konzept der Wiesbadener Rückenschule, das von Budde (1994) konzipiert und evaluiert wurde sowie das Programm zur Behandlung chronischer Rückenschmerzen, das Hildebrandt, Franz und Pfingsten (1992) sowie Pfingsten und Hildebrandt (1997) beschrieben und evaluiert haben, sind hierfür beispielgebend. Eine weitere, eher indirekte Zugehensweise liegt in der psychologischen Operationsvor- und -nachbereitung. Hiermit soll der Erfolg der medizinischen primärpräventiven Maßnahme des Gelenkersatzes gefördert werden. Die Ergebnisse zu diesem Ansatz erweisen sich als durchgehend positiv (Höfling, 1988). Als ein den Operationserfolg stabilisierendes Verfahren ist noch das *mentale Training* zu nennen. Hierbei lernen die Klienten, sich mit den ihnen noch unvertrauten „Fremdkörpern in ihrem eigenen Körper" wieder zwanglos zu bewegen.

Primärprävention bei nicht-entzündlichen, nicht-degenerativen Erkrankungen
Bei dieser Gruppe stehen neben anderen Verfahren die gezielte Vermittlung von Entspannungsverfahren sowie umfassendere Ansätze zur Schmerzbewältigung im Vordergrund. Ein interdisziplinärer Ansatz, in dem krankengymnastische Elemente und solche der psychologischen Schmerztherapie gemeinsam vermittelt werden, trifft besonders die Motivation dieser Patientengruppe (Jungnitsch, 1995). Ausgearbeitete Verfahren zum EMG-Feedback bei Patienten mit sogenanntem low-back-pain beschreiben Flor & Hermann (1992), die auch über eine empirisch gesicherte, gute Effektivität berichten können. Für die hier einzuordnende Gruppe der Patienten mit einem Fibromyalgiesyndrom (Hug & Gerber, 1990) können aber auch mittels multimodaler schmerztherapeutischer Ansätze (Keel, 1992) sowie nach verhaltenstherapeutischen Prinzipien aufgebauten Fitnessprogrammen (McCain et al., 1988) die grundlegenden strukturellen Abweichungen von Schmerzverarbeitung und Ausdruck im Sinne der Primärprävention verändert werden.

4.2.2.2 Sekundärprävention
Auf dieser Ebene sollen Verfahren eingeordnet werden, die darauf abzielen, Einschränkungen komplexerer Funktionen rückgängig zu machen oder zu verhindern. Daher kommt dem Aspekt des individuellen Umgehens mit der Erkrankung, der hier besonders betont wird, eine besondere Bedeutung zu.

Sekundärprävention bei entzündlich-rheumatischen Erkrankungen
Umgang mit der Erkrankung bedeutet auf dieser Ebene, dass den verbliebenen körperlichen Funktionen Hilfsmittel als selbstverständlicher Ersatz verlorengegangener Körperfunktionen assimiliert werden (Witte, 1988). Dies kann durch themenzentrierte Gruppenarbeit zum Abbau von Ängsten gegenüber Hilfsmitteln, aber auch durch die Verbesserung der Anleitung zum Gebrauch dieser Mittel geleistet werden (Rak, 1991). Dass funktionserhaltende Maßnahmen, wie die regelmäßige Krankengymnastik auch außerhalb von stationären Rehabilitationsmaßnahmen durchgeführt werden, soll ebenfalls gefördert werden. Dies ist einer der wesentlichen Punkte in dem von Jungnitsch & Stöveken (1994) vorgelegten Gruppenprogramm für Patienten mit *Morbus Bechterew*. Funktionseinschränkungen, die überwiegend durch das Schmerzerleben vermittelt sind, lassen sich durch Programme reduzieren, wie sie richtungsweisend von Köhler (1982) entwickelt wurden.

Sekundärprävention bei degenerativen Erkrankungen
Auch bei dieser Krankheitsgruppe steht die Förderung des Hilfsmittelgebrauches im Vordergrund. Das hier sicher indizierte Vorgehen im Rahmen eines kognitiv-behavioral orientierten Schmerzbewältigungstrainings ist nach den Ergebnissen erster Studien der Arbeitsgruppe um Basler (Basler & Rehfisch, 1989) eher wenig effektiv. Dies könnte einerseits auf eine bei diesen Patienten möglicherweise bestehende Grundhaltung, die Behinderung mit Hilfe von Operationen zu reduzieren, zurückgeführt werden. Andererseits drückt sich hierin aber eher ein Mangel an einer spezifischen Ausrichtung der entsprechenden Schmerzbewältigungsprogramme auf diese Personengruppe hin aus. Welche dieser Möglichkeiten eher zutrifft, kann hier nicht entschieden werden.

Sekundärprävention bei nicht-entzündlichen, nicht-degenerativen Erkrankungen
Steht bei dieser Gruppe innerhalb der Primärprävention der psychotherapeutische Zugang im Vordergrund, ist auf dieser Ebene der Schwerpunkt auf symptomreduzierende Verfahren zu legen. Beispielhaft hierfür ist ein Schmerzbewältigungstraining, wie es Keel (1992) beschrieben hat, der auch in seiner Evaluation von guten Effekten berichten kann. Das von Winkler für diese Klientel konzipierte Gruppenprogramm zeigt ebenfalls positive Ergebnisse (Jungnitsch et al., 1992). Die prinzipiell erfolgreichen Verfahren operanter Schmerztherapie sind in erster Linie im englischsprachigen Raum realisiert (Kröner-Herwig, 1990; Malone & Strube, 1988).

4.2.2.3 Tertiärprävention
Auf dieser Ebene liegt der Blickwinkel auf der gesamten physikalischen, insbesondere aber sozialen Umwelt. Dazu gehört auch die Aufklärung nicht betroffener Personen sowie das Schaffen von „Enthinderungen" in der Umwelt, die meist auch den Nichtbehinderten zugute kommen (Brackhane, 1984). Solche Ansätze werden häufig aus Selbsthilfegruppen heraus möglich, so dass hier krankheitsgruppenunabhängig psychologisches Handeln in der Unterstützung der entsprechenden Selbsthilfegruppen, beispielsweise durch Fortbildungsangebote, bestehen kann. Eine ebenfalls indirekte Vorgehensweise liegt darin, Betroffene durch Trainingsangebote zur sozialen Kompetenz zu unterstützen. Diese lassen sich aus den oben beschriebenen Programmen (Kap. 2.2.3) auf die für jede Gruppe von Betroffenen unterschiedlich schwierigen sozialen Situationen anpassen. Der Effekt solcher Angebote kann entsprechend seiner Ansatzebene nicht in Veränderungen krankheitsspezifischer Größen gesucht werden, wie dies aus einigen Studien auch deutlich hervorgeht (Potts & Brandt, 1982; Shearn & Fireman, 1985; Strauss et al. 1986).

Es lassen sich aber auf dieser Ebene Einschränkungen benennen, die weniger aufgrund funktioneller Beeinträchtigungen als vielmehr aufgrund von Krankheitsverarbeitungsprozessen zu sehen sind, die dem Individuum nicht weiterhelfen. Diese durch solche zu ersetzen, die für die Betroffenen möglichst förderlich sind, ist eine der Zielvorstellungen der Angebote zur Schmerz- und Krankheitsbewältigung.

Tertiärprävention bei entzündlich-rheumatischen Erkrankungen
Gerade diese Krankheitsgruppe ist aufgrund ihrer breiten Altersstreuung besonders hinsichtlich ihrer Einschränkungen in der Teilnahme am sonst für vergleichbare Altersgruppen verfügbaren sozialen Leben betroffen. Daher ist als spezifisches Angebot hier der vorgenannte Ansatz zur Schmerz- und Krankheitsbewältigung zu nennen. Diese in der Regel als Gruppenprogramm konzipierte Vorgehensweise zielt auf den Gesamtbereich der durch die Erkrankung entstandenen Problemfelder, wie Schmerz, Ungewissheit des Krankheitsverlaufes, Zukunftsangst, Leben mit den „Lasten des Dauerpatienten" (Raspe, 1989, S. 40) usw. ab. Für dieses Programm gilt der Anspruch, dass es für diese Krankheitsgruppe zumindest in der stationären Rehabilitation ebenso zum Standardprogramm gehören sollte wie etwa die krankengymnastischen Behandlungseinheiten. Ein für den klinischen Alltag realisierbares Konzept wurde hierzu von Jungnitsch (1992, 2003) vorgelegt. Dieses besteht, den Rahmenbedingungen stationärer Behandlung gerecht werdend, aus sechs Einheiten zu folgenden Themen:
- Modell zur Krankheitsbewältigung und zum Schmerzgeschehen;
- Progressive Muskelentspannung, Modell zur Wirkung psychischer Faktoren auf den Krankheitsverlauf;
- Übung zur Visualisierung des Krankheitsprozesses; Übung zur distanzierten Betrachtung des Schmerzgeschehens;

- Genusstraining;
- Stressimmunisierung; Krankheit und persönliches Umfeld;
- Bewältigung von Verlust und Trauer.

Die Bausteine und deren Hintergrund sind bei Jungnitsch (1992) detailliert beschrieben. Auch in der empirischen Überprüfung zeigen sich gute Effekte (Geissner, Jungnitsch & Schmitz, 1994).

Spezifische tertiärpräventive Verfahren für die beiden übrigen Krankheitsgruppen, die über die oben genannten allgemeine Ansätze hinausgehen, wurden bislang meinem Wissen nach nicht entwickelt.

4.2.2.4 Rehabilitation im engeren Sinn: Berufliche Wiedereingliederung
Maßnahmen zu diesem Bereich finden sich erfahrungsgemäß in der Regel weniger in den als Spezialkliniken ausgestatteten Rehabilitationseinrichtungen als vielmehr in den spezifisch für dieses Aufgabengebiet geschaffenen Einrichtungen der beruflichen Rehabilitation. In Einzelfällen kann es jedoch auch innerhalb von eher auf die vorgenannten Interventionsebenen spezialisierten Häusern zur Frage nach Unterstützung für diesen Bereich kommen. Hier ist dann von Seiten der psychologischen Möglichkeiten weniger an krankheitsgruppenspezifische Angebote zu denken. Unabhängig von der jeweiligen Diagnose ist hier das Berücksichtigen der Vorerfahrungen des Einzelnen wichtig, z. B. die Zeit, die verstrichen ist, seit er das letzte Mal in der Situation eines Lernenden oder eines Prüflings war. Je nach dem wird die Förderung grundlegender kognitiver Fähigkeiten oder solcher der Behauptung in Lern- und Prüfungssituationen im Vordergrund stehen. Nicht zu vernachlässigen ist die Unterstützung bei der grundlegenden Fragestellung, ob in der jeweiligen besonderen Situation das Ziel beruflicher Tätigkeit überhaupt weiter verfolgt werden soll. Diese grob skizzierten Ansätze gelten krankheitsgruppenübergreifend, daher kann auch auf eine weitere Differenzierung verzichtet werden.

4.3 Das interdisziplinäre Konzept in der Rehabilitation

Die Rehabilitation ist möglicherweise das Anwendungsgebiet klinisch-psychologischer Verfahren, in dem es besonders deutlich wird, dass diese im Rahmen eines interdisziplinären Gesamtkonzeptes zu sehen sind. Unabhängig davon, ob der Rehabilitand aufgrund eines traumatischen Ereignisses oder einer chronischen Erkrankung rehabilitationsbedürftig geworden ist, lässt sich entsprechend des dargestellten Behinderungsmodells sein gegebener Zustand nur auf verschiedenen, ganz unterschiedliche Gegenstandsbereiche betreffende Ebenen und damit auch multifaktoriell bedingt beschreiben. Dies erfordert demnach die interdisziplinäre und nicht eine multidisziplinäre Zusammenarbeit. Letztere ist dadurch gekennzeichnet, dass zwar viele verschiedene Disziplinen mit ein und demselben Patienten befasst sind. Diese Disziplinen oder Professionen arbeiten aber eher nebeneinander oder im ungünstigsten Fall sogar, ohne das dies intendiert wäre, sogar gegeneinander. Um die beteiligten Berufsgruppen der Mediziner, Psychologen, Krankengymnasten, Masseure, Bewegungstherapeuten, Ergotherapeuten, Sozialarbeiter, Pädagogen, Ernährungsberater, Logopäden, Fachpfleger, Sonderpädagogen und aller anderen, hier nicht aufgeführten Spezialisierungen in einen interdisziplinären Arbeitsrahmen zu bringen, bedarf es weniger der Modifikation der spezifischen Vorgehensweisen dieser angesprochenen Berufsgruppen als vielmehr einer Weiterentwicklung und Neukonzeption der Behandlungsstruktur. Die gemeinsam zu tragende Voraussetzung ist, dass der Blickwinkel aller Behandlergruppen und der des Patienten in die Beschreibung der Ausgangssituation ebenso wie in die Zielformulierung der Behandlung eingeht. Die Entscheidung, welche der Behandlungsansätze Priorität haben, ergibt sich aus der gemeinsam erarbeiteten Zielformulierung. Eine solche Konzeption beinhaltet, dass als Rehabilitationsrahmen auf eine Bedingungsanalyse zurückgegriffen wird, die unter Beteiligung aller Betroffenen, also Behandlergruppen und Patient, zusammengestellt wurde. Welche der möglichen Behandlungsansätze Priorität haben, ergibt sich danach aus der gemeinsam formulierten Zielvorstellung und nicht aus von im Vorhinein festgelegten Behandlungsschwerpunkten, die aus traditionellen „Behandlerhierarchien" begründet sind. Die spezielle Behandlung durch die einzelne Fachdisziplin bleibt dabei aber unangetastet. Daher müssen sich deren Vertreter auch eigenständig darum bemühen, Fragen der Evaluation ihres Tuns zu klären und umzusetzen. Gleichzeitig damit und auch als Ergebnis entsprechender Evaluation sind daraus Überlegungen zur Weiterentwicklung spezieller Maßnahmen anzustellen. Petermann und Mühling (1996) formulieren Voraussetzungen, die zu einer interdisziplinär orientierten Zusammenarbeit, die den oben beschriebenen Vorstellungen entspricht, führen können. Mehr an dem Rehabilitationsprozess innerhalb einer stationären Einrichtung orientiert, stellt Jungnitsch (1997) den Entwurf einer interdisziplinären Behandlungsstruktur dar.

Als Voraussetzung für eine interdisziplinäre Behandlung ist das System des „Case Managements" oder dessen konkrete Realisation in Form des im Rahmen psychosomatischer Behandlung realisierten Bezugstherapeutenmodells (Zielke, 1995) zu sehen. Das heißt, der Patient bekommt einen „Case Manager" oder Therapeuten zugewiesen, der als direkter Ansprechpartner für ihn zur Verfügung steht und gemeinsam mit ihm die Koordination der Behandlung übernimmt sowie die Verbindung zu einzelnen Behandlergruppen bei Detailfragen herstellt. Dieser ist also nicht in erster Linie therapeutisch tätig, sondern eher als persönlicher Therapiemanager anzusehen. Die Vorgehensweise einer interdisziplinären Behandlung könnte dabei sowohl für ambulantes wie stationäres Vorgehen wie folgt aussehen:

1. *Diagnostische Phase.* Alle Behandlergruppen erstellen eine Diagnose bzw. eine Zustandsbeschreibung aus ihrem Blickwinkel. Diese Daten werden in den formalen Rahmen der Bedingungsanalyse zur Formulierung eines

gemeinsamen Bildes des Patienten in einer hierfür eingerichteten Zusammenkunft zusammengetragen (Konferenz zur Bedingungsanalyse). Das Ergebnis dieser Teamkonferenz wird zusammengefasst und dem Patienten vorgestellt, der damit noch einmal die Gelegenheit zur Korrektur und Ergänzung erhält.

2. *Therapieplanungsphase.* Die einzelnen Disziplinen stellen das aus ihrer Sichtweise notwendige und mögliche Therapieziel dar. Diese Ziele werden zusammengetragen, auf ihre Verträglichkeit überprüft und nach Gemeinsamkeiten und Divergenzen sortiert. Dieses Zusammentragen und Gewichten geschieht gemeinsam mit dem Patienten, dessen Vorstellungen und Bedürfnissen dabei die entscheidende Rolle zukommt. In einem zweiten Schritt wird ein konkreter Therapieplan formuliert, in dem benannt wird, welche der Zielbereiche von einzelnen Behandlergruppen anvisiert werden und welche durch konkrete Maßnahmen mehrerer Behandlergruppen zu erreichen sind. Der Patient erhält genügend Möglichkeiten, diese Zielvorstellungen zu überdenken und gegebenenfalls neu infrage zu stellen.

3. *Durchführung spezifischer Maßnahmen.* Entsprechend der vorhergehenden Phase planen die einzelnen Behandlergruppen ihre spezifischen Behandlungsmaßnahmen. Bevor diese realisiert werden, findet ein Austausch über diese Maßnahmen zwischen den Behandlern statt, um unproduktive Überschneidungen oder gegenläufige Behandlungsansätze zu vermeiden. Die Behandlungen werden als aufeinander bezogen und ineinandergreifend für den Einzelfall konzipiert und darauf ausgerichtet, dass jedem Patienten mit einer chronischen Erkrankung ein Höchstmaß an Möglichkeiten vermittelt wird, eigenaktiv auf den verschiedenen Präventionsstufen der Rehabilitation tätig und kompetent zu werden.

4. *Evaluationsphase.* Die einzelnen Behandler evaluieren therapiebegleitend ihre Maßnahmen. Diese Evaluation kann sowohl in Zielveränderungen als auch in Veränderungen konkreter Behandlungsangebote münden. Diese sind jeweils im Team zu besprechen und zu planen, um etwaige Auswirkungen auf anderweitige Behandlungen miteinzubeziehen. Die Evaluation ist daher regelmäßig und fortlaufend durchzuführen und organisatorisch in Teamkonferenzen *gemeinsam* mit dem Patienten einzubinden.

Diese Konzeption ist auf die angeführten theoretischen Überlegungen zu einem interdisziplinären Ansatz zu beziehen. Eine konkrete Umsetzung und empirische Überprüfung einer solchen Gesamtkonzeption ist als zukünftige Aufgabe im Sinne der Weiterentwicklung rehabilitativer Ansätze zu sehen. Gerade unter dem Aspekt von Evaluation und Qualitätsmanagment sollten sich Sozialpädagoginnen und Sozialpädagogen nicht davor scheuen, auch solche Anforderungen aufzunehmen und umzusetzen.

Literatur

Abramson, L. J., Seligman, M. E. P. & Teasdale, J. D. (1978). Learned helplessness in humans: Critique and reformulation. Journal of Abnormal Psychology, 87, 49–74.
Ader, R., Felten, D. L. & Cohen, N. (1991). Psychoneuroimmunology. San Diego: Academic American Psychiatric Association. (aktuelle Ausgabe: Ader, R., Felten, D. L. & Cohen, N. (2001²). Psychoneuroimmunology. San Diego: Academic American Psychiatric Association.)
APA – American Psychiatric Association (Hrsg.) (2000⁴), Diagnostic and Statistical Manual of Mental Disorders – DSM-IV-TR. Washington D.C.: American Psychiatric Association.
Appelbaum, K. A., Blanchard, E. B., Hickling, F. J. & Alfonso, M. (1988). Cognitive-behavioral treatment of a veteran population with moderate to severe rheumatoid arthritis. Behavior Therapy, 19, 489–502.
Aring, C. D. (1974). The Gheel experience: Eternal spirit of the chainless mind! Journal of the American Medical Association, 230, 998–1001.
Aring, C. D. (1975). Gheel: The town that cares. Family Health, 7, 54–55, 58, 60.
Ayllon, T. & Cole, M. A. (1993). Münzverstärkung. In M. Linden & M. Hautzinger (Hrsg.), Verhaltenstherapie. Techniken und Einzelverfahren (S. 231–236). Berlin: Springer.
Ayres, J. (1979). Lernstörungen. Sensorisch-integrative Dysfunktionen. Berlin: Springer.
Bachmair, S., Faber, J., Hennig, C., Kolb, R. & Willig, W. (1989). Beraten will gelernt sein. Ein praktisches Lehrbuch für Anfänger und Fortgeschrittene. München: Beltz PVU. (aktuelle Ausgabe: Bachmair, S., Faber, J., Hennig, C., Kolb, R. & Willig, W. (2001⁴). Beraten will gelernt sein. Ein praktisches Lehrbuch für Anfänger und Fortgeschrittene. Weinheim: Beltz.)
Bandura, A. (1977). Self-efficacy: Toward a unifying theory of behavioral change. Psychological Review, 84, 191–215.
Bandura, A. (1979). Sozial-kognitive Lerntheorie. Stuttgart: Klett-Cotta.
Bandura, A. (1986). Social foundations of thought and action: A social cognitive theory. Englewood Cliffs, N.J.: Prentice-Hall.
BAR (2006). ICF-Praxisleitfaden 1. Frankfurt: BAR.
Bartling, G., Echelmeyer, L., Engberding, M. & Krause, R (1992). Problemanalyse im therapeutischen Prozeß. Stuttgart: Kohlhammer. (aktuelle Ausgabe: Bartling, G., Echelmeyer, L. & Engberding, M. (2008⁵). Problemanalyse im psychotherapeutischen Prozess. Stuttgart: Kohlhammer.)
Basler, H. D. & Rehfisch, H. P. (1989). Psychologische Schmerztherapie in Rheuma-Liga-Selbsthilfegruppen. Zeitschrift für klinische Psychologie, 18, 203–214.

Bastine, R. (1992). Klinische Psychologie. Band 2. Stuttgart: Kohlhammer.
Bastine, R. (1983). Klinische Psychologie. Band 1. Stuttgart: Kohlhammer.
Bateson, G., Jackson, D. D., Haley, J. & Weakland, J. W. (1956). Towards a theory of schizophrenia. Behavioral Science, 1, 251–264.
Baumann, U. & Perrez, M. (Hrsg.) (1998), Lehrbuch Klinische Psychologie – Psychotherapie. Bern: Huber. (aktuelle Ausgabe: Baumann, U. & Perrez, M. (Hrsg.) (2005³). Lehrbuch Klinische Psychologie – Psychotherapie. Bern: Huber.
Baumann, U. & Stieglitz, R.-D. (1998). Klassifikation. In U. Baumann & M. Perrez (Hrsg.), Lehrbuch Klinische Psychologie – Psychotherapie (S. 83–99). Bern: Huber.
Bäuml, J. (1994). Psychosen aus dem schizophrenen Formenkreis. Berlin: Springer. (aktuelle Ausgabe: Bäuml, J. (2008²). Psychosen aus dem schizophrenen Formenkreis. Berlin: Springer.)
Beck, A. T. (1967). Depression: Clinical, experimental and theoretical aspects. New York: Harper & Row.
Beck, A. T. & Emery, G. (1985). Anxiety disorders and phobias: A cognitive perspective. New York: Basic Books. (aktuelle Ausgabe: Beck, A. T. & Emery, G. (2005). Anxiety disorders and phobias: A cognitive perspective. New York: Basic Books.)
Beck, A. T. & Freeman, A. (1995). Kognitive Therapie der Persönlichkeitsstörungen. Weinheim: Beltz PVU. (aktuelle Ausgabe: Beck, A. T. & Freeman, A. (1999⁴). Kognitive Therapie der Persönlichkeitsstörungen. Weinheim: Beltz PVU.)
Beck, A. T., Rush, A. J., Shaw, B. F. & Emery, G. (1996). Kognitive Therapie der Depression. Weinheim: Beltz PVU. (aktuelle Ausgabe: Beck, A. T., Rush, A. J., Shaw, B. F. & Emery, G. (2001²). Kognitive Therapie der Depression. Weinheim: Beltz PVU.)
Becker, P. (1995). Seelische Gesundheit und Verhaltenskontrolle. Göttingen: Hogrefe.
Benjamin, L. S. (2001). Die interpersonelle Diagnose und Behandlung von Persönlichkeitsstörungen. München: CIP-Medien.
Berbalk, H. H. & Young, J. (2009). Schematherapie. In J. Margraf & S. Schneider (Hrsg.) (2009³), Lehrbuch der Verhaltenstherapie. Band 1 (S. 645–667). Heidelberg: Springer.
Berlit, P. (1989). Lupus erythematodes und Nervensystem. Deutsches Ärzteblatt, 86, 2192–2196.
Biermann-Ratjen, E., Eckert, J. & Schwartz H. (1979). Gesprächspsychotherapie. Stuttgart: Kohlhammer. (aktuelle Ausgabe: Biermann-Ratjen, E., Eckert, J. & Schwartz H. (2003⁹). Gesprächspsychotherapie. Stuttgart: Kohlhammer.)
Birbaumer, N. & Schmidt, R. F. (1991). Biologische Psychologie. Berlin: Springer. (aktuelle Ausgabe: Birbaumer, N. & Schmidt, R. F. (2005⁶). Biologische Psychologie. Berlin: Springer.)
Bleuler, E. (1975). Das autistisch-undisziplinierte Denken in der Medizin und seine Überwindung. Berlin: Springer. (aktuelle Ausgabe: Bleuler, E. (2009).

Das autistisch-undisziplinierte Denken in der Medizin und seine Überwindung. Verlag Classic Edition.)

Bohus, M. (2009). Borderline-Persönlichkeitsstörung. In J. Margraf & S. Schneider (Hrsg.) (2009³), Lehrbuch der Verhaltenstherapie. Band 2 (S. 532–559). Heidelberg: Springer.

Bongartz, W. & Bongartz, B. (1998). Hypnosetherapie. Göttingen: Hogrefe. (aktuelle Ausgabe: Bongartz, W. & Bongartz, B. (2008²). Hypnosetherapie. Göttingen: Hogrefe.)

Bortz, J. & Döring, N. (1995). Forschungsmethoden und Evalution. Berlin: Springer. (aktuelle Ausgabe: Bortz, J. & Döring, N. (2006⁴). Forschungsmethoden und Evalution. Berlin: Springer.)

Brackhane, R. (1984). „Behinderung" und „Rehabilitation". Zur Notwendigkeit einer psychologischen Betrachtung. Psychologische Rundschau, 35, 71–78.

Brackhane, R. (1988). Behinderung, Rehabilitation, Rehabilitationspsychologie: Terminologische Vorbemerkungen und Begriffserklärungen. In U. Koch, G. Lucius-Hoene & R. Stegie (Hrsg.), Handbuch der Rehabilitationspsychologie (S. 20–34). Berlin: Springer.

Breuer, F. (1979). Psychologische Beratung und Therapie in der Praxis. Heidelberg: Quelle & Meyer.

Budde, H. (1994). Die Wiesbadener Rückenschule. Frankfurt a. M: Lang.

Budde, H.-G. (1984). Rehabilitation: Grundlagen und psychologische Methoden. In L. R. Schmidt (Hrsg.), Lehrbuch der klinischen Psychologie. Band 1 (S. 412–442). Stuttgart: Enke.

Budde, H.-G. & Thielen, H. (1979). Subjektive Kausalmodelle im Prozeß der Bewältigung einer körperlichen Schädigung. Die Rehabilitation, 18, 200–203.

Bühringer, G. (1996). Schädlicher Gebrauch und Abhängigkeit von psychoaktiven Substanzen. In J. Margraf (Hrsg.), Lehrbuch der Verhaltenstherapie. Band 2 (S. 215–242). Berlin: Springer.

Bühringer, G. & Küfuer, H. (1997). Drogen- und Medikamentenabhängigkeit. In K. Hahlweg & A. Ehlers (Hrsg.), Psychische Störungen und ihre Behandlungen. Enzyklopädie der Psychologie: Klinische Psychologie. Band 2 (S. 514–588). Göttingen: Hogrefe.

Bulman, R. J. & Worthman, C. B. (1977). Attribution of blame and coping in the „real world". Journal of Personality and Social Psychology, 35, 351–363.

Buschmann-Steinhage, R. & Vogel, H. (1995). Psychologie in der Rehabilitation. Eine Einführung. Verhaltenstherapie und psychosoziale Praxis, 27, 177–180.

Buschmann, E. & Kijanski, H.-D. (1987). Gesundheitstraining während der stationären Heilbehandlungsmaßnahme. Zur Einführung des Allgemeinen Programms „Gesundheit selber machen" in den eigenen Kliniken und Vertragshäusern der BfA. Deutsche Angestelltenversicherung, 9, 347–353.

Buske-Kirschbaum, A. & Hellhammer, D. (1997). Klassische Konditionierung von Immunfunktionen. In K.-H. Schulz, J. Kugler & M. Schedlowski (Hrsg.), Psychoneuroimmunologie. Ein interdisziplinäres Forschungsfeld (S. 105–122). Bern: Huber.

Caspar, F. (1989). Beziehungen und Probleme verstehen. Eine Einführung in die psychotherapeutische Plananalyse. Bern: Huber. (aktuelle Ausgabe: Caspar, F. & Goldfried, M. R. (2007[3]) Beziehungen und Probleme verstehen. Eine Einführung in die psychotherapeutische Plananalyse. Bern: Huber.)

Cautela, J. R. (1967). Covert sensitization. Psychological Reports, 74, 459–468.

Comer, R. J. (1995). Klinische Psychologie. Heidelberg: Spektrum. (aktuelle Ausgabe: Comer, R. J. (2008[6]). Klinische Psychologie. Heidelberg: Spektrum.)

D'Zurilla, T. J. & Goldfried, M. R. (1971). Problem-solving and behavior modification. Journal of Abnormal Psychology, 78, 107–126.

Davison, G. C. & Neale, J. M. (1998). Klinische Psychologie. Weinheim: Beltz PVU. (aktuelle Ausgabe: Davison, G. C., Neale, J. M. & Hautzinger, M. (2007[7]). Klinische Psychologie. Weinheim/Basel: Beltz PVU.)

Dekker, E., Pelser, H. E. & Groen, J. (1957). Conditioning as a cause of asthmatic attacks: A laboratory study. Journal of Psychosomatic Research, 2, 97–108.

Dilling, H., Mombour, W. & Schmidt, M. H. (1993). Internationale Klassifikation psychischer Störungen. ICD-I0 Kapitel V (F). Klinisch-diagnostische Leitlinien. Bern: Huber. (aktuelle Ausgabe: Dilling, H., Mombour, W. & Schmidt, M. H. (2004[5]). Internationale Klassifikation psychischer Störungen. ICD-I0 Kapitel V (F). Klinisch-diagnostische Leitlinien. Bern: Huber.)

Dilling, H. & Freyberger, H. J. (2006[3]). Taschenführer zur ICD-10-Klassifikation psychischer Störungen. Bern: Huber.

DIMDI (2005). Internationale Klassifikation der Funktionsfähigkeit, Behinderung und Gesundheit: ICF. Genf: WHO.

Dlugosch, G. E. (1994). Modelle in der Gesundheitspsychologie. In P. Schwenkmezger & L. R. Schmidt (Hrsg.), Lehrbuch der Gesundheitspsychologie (S. 101–117). Stuttgart: Enke.

Dörner, D. (1989). Die Logik des Mißlingens. Reinbek: Rowohlt. (aktuelle Ausgabe: Dörner, D. (2003[7]). Die Logik des Mißlingens. Reinbek: Rowohlt.)

Dryden, W. & Feltham, C. (1994). Psychologische Kurzberatung und Kurztherapie. Einführung in die praktischen Techniken. München: Reinhardt.

Ecker, W. (2008) Persönlichkeitsstörungen. In M. Linden & M. Hautzinger (Hrsg.) (2008[6]), Verhaltenstherapiemanual. (S. 524–532) Heidelberg: Springer.

Egle, U. T. & Hoffmann, S. O. (1993). Das bio-psycho-soziale Krankheitsmodell. In U. T. Egle & S. O. Hoffmann (Hrsg.), Der Schmerzkranke. Grundlagen, Pathogenese, Klinik und Therapie chronischer Schmerzsyndrome aus biopsychosozialer Sicht (S. 1–17). Stuttgart: Schattauer.

Ehlers, A. & Hahlweg, K. (Hrsg.) (1996), Grundlagen der Klinischen Psychologie. Enzyklopädie der Psychologie: Klinische Psychologie. Band 1. Göttingen: Hogrefe.

Ehlers, A. & Margraf, J. (1989). The psychophysiological model of panic attacks. In P. M. G. Emmelkamp, W. T. A. M. Everaerd, F. Kraaimaat & M. J. M. Van Son (Hrsg.), Fresh perspectives on anxiety disorders. Amsterdam: Swets & Zeitlinger.

Ehlers, A. & Margraf, J. (1992). Angst und körperliche Symptome: Neue Erkenntnisse zum Paniksyndrom. In W. Fiegenbaum, J. Margraf, I. Florin &

A. Ehlers (Hrsg.), Zukunftsperspektiven der Klinischen Psychologie (S. 99–113). Berlin: Springer.
Ehlers, A. & Margraf, J. (1998). Agoraphobien und Panikanfälle. In H. Reinecker (Hrsg.), Lehrbuch der Klinischen Psychologie (S. 113–153). Göttingen: Hogrefe.
Ehlert, U. (2003) (Hrsg.), Verhaltensmedizin. Berlin: Springer.
Ellis, A. (1962). Reason and emotion in psychotherapy. New York: Lyle Stuart.
Ellis, A. (1977). Die Rational-Emotive Therapie. München: Pfeiffer. (aktuelle Ausgabe: Ellis, A. (2004^2). Die Rational-Emotive Verhaltenstherapie. Stuttgart: Klett-Cotta.)
Ellis, A. & Grieger, R. (1979). Praxis der rational-emotiven Therapie. München: Urban & Schwarzenberg.
Engel, G. L. (1977). The need for a new medical model: A challenge for biomedicine. Science, 196, 129–136.
Engel, G. L. (1980). The clinical application of the biopsychosocial model. American Journal of Psychiatry, 137, 535–544.
Farina, A. (1976). Abnormal psychology. Englewood Cliffs, N.J.: Prentice Hall.
Feldhege, F. & Krauthan, G. (1979). Verhaltenstrainingsprogramm zum Aufbau sozialer Kompetenz. Berlin: Springer.
Fiedler, P. (1982). Psychotherapie in der Sozialarbeit. In R. Bastine, P. Fiedler, K. Grawe, S. Schmidtchen & G. Sommer (Hrsg.), Grundbegriffe der Psychotherapie (S. 365–373). Weinheim: edition psychologie im VCH-Verlag.
Fiedler, P. (1992). Psychosoziale Intervention und Anwendungsfelder der Klinischen Psychologie. In R. Bastine (Hrsg.), Klinische Psychologie. Band 2 (S. 361–409). Stuttgart: Kohlhammer.
Fiedler, P. (1996). Verhaltenstherapeutische Beratung. In J. Margraf (Hrsg.), Lehrbuch der Verhaltenstherapie. Band 1 (S. 423–433). Berlin: Springer.
Fiedler, P. (1997). Persönlichkeitsstörungen. Weinheim: Beltz PVU. (aktuelle Ausgabe: Fiedler, P. (2007^6). Persönlichkeitsstörungen. Weinheim: Beltz PVU.)
Fiedler, P. (2006). Persönichkeitsstörungen. In H. U. Wittchen & J. Hoyer (Hrsg.), Klinische Psychologie und Psychotherapie (S. 927–945). Berlin: Springer.
Fiedler, P. (2009). Persönlichkeitsstörungen. In J. Margraf & S. Schneider (Hrsg.) (2009^3), Lehrbuch der Verhaltenstherapie. Band 2 (S. 515–531). Heidelberg: Springer.
Fiegenbaum, W. (1988). Long-term efficacy of ungraded versus graded massed exposure in agoraphobics. In I. Hand & H. U. Wittchen (Eds.), Panic and phobias 2 (pp. 83–88). Berlin: Springer.
Fliegel, S. (1993). Selbstverstärkung. In M. Linden & M. Hautzinger (Hrsg.), Verhaltenstherapie. Techniken und Einzelverfahren (S. 272–276). Berlin: Springer.
Fliegel, S. (1996). Verhaltenstherapeutische Diagnostik. In W. Senf & M. Broda (Hrsg.), Praxis der Psychotherapie (S. 65–74). Stuttgart: Thieme.
Fliegel, S., Groeger, W. M., Künzel, R., Schulte, D. & Sorgatz, H. (1994). Verhaltenstherapeutische Standardmethoden. Weinheim: Beltz PVU. (aktuelle Ausgabe: Fliegel, S., Groeger, W. M., Künzel, R., Schulte, D. & Sorgatz, H. (1998^4). Verhaltenstherapeutische Standardmethoden. Weinheim: Beltz PVU.)

Flor, H. & Herrmann, C. (1992). Psychologische Verfahren (Biofeedbackverfahren) in der Behandlung chronischer Schmerzsyndrome. In E. Geissner & G. Jungnitsch (Hrsg.), Psychologie des Schmerzes. Diagnose und Therapie (S. 349–368). Weinheim: Beltz PVU.

Försterling, F. (1996). Attributions-Konzeptionen in der Klinischen Psychologie. In A. Ehlers & K. Hahlweg (Hrsg.), Grundlagen der Klinischen Psychologie. Enzyklopädie der Psychologie: Klinische Psychologie. Band 1 (S. 405–463). Göttingen: Hogrefe.

Freyberger, H. J. & Stieglitz, R.-D. (1996). Krankheitsbilder, Klassifikation, Dokumentation. In W. Senf & M. Broda (Hrsg.), Praxis der Psychotherapie (S. 44–51). Stuttgart: Thieme.

Fydrich, T., Renneberg, B., Schmitz, B. & Wittchen, H. U. (1997). Strukturiertes Klinisches Interview für DSM-IV, Achse II (Persönlichkeitsstörungen) – SKID-II: Göttingen: Hogrefe.

Geissner, E., Jungnitsch, G. & Schmitz, J. (1994). Psychologische Behandlungsansätze bei Schmerz. Zeitschrift für Klinische Psychologie, Psychopathologie und Psychotherapie, 42, 319–338.

Gerrig, R. J. & Zimbardo, P. G. (2008[18]). Psychologie. München: Pearson Education.

Ghosh, A. & Marks, I. (1987). Self-directed exposure for agoraphobia: A controlled trial. Behavior Therapy, 18, 3–16.

Grawe, K. (1998). Psychologische Therapie. Göttingen: Hogrefe. (aktuelle Ausgabe: Grawe, K. (2000^2). Psychologische Therapie. Göttingen: Hogrefe.)

Grawe, K., Donati, R. & Bernauer, V. (1994). Psychotherapie im Wandel. Von der Konfession zur Profession. Göttingen: Hogrefe.

Guthrie, E. R. (1959). Association by contiguity. In S. Koch (Ed.), Psychology. A study of a science, 11. New York: McGraw Hill.

Hackenbroch, M. H. (1989). Degenerative Gelenkerkrankungen. Arthrosen. In K. Fehr, W. Miehle, M. Schattenkirchner & K. Tillmann (Hrsg.), Rheumatologie in Praxis und Klinik (8.1–8.13). Stuttgart: Thieme.

Hackney, H. & Cormier, L. S. (1990). Beratungsstrategien. Beratungsziele. München: Reinhardt. (aktuelle Ausgabe: Hackney, H. & Cormier, L. S. (1998^4). Beratungsstrategien. Beratungsziele. München: Reinhardt.)

Hahlweg, K. (1992). Schizophrene Psychosen: Prädikation und Prävalenz. In W. Fiegenbaum, J. Margraf, I. Florin & A. Ehlers (Hrsg.), Zukunftsperspektive der Klinischen Psychologie (S. 179–194). Berlin: Springer.

Hahlweg, K., Dürr, H. & Mueller, U. (1995). Familienbetreuung schizophrener Patienten: Ein verhaltenstherapeutischer Ansatz zur Rückfallprophylaxe. Weinheim: Beltz PVU. (aktuelle Ausgabe: Hahlweg, K., Dürr, H. & Mueller, U. (2005^2). Familienbetreuung schizophrener Patienten: Ein verhaltenstherapeutischer Ansatz zur Rückfallprophylaxe. Weinheim: Beltz PVU.)

Hahlweg, K. & Ehlers, A. (1997). Psychische Störungen und ihre Behandlungen. Enzyklopädie der Psychologie: Klinische Psychologie. Band 2. Göttingen: Hogrefe.

Hand, I. (1993). Expositionsbehandlung. In M. Linden & M. Hautzinger (Hrsg.), Verhaltenstherapie. Techniken und Einzelverfahren (S. 139–150). Berlin: Springer.

Härtner, M. (1992). Überblick zur Epidemiologie, Behandlung und Prävention rheumatischer Erkrankungen. Psychomed, 4, 148–157.

Hautzinger, M. (1993). Löschung. In M. Linden & M. Hautzinger (Hrsg.), Verhaltenstherapie. Techniken und Einzelverfahren (S. 213–218). Berlin: Springer.

Hautzinger, M. (1993). Selbstbeobachtung. In M. Linden & M. Hautzinger (Hrsg.), Verhaltenstherapie. Techniken und Einzelverfahren (S. 249–254). Berlin: Springer.

Hautzinger, M. (1993). Stimuluskontrolle. In M. Linden & M. Hautzinger (Hrsg.), Verhaltenstherapie. Techniken und Einzelverfahren (S. 289–294). Berlin: Springer.

Hautzinger, M. (1993). Verhaltensverträge. In M. Linden & M. Hautzinger (Hrsg.), Verhaltenstherapie. Techniken und Einzelverfahren (S. 343–346). Berlin: Springer.

Hautzinger, M. (1996). Verhaltenstherapie und kognitive Therapien. In Ch. Reimer, J. Eckert, M. Hautzinger & E. Wilke (Hrsg.), Psychotherapie. Ein Lehrbuch für Ärzte und Psychologen (S. 192–272). Berlin: Springer.

Hautzinger, M. (1997). Kognitive Verhaltenstherpie bei Depressionen. Weinheim: Beltz PVU. (aktuelle Ausgabe: Hautzinger, M. (2003^6). Kognitive Verhaltenstherpie bei Depressionen. Weinheim: Beltz PVU.)

Hautzinger, M. (Hrsg.) (1998), Kognitive Verhaltenstherapie bei psychischen Störungen. Weinheim: Beltz PVU. (aktuelle Ausgabe: Hautzinger, M. (Hrsg.) (2000^3). Kognitive Verhaltenstherapie bei psychischen Störungen. Weinheim: Beltz PVU.)

Hautzinger, M. (1998). Kognitive Verhaltenstherapie bei Depressionen. In M. Hautzinger (Hrsg.), Kognitive Verhaltenstherapie bei psychischen Störungen (S. 49–81). Weinheim: Beltz PVU.

Hautzinger, M. & DeJong-Meyer, R. (1998). Depression. In H. Reinecker (Hrsg.), Lehrbuch der Klinischen Psychologie (S. 207–248). Göttingen: Hogrefe.

Hautzinger, M. & Heckel-Guhrenz, S. (1991). Reaktionenen auf depressive und nicht-depressive Selbstdarstellungen depressiver und nicht-depressiver Patientinnen. Verhaltenstherapie, 2, 207–211.

Herkner, W. (1986). Psychologie. Wien: Springer.

Herold, G. (1994). Innere Medizin. Köln: Selbstverlag.

Hettenkofer, H.-J. (1984). Rheumatologie: Diagnostik, Klinik, Therapie. Stuttgart: Thieme. (aktuelle Ausgabe: Hettenkofer, H.-J. (2003^5). Rheumatologie: Diagnostik, Klinik, Therapie. Stuttgart: Thieme.)

Hildebrand, J., Franz, C. & Pfingsten, M. (1992). Zum Problem von Diagnostik und Therapie bei chronischen Rückenschmerzen. In H.-D. Basler, H. P. Rehfisch & A. Zink (Hrsg.), Psychologie in der Rhematologie (S. 173–185). Berlin: Springer.

Hiller, W., Zaudig, M. & Mombour, W., Weltgesundheitsorganisation (1995). Internationale Diagnosen Checklisten für ICD-10 (IDCL). Bern: Huber.

Hoffmann, N. (1993). Psychotherapie, Verhaltenstherapie und Therapietechniken, In M. Linden & M. Hautzinger (Hrsg.), Verhaltenstherapie (S. 7–11). Berlin: Springer.

Höfling, S. (1988). Psychologische Vorbereitung auf chirurgische Operationen. Berlin: Springer.

Hohmeister, R. (1989). Epidemiologie. In K. Fehr, W. Miehle, M. Schattenkirchner & K. Tillmann (Hrsg.), Rheumatologie in Praxis und Klinik (41–49). Stuttgart: Thieme.

Holland, J. G. & Skinner, B. F. (1971). Analyse des Verhaltens. München: Urban & Schwarzenberg.

Hug, Ch. & Gerber, N. J. (1990). Fibromyalgiesyndrom, oft verkannte Realität. Schweizerische medizinische Wochenschrift, 120, 395–401.

Jacobi, C. (1998). Kognitive Verhaltenstherapie bei Eßstörungen. In M. Hautzinger (Hrsg.), Kognitive Verhaltenstherapie bei psychischen Störungen (S. 211–246). Weinheim: Beltz PVU.

Jacobi, C., Thiel, A. & Paul, Th. (1996). Kognitive Verhaltenstherapie bei Anorexia und Bulimia nervosa Weinheim: Beltz PVU. (aktuelle Ausgabe: Jacobi, C., Thiel, A. & Paul, Th. (2008³). Kognitive Verhaltenstherapie bei Anorexia und Bulimia nervosa Weinheim: Beltz PVU.)

Jacobson, E. (1938). Progressive relaxation. Chicago: University of Chicago Press.

Jungnitsch, G. (1988). Psychologische Aspekte zur Fibromyalgie. In H.-J. Albrecht (Hrsg.), Muskelkrankheiten und Rheuma I (S. 16–24). Colloquia rheumatologica, 40.

Jungnitsch, G. (1992). Schmerz- und Krankheitsbewältigung bei rheumatischen Erkrankungen. Psychologische Hilfen im Einzel- und Gruppentraining. München: Quintessenz.

Jungnitsch, G. (1994). Rheumatische Erkrankungen. In F. Petermann & D. Vaitl (Hrsg.), Handbuch der Entspannungsverfahren. Band 2: Anwendungen (S. 171–203). Weinheim: Beltz PVU.

Jungnitsch, G. (1995). Psychologische Maßnahmen in der Behandlung von Personen mit rheumatischen Erkrankungen. In H.-W. Hoefert, H. J. Kagelmann & H. P. Rosemeier (Hrsg.), Rheuma und Rückenschmerz (S. 54–75). Berlin: Quintessenz.

Jungnitsch, G. (1997). Entzündlich-rheumatische Erkrankungen. In F. Petermann (Hrsg.), Rehabilitation. Ein Lehrbuch zur Verhaltensmedizin (S. 131–164). Göttingen: Hogrefe.

Jungnitsch, G. (2003). Rheumatische Erkrankungen. Fortschritte der Psychotherapie. Göttingen: Hogrefe.

Jungnitsch, G., Dei Monego, P., Pollok, M. & Viehhauser, R. (1994). Psychologische Modifikationen der Krankheitsverarbeitung und des Krankheitsprozesses: Visualisierungstechniken bei Patienten mit entzündlich-rheumatischen Erkrankungen. In K. Pawlik (Hrsg.), 39. Kongreß der Deutschen Gesellschaft für Psychologie. Abstracts. Band I (S. 330). Hamburg: Psychologisches Institut I der Universität Hamburg.

Jungnitsch, G., Schmitz, I., Stöveken, D., Winkler, G. & Geissner, E. (1992). Stationäre Gruppenprogramme zur Schmerz- und Krankheitsbewältigung bei Patienten mit rheumatischen Erkrankungen. In E. Geissner & G. Jungnitsch (Hrsg.), Psychologie des Schmerzes. Diagnose und Therapie (S. 265–294). Weinheim: Beltz PVU.

Jungnitsch, G. & Stöveken, D. (1994). Entwicklung und empirische Überprüfung eines psychologischen Schmerz- und Krankheitsbewältigungstrainings für Patienten mit Morbus Bechterew. In R. Wahl & M. Hautzinger (Hrsg.), Psychotherapeutische Medizin bei chronischem Schmerz (S. 145–162). Köln: Deutscher Ärzte Verlag.

Kanfer, F. H. & Grimm, L. G. (1980). Managing clinical change: A process model of therapy. Behavior Modifikation, 4, 419–444.

Kanfer, F. H. & Phillips, J. S. (1970). Learning foundations of behavior therapy. New York: Wiley.

Kanfer, F. H., Reinecker, H. & Schmelzer, D. (1996). Selbstmanagement-Therapie. Berlin: Springer. (aktuelle Ausgabe: Kanfer, F. H., Reinecker, H. & Schmelzer, D. (2005[4]). Selbstmanagement-Therapie. Berlin: Springer.)

Kanfer, F. H. & Saslow, G. (1965). Behavioral analysis: An alternative to diagnostic classification. Archives of General Psychiatry, 12, 529–538.

Keel, P. (1992). Psychologische Interventionen bei der Fibromyalgie. In H.-D. Basler, H. P. Rehfisch & A. Zink (Hrsg.), Psychologie in der Rheumatologie. Jahrbuch der medizinischen Psychologie, 8 (S. 186–199). Berlin: Springer.

Keupp, H. (1974). Modellvorstellungen von Verhaltensstörungen: „Medizinisches Modell" und mögliche Alternativen. In C. Kraiker (Hrsg.), Handbuch der Verhaltenstherapie (S. 117–148). München: Kindler.

Koch, U., Lucius-Hoene, G. & Stegie, R. (1988). Handbuch der Rehabilitationspsychologie. Berlin: Springer.

Köhler, H. (1982). Psychologische Schmerzbewältigung bei chronischer Polyarthritis – Eine empirische Untersuchung. Tübingen: Unveröffentlichte Dissertation.

Köhler, H. (1995). Verhaltenstherapie – eine aktuelle Form der Psychotherapie. Fortschritte der Medizin, 113, 16–20.

Köhler, H. & Schwarz, D. (1998). Interaktionsanalytische Modellvorstellungen in der Verhaltensmedizin. In R. Wahl & M. Hautzinger (Hrsg.), Verhaltensmedizin. Konzepte, Anwendungsgebiete, Perspektiven (S. 89–92). Köln: Deutscher Ärzte Verlag.

Köhler, Th. (1998). Psychische Störungen. Symptomatologie, Erklärungsansätze, Therapie. Stuttgart: Kohlhammer.

Kopp, E. (1998). Visualisierungsverfahren in der Behandlung von Patienten mit chronischer Polyarthritis. Psychologische und somatische Effekte. Regensburg: Roderer.

Kopp, E., Pollock, M., Viehhauser, R. & Jungnitsch, G. (1993). Visualisierungstechniken in der (Schmerz-)Behandlung bei chronischer Polyarthritis: Psychologische und somatische Effekte. Der Schmerz, 7 (Suppl. 1), 50–51.

Kraemer, S. & Möller, H.-J. (1998). Kognitive Verhaltenstherapie bei schizophrenen Störungen. In M. Hautzinger (Hrsg.), Kognitive Verhaltenstherapie bei psychischen Störungen (S. 15–47). Weinheim: Beltz PVU.

Kraepelin, E. (1895). Der Psychologische Versuch in der Psychiatrie. In E. Kraepelin (Hrsg.), Psychologische Arbeiten. Band 1 (S. 1–91). Leipzig: Engelmann.

Kröner-Herwig, B. (1990). Schmerzbehandlungszentren in den USA: Organisation, Therapieprogramme; Effizienz. In H.-D. Basler, C. Franz, B. Kröner-Herwig, H. P. Rehfisch & H. Seemann (Hrsg.), Psychologische Schmerztherapie (S. 518–538). Berlin: Springer.

Kryspin-Exner, I. (1994). Einladung zur psychologischen Behandlung. Berlin: Quintessenz.

Kryspin-Exner, I. (1998). Alkoholismus. In H. Reinecker (Hrsg.), Lehrbuch der Klinischen Psychologie (S. 353–387). Göttingen: Hogrefe.

Kollier, H. & Bühringer, G. (1997). Alkoholismus. In K. Hahlweg & A. Ehlers (Hrsg.), Psychische Störungen und ihre Behandlungen. Enzyklopädie der Psychologie: Klinische Psychologie. Band 2 (S. 437–512). Göttingen: Hogrefe.

Kuhn, T. S. (1978). Die Struktur wissenschaftlicher Revolutionen. Frankfurt: Suhrkamp. (aktuelle Ausgabe: Kuhn, T. S. (2007^2). Die Struktur wissenschaftlicher Revolutionen. Frankfurt: Suhrkamp.)

Laessle, R. G. (1998). Eßstörungen. In H. Reinecker (Hrsg.), Lehrbuch der Klinischen Psychologie (S. 417–444). Göttingen: Hogrefe.

Laessle, R. G. & Pirke, K.-M. (1997). Eßstörungen. In K. Hahlweg & A. Ehlers (Hrsg.), Psychische Störungen und ihre Behandlungen. Enzyklopädie der Psychologie: Klinische Psychologie. Band 2 (S. 589–654). Göttingen: Hogrefe.

Laessle, R. G., Wurmser, H. & Pirke, K.-M. (1996). Eßstörungen. In J. Margraf (Hrsg.), Lehrbuch der Verhaltenstherapie. Band 2 (S. 191–214). Berlin: Springer.

Lamparter-Lang, R. (1992). Ambulante Behandlung von Patienten mit chronischen Gelenk- und Rückenschmerzen. In E. Geissner & G. Jungnitsch (Hrsg.), Psychologie des Schmerzes. Diagnose und Therapie (S. 295–310). Weinheim: Beltz PVU.

Langfeldt, H.-P. (Hrsg.) (1993), Psychologie. Grundlagen und Perspektiven. Neuwied: Luchterhand.

Lazarus, A. A. (1976). Clinical behavior therapy. New York: Springer.

Lazarus, R. S. (1966). Psychological stress and the coping process. New York: McGraw Hill.

Lazarus, R. S. (1981). Streß und Streßbewältigung – ein Paradigma. In S. H. Filipp (Hrsg.), Kritische Lebensereignisse (S. 198–232). München: Urban & Schwarzenberg.

Lefrancois, G. R. (1986). Psychologie des Lernens. Berlin: Springer. (aktuelle Ausgabe: Lefrancois, G. R. (2006). Psychologie des Lernens. Berlin: Springer.)

Lewinsohn, P. M. (1974). A behavioral approach to depression. In R. J. Friedman & M. M. Katz (Eds.), The psychology of depression (pp. 157–178). New York: Wiley.

Lieb, H. (1995). Verhaltenstherapie und Systemtheorie. Ein Beitrag zur Paradigmadiskussion in der Psychotherapie. Regensburg: Roderer.
Lieb, H. (1996). Selbstorganisation und Selbsmanagement aus verhaltenstherapeutischer und systemtherapeutischer Sicht. In D. Schmelzer & H. Reinecker (Hrsg.), Verhaltenstherapie, Selbstregulation, Selbstmanagement (S. 83–105. Göttingen: Hogrefe.
Linden, M. (2006). Minimal emotional dysfunctions (MED) in personality disorders. European Journal of Psychiatry, 21, 325–332.
Linden, M. & Hautzinger, M. (Hrsg.) (1993), Verhaltenstherapiemanual. Heidelberg: Springer. (aktuelle Ausgabe: Linden, M. & Hautzinger, M. (Hrsg.) (2008[6]), Verhaltenstherapiemanual. Heidelberg: Springer.)
Linehan, M. M. (1996a). Dialektisch-Behaviorale Therapie der BPS. München: CIP-Medien.
Linehan, M. M. (1996b). Trainingsmanual der Dialektisch-Behavioralen Therapie der BPS. München: CIP-Medien.
Loranger, A. W., Sartorius, N., Andreoli, A., Berger, P., Buchheim, P., Chanabasavana, S. M., Coid, B., Dahl, A., Diekstra, R. W. F., Ferguson, B., Kacobsberg, L. B., Mombour, W., Pull, C., Ono, Y. & Regier, D. A. (1994). The International Personality Disorder Examination: IPDE. The WHO/ADAMHA internazional pilot study of personality disorders. Archives of General Psychiatry, 51, 215–224.
Margraf, J. & Schneider, S. (Hrsg.) (2009[3]), Lehrbuch der Verhaltenstherapie. Band 1–3. Berlin: Springer.
Margraf, J. & Schneider, S. (2009). Diagnostik psychischer Störungen mit strukturierten Interviews. In J. Margraf & S. Schneider (Hrsg.). Lehrbuch der Verhaltenstherapie, Bd. 1 (S. 339–362). Berlin: Springer.
McCain, G. A., Bell, D. A., Mai, F. M. & Halliday, P. D. (1988). A controlled study of the effect of a supervised cardiovascular fitness training program on the manifestations of primary fibromyalgia. Arthritis and Rheumatism, 31, 1135–1141.
Meichenbaum, D. (1979). Kognitive Verhaltensmodifikation. München: Urban & Schwarzenberg.
Meichenbaum, D. (1991). Intervention bei Stress. Bern: Huber. (aktuelle Ausgabe: Meichenbaum, D. (2003[2]). Intervention bei Stress. Bern: Huber.)
Melzack, R. & Wall, P. D. (1965). Pain mechanisms: A new theory. Science, 150, 971–978.
Metzger, W. (1975). Psychologie. Die Entwicklung ihrer Grundannahmen seit der Einführung des Experiments. Darmstadt: Steinkopf. (aktuelle Ausgabe: Metzger, W. (2001[6]). Psychologie. Die Entwicklung ihrer Grundannahmen seit der Einführung des Experiments. Darmstadt: Steinkopf.)
Miller, G. A., Gallanter, E. & Pribram, K. H. (1973). Strategien des Handelns. Stuttgart: Klett. (Original erschienen 1960: Plans and the structure of behavior.)
Miller, N. E. (1969). Learning of visceral and glandular responses. Science, 163, 434–445.

Miltner, W. (1986). Skoliose und Kyphose. In W. Miltner, N. Birbauer & W.-D. Gerber (Hrsg.), Verhaltensmedizin. Berlin: Springer.
Mineka, S. (1985). Animal models of anxiety-based disorders: Their usefulness and limitations. In A. H. Thuma & J. D. Maser (Eds.), Anxiety and the anxiety disorders (pp. 199–244). Hillsdale, N.J.: Lawrence Erlbaum Associates.
Minuchin, S., Rosman, B. L. & Baker, L. (1978). Psychosomatic families: Anorexia nervosa in context. Cambridge, M.A.: Harvard University Press.
Mischel, W. (1986). Introduction to personality. A new look. New York: CBS College Publishers.
Möller, H.-J. (1998). Probleme der psychiatrischen Klassifikation und Diagnostik. In H. Reinecker (Hrsg.), Lehrbuch der Klinischen Psychologie (S. 3–24). Göttingen: Hogrefe.
Mombour, W., Zaudig, M., Berger, P., Gutierrez, K., Crasnach, M. v., Giglhuber, O. & Bose, M. v. (1996). International Personality Disorder Examination (IPDE). Bern/Göttingen: Huber/Hogrefe.
Mowrer, O. H. (1960). Learning theory and behavior. New York: Wiley.
Müller, W. & Schilling, F. (1982). Differentialdiagnose rheumatischer Erkrankungen. Basel: Aesopus.
Nissen, L. & Bader, K. (2008). Schematherapie nach Jeffrey Young: Grundlagen und Stand der Forschung. Verhaltenstherapie & psychosoziale Praxis, 40 (2), 249–268.
Öst, L. G. (1996). Spezifische Phobien. In J. Margraf (Hrsg.), Lehrbuch der Verhaltenstherapie. Band 2 (S. 29–42). Berlin: Springer.
Paivio, A. (1971). Imagery and verbal processes. New York: Holt, Rinehart & Winston.
Perrez, M. & Baumann, U. (1998). Systematik der klinisch-psychologischen Intervention. In U. Baumann & M. Perrez (Hrsg.), Lehrbuch Klinische Psychologie – Psychotherapie (S. 309–319). Bern: Huber.
Perrez, M. & Zbinden, M. (1996). Lernen. In A. Ehlers & K. Hahlweg (Hrsg.), Grundlagen der Klinischen Psychologie. Enzyklopädie der Psychologie: Klinische Psychologie. Band 1 (S. 301–350). Göttingen: Hogrefe.
Petermann, F. (1986). Zehn Jahre „Erlernte Hilflosigkeit" in Theorie, Forschung und Anwendung. In M. E. P. Seligman (Hrsg.), Erlernte Hilflosigkeit (S. 205–246). München: Urban & Schwarzenberg.
Petermann, F. (1997a). Rehabilitation. Ein Lehrbuch zur Verhaltensmedizin. Göttingen: Hogrefe.
Petermann, F. (1997b). Patientenschulung und Patientenberatung. Göttingen: Hogrefe.
Petermann, F. & Mühlig, S. (1996). Verhaltensmedizin in der medizinischen Rehabilitation: Ein expandierendes interdisziplinäres Arbeitsfeld für Psychologen, Report Psychologie, 21, 712–720.
Petermann, F. & Petermann, U. (1987). Training mit Jugendlichen. Förderung von Arbeits- und Sozialverhalten. München: Beltz PVU. (aktuelle Ausgabe: Petermann, F. & Petermann, U. (2007^8). Training mit Jugendlichen. Aufbau von Arbeits- und Sozialverhalten. Göttingen: Hogrefe.)

Petermann, F. & Petermann, U. (1991). Training mit aggressiven Kindern. Weinheim: Beltz PVU. (aktuelle Ausgabe: Petermann, F. & Petermann, U. (2008[12]). Training mit aggressiven Kindern. Göttingen: Hogrefe.)

Pfingsten, M. & Hildebrandt, J. (1997). Degenerative und andere nicht-entzündliche Erkrankungen der Haltungs- und Bewegungsorgane. In F. Petermann (Hrsg.), Rehabilitation. Ein Lehrbuch zur Vemaltensmedizin (S. 101–130). Göttingen: Hogrefe.

Pfingsten, U. & Hinsch, R. (1991). Gruppentraining sozialer Kompetenz. Weinheim: Beltz PVU. (aktuelle Ausgabe: Pfingsten, U. & Hinsch, R. (2007[5]). Gruppentraining sozialer Kompetenz. Weinheim: Beltz PVU.

Pongratz, L. J. (1973). Lehrbuch der Klinischen Psychologie. Psychologische Grundlagen der Psychotherapie. Göttingen: Hogrefe.

Potts, M. & Brandt, K. D. (1982). Analysis of education-support groups for patients with rheumatoid arthritis. Patient Counseling and Health Education, 4, 161–166.

Premack, D. (1965). Reinforcement theory. In D. Levine (Ed.), Nebraska Symposion on Motivation (pp. 123–180). Lincoln: University of Nebraska Press.

Prochaska, J. O., DiClemente, C. C. & Norcross, J. C. (1992). In search of how people change. Applications to addictive behaviors. American Psychologist, 47, 1102–1114.

Pudel, V. & Westenhöfer, J. (1989). Fragebogen zum Eßverhalten (FEV). Göttingen: Hogrefe.

Rak, A. (1991). Der Einfluß des Visualisierens auf den Erwerb neuer Bewegungsmuster. Universität Regensburg, Unveröffentlichte Diplomarbeit.

Raske, M. & Schneider, F. (2007). Neurobiologische Grundlagen psychischer Störungen: Hirnfunktionelle Bildgebung. In B. Strauß, F. Hohagen & F. Caspar (Hrsg.), Lehrbuch Psychotherapie Teilband 1 (S. 131–153). Göttingen: Hogrefe.

Raspe, H.-H. (1989). Die chronische Polyarthritis aus psychosomatischer Sicht unter besonderer Berücksichtigung epidemiologischer und soziologischer Zusammenhänge. In R. Klußmann & M. Schattenkirchner (Hrsg.), Der Schmerz-und Rheumakranke (S. 36–47). Berlin: Springer.

Raspe, H.-H. (1990). Erkrankungen des Bewegungsapparates: Chronische Polyarthritis. In T. v. Uexküll (Hrsg.), Psychosomatische Medizin (S. 815–828). München: Urban & Schwarzenberg.

Raspe, H.-H. & Kohlmann, T. (1993). Rückenschmerzen – eine Epidemie unserer Tage? Deutsches Ärzteblatt, 90, 1963–1967.

Rau, H. (1996). Biofeedback. In J. Margraf (Hrsg.), Lehrbuch der Verhaltenstherapie. Band 1: Grundlagen – Diagnostik – Verfahren – Rahmenbedingungen (S. 415–422). Berlin: Springer.

Rehfisch, H. P., Basler, H.-D. & Seemann, H. (Hrsg.) (1989), Psychologische Schmerzbehandlung bei Rheuma. Berlin: Springer.

Reinecker, H. (1993). Bestrafung. In M. Linden & M. Hautzinger (Hrsg.), Verhaltenstherapie. Techniken und Einzelverfahren (S. 93–98). Berlin: Springer.

Reinecker, H. (1993). Selbstkontrolle. In M. Linden & M. Hautzinger (Hrsg.), Verhaltenstherapie. Techniken und Einzelverfahren (S. 261–266). Berlin: Springer.

Reinecker, H. (1993). Selbstverstärkung. In M. Linden & M. Hautzinger (Hrsg.), Verhaltenstherapie. Techniken und Einzelverfahren (S. 273–276). Berlin: Springer.

Reinecker, H. (1994). Grundlagen der Verhaltenstherapie. Weinheim: Beltz PVU. (aktuelle Ausgabe: Reinecker, H. (2005^3). Grundlagen der Verhaltenstherapie. Weinheim: Beltz PVU.)

Reinecker, H. (1996). Verhaltenstherapie. In W. Senf & M. Broda (Hrsg.), Praxis der Psychotherapie (S. 140–181). Stuttgart: Thieme.

Reinecker, H. (1998a). Lehrbuch der Klinischen Psychologie. Modelle psychischer Störungen. Göttingen: Hogrefe. (aktuelle Ausgabe: Reinecker, H. (2003^4). Lehrbuch der Klinischen Psychologie. Modelle psychischer Störungen. Göttingen: Hogrefe.)

Reinecker, H. (1998b). Soziale und spezifische Phobien. In H. Reinecker (Hrsg.), Lehrbuch der Klinischen Psychologie. Modelle psychischer Störungen (S. 85–111). Göttingen: Hogrefe.

Reinecker, H. & Lakatos, A. (1998). Ansatzpunkt Erleben, Verhalten: Verhaltentherapeutisch orientierte Psychotherapie. In U. Baumann & M. Perrez (Hrsg.), Lehrbuch Klinische Psychologie – Psychotherapie (S. 448–467). Bern: Huber.

Reinecker-Hecht, Ch. & Baumann, U. (1998). Klinisch-psychologische Diagnostik: Allgemeine Gesichtspunkte. In U. Baumann & M. Perrez (Hrsg.), Lehrbuch Klinische Psychologie – Psychotherapie (S. 100–116). Bern: Huber.

Remschmidt, H. & Schmidt, M. (Hrsg.) (1994), Multiaxiales Klassifikationsschema für psychiatrische Erkrankungen im Kindes- und Jugendalter nach ICD-10 der WHO. Bern: Huber.

Renvoize, E. B. & Beveridge, A. W. (1989). Mental illness and the late Victorians: A study of patients admitted to three asylums in New York, 1880–1884. Psychological Medicine, 19, 19–28.

Rey, E. R. & Thurm, I. (1998). Schizophrenien. In H. Reinecker (Hrsg.), Lehrbuch der Klinischen Psychologie (S. 563–585). Göttingen: Hogrefe.

Rief, W. & Birbaumer, N. (2000) (Hrsg.), Biofeedback-Therapie. Stuttgart: Schattauer

Roder, V., Brenner, H. D., Kienzle, N. & Hodel, B. (1997). Integriertes psychologisches Therapieprogramm für schizophrene Patienten. Weinheim: Beltz PVU.

Rossi, E. L. (1986). The psychobiology of mind-body healing. New concepts of therapeutic hypnosis. New York: Norton & Company.

Sarason, I. G. (1963). Test anxiety and intellectuell performance. Journal of Abnormal and Social Psychology, 66, 73–75.

Sachse, R. (2004). Persönlichkeitsstörungen. Leitfaden für die Psychologische Psychotherapie. Göttingen: Hogrefe.

Sarris, V. (1990). Methodologische Grundlagen der Experimentalpsychologie. Band 1: Erkenntnisgewinnung und Methodik der experimentellen Psychologie. München: Reinhardt.

Saß, H., Wittchen, H.-U. & Zaudig, M. (Hrsg.) (1996), Diagnostisches und Statistisches Manual Psychischer Störungen DSM-IV. Göttingen: Hogrefe. (aktuelle Ausgabe: Saß, H., Wittchen, H.-U. & Zaudig, M. (Hrsg.) (2003), Diagnostisches und Statistisches Manual Psychischer Störungen DSM-IV. Textrevision. Göttingen: Hogrefe.)

Scheff, T. J. (1972). Die Rolle des psychisch Kranken und die Dynamik psychischer Störung: Ein Bezugsrahmen für die Forschung. In H. Keupp (Hrsg.), Der Krankheitsmythos in der Psychopathologie (S. 13–156). München: Urban & Schwarzenberg.

Schermer, F. J. (2005^2). Grundlagen der Psychologie. Psychologie in der Sozialen Arbeit. Band 1. Stuttgart: Kohlhammer.

Schermer, F. J., Weber, A., Drinkmann, A. & Jungnitsch. G. (2005). Methoden der Verhaltensänderung: Basisstrategien. Psychologie in der Sozialen Arbeit. Band 5. Stuttgart: Kohlhammer.

Schilling, F. (1979). Rheuma – Ein menschliches Problem. Anthropologische Aspekte, Gestaltwandel und Schmerz. In W. Meyer (Hrsg.), colloquia rheumatologica (S. 813). München: Banaschewski.

Schmidt, L. R. (Hrsg.) (1984). Lehrbuch der Klinischen Psychologie. Stuttgart: Enke.

Schmidt, L. R. (1984). Klinische Psychologie. In L. R. Schmidt (Hrsg.), Lehrbuch der Klinischen Psychologie (S. 3–29). Stuttgart: Enke.

Schmidt, L. R. (1984). Nonnen und Diagnosen. In L. R. Schmid (Hrsg.), Lehrbuch der Klinischen Psychologie (S. 65–81). Stuttgart: Enke.

Schneider, S. & Margraf, J. (1998a). Klassifikatorische Diagnostik, Strukturierte Interviews und Therapieindikation. In H. Reinecker (Hrsg.), Lehrbuch der Klinischen Psychologie (S. 47–78). Göttingen: Hogrefe.

Schneider, S. & Margraf, J. (1998b). Kognitive Verhaltenstherapie bei Angstanfällen und Agoraphobien. In M. Hautzinger (Hrsg.), Kognitive Verhaltenstherapie bei psychischen Störungen (S. 83–131). Weinheim: Beltz PVU.

Schneiderman, N. & Orth-Gomer, K. (1996). Blending traditions: A concluding perspective on behavioral medicine approaches to coronary heart disease prevention. In K. Orth-Gomer & N. Schneiderman (Eds.), Behavioral medicine approaches to cardiovascular disease prevention (pp. 279–299). Mahwah, N.J.: Lawrence Erlbaum Associates.

Schöler, L., Lindenmeyer, J. & Schöler, H. (1981). Das alles soll ich nicht mehr können? Sozialtraining für Rollstuhlabhängige. Weinheim: Beltz.

Schrami, W. J. (Hrsg.) (1970), Klinische Psychologie. Bern: Huber.

Schulte, D. (1996). Therapieplanung. Göttingen: Hogrefe.

Schulte, D. (1998). Psychische Gesundheit, Psychische Krankheit, Psychische Störung. In U. Baumann & M. Perrez (Hrsg.), Lehrbuch Klinische Psychologie – Psychotherapie (S. 19–32). Bern: Huber.

Schulz, K.-H., Kugler, J. & Schedlowski, M. (Hrsg.) (1997), Psychoneuroimmunologie. Bern: Huber.

Schulz, K.-H. & Schulz, H. (1996). Effekte psychologischer Interventionen auf Immunfunktionen. In M. Schedlowski & U. Tewes (IIrsg.), Psychoneuroimmunologie (S. 477–500). Heidelberg: Spektrum.

Schwarz, D. (1980). Verhaltenstherapie und Psychosomatik. In J. C. Brengelmann, (Hrsg.), Entwicklung der Verhaltenstherapie in der Praxis. München: Röttger.
Schwarz, D. (1982). Bedingungsanalyse und Verhaltenstherapie bei psychosomatischen Störungen. In F. Reimer (Hrsg.), Verhaltenstherapie in der Psychiatrie. Weinsberg: Weissenhof.
Schwarz, D. (1986). Verhaltenstherapie. In R. Adler, J. M. Herrmann, K. Köhle, O. W. Schonecke, Th. v. Uexküll & W. Wesiack (Hrsg.), Psychosomatische Medizin (S. 268–291). München: Urban & Schwarzenberg.
Schwarzer, R. (Hrsg.) (1990), Gesundheitspsychologie. Göttingen: Hogrefe.
Schwenkmezger, P. & Schmidt, L. R. (1994). Lehrbuch der Gesundheitspsychologie. Stuttgart: Enke.
Selg, H. (1977). Ein Organisationsmodell für Verhaltensmodifikation im pädagogischen Feld. In U. Mees & H. Selg (Hrsg.), Verhaltensbeobachtung und Verhaltensmodifiakation (S. 137–140). Stuttgart: Klett.
Seligman, M. E. P. (1971). Phobias and preparedness. Behavior Therapy 2, 307–320.
Seligman, M. E. P. (1975). Helplessness. On depression, development and death. San Francisco: Freeman.
Seligman, M. E. P. (1986). Erlernte Hilflosigkeit. München: Urban & Schwarzenberg. (aktuelle Ausgabe: Seligman, M. E. P. (2000^2). Erlernte Hilflosigkeit. Weinheim: Beltz.)
Seligman, M. E. P. & Johnston, J. C. (1973). In F. J. McGuigan & D. B. Lumsden (Eds.), Contemporary approaches to conditioning and learning. (S. 69–110) Washington: Wiley.
Selvini-Palazzoli, M. (1978). Self-starvation – From individual to family therapy in the treatment of anorexia nervosa. New York: Jason Aronson.
Senf, W. & Broda, M (Hrsg.) (1996), Praxis der Psychotherapie. Stuttgart: Thieme. (aktuelle Ausgabe: Senf, W. & Broda, M (Hrsg.) (2007^4), Praxis der Psychotherapie. Stuttgart: Thieme.)
Shearn, M. A. & Fireman, B. A. (1985). Stress management and mutual support groups in rheumatoid arthritis. The American Journal of Medicine, 78, 771–775.
Shontz, F. C. (1975). The psychological aspects of physical illness and disability. New York: McMillan.
Siegrist, J. (1996). The challenge of future behavioral medicine. International Journal of Behavioral Medicine, 3(3), 195–201.
Simonton, O. C., Matthews-Simonton, S. & Creighton, J. (1982). Wieder gesund werden. Hamburg: Rowohlt. (aktuelle Ausgabe: Simonton, O. C., Matthews-Simonton, S. & Creighton, J. (2005^5). Wieder gesund werden. Hamburg: Rowohlt.)
Skinner, B. F. (1938). The behavior of organism. New York: Appleton-Century Crofts.
Skinner, B. F. (1971). Beyond freedom and dignity. New York: Appleton-Century Crofts.

Sorgatz, H. (1986). Theorien zur Erklärung gestörten Verhaltens. In Th. Heyden, H. Reinecker, D. Schulte & H. Sorgatz (Hrsg.), Verhaltenstherapie. Theorien und Methoden (S. 180–206). Tübingen: DGVT.

Stiglmayr, C. (2008). Borderlinestörung. In M. Linden & M. Hautzinger (Hrsg.) (2008[6]), Verhaltenstherapiemanual. (S. 454–461) Heidelberg: Springer.

Straube, E. R. & Hahlweg, K. (Eds.) (1990), Schizophrenia. Concepts, vulnerability and intervention. Berlin: Springer.

Strauss, G. D., Sinden-Spiegel, J., Daniels, M., Landsverk, J., Roy-Ryme, P., Edelstein, C., Ehlhardt, J., Falke, R., Hiudin, L. & Zackler, L. (1986). Group therapies for rheumatoid arthritis: A controlled study of two approaches. Arthritis and Rheumatism, 29, 1203–1209.

Strehl, U. (1998). Epilepsie und Verhalten. Lengerich: Pabst Science Publishers.

Strehl, U. & Birbaumer, N. (1996). Verhaltensmedizinische Intervention bei Morbus Parkinson. Weinheim: Beltz PVU.

Strehl, U., Kotchoubey, B. & Birbaumer, N. (2000). Epilepsie. In W. Rief & N. Birbaumer (Hrsg.), Biofeedback-Therapie. (S. 231–249) Stuttgart: Schattauer.

Tharp, R. G. & Wetzel, R. J. (1975). Verhaltensänderungen im gegebenen Sozialfeld. München: Urban & Schwarzenberg.

Thiel, A. & Paul, T. (1988). Entwicklung einer deutschsprachigen Version des Eating-Disorder-Inventory (BDI). Zeitschrift für Diagnostische und Differentielle Psychologie, 9, 267–278.

Thorndike, E. L. (1932). Fundamentals of learning. New York: Teachers College.

Tölle, R. (1996). Psychiatrie. Berlin: Springer. (aktuelle Ausgabe: Tölle, R. & Windgassen, K. (2008[15]). Psychiatrie: einschließlich Psychotherapie. Berlin: Springer.)

Trautmann, R. D. (2004). Verhaltenstherapie bei Persönlichkeitstörungen und problematischen Persönlichkeitsstilen. Stuttgart: Pfeiffer.

Tryon, G. S. (1993). Gedankenstop. In M. Linden & M. Hautzinger (Hrsg.), Verhaltenstherapie. Techniken und Einzelverfahren (S. 151–154). Berlin: Springer.

Tuschen, B. (1996). Problemanalyse. In J. Margraf (Hrsg.), Lehrbuch der Verhaltenstherapie. Band 1: Grundlagen – Diagnostik – Verfahren – Rahmenbedingungen (S. 179–187). Berlin: Springer.

Tuschen, B. & Fiegenbaum, W. (1996). Kognitive Verfahren. In J. Margraf (Hrsg.), Lehrbuch der Verhaltenstherapie. Band 1: Grundlagen – Diagnostik – Verfahren – Rahmenbedingungen (S. 387–399). Berlin: Springer.

Uexküll, Th. v. & Wesiack, W. (1986) (Hrsg.), Psychosomatische Medizin. München: Urban & Schwarzenberg. (aktuelle Ausgabe: Uexküll, Th. v. & Wesiack, W. (2008[6]) (Hrsg.), Psychosomatische Medizin. München: Urban & Fischer.)

Uexküll, Th. v. & Wesiack, W. (1996). Wissenschaftstheorie: ein biopsychosoziales Modell. In R. Adler, J. M. Herrmann, K. Köhle, O. W. Schonecke, Th. v. Uexküll & W. Wesiack (Hrsg.), Psychosomatische Medizin (S. 13–52). München: Urban & Schwarzenberg.

Ullmann, L. P. & Krasner L. (1969). A psychological approach to abnormal behavior. Englewood Cliffs, N.J.: Prentice-Hall.

Ullrich de Muynck, R. & Forster, T. (1974). Selbstsicherheitstraining. In C. Kraiker (Hrsg.), Handbuch der Verhaltenstherapie (S. 351–368). München: Kindler.
Ullrich de Muynck, R. & Ullrich, R. (1976). Das Assertiveness Trainings Programm (3 Teile). Pfeiffer: München.
Ullrich de Muynck, R. & Ullrich, R. (1977). Der Unsicherheitsfragebogen. Pfeiffer: München.
Ullrich de Muynck, R. & Ullrich, R. (1993). Aufbau sozialer Kompetenz. In M. Linden & M. Hautzinger (Hrsg.), Verhaltenstherapie. Techniken und Einzelverfahren (S. 83–88). Berlin: Springer.
VDR-Rehakommission (1991). Kommission zur Weiterentwicklung der Rehabilitation in der gesetzlichen Rentenversicherung. Abschlußberichte – Band III, Teilband 1. Frankfurt: Verband Deutscher Rentenversicherungsträger.
Viehhauser, R. (1999). Förderung salutogener Potentiale. Entwicklung und Evaluation eines gesundheitspsychologischen Trainingsprogramms. Regensburg: Unveröffentlichte Dissertation.
Vogel, H. (1993). Gesundheitsbildung in der medizinischen Rehabilitation der Rentenversicherung. Situation und Zukunftsperspektive. Prävention und Rehabilitation, 5, 1–13.
Wakefield, J. C. (1992). The concept of mental disorder: On the boundary between biological facts and social values. American Psychologist, 47, 373–388.
Walen, S. R., DiGiuseppe, R. & Wessler R. L. (1982). RET-Training. Einführung in die Praxis der rational-emotiven Therapie. München: Pfeiffer. (aktuelle Ausgabe: Walen, S. R., DiGiuseppe, R. & Wessler R. L. (2005^2). RET-Training. Einführung in die Praxis der rational-emotiven Therapie. Stuttgart: Klett-Cotta.)
Watzl, H. & Rist, F. (1997). Schizophrenie. In K. Hahlweg & A. Ehlers (Hrsg.), Psychische Störungen und ihre Behandlungen. Enzyklopädie der Psychologie: Klinische Psychologie. Band 2 (S. 2–154). Göttingen: Hogrefe.
Weiner, H. (1978). The illusion of simplicity: The medical model revisited. American Journal of Psychiatry, 135, 27–33.
Weitzer, K. & Graml, S. (1995). Rückenschmerzen: ein verhaltensmedizinisches Modell und die Folgen für die Rückenschul-Praxis. In H.-W. Hoefert, H. J. Kagelmann & H. P. Rosemeier (Hrsg.), Rheuma und Rückenschmerz (S. 158–173). Berlin: Quintessenz.
Wellhöfer, P. R. (1997). Grundstudium Sozialwissenschaftliche Methoden und Arbeitsweisen. Eine Einführung für Sozialwissenschaftler und Sozialarbeiter/-pädagogen. Stuttgart: Enke.
Wendt, W. R. (1997). Die Soziosomatik der Lebensbewältigung und das Management der Unterstützung: Case Management. In H. G. Homfeldt & B. Hünersdorf (Hrsg.), Soziale Arbeit und Gesundheit (S. 205–227). Neuwied: Luchterhand.
WHO (1947). Cronical of the WHO. Preambel to the WHO Constitution. New York: WHO.
WHO (1980). International Classification of Impairments, Disabilities and Handicaps. Genf: WHO.

WHO (2001). International Classification of Functioning, Disability and Health: ICF. Genf: WHO.
Wille, G. (1990). Medizinische Rehabilitation – Zwischenbilanz und Zukunftsperspektiven. In Bundesversicherungsanstalt für Angestellte (Hrsg.), Rehabilitation 1989. BfA-aktuell, 29–42.
Windheuser, J. (1976). Mütter als Modelle für Angst und Angstbewältigung. Bochum: Unveröffentlichte Dissertation.
Witte, W. (1979). Das Wesen der Behinderung. In D. Rüdiger & M. Perrez (Hrsg.), Anthropologische Aspekte der Psychologie (S. 76–82). Salzburg: Müller.
Witte, W. (1988). Einführung in die Rehabilitationspsychologie. Bearbeitet und herausgegeben von R. Brackhane. Bern: Huber.
Wittchen, H. U. & Hoyer, J. (Hrsg.) (2006), Klinische Psychologie und Psychotherapie. Berlin: Springer.
Wolpe, J. D. (1952). Experimental neuroses as learned behavior. British Journal of Psychology, 43, 243–261.
Wolpe, J. D. (1958). Psychotherapy by reciprocal inhibition. Stanford: Stanford University Press.
Wright, B. A. (1983). Physical disability – A psychosocial approach. New York: Harper & Row.
Yalom, I. D. (2005). Existenzielle Psychotherapie. Bergisch-Gladbach: EHP-Verlag Andreas Kohlhage.
Young, J. E., Klosko, J. S. & Weishaar, M. E. (2005). Schematherapie. Ein praxisorientiertes Handbuch. Paderborn: Junfermann. (aktuelle Ausgabe: Young, J. E., Klosko, J. S. & Weishaar, M. E. (2008^2). Schematherapie. Ein praxisorientiertes Handbuch. Paderborn: Junfermann.)
Yunus, M. B., Masi, A. T. & Aldag, J. C. (1991). Relationship of clinical features with psychological status in primary fibromyalgia. Arthritis & Rheumatism, 34, 15–21.
Zerrsen, D. v. & Koeller, D. N. (1976). Die Befindlichkeitsskala. Weinheim: Beltz Testgesellschaft.
Zielke, M. (1994). Der Bezugstherapeut in der stationären Verhaltenstherapie und Rehabilitation. In M. Zielke & J. Sturm (Hrsg.), Handbuch Stationäre Verhaltenstherapie (S. 305–332). Weinheim: Beltz PVU.
Zink, A., Zink, C. & Hoffmeister, H. (1981). Rheumatische Krankheit und soziale Lage. Eine empirische Studie aus dem Institut für Sozialmedizin und Epidemiologie des Bundesgesundheitsamtes. Berlin: de Gruyter.
Zubin, J. & Spring, B. (1977). Vulnerability: A new view of schizophrenia. Journal of Abnormal Psychology, 86, 103–126.

Stichwortverzeichnis

A
ABC-Theorie 49
Abhängigkeitssyndrom 70, 147
Abweichung 31, 60, 61, 62, 63, 64, 198, 199, 207
Affektive Störungen 6, 69, 155
Agoraphobie 70, 71, 167, 173, 174, 177
Alkoholismus 6, 54, 96, 145, 146, 149, 236
Alpha-Variablen 56
Angst, Kombinationsmuster 168
Angstreduktion durch Erbrechen 188, 189
Angststörungen 44, 45, 50, 70, 72, 167
Annahme der Kontextbedingtheit 32
Anorexia nervosa 179, 185, 186, 188, 238
Anpassungsstörungen 72, 167
Äquifinalität 33
Äquivalenzannahme 32, 46
Assertiveness-Trainings-Programm 129
Attribution 5, 52, 53, 55, 229

B
BASIC-ID 78
Basisstrategien 2, 108, 241
Bedingungen
  aufrechterhaltende 31, 43, 44, 74, 95, 97, 103, 149, 190
  auslösende 43, 97
Bedingungsanalyse 5, 37, 73, 74, 78, 79, 80, 81, 82, 85, 103, 135, 145, 157, 160, 171, 182, 210, 224, 225, 242
Beeinträchtigung 53, 60, 63, 88, 92, 167, 206, 207, 208
Behinderung 7, 11, 17, 18, 54, 55, 73, 79, 134, 205, 206, 207, 208, 209, 210, 213, 218, 221, 229, 230, 245
Belastungsstörungen 6, 69, 167
belief systems 50, 140
Beobachtungslernen 46
Beratung 79, 81, 82, 90, 91, 92, 93, 94, 107, 122, 143, 149, 229, 231
Bestrafung 42, 43, 44, 49, 51, 76, 83, 100, 121, 135, 136, 137, 155, 239
  direkte 42, 76
  indirekte 42, 43, 76
Bestrafungslernen 44
Beta-Variablen 56
Bezugstherapeutenmodell 89
Biomedizinisches Krankheitsmodell 28
Biopsychosoziales Modell 5, 33, 37, 99
biopsychosoziales Paradigma 34
Borderline-Persönlichkeitsstörung 193, 195, 202, 229
Bulimie 70, 179, 180, 181, 184, 186, 188, 189, 190, 234

C
Case Management 88, 93, 224, 244
chaining 134
Cluster-A-Störungen 192
Cluster-B-Störungen 193
Cluster-C-Störungen 194

D

degenerative Gelenk- und Wirbelsäulenerkrankungen 215
Depression 18, 30, 44, 50, 51, 66, 70, 71, 85, 86, 96, 118, 140, 152, 155, 156, 157, 162, 164, 165, 166, 169, 171, 210, 212, 218, 228, 233
depressive Episode 72, 147, 157, 162, 197
diagnostischer Prozess 80
Dialektisch-behaviorale Therapie (DBT) 202
differentielles Störungskonzept 58
dimensionaler Ansatz 65
direkte Bestrafung 135, 136
Diskriminierende Stimuli 113
dissoziative Störungen 167, 193
doppelte Handlungsregulation 200
Double-bind-Hypothese 153
dreifaktorielles Störungsmodell 43
DSM-IV 5, 69, 72, 73, 157, 162, 192, 199, 227, 232, 241

E

Edukative Haltung 107
emotionale Modelle 201
emotional instabile Persönlichkeitsstörung 193, 197, 199
Empirische Haltung 108
Entspannungstraining 123, 130, 141
Entwicklung des Missbrauchsverhaltens 148
entzündlich-rheumatische Erkrankungen 215, 218, 221, 222, 234
Erklärungsmodell 5, 6, 7, 22, 28, 39, 46, 48, 55, 142, 148, 153, 163, 174, 177, 186, 200
erlernte Hilflosigkeit 163
Essstörungen 7, 30, 70, 96, 128, 179, 180, 181, 186, 187, 191
Expositionsbehandlung 177
externale Attribution 53

F

fading 134
Faktoren 17, 29, 31, 32, 33, 34, 36, 37, 39, 40, 43, 44, 55, 58, 68, 69, 78, 79, 80, 125, 136, 149, 150, 153, 163, 165, 174, 176, 177, 179, 186, 187, 188, 190, 206, 207, 213, 222
flooding 125
Fluchtverhalten 45
Flugangst 167, 175
fördernde Stimuli 113
funktionale Analyse 74
funktionale Norm 60, 62
funktionales Bedingungsmodell 103

G

Gamma-Variablen 56, 57
Gedankenstopp 115
Gefährdung 60, 63
gelernte Hilflosigkeit 52
gemeindepsychiatrische Betreuung 23
Geschichte der psychischen Krankheiten 23
Gestaltpsychologie 34, 55
Gesundheitspsychologie 5, 16, 17, 230, 242
graduierte Löschung 128
graduiertes Vorgehen in vivo 125, 127
Grundlagen auf Seiten des Therapeuten 6, 106
Grundlagen der Durchführung 6, 94, 101, 106
Gruppentraining sozialer Kompetenzen 129, 130

H

Handicap 208
High-expressed-emotion (HEE) 153
Historischer Aspekt 19
histrionische Persönlichkeitsstörung 193
horizontale Analyse 78
hypothetisches Bedingungsmodell 82, 85

I

ICD-10 64, 197
ICF 11, 73, 205, 206, 207, 208, 227, 230, 245
Ich-Syntonie 192
ICIDH 73, 207, 208
Idealnorm 60, 61
Imitationslernen 46
Interaktionsanalyse 78
internale Attribution 53
Internationale Klassifikation der Funktionsfähigkeit, Behinderung und Gesundheit (siehe ICF)
International Personality Disorder Examination (IPDE) 199, 237, 238
Intervention 6, 7, 9, 16, 19, 27, 37, 64, 74, 79, 80, 81, 87, 88, 92, 93, 98, 102, 104, 105, 108, 109, 110, 112, 133, 135, 142, 149, 154, 163, 166, 177, 190, 200, 201, 202, 203, 205, 208, 211, 214, 216, 231, 235, 237, 238, 241, 243
Interventionen 6, 7, 9, 19, 27, 37, 64, 74, 79, 81, 87, 88, 93, 98, 102, 105, 108, 110, 142, 149, 154, 163, 166, 177, 190, 200, 201, 202, 203, 205, 208, 211, 214, 216, 235, 241
Interventionsmethoden 27, 210
irrationales Denkmuster 49

K

Katecholamin-Hypothese 163
kategorialer Ansatz 65
Kausalattribution 53, 55, 80
Kernschemata 200
Kernschizophrenie 193
Klassifikation, Grundbegriffe 5, 64
Klassifikationssysteme 60, 63, 66, 67, 68, 69, 73, 156, 157
Klassische Konditionierung 5, 39, 229
klassisches und operantes Konditionieren 37, 74
Klaustrophobien 167
Klientenzentrierte Haltung 107

Klinische Psychologie 5, 9, 10, 11, 13, 14, 15, 16, 17, 18, 19, 20, 24, 25, 26, 27, 38, 58, 64, 94, 205, 230, 231, 232, 233, 236, 238, 239, 240, 241
Definitionsversuche 13
Wurzeln 5, 9, 10, 11, 13, 14, 15, 16, 17, 18, 19, 20, 24, 25, 26, 27, 38, 58, 64, 94, 205, 230, 231, 232, 233, 236, 238, 239, 240, 241
Klinisch-psychologische Störungstheorien 38
kognitive Modelle 5, 48, 139, 163, 175, 200
Kognitive Schemata 5, 50
kognitive Theorien 48, 57
kognitive Therapie 6, 139, 140
Kognitive Verfahren 6, 138, 243
kognitiv-verhaltenstherapeutisches Vorgehen 27, 106, 139, 155, 166, 177, 203
Konfrontation 98, 124, 125, 126, 127, 128, 129, 142, 172, 177
Konsequenzen 42, 43, 44, 46, 49, 60, 66, 67, 75, 76, 77, 78, 84, 85, 88, 98, 100, 109, 112, 113, 115, 116, 125, 130, 132, 133, 135, 136, 137, 140, 143, 148, 161, 183, 187, 188, 189, 191
Kontiguitätsprinzip 39
Kontingenzmanagement 137
Kontinuitätsannahme 32
Kontrollattribution 55, 80
Kontrollüberzeugung 5, 52
Kooperative Haltung 107
Körperfunktionen und -strukturen 206, 207
Krankheit 16, 20, 27, 28, 29, 30, 39, 54, 58, 59, 69, 95, 99, 119, 157, 198, 205, 206, 210, 211, 219, 223, 241, 245
Krankheitsbewältigung 210, 222, 234, 235

Krankheitsbilder 7, 66, 199, 203, 214, 216, 232
Krankheitsfolgemodell 205
Krankheitsmodelle 5, 17, 27, 28, 58, 107
Krisenintervention 87, 92, 205

L

Langzeitbetreuung 92, 93
Lebensassistenz 92
Leidensdruck 60, 63, 182, 198
Lernbedingungen 80, 81, 83, 84, 99
Lernen am Modell 38
Lernprozess 40
lerntheoretisches Modell 38
Lerntheorie 39, 47, 57, 58, 100, 227
Lern- und Erfahrungsbedingungen 80
Löschung 43, 100, 123, 124, 128, 135, 136, 137, 233

M

Major Depression 157, 162
maladaptive Schemata 202
massierte Reizkonfrontation 125
Medizinische Bedingungen 82, 160, 182
Medizinische Interventionen 87
medizinisch-organische Bedingungen 79
Mehr-Ebenen-Ansatz 76
Merkmale 32, 43, 59, 60, 61, 62, 64, 65, 66, 72, 73, 74, 96, 192
Minimale Emotionale Dysfunktion 201
Modelllernen 5, 46, 47, 80, 91, 129, 175
Motivation 46, 53, 78, 103, 113, 121, 125, 145, 154, 184, 200, 220, 239
Motivationsanalyse 78
MULP-Schema 78, 79
multidisziplinäre Teams 37
Multifaktorielles Depressionsmodell 164, 165
Multikausalitätsannahme 32

N

Nachahmungslernen 46
naive Kausalmodelle 28
narzisstische Persönlichkeitsstörung 193
Nein-Sagen zum Symptom 116
Neurotische Störungen 6, 69, 167

O

Operante Konditionierung 5, 42
Operante Methoden 6, 132
Organismus 30, 39, 42, 44, 46, 84, 119, 161, 183

P

Panikattacken 174, 177
Panikstörung 71, 167, 172, 174, 175, 176
Paniksyndrom 175, 230
paranoide Persönlichkeitsstörung 192
pararheumatische Erkrankungen 216, 217
passiv-aggressive Persönlichkeitsstörung 194
pathologische Angst 167
Persönlichkeitsstörungen 7, 11, 50, 70, 72, 73, 191, 192, 194, 195, 198, 200, 201, 203, 228, 230, 231, 232, 240
  Therapiekonzeption 201
Phobische Störungen 167
Plus- und Minussymptomatik 151
positive Konsequenz 76, 133
Premack-Prinzip 133
preparedness 40, 47, 175, 242
Primärprävention 7, 208, 217, 218, 220, 221
Primärprävention, degenerative Krankheitsformen 220
Primärprävention, nicht-entzündliche, nicht-degenerative Erkrankungen 220
Problemanalyse 77, 80, 227, 243
problematische Persönlichkeitsstile 192, 243

Programm- und Einstellungsbedingungen 80
prompting 129, 134
Protokollierungsmethoden 111
Prozessanalyse 78
Prozessmodell der Verhaltenstherapie 101, 102
Psychiatrie 5, 15, 18, 19, 23, 25, 58, 60, 72, 91, 205, 236, 242, 243
psychische Prädisposition 51
psychische Störungen
  Definition 5, 58, 63
  Klassifikation 5, 20, 64, 65, 69, 230
  Nominaldefinition 60
Psychologische Therapie 212, 232
Psychologische Trainingsangebote 212
psychophysiologisches Modell der Panikstörung 176
Psychosomatik 34, 128, 213, 242
psychosoziales Krankheitsmodell 32
Psychotherapeutengesetz 19
Psychotherapietitel 19
psychotrope Substanzen 69, 145, 147

R
rational-emotives Störungsmodell 5, 48
Rational-emotive Therapie 6, 139
Reaktionsmanagement-Training 128
Rehabilitation 7, 11, 88, 153, 205, 208, 209, 210, 212, 213, 216, 217, 218, 222, 223, 225, 229, 234, 238, 239, 244, 245
  interdisziplinäres Konzept 7, 223
Rehabilitationspsychologie 5, 17, 18, 205, 229, 235, 245
Reizkonfrontationsbehandlung 177
response cost 136, 137, 138
Restraint Eating 189
reziproker Determinismus 32, 109, 110
rheumatische Erkrankungen 7, 214, 216, 234
rheumatischer Formenkreis 214
Rollenspiel 131

S
Schädigung 29, 147, 207, 208, 229
schädlicher Gebrauch von Alkohol 147
Schema 40, 50, 51, 78, 79, 84, 111
Schematherapie 202, 203, 228, 238, 245
schizoide Persönlichkeitsstörung 192
schizophrene Störungen 151
Schizophrenie 6, 69, 70, 72, 150, 151, 152, 153, 192, 244
schizotypische Persönlichkeitsstörung 192
Sekundärprävention 221
Selbstbelohnung 115, 173
Selbstbeobachtung 111, 112, 184, 190, 191, 233
Selbstbestrafung 111, 115
Selbstbild 51, 193, 199
Selbsteffizienz 97, 123, 125
Selbstkontrollprogramme 114, 115, 118
Selbstmanagement 6, 102, 109, 184, 211, 235, 237
Selbstregulation 56, 109, 110, 112, 237
Selbstsicherheitstraining 129, 166, 184, 244
Selbstverstärkung 47, 111, 115, 134, 135, 142, 231, 240
Selbstwirksamkeit 98
self-efficacy 48, 97
Serotonin-Hypothese 163
Shaping 100, 134
Sigmund Freud 24, 26
somatoforme Störungen 6, 69, 70, 167
SORKC-Modell 74, 75, 119
soziale Kontrakte 112
soziales Lernen 46, 51
Sozial-kognitive Lerntheorie 47, 227
Sozialnorm 61
Sozialphobien 167
Spezifische Persönlichkeitsstörungen 198
statistische Norm 60, 61

250

Stimuluskontrolle 111, 113, 114, 122, 124, 191, 233
Störung 13, 14, 21, 29, 30, 31, 32, 33, 35, 41, 44, 58, 59, 61, 62, 63, 64, 65, 66, 67, 68, 69, 70, 74, 79, 82, 89, 98, 99, 100, 107, 138, 145, 147, 151, 154, 157, 162, 163, 177, 179, 185, 188, 192, 193, 194, 197, 198, 199, 208, 213, 215, 241
Störungsspezifische Betrachtungsweise 6, 145
strategische Planung 96
Stressimpfungstraining 6, 141
Strukturiertes Klinisches Interview 199
subjektive Norm 60, 61, 62
Supervision 27
Symptome depressiver Störungsbilder 156
Symptomreduktion 96
Symptomverschiebung 30, 96, 97
Systemanalyse 78
systematische Desensibilisierung 122, 125
Systembetrachtung 55, 77
Systeme 14, 15, 34, 57, 63, 68, 73
Systemebenen 34, 35
systemischer Ansatz 187
System-Modell 5, 35, 55

T
taktische Planung 96
Tertiärprävention 222
therapeutische Interventionen 27, 81
therapeutische Konzepte 93
Therapie 6, 9, 18, 26, 30, 41, 54, 58, 67, 79, 80, 81, 82, 88, 89, 90, 92, 93, 96, 101, 102, 103, 105, 106, 107, 108, 113, 122, 136, 138, 139, 140, 143, 146, 147, 149, 150, 168, 178, 180, 181, 190, 196, 201, 202, 210, 211, 212, 228, 229, 230, 231, 232, 233, 235, 236, 237, 240, 243, 244
Therapieplanung 79, 80, 82, 93, 108, 169, 241

Therapieschulen 91
Tierphobien 167
Time-out (Auszeit) 136
Token 15, 136, 137, 138, 155
Token-economy 14, 100, 137, 155
Tokenprogramm 88, 138
TOTE-Einheit 109
TOTE-Modell 110
Training 25, 27, 128, 129, 141, 143, 204, 244
Training in Problemlösen 6, 143
Training sozialer Kompetenz 6, 129
Trainingsverfahren 27, 132, 216
Transparenz 97, 98, 103, 157

U
Umweltbedingungen 39, 80, 83, 104, 161, 182, 205
Unterstützende Haltung 107

V
Veränderungsplanung 111, 113
Verbale Stimuli 113
verdeckte Konditionierung 117
verdeckte Selbstbestrafung 115
verdeckte Sensibilisierung 116
verdecktes Lernen 116
Verhalten 5, 15, 20, 21, 22, 32, 35, 39, 42, 43, 44, 46, 47, 48, 49, 52, 55, 56, 57, 58, 59, 61, 62, 63, 75, 76, 77, 78, 83, 84, 88, 97, 98, 99, 100, 109, 110, 111, 113, 114, 115, 118, 124, 129, 131, 132, 133, 134, 135, 136, 137, 138, 139, 140, 141, 145, 149, 151, 152, 155, 156, 161, 163, 164, 166, 171, 173, 178, 181, 183, 189, 191, 193, 198, 202, 211, 213, 218, 240, 243
Verhaltensanalyse 15, 35, 57, 76, 77, 79, 80, 84, 85, 93, 98, 99, 103, 110, 111, 112, 124, 128, 130, 149, 161, 171, 179, 183, 213
Verhaltensaufbau 133, 134
Verhaltensdiagnostik 5, 58, 74, 79

251

Verhaltensmedizin 5, 15, 16, 42, 99,
   205, 210, 231, 234, 235, 238
Verhaltensmodifikation 87, 88, 92,
   237, 242
verhaltenstherapeutische Diagnostik
   81
verhaltenstherapeutischer Ansatz 38
verhaltenstherapeutische Technik 14
Verhaltenstherapie
   Definition 94
   Grundlagen 6, 94, 240
   Krankheitsverständnis 99
   psychologische Grundorientierung
      95
   Verfahren 6, 108, 122, 143
Verhaltenstherapiemanual 144, 230,
   237, 243
Verhaltenstrainingsprogramm 129,
   130, 231
Verhaltensverträge 111, 112, 191, 233
Vermeidungslernen 44
Verstärkerverlust 136, 163
Verstärkerverlustmodell 163, 164
Verstärkung
   negative 42, 43, 44, 45
   positive 42, 135, 137
vertikale Analyse 78
Vulnerabilität 43, 44, 153, 154, 155
Vulnerabilitäts-Stress-Modell 153,
   154, 201

W
Weichteilrheumatische Erkrankungen
   215

Z
Zielanalyse 93, 103, 104, 202
Zwangsstörungen 44, 70, 124, 167
Zwei-Faktoren-Modell 174
Zwei-Faktoren-Theorie 44, 125
Zyklothymie 157